16	3	2	13
5	10	11	8
9	6	7	12
4	15	14	1

Fernando A. Novais

APROXIMAÇÕES
Estudos de história e historiografia

Apresentação de Pedro Puntoni

editora 34

EDITORA 34

Editora 34 Ltda.
Rua Hungria, 592 Jardim Europa CEP 01455-000
São Paulo - SP Brasil Tel/Fax (11) 3811-6777 www.editora34.com.br

Copyright © Editora 34 Ltda., 2022
Aproximações: estudos de história e historiografia © Fernando A. Novais, 2005, 2022
A fotocópia de qualquer folha deste livro é ilegal e configura uma apropriação indevida dos direitos intelectuais e patrimoniais do autor.

Edição conforme o Acordo Ortográfico da Língua Portuguesa.

Imagem da capa:
Pacific, Atlantic and Indian Oceans Wind Chart for January, February, March, *Londres, United Kingdom Hydrographic Office, 1872 (detalhe)*

Capa, projeto gráfico e editoração eletrônica:
Franciosi & Malta Produção Gráfica

Revisão:
Milton Ohata, Beatriz de Freitas Moreira

Índice remissivo:
Milton Ohata

1ª Edição - 2005, Cosac Naify, São Paulo
2ª Edição - 2022

CIP - Brasil. Catalogação-na-Fonte
(Sindicato Nacional dos Editores de Livros, RJ, Brasil)

Novais, Fernando A., 1933
N217a   Aproximações: estudos de história e historiografia / Fernando A. Novais; apresentação de Pedro Puntoni — São Paulo: Editora 34, 2022 (2ª Edição).
448 p.

ISBN 978-65-5525-107-4

1. Brasil Colônia - História. 2. História e historiografia. I. Puntoni, Pedro. II. Título.

CDD - 981

Índice

Apresentação, *Pedro Puntoni* 7

Primeira parte:
História

Colonização e desenvolvimento econômico 17
Colonização e Sistema Colonial:
    discussão de conceitos e perspectiva histórica 24
O Brasil nos quadros do Antigo Sistema Colonial 47
A proibição das manufaturas no Brasil
    e a política econômica portuguesa do fim do século XVIII 64
A extinção da escravatura africana em Portugal
    no quadro da política pombalina 88
Notas para o estudo do Brasil no comércio internacional
    do fim do século XVIII e início do século XIX (1796-1808) 111
Sistema Colonial, industrialização e etapas do desenvolvimento 133
A evolução da sociedade brasileira: alguns aspectos
    do processo histórico da formação social no Brasil 146
Anotações sobre a vida cultural na época do Antigo Regime 162
O reformismo ilustrado luso-brasileiro: alguns aspectos 174
Passagens para o Novo Mundo 190
As dimensões da Independência 202
Condições da privacidade na Colônia 211
O "Brasil" de Hans Staden 231
A "certidão de nascimento ou de batismo" do Brasil 244
Victoria, vitoriana 253

Segunda parte:
HISTORIOGRAFIA

O marquês de Pombal e os historiadores	265
Revisitando os intérpretes do Brasil	273
Um livro de Henri Pirenne	276
Sobre Celso Furtado	280
Sobre Caio Prado Jr.	284
A universidade e a pesquisa histórica: apontamentos	302
Historiografia, exame de consciência do historiador	312
Capistrano de Abreu na historiografia brasileira	320
Raízes da tristeza	324
De volta ao homem cordial	328
Caminhos e fronteiras, direções e limites	331
Prefácio: ao professor	333
Prefácio: ao aluno	336
Entre Portugal e o Brasil	339

Terceira parte:
ENTREVISTA

Conversas com Fernando A. Novais	343
Bibliografia	408
Índice remissivo	431
Sobre o autor	445

Apresentação

Pedro Puntoni

Difícil apresentar este livro de Fernando Novais. Afinal, não é tarefa comum o aluno divulgar a obra do professor. Se o faço aqui é por uma circunstância. E o faço em nome de todos os seus orientandos. De alguma maneira, o livro surgiu da iniciativa de um grupo de seus alunos, reunidos no final de 2003 no seminário "Da América Portuguesa ao Império do Brasil", realizado no Instituto de Estudos Brasileiros da Universidade de São Paulo. A ideia desse seminário foi a de expor os resultados atuais das nossas pesquisas para o professor. O debate foi intenso e muito proveitoso. O que se notou, acima de tudo, foi a dedicação à investigação e à multiplicidade das interpretações, ainda que a força de uma tradição pudesse ser sentida no trabalho de todos e de cada um. Com efeito, o convívio e o trabalho com o professor Novais inserem seus alunos nos marcos de uma profícua tradição historiográfica, da qual ele é, sem dúvida, um dos grandes resultados e, assim sendo, uma das suas fundações. Nos intervalos do seminário, confabulou-se para propor esta coletânea ao mestre. Da ideia comum (e antiga) da necessidade de se reunir os artigos, os ensaios e as resenhas de Fernando Novais nasceu este livro.[1] É, desse modo, um livro reclamado, quase que arrancado de seu autor. Manifestação de um percurso, retrato atual de uma obra, aqui se busca também franquear aos leitores textos de difícil acesso. Da obra do historiador tem-se aqui um exemplo, dos mais significativos. Feita ex ungue leonem, só podia revelar-se em um notável conjunto. É agora, com prazer, que se pode percorrer todos estes trabalhos e vislumbrar a realização de tantos anos de atividade e

---

[1] A seleção dos textos foi feita pelo autor, com a ajuda dos seus alunos Íris Kantor, Pedro Puntoni e Luciano Raposo Figueiredo. A preparação dos originais contou com a ajuda de Joceley Vieira de Souza e com o apoio da Cátedra Jaime Cortesão, que financiou parte deste trabalho. A seleção das entrevistas foi sugerida por Pedro Puntoni e Ana Lúcia Novais.

dedicação. Os alunos, privilégio de alguns de seus leitores, poderão se regalar com a lembrança de suas aulas, cujas soluções brilhantes aparecem aqui, e acolá, nos textos apresentados.

Fernando Novais sempre se destacou, para além de sua obra, pelo desempenho ímpar como professor. Formado na Universidade de São Paulo, lá lecionou de 1957 até 1986, quando passou à Universidade Estadual de Campinas. Nunca se afastando, todavia, da pós-graduação e da orientação dos alunos naquela que é sua primeira casa. Dizer que sua tese de doutorado, Portugal e Brasil na crise do Antigo Sistema Colonial, *defendida em 1973, marcou a historiografia é quase um truísmo. Nela, o instrumental analítico do marxismo é magistralmente utilizado, associado às reflexões contemporâneas da historiografia, sobretudo os resultados da escola dos* Annales. *Aliando uma interpretação do processo de formação do capitalismo, derivada em grande parte de uma definição mais ampla da própria noção de capitalismo comercial, Novais conseguiu desenvolver a tese de Caio Prado Jr., para quem o "sentido da colonização" e, portanto, de nossa formação era a produção de mercadorias para o mercado externo. Mais do que isso, no seu entender o processo de colonização se articula, de forma mais ampla, à gênese do capitalismo moderno, inscrevendo-se como peça da assim chamada acumulação primitiva de capital. Sua leitura, como se percebe, renova a presença do marxismo no pensamento social brasileiro — aproveitando, ao máximo, da experiência do grupo de estudos sobre* O Capital *que, reunido de 1958 a 1964, confrontou diversas leituras de intelectuais paulistas, como José Artur Giannotti, Fernando Henrique Cardoso, Roberto Schwarz, entre outros. A obra de Fernando Novais é, nesse sentido, fruto da universidade pública e da atualização intelectual dos anos 1960 e 1970, processo este vinculado à prática política e à reflexão engajada. Não subordina, porém, a especificidade do conhecimento histórico no trânsito seguro em relação às outras ciências do homem, notadamente a Sociologia. Sua obra se completa, no meu entender, nos desdobramentos futuros de sua pesquisa. Pesquisa que, sem dúvida, se realiza também na nossa, isto é, por meio de seus alunos de mestrado e doutorado, na USP ou na Unicamp, ou, em um senso mais amplo, em todos aqueles que se viram influenciados por suas interpretações.*

A ideia deste livro foi a de reunir os mais importantes artigos publicados, desde o primeiro, em 1959, até o presente. Alguns deles adormecidos em páginas de revistas e livros de difícil acesso, periódicos hoje desaparecidos. Outros, sempre referenciados e lidos, mas também dispersos. A tarefa inicial foi recolher toda a produção e, junto com o autor, selecionar aqueles mais significativos, quer pela originalidade da pesquisa, quer pelas soluções interpretativas. Como se perceberá da leitura, os textos que aqui estão aparecem articulados a uma obra notável que, ao mesmo tempo coerente e envolvida no seu próprio fazer, revela a busca determinada de compreensão. Assim, um critério que também presidiu esta seleção foi a representatividade dos textos no conjunto da própria obra do autor, auxiliando o leitor a entender igualmente a própria historicidade da reflexão do historiador. Nesse sentido, não foi feita nenhuma atualização do conteúdo dos textos e sequer das referências bibliográficas. A ideia era apresentá-los como testemunhos de seu percurso, assim como do contexto intelectual de cada época. De maneira geral, em cada parte, há um critério cronológico que ordena os textos. Mas, como se percebe, ele não é exclusivo. Para facilitar, em nota de rodapé é indicada a referência da primeira (ou demais) edições. Esta foi a única intervenção dos editores. Todo o resto sendo, portanto, o texto definitivo do historiador.

O livro está dividido em três partes. Na primeira ("História") foram reunidos os artigos e os ensaios que representam, afora seu livro Portugal e Brasil na crise do Antigo Sistema Colonial, *parte significativa da produção do historiador. Inicialmente, os temas que prevalecem dizem respeito à colonização portuguesa e, mais amplamente, ao Sistema Colonial da Época Moderna. Prefigura-se a formulação da ideia de Antigo Sistema Colonial, noção operativa que terá centralidade em sua obra e também na historiografia brasileira. O artigo sobre a proibição das manufaturas no Brasil, no reinado de D. Maria I, assim como aquele sobre a extinção da escravatura em Portugal, ainda no governo do Marquês de Pombal (escrito junto com Francisco Falcon), partem da análise da política econômica portuguesa para iluminar, enfim, os vínculos entre a Ilustração e o Estado em Portugal no final do século XVIII. O tema da ruptura do Sistema Colonial, dos caminhos para a Independência também é abordado. Na década de 1990, Novais coordenou a coleção* História da vida privada no Brasil. *A obra coletiva, em quatro volumes, foi resultado de uma etapa de acumulação de novos temas e abordagens, que, além da nossa adequação local aos passos da produção internacional, sobretudo a francesa, trazia também os frutos das décadas anteriores de profissionalização da pesquisa histórica e de renovação do conhecimento universitário. O ensaio introdutório, no qual são estudadas as condições da privacidade na Colônia, revela-se, nesse sentido, um guia para a obra e para a pes-*

quisa em geral. Por fim, foram reunidos alguns ensaios mais pontuais, ligados à busca da desmitificação da ideia de Descobrimento do Brasil, que tomava a viagem do Cabral como o fato criador da Nação. Mostra-se aqui o historiador atuando plenamente, como pensador crítico, sempre pronto a nos desembaraçar das leituras ideológicas do passado.

Na segunda parte, estão os textos que podem ser enquadrados no campo da História da História, ou da historiografia, como alguns têm preferido denominar. São estudos de diversos autores e obras que se apresentam na forma de ensaios, introduções, resenhas ou prefácios. Revela-se, neste caso, o interesse do historiador pelo fazer *da História. Por outro lado, percebe-se o vínculo com outras notáveis soluções interpretativas e a postura sempre combativa e crítica com que busca defender a singularidade do ofício do historiador.*

Esta problemática se desdobra na terceira parte, na qual estão incluídas as entrevistas. Estas, na verdade, foram objeto de intervenção. Foram escolhidas cinco entrevistas, todas elas, com uma única exceção, realizadas entre 2000 e 2004. Com a ajuda do autor, definimos alguns temas e tópicos, procedendo então à seleção de trechos mais significativos, evitando repetições que cansariam o leitor. Em algumas ocasiões, para manter a fluidez do discurso, optou-se por adequar a redação do texto. Incluímos, todavia, indicações da origem do texto, o que permite ao leitor identificar o autor da pergunta. O que interessa aqui é, mais do que registrar a entrevista como um documento, apresentar a reação do professor Fernando às questões, suas respostas, sua reflexão. Descartou-se, assim, o cuidado com o contexto específico de cada entrevista. Não obstante, é justamente neste material que podemos apreender mais sobre os anos de formação do jovem estudante, o fortalecimento da vocação para a História, o vínculo com a Universidade de São Paulo, o papel central desempenhado pelo seu grupo geracional, em particular nas atividades do chamado "Seminário Marx". Por outro lado, é nas entrevistas que se acompanha com mais clareza a resposta do autor às críticas feitas às suas ideias sobre a estrutura e a dinâmica do Antigo Sistema Colonial.[2] *Como se sabe, desde aquele ano, muita tinta e muito papel foram gastos, nunca sem proveito, para criticar, demolir, apoiar, explicar, adequar, negar, compreender ou não compreender... a noção de Antigo Sistema Colonial. Que afinal, ape-*

---

[2] Fernando A. Novais, *Estrutura e dinâmica do antigo Sistema Colonial*, São Paulo, Cadernos CEBRAP, nº 17, 1974.

sar disso, continua iluminando os caminhos da pesquisa historiográfica e (ainda, que para alguns poucos negativamente) permanece como a referência teórica mais sólida para os estudos sobre a história do período colonial ou para a formação do Brasil contemporâneo. Para além, vale também indicar ao leitor que, nessa terceira parte, muitos aspectos do ofício do historiador — problemas teóricos e metodológicos, posicionamento diante das diversas correntes historiográficas etc. — são abordados.

Este livro é uma lição de método. A História, para Fernando Novais, não se faz com certezas, com afirmações pretensamente categóricas. Nas suas palavras, muito ao contrário, "em História, não pode haver nunca a obra definitiva; tudo a que podemos aspirar são aproximações". Os juízes da História são sempre os leitores, que, como dizia Borges, são "cisnes ainda mais tenebrosos e singulares que os bons autores". Cabe a eles verificar qual a melhor solução, qual a que mais satisfaz seus critérios de verdade e de compreensão. Afinal, ainda segundo o ditame borgiano, ler não "é uma atividade posterior à de escrever: mais resignada, mais civil, mais intelectual"? Com efeito, a atividade do leitor é sempre criativa. Bom leitor, notavelmente erudito, Fernando Novais sabe, como sugeriu Hans-Georg Gadamer, que "o sentido de um texto supera o seu autor não ocasionalmente, mas sempre". Afinal, "a compreensão nunca é um comportamento apenas reprodutivo, mas é sempre produtivo". Não há dúvida, e o leitor poderá agora certificar-se disto, de que o conjunto aqui reunido supera, em muito, cada uma das suas partes. E ajuda a revelar, em cada uma delas, o sentido de um percurso intelectual.

J'ai grand peur que cette nature ne soit elle-même qu'une première coutume, comme la coutume est une seconde nature.

Blaise Pascal

En suma, que el hombre no tiene naturaleza, sino que tiene... historia.

José Ortega y Gasset

Primeira parte:
HISTÓRIA

Colonização
e desenvolvimento econômico[1]

É pacífico que não se pode prescindir da perspectiva histórica na análise do processo de transformações econômicas e sociais do mundo contemporâneo. Assim, é no estudo comparado da colonização europeia nas várias regiões da América que se devem procurar as razões básicas dos acentuados desníveis de desenvolvimento existentes no momento atual entre os vários países americanos. O menosprezo desta perspectiva metodológica na abordagem do problema tem levado às vezes a deformar-se a realidade com interpretações errôneas.

Entre nós, as atenções se têm voltado via de regra para o rápido e extraordinário surto de desenvolvimento econômico dos Estados Unidos; a crescente intervenção do imperialismo norte-americano, em sua fase monopolista, nos vários setores de nossa economia, acaparando seus principais elementos, torna inevitável a comparação entre o desigual poder econômico das duas nações, e a procura dos fatores que explicariam as posições respectivas de predominância e subordinação em que se situam no momento presente. A constatação empírica de a colonização das áreas que hoje formam os Estados Unidos se ter iniciado com bastante atraso, quase de um século, em relação à das regiões brasileiras, afasta a cômoda explicação baseada na "juventude" ou "imaturidade" de nosso país.

A solução vulgar ou popular muitas vezes invocada reside, por outro lado, em atribuir a diferenças de natureza étnica os caminhos divergentes que as duas regiões seguiram na sua evolução histórica: o colonizador inglês seria inigualavelmente superior ao português. Nos domínios da historiografia bra-

---

[1] Publicado originariamente em *Jornal da Filosofia* (Grêmio da USP), outubro-novembro de 1957.

sileira pode-se rastrear os reflexos dessas ideias — inferioridade do colonizador português em relação a outros colonizadores, sobretudo germânicos — nas lamentações de alguns estudiosos, pelo fracasso do domínio holandês em Pernambuco e na Bahia (Calabar herói ou Calabar traidor etc.). É um ponto de vista que quase diríamos não necessita de refutação; falta-lhe qualquer base científica e esteia-se fundamentalmente em certos preconceitos de há muito superados. Nunca seria demais, contudo, recordar que outras regiões colonizadas por holandeses ou ingleses encontram-se, ainda em nossos dias, em estágio de subdesenvolvimento econômico, mantendo-se muitas vezes o estatuto colonial.

Na tentativa de superar o simplismo dessas explicações, Roberto Simonsen, em seu conhecido estudo sobre o nosso desenvolvimento industrial,[2] retomando considerações anteriores,[3] fez notar que as exportações do Brasil-colônia eram enormemente superiores às das colônias inglesas da América do Norte — o que se lhe afigurou superioridade da Colônia portuguesa; a inversão de posições explicar-se-ia basicamente pelas novas condições criadas pela revolução industrial e seu rápido desenvolvimento nos Estados Unidos. Percebe-se logo que a tese de Simonsen não faz mais que deslocar o problema, que consistiria agora em explicar as razões que possibilitaram a expansão das novas técnicas industriais nos Estados Unidos e a impossibilitaram no Brasil.

Quer nos parecer que a fragilidade dessas interpretações deriva do vício metodológico inicialmente apontado, isto é, a não consideração do problema em sua perspectiva histórica. Os estudiosos da colonização europeia sempre procuraram distinguir "tipos" diversos de colônias; essa diversificação, por seu turno, resulta de condições de natureza divergente, e variáveis no tempo. Nessa complexidade, porém, deve-se discernir, para fins de análise, dois setores de condicionamento — os da nação expansionista e os da nação ou região visadas —, para se compreender as condições básicas em que se processa a colonização e seu desenvolvimento posterior. Esta é pelo menos

---

[2] Roberto Simonsen, *A evolução industrial do Brasil*, São Paulo, Federação das Indústrias do Estado de São Paulo, 1939.

[3] Roberto Simonsen, *História econômica do Brasil (1500-1820)* [1937], São Paulo, Companhia Editora Nacional, 1957, p. 432.

a formulação do tema na obra de um dos mais modernos historiadores da expansão europeia:

> Expansão é, basilarmente, a entrada em contato de dois ou mais grupos — contato de múltiplas modalidades. A relação nunca se estabelece de um jacto: formam-se algumas malhas que depois servem de base a novas malhas. Se um grupo vai buscar outro, para entabular comércio ou para o conquistar, quais as condições internas que o levam a sair de si próprio? Quais as condições do segundo grupo que atraem o primeiro? E ao desenrolar-se o contato as condições internas de um e outro reagem entre si, modificam-se, adaptam-se.[4]

É da combinação dessas variáveis, assim equacionadas, que resultam tipos diversos de colônias; e a base colonial de sua organização econômica e social foi o ponto de partida, para aquelas que se separaram das metrópoles, de seu desenvolvimento posterior.

Nesta linha de interpretação, é essencial observar — como o fez em grande profundidade Caio Prado Jr.[5] — que o continente americano, em virtude de sua disposição ao longo dos meridianos e a consequente variedade de seus quadros geográficos, abriu possibilidades muito diversas aos estímulos de natureza fundamentalmente comercial dos colonizadores europeus do início dos Tempos Modernos. Os grupos ameríndios, pela natureza das culturas de que eram portadores e que resultavam de longo processo de equilíbrio e ajustamento ao meio americano, nada ofereciam de imediatamente promissor aos interesses dos empreendedores da Europa moderna (com exceção de algumas regiões colonizadas pelos espanhóis, onde havia a exploração das minas); assim, numa primeira fase, as atividades dos europeus se restringem a depredar as riquezas naturais (pau-brasil, peles etc.). Não há fixação ou povoamento; essas regiões constituem-se em "colônias de exploração" típicas. Na tentativa, por parte dos colonizadores, de superação dessa fase

---

[4] Vitorino Magalhães Godinho, *História econômica e social da expansão portuguesa*, Lisboa, Terra Editora, 1947, p. 8.

[5] Caio Prado Jr., *Formação do Brasil contemporâneo* [1942], São Paulo, Brasiliense, 1953, pp. 13-26.

puramente predatória, pelo povoamento e criação de riqueza, as várias regiões das Américas comportam-se de maneira diversa diante dos interesses europeus. As regiões tropicais, constituindo um quadro natural inteiramente diverso da Europa temperada, possibilitaram a produção de certos produtos agrícolas — os produtos tropicais, açúcar, algodão, tabaco — subsidiários ao mercado europeu; sua colonização torna-se, assim, no conjunto, uma empresa comercial. A América temperada, não oferecendo tais possibilidades, não é inicialmente ocupada; são condições peculiaríssimas da Europa e particularmente da Inglaterra que a farão procurada: crises sociais, conflitos políticos, perseguições religiosas etc. Daí o tipo de colonizador que emigra para essa parte da América ser inteiramente diverso; essas condições particulares esclarecem, mais talvez do que sua posição insular, o fato de a Inglaterra ter sido a principal fornecedora desse novo tipo de colonizador que procura reconstituir na América a vida europeia — fenômeno a que Charles e Mary Beard chamaram o "segredo colonial da Inglaterra".[6]

Passando da exploração predatória pura e simples para o povoamento e a criação de riqueza, entretanto, as colônias das nações tropicais do Novo Mundo, entre elas o Brasil, continuam visceralmente presas ao mercado europeu, de que seus produtos são subsidiários; sua economia se estrutura, conforme a substancial análise de Caio Prado Jr.,[7] inteiramente voltada para o mercado externo, não visando, se não muito secundariamente, à própria sociedade que aqui se estabelece; para este tipo de colônia funciona em sua plenitude a política mercantilista dos monopólios metropolitanos. Na sua essência, portanto, continuam colônias de exploração, ou, para empregar a expressão do historiador referido, não variou o "sentido" de sua colonização. Por seu turno, os historiadores da economia norte-americana (Kirkland, Faulkner, Bogart e Kemmerer, entre outros)[8] salientam que, sobretudo ou espe-

---

[6] Charles e Mary Beard, *The Rise of American Civilisation* [1927], Nova York, MacMillan, 1937, 2 vols.

[7] C. Prado Jr., *Formação do Brasil contemporâneo, op. cit.*, pp. 111-23.

[8] Edward Kirkland, *Historia económica de Estados Unidos*, México, Fondo de Cultura Económica, 1947; Harold U. Faulkner, *American Economic History*, Nova York, Harper & Brothers, 1954; Ernest Bogart e Donald Kemmerer, *Economic History of the American People*, Nova York, Longmans Green, 1955.

cialmente na parte norte do que hoje são os Estados Unidos, diante da impossibilidade de produção ancilar ao mercado europeu e em virtude do tipo de colonização anteriormente referido — os dois fatos estão intimamente ligados — estruturaram-se as atividades econômicas visando precipuamente aos próprios povoadores, ou pelo menos a que os setores de sua economia orientados para um desenvolvimento autônomo tivessem, nas condições reais em que se realizou a colonização, possibilidades de ampla expansão, em que pesassem as restrições da metrópole. Nesse sentido nunca foi "colonial" a economia dessas regiões norte-americanas. O fato, pois, de as regiões temperadas do Novo Mundo se colonizarem com atraso não comporta nenhuma desvantagem do ponto de vista econômico; significava, pelo contrário, que essas regiões, dadas suas condições geográficas em confronto com os estímulos da colonização, não se podiam inserir no esquema comercial de exploração europeia, e que só por circunstâncias peculiares se deu o seu povoamento — daí resultando, nessas áreas, uma vida econômica e social diversa da que se processava nas outras regiões colonizadas.

Tais diferenças de estrutura se tornam sensíveis num cotejo, posto que rápido e sumário, das formas de organização da produção: no primeiro caso, em que a ação colonizadora é na essência uma empresa comercial e se produz para a exportação, predomina a grande propriedade monocultora, escravocrata; no segundo, a pequena propriedade tem desde cedo condições de expansão, e com ela, a policultura — ampliando-se, assim, o mercado interno, o que possibilitou o desenvolvimento das atividades industriais. Há portanto que distinguir entre os dois tipos de colonização, embora ambos sejam de "fixação" (para usarmos o esquema de Georges Hardy): sob o estatuto jurídico colonial, o grau de vinculação econômica às respectivas metrópoles é muito diferente.

Não será talvez demais insistir em que essa divergência não decorre das metrópoles colonizadoras como tais, pois não é estimulada por elas; a situação vantajosa das colônias norte-americanas deriva de condições geográficas e histórico-econômicas concretas e que impedem outra solução — independentemente da política metropolitana e se realiza apesar dela. Em linhas gerais, há sempre um núcleo de normas comuns que informam a política econômica das potências colonizadoras dos Tempos Modernos (doutrina mercantilista de que as colônias existem para o enriquecimento das metrópoles);

simplesmente, variaram as possibilidades de consecução prática dessas diretrizes — realizando-se plenamente (como na colonização portuguesa do Brasil), ou procurando novos ajustamentos, diante de condições históricas objetivas, mas sempre mantendo suas aparências formais (colonização inglesa na América Setentrional temperada).

No conjunto do mundo colonial, portanto, as posições ocupadas pelos dois tipos de colônias são absolutamente diversas; varia a maneira pela qual se prendem aos respectivos impérios. Isto se manifesta claramente em seu comércio exterior. As colônias tropicais mantêm-se fornecedoras de produtos agrícolas subsidiários ao mercado europeu; as colônias temperadas inglesas da América Setentrional vão encontrar mercados consumidores para seus produtos nas colônias tropicais inglesas, francesas e espanholas do mar das Antilhas e nas da região sul dos Estados Unidos de hoje. Estas regiões, por isso, funcionam de certo modo presas à economia das primeiras; e no que se refere às colônias inglesas meridionais (sul do Delaware) esta situação irá gerar, depois da independência, as condições do conflito de secessão. Assim, impressionando-se com o volume do nosso comércio colonial, Simonsen não se preocupou em analisar sua natureza e direções, vendo uma vantagem onde se evidencia exatamente o contrário.

Com essas premissas, é fácil compreender que, desligando-se da metrópole, as colônias inglesas da América do Norte tinham condições de desenvolver uma política econômica autônoma — o que de fato se deu. Contrariamente, a América Portuguesa, tornando-se independente, devia necessariamente continuar presa às grandes potências econômicas; aliás, é sabido que, no fim do período colonial, Portugal funcionava como simples intermediário, sob a preeminência inglesa, iniciada com a Restauração e completada com os tratados de 1810. Dessa forma, com a independência, apenas se afastou o intermediário. Essas duas situações, por assim dizer opostas, ficaram nitidamente marcadas nas memórias da segunda metade de século XVIII. Os observadores ingleses que inspecionaram as colônias norte-americanas no pré-guerra de independência salientaram com vigor a capacidade de vida autônoma de que essas colônias se mostravam portadoras. Um deles, citado por Faulkner, notou, perfeitamente, o funcionamento global e autônomo da economia das colônias setentrionais e a sua complementarização nas regiões tropicais da América do Norte e Central — e a sua capacidade de excluir os produtos ingleses. E Vergennes, ministro francês, observava que as colônias inglesas da América, depois da Guerra dos Sete Anos, vencida a França como concorrente colonizadora, não mais necessitariam da proteção da metrópole e poderiam viver por si. O que se depreende dos documentos coevos referentes ao Brasil é exatamente o contrário. Há mesmo a tendência de responsabilizar os setores de atividade não voltados para os produtos agrícolas tropicais de exportação pelo atraso da Colônia. Escrevendo em 1794 o seu célebre *Ensaio econômico sobre o comércio de Portugal e suas colônias*, Azeredo Coutinho, um dos espíritos mais lúcidos do Brasil de então, procurava mostrar como se poderia desenvolver a colônia com a suspensão de uma série de limitações metropolitanas, argumentando que, assim, a própria metrópole lucraria; mas não deveria haver colisão de interesses, pois nesse caso (como no referente às manufaturas) a proibição era legítima.

Colonização e Sistema Colonial: discussão de conceitos e perspectiva histórica[1]

Embora seja um lugar-comum afirmar que o Brasil é fruto da colonização europeia, nem sempre se levam na devida conta todas as implicações envolvidas nessa assertiva. Nas histórias gerais de nosso país, há sempre uma parte referente ao Brasil-colônia, ao período chamado colonial, mas a preocupação de indagar o alcance e o significado do fenômeno colonização somente reponta, via de regra, naqueles passos que descrevem as tentativas autonomistas e no estudo propriamente da Independência; ou quando muito — e é o caso, por exemplo, da *História geral da civilização brasileira*, em curso de publicação[2] — considerações pertinentes aparecem em análises setoriais da vida econômica, sem por isso ascender a uma visão global e integrada do sistema colonizador que lastreia todos os elementos formadores do Brasil moderno. Há, por outro lado, um conjunto de trabalhos polêmicos que de fato abordam diretamente o tema, mas o fazem numa perspectiva invariavelmente carregada de valorações e não isenta de bizantinismos. A explicitação do sentido mais profundo da colonização europeia na época mercantilista[3] e mais ainda a caracterização da maneira pela qual o Brasil se insere nesse

---

[1] Publicado originariamente em *Anais do IV Simpósio dos Professores Universitários de História*, São Paulo, 1969, pp. 243-68. Comunicação apresentada na IV Sessão de Estudos, 5 de setembro de 1967.

[2] *História geral da civilização brasileira*, São Paulo, Difel, 1960, dirigida por Sérgio Buarque de Holanda (já cinco volumes publicados, os dois primeiros relativos à época colonial).

[3] Adiantemos, desde logo, que Caio Prado Jr. (cf. *Formação do Brasil contemporâneo*) constitui significativa exceção no quadro que descrevemos. Às suas reflexões teremos naturalmente de nos reportar ao longo deste trabalho.

complexo e as sucessivas posições que nele vai ocupando constituem campo particularmente fecundo para a investigação e a reflexão do historiador, e tarefa ainda longe de ter sido esgotada. Sua importância, porém, dificilmente poderia ser exagerada, uma vez que o aprofundamento dessa análise irá necessariamente iluminar e reequacionar todo o período formativo de nossa história.

Não pretendemos, à evidência, nos limites desta comunicação, acometer tal empresa, que reservamos para tentar em futuros trabalhos em elaboração. Intentaremos, apenas, uma análise crítica dos conceitos de "colonização" e "Sistema Colonial", a partir da perspectiva do estudioso de História em que nos colocamos; isto é, procuraremos indicar em que linha a utilização dessas categorias se torna fértil para a compreensão do nosso passado colonial. Notemos, outrossim, que, até certo ponto, essa discussão conceitual é uma exigência preliminar à consecução da tarefa mais ampla a que nos referimos. Quando menos, servirá como esforço de esclarecer os vários sentidos de termos correntes na historiografia nacional e mesmo nas variadas interpretações da realidade brasileira que se têm multiplicado nos últimos anos.

De fato, encarada em bloco, toda a história do Brasil pode referir-se a um imenso processo ainda não encerrado de absorção de correntes imigratórias e consequente ocupação e povoamento de uma vasta área geográfica de dimensões continentais. O Brasil apresenta-se, assim, como o país por excelência da imigração e da "colonização", ainda em curso. Circunscrevendo-se a áreas mais restritas dentro do conjunto, identificam-se aquelas regiões onde o povoamento se processa mais recentemente, configurando as frentes pioneiras ou de "colonização". "Economia colonial", sua superação, sua persistência são temas correntes nas discussões contemporâneas sobre o problema do desenvolvimento econômico. Reportam-se os autores constantemente à "nossa formação colonial", descreve-se a "situação colonial" — já Vilhena, na sua preciosa *Recopilação* (1802), referia-se ao "viver em colônias".[4] Indaguemos, portanto, os vários sentidos dessas expressões, para aquilatarmos o

---

[4] Luís dos Santos Vilhena, *Recopilação de notícias soteropolitanas e brasílicas* [1802], Salvador, Imprensa Oficial do Estado, 1921, p. 289. Carlos Guilherme Mota, em estudo que prepara, explora sob este ângulo ainda não examinado a personalidade e a obra de Vilhena.

maior ou o menor alcance analítico da sua utilização, o valor do seu emprego para a compreensão da realidade histórica.

* * *

Na perspectiva mais geral — a das relações entre os homens e a paisagem, que é o ângulo de observação dos geógrafos —, a colonização se apresenta como uma modalidade das migrações humanas, como uma forma evoluída de elaboração do ecúmeno.[5] Neste plano, os deslocamentos populacionais inscrevem-se no processo de humanização da paisagem terrestre, na ampliação da área de expansão da espécie humana; esse crescente alargamento do espaço da habitação do homem no globo envolve sempre povoamento e valorização de novas regiões. Maximilien Sorre, que estamos seguindo neste passo, indica que o complexo geográfico que assim se forma, a paisagem humanizada que se cristaliza no *habitat*, comporta sempre um maior ou menor grau de mobilidade, levando continuamente a tensão às fronteiras do ecúmeno, e alterando assim a sua estrutura interna.[6] A imobilidade perfeita é apenas um recurso teórico de análise e representaria adequação ótima do grupo ao meio ambiente, o equilíbrio absoluto entre recursos, técnicas e crescimento demográfico; no polo oposto, a mobilidade total exprime-se na situação em que o próprio *habitat* é móvel, como entre os pastores nômades. Se postularmos constante a massa do grupo humano e o aparato tecnológico, a utilização dos recursos ambientais tenderá a assumir caráter extensivo, ampliando-se a área de exploração, como na agricultura itinerante. Pressupondo-se, porém, crescimento demográfico constante e, pois, limitado o espaço disponível, ou se engendram técnicas progressivas de aproveitamento de recursos, ou se dá o fenômeno da migração. Nesse contexto, é possível visualizar o movimento geral de valorização econômica do espaço terrestre; processo que, a partir dos Tempos Modernos, assume a feição de europeização do Mundo.

Examinemos, agora, em que medida essa sistemática conceitual se pode tornar fecunda para a compreensão de processos históricos concretos e, em

---

[5] Maximilian Sorre, *Les Migrations des Peuples*, Paris, Flammarion, 1955, pp. 125 ss. Ver também a tipologia das migrações, em *Fondements de la Géographie Humaine* (Paris, Armand Colin, 1948), do mesmo autor, t. II, vol. I, p. 559.

[6] M. Sorre, *Les Migrations des Peuples, op. cit.*, pp. II ss.

particular, da história colonial do Brasil. Encarados deste ângulo, os conceitos revelam-se excessivamente generalizadores. De fato, ao procurar apreender em bloco os mecanismos de formação da paisagem atual, que é o seu campo específico de análise, o ponto de vista da geografia insiste naturalmente em destacar o seu substrato comum, as identidades que se encontram nas várias manifestações do fenômeno. Assim, "colonização" significa uma forma de ocupação e valorização (*mise en valeur*) de novas áreas, forma superior por ser orientada pelo Estado moderno. Se encararmos, por exemplo, a colonização portuguesa no Brasil, não resta dúvida de que ela configura ocupação, povoamento e valorização do espaço americano; entretanto, envolve este processo histórico outros componentes — aqueles precisamente que lhe advêm da peculiaridade do "momento" em que ocorre — que eventualmente podem ser mais relevantes como categorias explicativas, e no caso são, como procuraremos indicar mais adiante. Não quer isto dizer, convém para logo deixar claro, que consideramos errados aqueles conceitos; eles se prestam admiravelmente aos fins a que se propõem, isto é, às análises geográficas, e os trabalhos dos geógrafos aí estão para demonstrá-lo. Mais ainda, e já agora tendo em conta a tendência ao entroncamento que cada vez mais se acentua nos domínios das ciências humanas,[7] diremos que há determinadas situações históricas em que, no fenômeno colonização, são esses elementos mais gerais, os denominadores comuns, que assumem importância maior em face de outros componentes, passando a defini-los e a não se definir por eles: nestes casos, é a perspectiva antes descrita que poderá conduzir à compreensão mais exata da realidade. Assim, para exemplificarmos no interior de nossa

---

[7] Cabe lembrar a recente reedição (1966) do clássico *La Méditerranée, et le Monde Méditerranéen à l'Époque de Philippe II*, de Fernand Braudel (1ª ed., 1949), em que o entrelaçamento de geografia e história se realiza de forma admirável. O geógrafo Roger Dion, por seu turno, navega nas mesmas águas ao esboçar os lineamentos de uma geografia humana retrospectiva (*Cahiers Internationaux de Sociologie*, V-VI, 1949). Max Sorre escreveu sobre as relações entre Geografia e Sociologia (cf. *Rencontres de la Géographie et de la Sociologie*, 1957). História e Sociologia, História e Economia são objeto das indagações de F. Braudel no capítulo que escreveu ao *Traité de Sociologie*, 1958, vol. 1, dirigido por Georges Gurvitch e no artigo dos *Annales* (outubro-dezembro, 1958) sobre a "longa duração". Multiplicam-se ultimamente os encontros interdisciplinares.

história, a colonização alemã ou italiana no Brasil meridional, ou a marcha da frente pioneira paulista modelarmente estudada por Pierre Monbeig.[8]

Mas se, para a abordagem do Brasil-colônia, esta linha de explicação deixaria de lado os segmentos mais significativos da realidade, conduzindo portanto a uma visão inexata do fenômeno, isso não significa que seja inútil tê-la presente no esforço de reconstituição do passado. Como já dissemos, essa perspectiva ilumina uma face da realidade — colonização portuguesa no Brasil, na época mercantilista — a qual, entretanto, tem de ser combinada com outros elementos do conjunto que, no contexto da época, assumem a posição de componentes essenciais que definem os demais e estruturam o todo, dando sentido à realidade. Assim, na colonização da época mercantilista, a ocupação e a valorização das novas áreas — a europeização do Novo Mundo — se processa nos quadros do "Sistema Colonial" que enforma todo o movimento. E é em função da fase e das características da vida econômica da Europa nessa época, isto é, em função da estrutura e do funcionamento do "capitalismo comercial",[9] em que as economias periféricas passam a ter papel essencial na dinâmica do desenvolvimento econômico, que a expansão da colonização passa a desenrolar-se balizada pelo arcabouço do Sistema Colonial do mercantilismo, dando assim lugar à formação das estruturas econômicas típicas das áreas dependentes, as economias coloniais. Há, portanto, uma forma específica de ocupação e valorização de novas áreas dentro do capitalismo comercial e da política mercantilista; ou, noutros termos, a "colonização" assume a forma predominantemente mercantilista na época que medeia entre os Grandes Descobrimentos e a Revolução Industrial. É, pois, a partir das coordenadas da estrutura socioeconômica da época, a partir das relações dos homens entre si e não dos homens com a natureza, que se poderá apreender o sentido da colonização do Brasil. Sintetizando, para retomar-

---

[8] Pierre Monbeig, *Pionniers et Planteurs de São Paulo*, Paris, Armand Colin, 1952.

[9] Na historiografia econômica contemporânea acentuam-se cada vez mais os esforços no sentido de se definir o capitalismo comercial como estrutura particular da vida econômica da Época Moderna, com seus mecanismos próprios. Frédéric Mauro, "Towards an 'Intercontinental Model': European Overseas Expansion between 1500 and 1800", *The Economic History Review*, vol. 14, 1961.

mos mais adiante, o Brasil nessa perspectiva apresenta-se como produto da colonização europeia e parte integrante do Antigo Sistema Colonial.

Com o que fica dito, poderia talvez parecer que, de nosso ponto de vista, para a análise da colonização que se desenrola nos quadros do Antigo Sistema Colonial do capitalismo mercantil, a perspectiva propriamente geográfica antes esboçada seria de utilidade nula. Mas, não; convém ainda insistir que se a realidade (colonização) se torna naquele contexto mais complexa, isto é, povoamento e valorização das novas regiões inserem-se na estrutura do Sistema Colonial que passa a modelar a sua forma sem com isso anular essa camada do real, segue-se que, no nível da consciência, isto é, na construção dos conceitos capazes de expressar toda a complexidade do fenômeno na sua manifestação histórica concreta, temos de formular uma categoria que inclua e situe a concepção primitiva. Retenhamos, portanto, nesta tentativa de elaborar o esquema conceitual e explicativo eficaz para compreensão do Brasil-colônia, esta primeira visão do processo colonizador como expansão do espaço terrestre da habitação humana (ecúmeno), como ocupação, povoamento e valorização de novas áreas geográficas.

Desloquemos, pois, o foco de nosso interesse para outra ordem de estudos que dizem respeito à colonização: referimo-nos à classificação dos diversos tipos de colônias. Tais classificações aparecem via de regra em obras dos teóricos da colonização que também o são, às vezes, do colonialismo.

Nesta linha, a obra clássica é sem dúvida o famoso e irrecusavelmente brilhante *De la Colonisation chez les Peuples Modernes* (1874), de Paul Leroy-Beaulieu. Sua publicação ocorreu no início da segunda fase do expansionismo colonialista europeu, que *grosso modo* se pode localizar entre 1869 (abertura do canal de Suez) e a eclosão da Primeira Guerra Mundial — a Grande Guerra —, tendo seu ponto culminante na conferência de Berlim (1884-1885), que fixou as regras da partilha da África pelas grandes potências.[10] Daí considerar a colonização o apanágio dos "povos civilizados", das "sociedades mais adiantadas", enfim "uma arte que se forma na escola da experiência", cujos princípios o livro se destina a explicitar. É nesse espírito que investiga o passado, e não obstante esse enviesamento do enfoque, a lucidez do

---

[10] Maurice Baumont, *L'Essor Industriel et l'Impérialisme Colonial*, Paris, PUF, 1949, especialmente pp. 58-116.

autor permite-lhe traçar um quadro altamente sugestivo do movimento colonizador europeu desde o início dos Tempos Modernos; o exame da história da colonização visa, pois, a possibilitar a elaboração de uma tipologia das colônias, o que por sua vez abre caminho à fixação dos princípios que devem orientar o regime a ser aplicado nos estabelecimentos coloniais.

A classificação das colônias que correu mundo e ganhou fama na pena de Leroy-Beaulieu funda-se contudo diretamente na tipologia elaborada já desde 1848 pelo alemão Wilhelm Roscher.[11] Neste quadro, são quatro as grandes categorias em que se classificam as colônias. Sintetizemos rapidamente esses conceitos. Em primeiro lugar, as "colônias de conquistas" (*Eroberungskolonien*), aquelas em que os colonizadores visam a vantagens não da produção mas da exploração política e militar dos indígenas; tais as dominações de Alexandre Magno no Oriente, ou dos normandos no sul da Itália, da França, da Inglaterra. Vêm a seguir as "colônias comerciais" (*Handelskolonien*), ou seja, entrepostos (*Zwischenstation*) onde há muito para comprar e vender, mas não condições para o comércio livre, por exemplo Cingapura ou as possessões estabelecidas desde o século XV pelos portugueses no Oriente. As "colônias agrícolas" (*Ackerbaukolonien*) formam o terceiro grupo: para estas, que se localizam naturalmente em áreas pouco habitadas, aptas à cultura e de clima semelhante ao da metrópole, dirigem-se povoadores (*Ansiedler*) com seus bens e suas famílias, instalam-se autonomamente, e pouco a pouco progridem; são, assim, necessariamente frouxos os laços com a mãe-pátria, tendem essas colônias a tornarem-se nações independentes. As colônias da Nova Inglaterra exemplificam esta categoria. Finalmente, as "colônias de plantação" (*Pflanzungs kolonien*) completam o quadro. Servem, diz Roscher, para o aprovisionamento dos produtos coloniais (*Kolonialwaaren*): açúcar, café, índigo, cochonilha etc. — importantíssimas mercadorias que se não podem produzir no clima metropolitano. Em suma, nas palavras do autor, "as estufas da Europa" ["Die Treibhäuser von Europa"].[12] Os empresários coloniais, nessas paragens tropicais onde se estabelecem as plantações, utilizam trabalho escravo e, tão logo enriquecem, procuram retornar à mãe-pátria. As

---

[11] Wilhelm Roscher e Robert Jannasch, *Kolonien. Kolonialpolitik und Auswanderung*, Leipzig, C. F. Winter, 1885, pp. 2-32.

[12] *Idem, ibidem*, p. 23.

grandes lavouras antilhanas de holandeses, franceses e ingleses tipificam esta classe. Tal, em linhas muito gerais, a classificação do teórico germânico.

Reexaminando o assunto, Paul Leroy-Beaulieu começa por excluir a primeira categoria (as colônias de conquista).[13] Efetivamente, sendo a sua preocupação básica distinguir os tipos de colônias para indicar os regimes mais aplicáveis a cada um, em função dos "recursos, dos costumes e do gênio da nação que quer colonizar, e não propriamente conquistar, a primeira categoria fica fora de suas cogitações. Todas as colônias reportam-se, pois, a "três tipos irredutíveis, entre os quais nenhuma confusão é possível". São basicamente as três categorias já estabelecidas por Roscher. Na apresentação do economista francês, as colônias de comércio são propriamente "entrepostos" (*comptoirs*) e visam a uma mercancia excepcionalmente rentável à metrópole; fixam-se em países ricos e populosos, mas "primitivos" sob certos aspectos e onde o comércio não atingiu a liberdade de movimentos que é característico das nações civilizadas. A metrópole, por sua vez, não necessita, para estabelecer e manter tais colônias, ser muito populosa, mas é indispensável ter uma potente marinha; a atividade colonial vai exigir grandes inversões, mas pouca gente. Essencial para o êxito da empresa é a posição da colônia na rede das grandes rotas. Assim uma ilhota como São Tomé ou uma ponta de rochedo, como Cingapura. Uma vez estabelecidas, essas colônias-entrepostos podem se encaminhar para três destinações: ou o povo, no qual elas se encravaram, entra em decadência em termos de unidade e força, e então elas se tornam cabeças de ponte para uma conquista continental (é o caso da Índia); ou o povo progride, entrando em relação mercantil com todas as nações, e então o entreposto perde razão de ser e desaparece; ou, enfim, o equilíbrio mantém-se. Estabelecimento desta ordem são os dos portugueses na África e na Ásia, dos holandeses e ingleses no Oriente etc.

Os outros dois tipos são, diz Leroy-Beaulieu, mais complexos. As "colônias" agrícolas ou "de povoamento" (*peuplement*) instalam-se em regiões pouco habitadas e de ambiente geográfico semelhante ao da metrópole; esta deve ser grande e populosa para poder promover intensa emigração para o Ultramar — do contrário perdem-nas, como ocorreu com os estabelecimen-

---

[13] Paul Leroy-Beaulieu, *De la Colonisation chez les Peuples Modernes*, Paris, Guillaumin, 1874, pp. 533 ss.

tos da Holanda e da Suécia na América do Norte. Não se exigem grandes investimentos, mas sim volumosa migração, pois se trata de povoamento. O progresso é lento, a ambiência, democrática, a autonomia, inevitável. Em suma, a Nova Inglaterra. A terceira categoria — "colônias" de plantação ou "de exploração" (*exploitation*) — envolve aquelas capazes de produzir mercadorias de exportação, produtos destinados ao mercado exterior. O meio geográfico deve necessariamente ser diverso do metropolitano (para que a colônia possa produzir os produtos de que carece a metrópole); o Intertrópico é a zona de eleição para este gênero de empreendimento. Reclamam grandes inversões de capital e organização "artificial" (*sic!*) do trabalho, tais como a escravidão ou a imigração engajada (*indented*) ou a colonização "sistemática" recomendada por Wakefield para garantir mão de obra aos empresários coloniais. A riqueza dessas colônias multiplica-se rapidamente, o crescimento demográfico é lento, a prosperidade é mais vulnerável às crises. O estado da sociedade "deixa sempre muito a desejar". O espírito democrático é débil, e não amadurecem tão cedo para a independência.[14]

Mais recentemente, Georges Hardy,[15] retomando as preocupações classificatórias referentes à expansão colonizadora europeia, começa por circunscrever o "fato colonial". Não se confunde ele com invasão, migração, conquista; pressupõe o Estado colonizador, e dá lugar a um organismo distinto, sorte de novo Estado: colônia supõe metrópole, isto é, mantença e reconhecimento de liames com o meio de origem. Chamar, por isso, "colonização" ao movimento de ocupação e valorização (*défrichement*) da Europa, ou denominar "colônias" os agrupamentos de italianos no Brasil ou de russos em Pa-

---

[14] Na primeira edição de sua obra (1874), Leroy-Beaulieu não usa as expressões "povoamento" e "exploração", na realidade modelares para caracterizar duas estruturas fundamentalmente distintas como já acentuou incisivamente Caio Prado Jr. (cf. *Formação do Brasil contemporâneo* [1942], São Paulo, Brasiliense, 1953, pp. 13-26). Essa nomenclatura, contudo, ocorre nas numerosas reedições do *De la Colonisation chez les Peuples Modernes* (ver, por exemplo, a 5ª edição, 1902, t. II, pp. 563 ss).

[15] De Georges Hardy, historiador, geógrafo e perito em assuntos coloniais, ver: *La Politique Coloniale et le Partage de la Terre au XIXe et XIXe Siècles*, Paris, Albin Michel, 1937; *Géographie et Colonisation*, Paris, Gallimard, 1933; *Vue Générale de l'Histoire d'Afrique*, Paris, Armand Colin, 1937; *Histoire de la Colonisation Française*, Paris, Larose, 1938.

ris, constitui abuso dos termos, linguagem só aceitável como metáfora.[16] O autor critica, a seguir, o critério consagrado pelo seu antecessor: "povoamento" cobre realidades distintas, nem há "exploração" sem povoamento; são todas áreas de povoamento europeu.[17] Há que se distinguir a *forma* do povoamento. De aí, "colônias de enraizamento" (*enracinement*), onde os europeus se fixaram seja por "substituição" da população preexistente (Canadá, Austrália), seja por "associação" (Américas Espanhola e Portuguesa) ou "repovoamento", que comporta importação de mão de obra (Antilhas); "colônias de enquadramento" (*encadrement*), onde o elemento indígena continua sempre constituindo a massa da população, porém dirigida, orientada, "enquadrada" pelos europeus (refere-se, supomos, às colônias mais recentes resultantes da partilha da África); enfim, estabelecimentos que não visam à exploração nem envolvem povoamento, simples colônias de "posição ou ligação", presas antes a interesses políticos.[18]

Critiquemos, agora, essas classificações, procurando isolar os elementos sugestivos, os conceitos fecundos que porventura possam conter para os objetivos que temos em vista. Teorizações feitas com fins práticos (colonialismo), as classificações em si mesmas não podem evidentemente apreender a peculiaridade dos momentos históricos em que se processa a colonização nas suas várias modalidades, como predomina tal tipo em determinada época, o que é mais significativo numa ou noutra fase — e todas essas questões são essenciais quando se vai analisar a história concreta da colonização portuguesa no Brasil, do século XVI ao XVIII. Nada obstante, ao discriminar os vários gêneros de colônias, as classificações procuram ordenar os componentes da realidade histórica da colonização em geral, e dessa forma acabam por nos abrir caminho na tarefa de identificar os componentes essenciais da colonização mercantilista.

Preliminarmente, convém retomar a noção primeira que já fixamos: colonização significa sempre ocupação, povoamento e valorização de novas

---

[16] G. Hardy, *La Politique Coloniale et le Partage de la Terre au XIXe et XIXe Siècles, op. cit.*, pp. 9 ss.

[17] *Idem, ibidem*, pp. 15 ss.

[18] A classificação de Georges Hardy ocorre em *La Politique Coloniale et le Partage de la Terre au XIXs et XXe Siècles, op. cit.*, pp. 15 ss., e em *Géographie et Colonisation, op. cit.*, pp. 27 ss.

áreas; ora, estabelecida esta premissa, excluem-se naturalmente do campo de análise as "colônias de conquista" da classificação de Roscher, já abandonadas, aliás acertadamente quanto a nós, por Leroy-Beaulieu; mas abandonamos também, necessariamente, as "colônias comerciais" (Roscher), os "entrepostos" (Leroy-Beaulieu) e as "colônias de posição" de Hardy. São fenômenos de outra ordem, que não envolvem propriamente povoamento e valorização de novas regiões e pois não entram no quadro histórico da colonização. O que não quer dizer que não se possam ligar, estar até na raiz do processo colonizador, como ainda veremos; porém, em si mesmos, ficam fora da colonização com tal.

Isto posto, importa para logo acrescentar que permanecem de um lado as categorias no fundo idênticas de Roscher e Leroy-Beaulieu, mais bem formuladas por este último, e de outro, os tipos de colônias discriminados por Hardy. Ora, a classificação mais recente parece-nos francamente inferior às categorias clássicas. De fato, enquanto Roscher e Leroy-Beaulieu fundam sua tipologia (agrícolas de povoamento, plantação de exploração) num critério basicamente socioeconômico, e em função das relações com as metrópoles, Hardy encaminha-se para um critério em última instância étnico, tomando como base a composição populacional resultante da empresa colonizadora nas várias regiões em que incide a sua ação. Atente-se a que não é apenas a diversidade de critérios, socioeconômico de uma parte e doutra étnico, que está fundamentando o nosso juízo; isto de si seria suficiente, pois a colonização da época mercantilista, na qual se desenrolou o devassamento e povoamento do Brasil, é essencialmente empresarial e capitalista, como ainda esperamos deixar claro. É que Leroy-Beaulieu (aqui mais explícito do que Roscher) incide decisivamente nas relações metrópole-colônia, centro dinâmico-periferia complementar, e suas categorias resultam por isso mais flexíveis e pois mais aptas à análise de processos históricos, enquanto Hardy desloca o eixo da caracterização para o resultado do processo na área colonizada. Ora, empresarial e capitalista, a colonização provocada pelo capitalismo comercial da Época Moderna realiza-se em função das tensões socioeconômicas, das vicissitudes e das exigências das economias metropolitanas europeias. É pois nessas relações que se deve buscar a linha diretriz da análise, são elas que, nos seus princípios informadores e nas suas práticas efetivas, levam à configuração do "Sistema Colonial" que permeia toda a história da colonização mercantilista. Não é certamente inútil a caracterização de Hardy, mas não é essencial; poderá servir para fins outros que não a compreensão global da colonização do Brasil.

O que, a nosso ver, é de preservar-se dessas páginas de Hardy são as suas pertinentes consideração sobre a especificidade do "fato colonial" e sobretudo a necessidade da relação bilateral metrópole-colônia.[19] Com efeito, nem toda migração há que envolver necessariamente ação colonizadora, embora seja evidente a impossibilidade de haver colônia sem deslocamento populacional. Assim, por exemplo, Joel Serrão, analisando o fenômeno "emigração", constante, a partir do século XV, na história de Portugal, faz notar que não coincide sempre necessariamente com a expansão colonial portuguesa, e fixa, com nitidez, os conceitos de "emigrante" e "colono".[20] Entre nós, na segunda metade do século passado, em face da supressão do tráfego negreiro disputava-se sobre as vantagens da "imigração" (vinda de estrangeiros para os trabalhos da grande lavoura exportadora) ou "colonização" (fundação de núcleos "coloniais" de pequenos proprietários),[21] mas já vimos, com Hardy, que é pelo menos impreciso usar os termos "colônia", "colonização" neste sentido.

Conservemos, portanto, neste passo, as categorias fundamentais de "povoamento" e "exploração" como modalidades básicas da colonização da época do Antigo Regime. Nova Inglaterra e Brasil tipificam as duas estruturas, mas convém para logo dizer que em termos de predominância de caracteres e não de sua exclusividade, em termos relativos e não absolutos, como aliás tudo em História. O que Georges Hardy verdadeiramente não compreendeu, quanto a nós, na sua crítica desse critério de diferenciação, é que, embora evidentemente não possa haver exploração sem povoamento, nem este sem aquela, numa estrutura o essencial é a exploração, noutra, o povoamento. As colônias de exploração povoam-se para explorar (isto é, produzir para o mercado metropolitano), as de povoamento exploram os recursos do am-

---

[19] G. Hardy, *Vue Générale de l'Histoire d'Afrique, op. cit.*, pp. 9 ss.

[20] Joel Serrão, verbete "emigração", em *Dicionário de história de Portugal*, Lisboa, Iniciativas Editoriais, 1965, 4 vols.

[21] José Fernando Carneiro, *Imigração e colonização no Brasil*, Rio de Janeiro, Oficinas Gráficas da Universidade do Brasil, 1950.

biente no fundamental para prover o seu próprio mercado (isto é, exploração para o povoamento); numa situação, povoamento explica a exploração, noutra, é a partir da exploração que se pode entender o próprio povoamento. Caio Prado Jr., que penetrantemente identificou a fecundidade dessas duas configurações e lhes marcou nitidamente os contornos na introdução de sua extraordinária obra já citada, parte daí para a análise da estrutura econômica da colônia em dois setores básicos: um, essencial e imediatamente voltado para o centro dinâmico metropolitano (economia de exportação), outro, dependente e que se explica a partir do primeiro (economia de subsistência), acentuando que naturalmente os produtos de exportação podem ser, e o são, também consumidos na colônia, e os de subsistência eventualmente exportados (ou passar de subsistência para exportação) sem que isto em nada retire a validez explicativa das duas características.[22] Também a Celso Furtado, que sob outros aspectos se afasta das análises de Caio Prado Jr., são as duas categorias fundamentais de colônias de exportação ou exploração e colônias de povoamento que interessam para situar a formação econômica brasileira no quadro da expansão colonial europeia.[23] Já o "velho" Roscher parece que percebia bem o alcance da distinção; no curso de sua classificação, tendo fixado o tipo de "colônias agrícolas" (que, como vimos, já esboça o sentido de colônias de povoamento), ao passar a tratar das "colônias de plantação" (exploração) como categoria distinta, pergunta-se se não seria o caso de considerá-las um subtipo das colônias agrícolas, pois que de agricultura se trata; mas, insiste com acuidade, a diferença é tão essencial que se tornou o fundamento da tenebrosa guerra de secessão nos Estados Unidos da América.[24] E o não menos agudo Leroy-Beaulieu, por sua vez, já prevenia que as diferentes categorias coloniais não se apresentavam "em estado puro".[25]

Fechemos esta parte, inventariando os resultados obtidos na discussão conceitual. *Colonização* significa, no plano mais genérico, alargamento do es-

---

[22] C. Prado Jr., *op. cit.*, pp. 13-26, 113-23, 151-4.

[23] Celso Furtado, *Formação econômica do Brasil*, Rio de Janeiro, Fundo de Cultura, 1959, pp. 11-52.

[24] W. Roscher e R. Jannasch, *op. cit.*, pp. 23-4.

[25] P. Leroy-Beaulieu, *op. cit.*, p. 537.

paço humanizado, envolvendo ocupação, povoamento e valorização de novas áreas (Sorre); mais estritamente, como processo criador de colônias, essas novas regiões configuram entidades políticas específicas (*colônias*), que se definem na relação bilateral metrópole-colônia (Hardy); historicamente, na Época Moderna, entre a expansão ultramarina europeia e a revolução industrial, *exploração* e *povoamento* (Leroy-Beaulieu) constituem-se nos dois sentidos básicos em que se processa o movimento de europeização no mundo, delimitando as duas categorias fundamentais de colônias geradas nesse período. Assim, a pouco e pouco, mediante a crítica dos conceitos vamo-nos aproximando da perspectiva histórica, pois somente ela permite enlaçar todos esses elementos, revelando-lhes o sentido como partes de uma totalidade concreta e dinâmica, que procuraremos agora explicitar.

Rigorosamente, a consecução desse desiderato exigiria nada menos que toda a história da expansão ultramarina e colonial europeia nos séculos XVI, XVII e XVIII, o que evidentemente está além de nosso alcance e fora de nosso propósito nesta comunicação. Na verdade, posto que somente o estudo histórico concreto do período pode resolver os problemas e explicitar as conexões entre os vários segmentos da realidade nas suas múltiplas manifestações, não será de certo inútil a tentativa de estabelecer, à base das linhas mais gerais da história da época, o esquema conceitual e explicativo com que se deva abordar a análise de uma das manifestações desse complexo: no caso, a história da colonização portuguesa no Brasil no quadro do Antigo Sistema Colonial. É nesta faixa de indagações que nos posicionamos, procurando fixar e explicitar os pressupostos com que se deve enfocar, de maneira efetivamente compreensiva, o Brasil-colônia.

Visualizada em conjunto, a chamada Época Moderna, isto é, o período que transcorre entre o Renascimento e a Revolução Francesa, ou entre a expansão ultramarina e a revolução industrial, apresenta-se-nos como a etapa da história do Ocidente em que predominam as formas políticas do absolutismo, e, no plano social, a organização da sociedade em "estados" ou "ordens". Ao deslocar o ângulo de observação para o universo das relações econômicas, defrontamo-nos com o capitalismo comercial e a política mercantilista; contemporaneamente, assiste-se à prodigiosa expansão marítima e comercial da Europa, e seu consequente desdobramento na implantação das colônias no Ultramar.

Tais as peças do sistema, e o seu simples enunciado já nos conduz à procura das conexões recíprocas. Entre a monarquia unitária e centralizada, ou mais exatamente entre o processo de unificação e centralização, e a política mercantilista são claras as relações, pois, como demonstrou definitivamente Heckscher,[26] a política mercantilista foi um instrumento de unificação ao mesmo tempo, aliás, que pressupunha um certo grau de integração nacional para que se pudesse executar. Na base de ambos esses segmentos, a expansão da economia de mercado em detrimento da economia dominial da Idade Média envolve a consequente emersão das classes burguesas no bojo do terceiro estado que assim tende a se diferenciar cada vez mais; efetivamente, a subordinação de toda a sociedade ao poder da realeza — essa estranha e aparente projeção do poder para fora da estrutura social, a passagem da suserania à soberania — representou no conjunto a forma de a burguesia assegurar-se das condições de garantir a sua própria ascensão e criar o quadro institucional do desenvolvimento do capitalismo comercial. Tratava-se, em última instância, de subordinar todos ao rei, e orientar a política da realeza no sentido do progresso burguês, até que, a partir da Revolução Francesa e pelo século XIX afora, a burguesia se pudesse tornar, como diria Charles Morazé, "conquistadora" e modelar a sociedade à sua imagem, de acordo com seus interesses, segundo os seus valores. Estratégia nem sempre explícita no nível da consciência individual, e sempre inçada de dificuldades sem conta; a história concreta desse processo é sobremaneira tortuosa — Fernand Braudel pôde falar nas "traições" da burguesia.[27] De qualquer forma, Roland Mousnier, especialista no assunto, equaciona as variações do regime político dessa época em função da importância maior ou menor da burguesia nas várias partes da Europa, e pois do grau mais ou menos intenso de desenvolvimento do capitalismo mercantil.[28]

---

[26] Eli F. Heckscher, *La Época Mercantilista. Historia de la Organización y las Ideas Económicas desde el Final de la Edad Media hasta la Sociedad Liberal*, Mexico, Fondo de Cultura Económica, 1943, pp. 17-29.

[27] F. Braudel, *La Méditerranée, et le Monde Méditerranéen à l'Époque de Philippe II*, op. cit., pp. 619 ss.

[28] Roland Mousnier, *Os séculos XVI e XVIII*, in Maurice Crouzet (dir.), *História Geral das Civilizações*, t. 4, vol. 1, São Paulo, Difel, 1957, p. 116.

Se, por outro lado, o regime político predominante nos séculos da Época Moderna, contrastado com o feudalismo típico, afigura-se quase o seu oposto, o mesmo não se dá quando aproximamos os dois períodos nos seus aspectos sociais. Apesar do surto capitalista e burguês, persiste a estrutura estamental da sociedade organizada em "estados" juridicamente estanques, que se definem pelo nascimento, e isto significa a preservação da nobreza com seus privilégios, direitos senhoriais e em contrapartida necessária a mantença das relações servis ou pelo menos de resquícios da servidão. Ora, isso revela o caráter de acomodação e ajustamento, o traço digamos menos revolucionário ou mesmo não-revolucionário dessa transição entre o feudalismo e a sociedade burguesa plenamente configurada.[29] Os séculos XVI a XVIII surgem-nos, assim, portadores de permanências do passado e germes do futuro, tipicamente transitórios, o que não teria maior significado, já que essa é uma constante da história, se a representação dominante ou oficial que essa etapa se fazia de si própria não insistisse em considerar a estabilidade como o valor por excelência a se preservar: instaura-se, então, a "crise da consciência europeia".[30] Daí as tensões e crises constantes, e as múltiplas formas de ajustamento; é na Inglaterra que as revoluções do século XVII, moderando o absolutismo, ajustam por assim dizer o sistema aos seus fins históricos,[31] e nem é por acaso que é esse país que se vai tornando paulatinamente hegemônico entre as grandes potências e se tornando o teatro das grandes transformações econômicas que marcam o advento do capitalismo industrial.

Absolutismo, sociedade de "estados", capitalismo comercial, política mercantilista são portanto partes de um todo, interagem reversivamente neste complexo que se poderia denominar, mantendo um termo da tradição, *Antigo Regime*. É nesse contexto e inseparavelmente dele que se pode focalizar a expansão ultramarina europeia e a criação das colônias no Novo Mundo. No plano ideológico, a política econômica do mercantilismo recomenda,

---

[29] Revolução, como se sabe, significa mudança estrutural em ritmo acelerado (cf. Albert Mathiez, *La Révolution Française*, Paris, Armand Colin, 1960, vol. I, pp. 1-2).

[30] Paul Hazard, *La Crise de la Conscience Européenne (1680-1715)*, Paris, Boivin, 1935, especialmente pp. 3-29.

[31] Christopher Hill, "La Révolution anglaise du XVIIIe siècle: essai d'interpretation", *Revue Historique*, t. 221, janeiro-março, 1959, pp. 5-32.

para a obtenção de balança favorável de comércio, a abertura de novos mercados e a sua preservação monopolista; numa forma mais elaborada, preconiza-se o estabelecimento de colônias como respaldo para a "riqueza" da metrópole.[32] E note-se a coerência dessa forma de política de desenvolvimento que foi o mercantilismo: ao mesmo tempo em que se procuram remover os obstáculos institucionais internos (esforço para supressão das aduanas interiores, burocratização da administração etc.) diligencia-se a criação de complementos externos (*colônias*, que agora vão adquirindo seu verdadeiro sentido) que permitam à economia metropolitana adquirir o máximo possível de autossuficiência, e pois situar-se vantajosamente no comércio internacional para o qual pode assim carrear os seus excedentes. Nesse quadro a função das economias complementares coloniais é verdadeiramente essencial; são elas, as colônias, que irão permitir o funcionamento integrado da política mercantilista, criar-lhe as precondições.

A política mercantilista oferece-nos, pois, um prisma estratégico para apreendermos as conexões entre os diversos componentes do Antigo Regime. Executada pelo Estado, que ao praticá-la se constitui e se fortalece, abre condições para a expansão da economia de mercado em todas as direções, tudo convergindo no ativamento dessa acumulação de capital que Marx chamou de "originária" ou "primitiva", por se realizar predominantemente na órbita da circulação, mas que constitui ao mesmo tempo pré-requisito para a penetração e a expansão das relações capitalistas no parque propriamente produtor.[33]

Efetivamente, a expansão ultramarina europeia, que se inaugura com os descobrimentos portugueses no século XV, significou, na sua primeira fase digamos pré-colonizadora, uma extraordinária redefinição da geografia econômica do Ocidente[34] pela abertura de novos mercados, montagem de novas rotas, conquista monopolista de novas linhas para a circulação econômica in-

---

[32] Paul Hugon, *História das doutrinas econômicas*, 6ª ed., São Paulo, Atlas, 1959, pp. 95 ss.

[33] Karl Marx, *El Capital: Crítica de la Economia Política*, México, Fondo de Cultura Económica, 1946, t. 1, p. 801.

[34] "Il n'y a point eu d'événement aussi intéressant pour l'espèce humaine en général, et pour les peuples de l'Europe en particulier, que la découverte du Nouveau Monde et le passage aux Indes par le Cap de Bonne Espérance" (Guillaume-Thomas Raynal, *Histoire Philosophique et Politi-*

ternacional; já na sua gênese, esse movimento expansionista revela pois suas relações profundas com o Estado moderno em formação. Assim, enquanto tradicionalmente se procurava explicar os descobrimentos ultramarinos em função de fatores externos, extraeuropeus, a colocação moderna do problema[35] encara a expansão ultramarina como produto das "condições particulares dos próprios países atlânticos", isto é, são os problemas da economia da Europa ocidental que levam ao esforço para a abertura de novas frentes de expansão comercial à abertura de novos mercados — a expansão atlântica apresenta-se, de fato, como forma de "superação da crise" europeia do fim da Idade Média.[36] Ora, na organização e na execução do movimento expansionista teve papel relevante o Estado monárquico absolutista,[37] e mais uma vez vêm à tona as conexões entre os componentes do Antigo Regime; por outro lado, a exploração do Ultramar fortalece a posição do Estado monárquico que a promove, internamente em face das resistências feudais, externamente diante das outras nações. Da inter-relação desses elementos é que resulta a conformação a pouco e pouco da doutrina e da prática da política mercantilista.

Esta primeira fase da expansão europeia consistiu pois, basicamente, na abertura de novos mercados e no estabelecimento de condições vantajosas para a realização deste comércio ultramarino; acelerava-se, assim, a acumulação capitalista na Europa. Mas, no processo de expansão, como é sabido, os europeus acabaram por descobrir (ou redescobrir) o Novo Mundo; aqui as condições diferiam radicalmente daquelas encontradas no Oriente: seria impossível prosseguir na exploração puramente comercial do Ultramar, dado que inexistia nesta parte a produção organizada de produtos que interessas-

---

que des Établissements et du Commerce des Européens dans les Deux Indes, Genebra, Chez Jéan-Léonard, Pellet, Imprimeurs de la Ville e de la Académie, 1780, t. I, pp. 1-2.)

[35] Vitorino Magalhães Godinho, "Création et dynamisme économique du monde atlantique (1420-1670)", *Annales. Économies, Societés, Civilization*, ano V, Paris, 1950, pp. 32 ss.

[36] Manuel Nunes Dias, *O capitalismo monárquico português (1415-1549)*, Coimbra, Faculdade de Letras/Instituto de Estudos Históricos Dr. António de Vasconcelos, 1963, vol. I, pp. 35 ss.

[37] V. M. Godinho estuda as etapas dos descobrimentos portugueses no século XV em função das vicissitudes do absolutismo monárquico em Portugal (cf. *A expansão quatrocentista portuguesa*, Lisboa, Empresa Contemporânea de Edições, 1945).

sem ao mercado europeu. Para integrar essas áreas nas linhas do comércio europeu (e para preservar a soberania sobre elas, uma vez que a expansão se dá no quadro da competição entre as potências europeias), havia mister organizar aí a produção para o mercado da economia central, europeia; tornam-se indispensáveis ocupação, povoamento, valorização — colonização em suma. Mas colonização de uma forma específica, dentro da expansão do capitalismo comercial e em conexão indissolúvel com todos os outros aspectos envolvidos nesse processo. A colonização moderna significou, pois, um desdobramento da expansão puramente comercial, a transição da órbita da circulação para o nível da produção econômica no Ultramar. Caio Prado Jr., ainda uma vez, foi quem primeiro caracterizou a colonização como fenômeno essencialmente *comercial*, como um desdobramento da expansão comercial europeia; produzir para o mercado exterior, fornecer produtos tropicais ou metal nobre ao comércio europeu — eis o "sentido da colonização",[38] e é sem dúvida a formulação dessa categoria (ou descoberta desse "sentido") que permitiu ao autor definir os dois setores básicos (exportação, subsistência) a partir dos quais analisa a estrutura econômica da colônia.

Todavia, as indagações que fizemos até aqui, cremos, permitem levar ainda mais longe a análise do "sentido" da colonização. Efetivamente, inserida no contexto mais geral do Antigo Regime — isto é, no contexto da política mercantilista do capitalismo comercial executada pelo Estado absolutista —, a colonização da Época Moderna revela nos traços essenciais seu caráter mercantil e *capitalista*; queremos dizer, os empreendimentos colonizadores promovem-se e realizam-se com vistas, sim, ao mercado europeu, mas, tendo em consideração a etapa em que isto se dá, a economia europeia assimila esses estímulos coloniais, acelerando a acumulação primitiva por parte da burguesia comercial. A *aceleração da acumulação primitiva* configura, pois, o sentido último da colonização moderna. Ao nos expressarmos dessa forma, envolvemos na formulação várias decorrências: situa-se, por um lado, o momento histórico-econômico em que se localiza o processo; mais ainda, a colonização fica indissoluvelmente ligada ao processo histórico de formação do capitalismo moderno, à transição do capitalismo comercial para o industrial (capitalismo pleno). Caio Prado Jr., que abriu decisivamente o caminho para

---

[38] C. Prado Jr., *op. cit.*, pp. 13-26.

esta análise, talvez tenha pago até certo ponto seu tributo à tradição da historiografia brasileira, sempre menos voltada para as vinculações da história do Brasil com a história geral da civilização ocidental; assim, apesar do passo fundamental que a sua obra representa, pensamos ser ainda possível ir além no esforço de apreender o sentido da colonização. De fato, ela se apresenta agora como uma peça no conjunto de mecanismos que, promovendo a acumulação originária, tendiam a possibilitar a superação dos entraves institucionais e econômicos que ainda perturbavam a expansão do capitalismo moderno europeu.[39] Peça aliás essencial; como parte integrante da política mercantilista, já vimos que a colonização fornecia uma espécie de retaguarda à economia metropolitana, tornando-a independente das outras potências nacionais; promovendo a acumulação de capital e ao mesmo tempo ampliando o mercado consumidor de manufaturas, criava os pré-requisitos da transição para o capitalismo industrial.

Situada nesse contexto, articulada nos componentes do Antigo Regime, a colonização moderna revela, portanto, como traços essenciais, aqueles mecanismos por meio dos quais o processo colonizador promove a aceleração da acumulação capitalista; a acumulação na economia europeia configura os fins, os mecanismos de exploração colonial, os meios. O conjunto desses mecanismos — processos econômicos e normas de política econômica — constituem o *Sistema Colonial* que integra e articula a colonização com as economias centrais europeias; tal sistema de relações torna-se, portanto, a categoria fundamental de toda esta análise. Reformulando: a colonização do Novo Mundo dá-se nos quadros do Antigo Sistema Colonial, isto é, o Sistema Colonial do Antigo Regime. A colonização portuguesa do Brasil desenrola-se dentro desse sistema de relações, que lhe imprime a sua marca, determinando as linhas definidoras da estrutura socioeconômica que aqui se instaura, o que dá sentido às expressões "Brasil-colônia" e "período colonial".[40]

---

[39] Maurice Dobb, *Studies in the Development of Capitalism*, Londres, Routledge & Kegan Paul, 1954, pp. 177 ss.

[40] Considerado assim, o Brasil-colônia, como expressão de uma estrutura socioeconômica definida nas relações do Sistema Colonial, vê-se bem que carecem de sentido as discussões a respeito de o Brasil ter sido ou não ter sido "colônia", em face de encontrar-se ou não tal palavra (aliás,

Nem toda a colonização da América, porém, se desenrola dentro das traves do Sistema Colonial. Os sistemas nunca se apresentam, historicamente, em estado puro. Apesar de coeva, a colonização da América Setentrional temperada se dá fora dos mecanismos definidores do Sistema Colonial mercantilista; é em função dos problemas religiosos da Inglaterra, e sobretudo dos ajustamentos e das crises do absolutismo desse país durante o século XVII — época em que se inicia e se consolida a colonização da América do Norte — que se pode compreender a colonização de povoamento, e não de exploração, que lá se realizou. E aqui retomamos as duas categorias — povoamento e exploração — para explicitar o verdadeiro sentido na Época Moderna: colônias de exploração são as que se formam e se desenvolvem dentro dos quadros do Sistema Colonial; as de povoamento, posto que contemporâneas, situam-se à margem do sistema. A Independência dos Estados Unidos da América originou-se, como se sabe, da resistência dos colonos à tentativa de aplicação, por parte da velha metrópole, do pacto colonial à Nova Inglaterra — revelando-se, assim, a incompatibilidade entre Sistema Colonial e colônias de povoamento.

Isso nos conduz a uma última observação, indispensável antes de concluir. Inserindo a colonização moderna no contexto do Antigo Regime — absolutismo, capitalismo comercial, política mercantilista, Sistema Colonial — e procurando esclarecer as conexões que articulam os vários componentes desse todo, destacando as tensões sociais derivadas da ascensão burguesa a partir da estrutura feudal e no decorrer da Época Moderna, cremos ter escapado a um possível economicismo que nos poderia ter viciado a análise, que se pretende globalizadora. Além disso importa ficar bem claro que, ao tentarmos fixar as categorias essenciais desse processo histórico, não buscamos de forma alguma os denominadores comuns presentes necessariamente em todas as manifestações concretas, mas sim as determinantes estruturais, isto é, os componentes a partir dos quais é possível compreender o conjunto das manifestações, aqueles componentes que definem, explicitam, tornam inteligíveis os demais, e se não definem por eles. Em suma, tentamos demarcar a posição metodológica a partir da qual se deve proceder à análise da história

---

diga-se de passagem, ela se encontra) nos textos coevos. A esta bizantinice nos referíamos no início deste trabalho.

da colonização. É nesses termos que este estudo se propõe, assim gostaríamos que ficasse entendido.

Aceita essa perspectiva, torna-se claro que, por exemplo, existindo colônias de povoamento no interior da expansão ultramarina mercantilista que exige exploração, é a partir da colonização exploradora que se pode entender o conjunto e pois também as colônias de povoamento, e não o contrário. Do mesmo modo, se o "Brasil-colônia" enquadra-se como colônia de exploração nas linhas do Antigo Sistema Colonial, não quer isto dizer que todas as manifestações da colonização portuguesa do Brasil expressem diretamente esse mecanismo; mas, mais uma vez, os mecanismos do Sistema Colonial mercantilista constituem o componente básico do conjunto, a partir do qual deve pois ser analisado. No caso vertente torna-se para logo essencial analisar a posição de Portugal no quadro do desenvolvimento econômico do Ocidente e no das relações políticas internacionais para perceber as mediações por meio das quais o sistema mais geral se expressa no segmento particular. Sistema global: as relações entre o capitalismo mercantil europeu em desenvolvimento e as economias coloniais periféricas; segmento particular: as relações da metrópole portuguesa com a colônia-Brasil. Também não ignoramos que apenas a investigação cientificamente conduzida das manifestações históricas concretas do fenômeno pode comprovar ou rejeitar uma perspectiva metodológica em confronto com outros pontos de vista. Nenhum dogmatismo, pois, nos anima o espírito. Mas estamos igualmente conscientes da necessidade incontornável dos esforços deste gênero para orientar as pesquisas históricas; do contrário, corre-se o risco de submissão sem crítica aos dados colhidos na documentação, produzindo-se quando muito uma descrição empírica da realidade.

Concluamos agora, retomando os passos significativos da análise tentada. A ocupação, o povoamento e a valorização econômica do *Brasil* na Época Moderna, a sua *colonização* enfim, processando-se na etapa da ascensão burguesa vinculada ao capitalismo comercial, dá lugar a uma entidade específica (*colônia* da metrópole-Portugal); suas estruturas básicas configuram uma colônia *de exploração* por se formarem e se desenvolverem nos quadros e ao ritmo do Antigo Sistema Colonial de relações entre as economias centrais e periféricas do capitalismo mercantil. Parece que não o ignorava Azeredo Coutinho, teórico ilustrado do final do colonialismo mercantilista, ao lembrar que as colônias, em troca da segurança provida pela mãe-pátria, deveriam reservar a esta o exclusivo de seu comércio e não ter uma produção concorrencial à metropolitana; assim, dizia, "os justos interesses e as relativas dependências mutuamente serão ligadas".[41]

---

[41] José J. da Cunha de Azeredo Coutinho, "Ensaio econômico sobre o comércio de Portugal e suas colônias" [1794], *Obras econômicas de J. J. da Cunha de Azeredo Coutinho*, organização de Sérgio Buarque de Holanda, São Paulo, Companhia Editora Nacional, 1966, p. 155.

O Brasil nos quadros
do Antigo Sistema Colonial[1]

I

A história do Brasil, nos três primeiros séculos, está intimamente ligada à da expansão comercial e colonial europeia na Época Moderna. Parte integrante do império ultramarino português, o Brasil-colônia refletiu, em todo o largo período da sua formação colonial, os problemas e os mecanismos de conjunto que agitaram a política imperial lusitana. Por outro lado, a história da expansão ultramarina e da exploração colonial portuguesa desenrola-se no amplo quadro da competição entre as várias potências, em busca do equilíbrio europeu; dessa forma, é na história do sistema geral de colonização europeia moderna que devemos procurar o esquema de determinações no interior do qual se processou a organização da vida econômica e social do Brasil na primeira fase de sua história, e se encaminharam os problemas políticos de que esta região foi o teatro. Procuraremos sintetizar as linhas mestras do sistema colonial da época mercantilista, buscando marcar a posição do Brasil nesse contexto.

A atividade colonizadora dos povos europeus na Época Moderna, inaugurada com a ocupação e a utilização das ilhas atlânticas, e logo desenvolvida em larga escala com o povoamento e a valorização econômica da América, distingue-se da empresa de exploração comercial que desde o século XV já vinham realizando os portugueses nos numerosos entrepostos do litoral atlântico-africano e no mundo indiano. Efetivamente, a empresa colonial é mais complexa, envolvendo povoamento europeu e organização de uma eco-

---

[1] Publicado originariamente em Carlos Guilherme Mota (org.), *Brasil em perspectiva*, São Paulo, Difel, 1968, pp. 53-73.

nomia complementar voltada para o mercado metropolitano. Em outras palavras, pode-se dizer que nos *entrepostos* africanos e asiáticos a atividade econômica dos europeus (pelo menos nesta primeira fase) se circunscreve nos *limites da circulação* das mercadorias: a *colonização* promoverá a intervenção direta dos empreendedores europeus no *âmbito da produção*. Contudo, se é possível e mesmo útil estabelecer a distinção, cumpre acrescentar logo em seguida que, no processo histórico concreto, as duas formas não são sucessivas, mas coexistentes; e mais, o caráter de exploração comercial não é abandonado pela empresa ultramarina europeia, quando ela se desdobra na atividade mais complexa da colonização. Pelo contrário, esse caráter de exploração mercantil marca profundamente o tipo de vida econômica que se organizará nas áreas coloniais.[2] A colonização da Época Moderna apresenta-se, pois, em primeiro lugar, como um desdobramento da expansão marítimo-comercial europeia que assinala a abertura dos Tempos Modernos.

De fato, a colonização por meio da agricultura tropical, como a inauguraram pioneiramente os portugueses, aparece como a solução por meio da qual se tornou possível valorizar economicamente as terras descobertas, e dessa forma garantir-lhes a posse (pelo povoamento); ou, em outros termos, de enquadrar as novas áreas no esforço de recuperação e expansão econômica que se vinha empreendendo. Na América Espanhola será a mineração que permitirá o ajustamento das condições americanas aos estímulos da economia europeia, mas o caráter da empresa é evidentemente idêntico.

Como desdobramento da expansão comercial, *a colonização insere-se no processo de superação das barreiras que se antepuseram, no fim da Idade Média, ao desenvolvimento da economia mercantil, e ao fortalecimento das camadas urbanas e burguesas*. Com efeito, o renascimento do comércio, vigorosamente consolidado a partir do século XI, intensificara o ritmo das atividades econômicas no curso de toda a segunda Idade Média; entretanto, no final do período, sobretudo a partir do século XIV, uma série de fatores internos e externos puseram em xeque a possibilidade de se prosseguir na linha de desenvolvimento econômico, desencadeando um conjunto de tensões, por meio das quais se criaram condições para as mudanças na organização política eu-

---

[2] Caio Prado Jr., *Formação do Brasil contemporâneo* [1942], São Paulo, Brasiliense, 1953, pp. 13-26.

ropeia e, ao mesmo tempo, para a abertura de novas rotas e conquistas de maiores mercados. Não cabe aqui, evidentemente, aprofundar a análise desse processo extremamente complexo, numa das fases mais críticas da história do ocidente europeu; a larga bibliografia especializada no estudo da expansão ultramarina europeia poderá orientar o leitor que desejar se deter neste ponto.[3] Devemos reter apenas os elementos indispensáveis para a compreensão da história do Sistema Colonial, organizado em função desse movimento. Para tanto, cumpre destacar *a conexão que vincula os dois processos paralelos de expansão mercantil e formação dos Estados modernos*. Realmente, a abertura de novas rotas, a fim de superar os entraves derivados do monopólio das importações orientais pelos venezianos e muçulmanos e a escassez do metal nobre, implicavam dificuldades técnicas (navegação do Mar Oceano) e econômicas (alto custo de investimentos, grau muito elevado de risco da empresa), o que exigia uma larga mobilização de recursos. As formas de organização empresarial então existentes, por seu turno, dado seu caráter embrionário, revelavam-se incapazes de propiciar a acumulação de meios indispensáveis ao empreendimento. Assim, o Estado centralizado, capaz de mobilizar recursos em escala nacional, tornou-se um pré-requisito à expansão ultramarina; por outro lado, desencadeados os mecanismos de exploração comercial e colonial do Ultramar, fortaleceu-se reversivamente o Estado colonizador. Em outras palavras, a expansão marítima, comercial e colonial, postulando um certo grau de centralização do poder para tornar-se realizável, constitui-se em fator essencial do poder do Estado metropolitano.

Temos assim os dois elementos essenciais à compreensão do modo de organização e dos mecanismos de funcionamento do Antigo Sistema Colonial: como instrumento de expansão da economia mercantil europeia, em face das condições desta nos fins da Idade Média e início da Época Moderna, toda atividade econômica colonial se orientará segundo os interesses da burguesia comercial da Europa; portanto, como resultado do esforço econômico coordenado pelos novos Estados modernos, as colônias se constituem em

---

[3] Entre os trabalhos mais recentes, ver Vitorino Magalhães Godinho, *A expansão quatrocentista portuguesa*, Lisboa, Empresa Contemporânea de Edições, 1945; Manuel Nunes Dias, *O capitalismo monárquico português (1415-1549)*, Coimbra, Faculdade de Letras/Instituto de Estudos Históricos Dr. António de Vasconcelos, 1963, 2 vols.

instrumento de poder das respectivas metrópoles. Na medida em que os velhos reinos medievais se organizam em Estados de tipo moderno, unificados e centralizados, vão, uns após outros, abrindo caminho no Ultramar e participando da exploração colonial: Portugal, Espanha, Países Baixos, França, Inglaterra, do século XV ao XVII, realizam sucessivamente a transição para a forma moderna de Estado, e se lançam à elaboração de seus respectivos impérios coloniais. Paralelamente, agudizam-se as tensões políticas entre as várias potências, e os problemas tradicionais da velha Europa se complicam com os novos atributos pela partilha do mundo colonial; o equilíbrio europeu, quimera constante da diplomacia na Época Moderna, torna-se cada vez mais difícil, enquanto se sucedem as hegemonias coloniais ou continentais.

É emoldurada no complicado quadro dessas tensões que se desenrola a história da colonização e do sistema colonial. Antes mesmo de implantar-se a colonização propriamente dita, já os Estados ibéricos disputam a partilha do Mar Oceano, reivindicando, junto ao papado, a legitimação da posse das terras descobertas e por descobrir; legitimação de resto para logo negada pelas demais potências, na medida em que, solucionados seus problemas internos, vão desenvolvendo condições que lhes permitam disputar o desfrute da exploração ultramarina. As bulas pontifícias (Alexandre VI, 1493), os Tratados de Tordesilhas (1494) e de Saragoça (1529) marcam essa primeira etapa de pressões por uma partilha, diríamos, pré-colonizadora, o que aliás resulta num fator que estimulou a procura de fórmulas de valorização e povoamento, para garantir a posse efetiva, de que resultou a colonização.

Para se completar o quadro falta porém um elemento, e essencial. Na medida em que a colonização se constituía num dos elementos, quiçá o mais importante, no processo de fortalecimento dos Estados modernos e de superação das limitações ao desenvolvimento da economia capitalista europeia, a política colonial adotada pelas potências, que se vai elaborando juntamente com o próprio movimento colonizador, passa a integrar um esquema mais amplo de política econômica, que teoriza e coordena a ação estatal na Época Moderna, qual seja, a *política mercantilista*. Efetivamente, a expansão da economia de mercado para assumir o domínio da vida econômica europeia esbarrava com uma série de óbices institucionais legados pelo feudalismo; ao mesmo tempo, como vimos, o grau de desenvolvimento espontâneo da economia mercantil não a tinha capacitado para ultrapassar os limites geográficos em que até então se vinculava o comércio europeu. A emersão dos Estados do tipo moderno, rompendo essas barreiras, cria condições de enriquecimento da burguesia mercantil e seu fortalecimento em face das demais "ordens" da sociedade europeia. A política econômica do mercantilismo ataca simultaneamente todas as frentes, preconizando a abolição das aduanas internas, a tributação em escala nacional, a unidade de pesos e medidas, a política tarifária protecionista, a balança favorável com consequente ingresso do bulhão e as colônias para complementar a economia metropolitana. A política mercantilista, conforme a clássica análise de Heckscher,[4] visava à unificação e ao poder do Estado.

II

O sistema de colonização que a política econômica mercantilista visa a desenvolver tem em mira os mesmos fins mais gerais do mercantilismo e a eles se subordina. Por isso, a primeira preocupação dos Estados colonizadores será de resguardar a área de seu império colonial em face das demais potências; a administração se fará a partir da metrópole, e a preocupação fiscal dominará todo o mecanismo administrativo. Mas a medula do sistema, seu elemento definidor, reside no monopólio do comércio colonial. Em torno da preservação desse privilégio, assumido inteiramente pelo Estado, ou reservado à classe mercantil da metrópole ou parte dela, é que gira toda a política do Sistema Colonial. E aqui reaparece o caráter de exploração mercantil, que a colonização incorporou da expansão comercial, da qual foi um desdobramento.

O *monopólio do comércio* das colônias pela metrópole define o Sistema Colonial porque é por meio dele que as colônias preenchem a sua *função histórica*, isto é, respondem aos estímulos que lhes deram origem, que formam a sua razão de ser, enfim, que lhes dão sentido. E realmente, reservando a si com exclusividade a aquisição dos produtos coloniais, a burguesia mercantil metropolitana pode forçar a baixa dos seus preços até o mínimo além do qual

---

[4] Eli F. Heckscher, *Mercantilism*, Londres/Nova York, Allen & Unwin/MacMillan, 1955, vol. 1, pp. 19 ss.

se tornaria antieconômica a produção; a revenda na metrópole ou alhures a preço de mercado criou uma margem de lucros de monopólio apropriada pelos mercadores intermediários: se vendidos no próprio mercado consumidor metropolitano os produtos coloniais, transferem-se rendas da massa da população metropolitana (bem como dos produtores coloniais) para a burguesia mercantil; se vendidos em outros países, trata-se de ingresso externo, apropriado pelos mercadores metropolitanos.[5] Igualmente, adquirindo a preço de mercado, na própria metrópole ou no mercado europeu, os produtos de consumo colonial (produtos manufaturados sobretudo), e revendendo-os na colônia a preços monopolistas, o grupo privilegiado se apropria mais uma vez de lucros extraordinários. Num e noutro sentido uma parte significativa da massa de renda real gerada pela produção da colônia é transferida pelo sistema de colonização para a metrópole e apropriada pela burguesia mercantil; essa transferência corresponde às necessidades históricas de expansão da economia capitalista de mercado na etapa de sua formação. Ao mesmo tempo, garantindo o funcionamento do sistema, em face das demais potências, e diante dos produtores coloniais e mesmo de outras camadas da população metropolitana, o Estado realiza a política burguesa, e simultaneamente se fortalece, abrindo novas fontes de tributação. Estado centralizado e sistema colonial conjugam-se, pois, para *acelerar a acumulação de capital comercial pela burguesia mercantil europeia*.

O regime de monopólio do comércio é de tal modo consubstancial à colonização europeia da Época Moderna, que ele já reponta nas primeiras etapas da expansão marítima no século XV. Logo após a ultrapassagem do Bojador por Antão Gonçalves e Nuno Tristão, o rei de Portugal proibiu (1443) a ida de quaisquer embarcações às terras descobertas, sem autorização do Infante D. Henrique. Na expansão quatrocentista portuguesa firmou-se, assim, desde o início, a exploração do Ultramar como patrimônio régio; a Coroa pode ceder ou arrendar os direitos, e de fato o fez no período anterior a D. João II — a partir desse monarca o Estado real assumiu a exploração di-

---

[5] Em termos técnicos, na situação típica de relações metrópole-colônia, o grupo de mercadores metropolitanos forma em relação à colônia um "oligopsônio", pois detém exclusividade da compra dos produtos coloniais e, ao mesmo tempo, um "oligopólio", pois detém o privilégio da venda dos produtos metropolitanos à colônia.

reta do comércio ultramarino, com exclusividade. As Cortes de 1481 foram o teatro das reclamações dos mercadores portugueses, e de suas reivindicações; protestaram eles sobretudo contra a presença dos mercadores estrangeiros em Portugal e nas colônias, nas ilhas (em 1480 cerca de vinte naus estrangeiras comerciavam açúcar na Madeira) principalmente, em igualdade de condições com lusitanos; argumentavam que, não passando por Lisboa o volume desse tráfego, deixavam os estrangeiros de pagar os impostos, colocando-se em posição vantajosa. Era um argumento bem dirigido aos interesses régios: D. João II estabeleceu taxas especiais para os mercadores estrangeiros em Portugal e determinou a expulsão dos mesmos do Ultramar, no prazo de um ano. Firmava-se o princípio do exclusivo colonial. Sob o reinado de D. Manuel, empreendeu-se a conquista dos mercados do oceano Índico, e se organizou a rota do Cabo; o grande comércio do Oriente deslocou-se para o Atlântico. Os tratados com os chefes locais estipularam os preços, o vice-reino da Índia garantiu o monopólio régio, a empresa particular operou por meio de negociações com o monarca português.

A colonização agrícola do Brasil já se inicia portanto dentro da estrutura monopolista do Sistema Colonial. O princípio já se tinha fixado nas experiências anteriores, e derivava das próprias condições histórico-econômicas em que se processara a expansão marítima. Alguns setores da exploração da América Portuguesa reservavam-se diretamente à Coroa (pau-brasil, sal etc.), são os denominados "estancos"; o mais, o grande comércio açucareiro, ficava dentro do monopólio da classe mercantil portuguesa. No período do domínio espanhol (1580-1640), assinalou-se mesmo um enrijecimento do regime. Após a Restauração (1640), as vicissitudes da dinastia bragantina diante do equilíbrio europeu obrigaram a algumas concessões, porém, de fato, procurou-se constantemente contornar a execução das cessões consignadas nos tratados. Por outro lado, num esforço para revigorar o comércio ultramarino português e inspirando-se no êxito da experiência holandesa, a política colonial lusitana se orientou para o regime das companhias de comércio (Companhia Geral do Comércio do Brasil, 1649), que representavam um robustecimento do regime monopolista. Apesar da pressão crescente das demais potências e da intensificação do contrabando, o regime permaneceu no século XVIII, pois como dirá um dos mais lúcidos teóricos do colonialismo português no fim deste século, Azeredo Coutinho, é justo que, em troca da defesa e da segurança propiciadas pela metrópole, "as colônias também de sua parte sofram [...] que só possam comerciar diretamente com a metrópole, excluída toda e qualquer outra nação, ainda que lhes faça um comércio mais vantajoso".[6]

A pressão das demais potências europeias cresceu a partir do período da união dinástica de Portugal e Espanha. As Províncias Unidas dos Países Baixos ao mesmo tempo em que, no continente europeu, lutavam pela independência afinal conquistada sobre a monarquia espanhola, lançavam-se à conquista de participação direta da exploração ultramarina. É nessa linha que se situam o desalojamento paulatino do domínio lusitano no Índico e a ocupação do Nordeste açucareiro do Brasil. A ação holandesa no Índico foi mais duradoura (do Brasil foram expulsos em 1654), e essa experiência veio mais uma vez demonstrar como o regime monopolista constituía a própria essência da expansão comercial europeia desta época ante as condições econômicas específicas em que se processava. Pois as primeiras tentativas dos holandeses para comerciar diretamente nas praças orientais (dados os embargos de Filipe II ao comércio holandês nos portos ibéricos, 1585) se organizaram em termos de empresas privadas concorrentes, e redundaram em completo fracasso. Diante da competição das várias empresas isoladas, e em virtude das condições do tráfico a longa distância pela rota do Cabo, sujeita ao ritmo das monções, os agentes da oferta das especiarias e demais produtos orientais no Índico tinham condições vantajosas de manipular os preços, retendo boa margem de benefícios e anulando a lucratividade do empreendimento. Se se iniciava a desorganização do domínio português no Oriente, nem por isso se conseguia substituí-lo na posição de intermediário do até então fabuloso comércio indiano. Os esforços para superação desse impasse é que levaram à constituição da Companhia das Índias Orientais; estreitamente vinculada na sua organização aos Estados Gerais das Províncias Unidas, a nova empresa (1602) recebeu as garantias monopolistas e mesmo a ação soberana no oriente indiano. Estruturando-se pela primeira vez como uma sociedade anônima típica, pôde mobilizar e centralizar os recursos das antigas empresas, em escala nacional e mesmo posteriormente supranacional, ocupando o pos-

---

[6] José J. da Cunha de Azeredo Coutinho, *Ensaio economico sobre o commercio de Portugal a suas colonias*, 3ª ed., Lisboa, Typographia da Academia Real das Sciencias, 1828, p. 149.

to que no sistema português era desempenhado pelo Estado monárquico, mas em condições mais vantajosas, pois as suas possibilidades de reinvestimento eram maiores, isentas que estavam dos ônus do Estado absolutista. Armado com esta nova instituição é que o florescente capitalismo comercial holandês conseguiu com êxito substituir no século XVII os portugueses no abastecimento dos produtos orientais para a Europa.

A colonização da América Espanhola põe mais uma vez em relevo a natureza do Sistema Colonial. A empresa propriamente colonizadora já se iniciou com as relações metrópole-colônia bem definidas pelo regime de porto único, instituído com a instalação da Casa de Contratação em Sevilha (1503). Trata-se de um supermonopólio que confina tráfico colonial ultramarino nas mãos de um grupo privilegiado da burguesia mercantil castelhana, o consulado sevilhano; na concessão manifestavam-se os interesses fiscais da Coroa e uma certa recompensa ao comércio andaluz que se encarregou da empresa indiana na sua fase mais difícil. Os interesses criados foram suficientemente fortes para preservar o sistema até o final do século XVIII; somente a política reformista dos ministros ilustrados de Carlos III conseguiria quebrar o regime do porto único, com a instituição do "comércio livre" (1778). Dada a natureza das importações espanholas no comércio indiano (predomínio dos metais preciosos), as preocupações fiscais e as necessidades da defesa levaram à instalação do regime de "frotas e galeões", ficando o tráfico restrito a determinadas épocas (duas vezes por ano em comboios), e restringindo os portos para o entreposto americano (Cartagena, Vera Cruz, Porto Belo); assim, para tomarmos o exemplo extremo, o abastecimento da região platina devia ser feito via Peru, e não diretamente pelo Atlântico. É de se presumir a permanente escassez da oferta dos produtos metropolitanos e europeus a que esse regime sujeitava a América Espanhola, e a consequente alta de seus preços. O regime de relações comerciais da Espanha com a Hispano-América colonial tipifica, levando a seus extremos, o sistema de exploração colonial.[7]

Todavia, não é apenas pelo rigorismo do monopólio comercial que a colonização da Hispano-América representa a forma acabada do Sistema Colonial do mercantilismo. A produção colonial — desde cedo — teve condi-

---

[7] Clarence Haring, *Comercio y Navegación entre Espana y las Índias*, México, Fondo de Cultura Económica, 1939.

ções de se orientar para a mineração da prata e do ouro; assim, a exploração colonial por meio do monopólio do tráfico se faz diretamente sob a forma de metais nobres no mais puro espírito mercantilista.

Ora, o afluxo contínuo de "tesouro americano", superando de muito as carências da economia europeia, desencadeou um processo inflacionário que, da Espanha, irradiou por toda a Europa nos séculos XVI e XVII — a chamada "Revolução dos Preços". Os salários, entretanto, não acompanharam o ritmo de elevação dos preços, como demonstram as investigações minuciosas de Earl J. Hamilton.[8] Isto significa que o movimento dos preços neste período, de um modo geral, promoveu uma transferência de renda real das camadas assalariadas para as classes empresariais; dessa forma, ainda pelas suas repercussões mais remotas e indiretas, a exploração colonial ultramarina resultava no enriquecimento e no fortalecimento das classes empenhadas em incrementar a expansão do capitalismo na sua fase de formação.

Em vários sentidos é, pois, possível assinalar as conexões que vinculam a colonização europeia e o Antigo Sistema Colonial, seja com a política econômica mercantilista, seja com a etapa de formação do capitalismo moderno — o capitalismo comercial — que então caracterizava a vida econômica e social da Europa. Fator, ao mesmo tempo, de fortalecimento do Estado e de desenvolvimento burguês, a economia colonial, na medida em que complementa a economia metropolitana, dá-lhe possibilidade de pôr efetivamente em execução os ditames da política mercantilista. Não dependendo das demais potências, por se complementar nas colônias, o Estado colonizador tem condições de disputar e conquistar mercados, fomentando o crescente ingresso do bulhão dentro de suas fronteiras. Assim, torna-se compreensível o empenho das nações europeias na Época Moderna em organizar seus impérios coloniais, e a tenacidade com que disputaram a partilha do mundo ultramarino. Os estímulos ao desenvolvimento econômico, gerados pelas economias coloniais periféricas, atuaram com vigor sobre a economia europeia; mas as várias potências se esforçaram continuamente para canalizar para dentro de suas fronteiras esses estímulos, em detrimento das demais: desfrutar os estímulos oriundos do sistema colonial significava, de fato, elaborar

---

[8] Earl J. Hamilton, *El Florecimiento del Capitalismo y otros Ensayos de Historia Económica*, Madri, Alianza, 1948, pp. 3-26.

os pré-requisitos do desenvolvimento das forças produtivas, pois o sistema colonial promovia, ao mesmo tempo, acumulação de capitais por parte dos grupos empresariais e expansão dos mercados consumidores dos produtos manufaturados.

III

É nesse contexto, *e só nesse contexto*, que se torna possível compreender o modo como se organizaram nas colônias as atividades produtivas e as suas implicações sobre os demais setores da vida social.

Enquanto a expansão da economia europeia se limitou à abertura de novos mercados ultramarinos, isto é, na etapa pré-colonizadora, a política da potência expansionista visava fundamentalmente a estabelecer nas áreas ultramarinas, mediante a ação militar ou mesmo a dominação política, condições que lhe permitissem o exercício do monopólio comercial, com exclusão das demais potências. Ao passar para atividade propriamente colonizadora, tratava-se de organizar uma produção que se ajustasse aos interesses dos lucros monopolistas. A produção colonial ajusta-se por isso às necessidades da procura europeia. Daí a colonização agrícola do século XVI ter-se orientado para o intertrópico americano; as condições geográficas do mundo tropical permitiam a implantação de uma economia agrícola complementar à agricultura temperada da Europa. A zona temperada da América só muito mais tarde, no século XVII, será objeto da colonização europeia; a migração, o povoamento desta área, porém, obedece a estímulos inteiramente diversos, daí resultando um tipo novo de colônia.

Portanto, onde não foi possível se dedicar desde logo à mineração dos metais nobres, como na América Espanhola, a colonização se especializou na produção dos produtos agrícolas tropicais, dentre os quais o açúcar ocupava no início do século XVI uma posição excepcional no mercado europeu. Cultivado nas Ilhas Atlânticas portuguesas, comercializado nas praças flamengas, a sua procura crescia na medida em que, de um lado, se desalojavam os antigos centros de oferta (produção siciliana), e, de outro, em função da elevação geral do nível de renda da população europeia. Além disso, a comercialização nas praças flamengas assegurava à distribuição do produto o concurso das mais adiantadas técnicas de negócio da época. A cultura da cana e o fabrico do açúcar nas regiões quentes e úmidas do Brasil tropical apresentaram-se, assim, na quarta década do século XVI, como uma solução que permitia ao mesmo tempo valorizar economicamente a extensa Colônia, integrando-a nas linhas do comércio europeu,[9] e promover o seu povoamento e ocupação efetiva, facilitando a sua defesa ante a concorrência colonial das outras potências. É assim que, com a instituição das donatárias, se iniciam na América Portuguesa as cessões territoriais (os donatários, além da porção de que se apropriavam, podiam e deviam ceder terras em nome do rei — as "sesmarias") com vistas à implantação da cultura canavieira e da manufatura do açúcar para o mercado europeu. A produção para o mercado europeu posteriormente se desdobrará nos outros produtos tropicais (tabaco, algodão etc.) em toda a América colonial (portuguesa, espanhola, inglesa, francesa); mas será sempre em torno deste tipo de produção ou da mineração que se desenvolverá a economia colonial. A especialização da economia colonial em produtos complementares à produção europeia, o seu caráter "monocultor" para usarmos a expressão costumeira, é, pois, inerente à mesma natureza da colonização da época mercantilista, e deriva das condições histórico-econômicas em que se processou.

A *economia colonial*, quando encarada no contexto da economia europeia de que faz parte, que é o seu centro dinâmico, aparece como altamente especializada. E isto mais uma vez se enquadra nos interesses do capitalismo comercial que geraram a colonização: concentrando os fatores na produção de alguns poucos produtos comerciáveis na Europa, as áreas coloniais se constituem ao mesmo tempo em outros tantos centros consumidores dos produtos europeus. Assim se estabelecem os dois lados da apropriação de lucros monopolistas a que nos referimos anteriormente.

Mas não só na alocação dos fatores produtivos e na elaboração de alguns produtos ao mercado consumidor europeu se revela a dependência da economia colonial em face do seu centro dinâmico. O Sistema Colonial determinará também o *modo* de sua *produção*. A maneira de se produzir os produtos coloniais fica, também necessariamente, subordinada ao sentido geral

---

[9] Celso Furtado, *Formação econômica do Brasil*, Rio de Janeiro, Fundo de Cultura, 1959, pp. 18 ss.

do sistema, isto é, a produção devia ser organizada de modo a possibilitar aos empresários metropolitanos uma ampla margem de lucratividade. Ora, isto impunha a implantação, nas áreas coloniais, de regimes de trabalho necessariamente compulsórios, semiservis ou propriamente escravistas. De fato, a possibilidade de utilização do trabalho livre, na realidade mais produtivo e, pois, mais rentável em economia de mercado, ficava bloqueada na situação colonial pela abundância do fator terra; seria impossível impedir que os trabalhadores assalariados optassem pela alternativa de se apropriarem de uma gleba, desenvolvendo atividades de subsistência. Disso resultaria, obviamente, não uma produção vinculada ao mercado do centro dinâmico metropolitano, mas simplesmente a transferência de parte da população europeia para áreas ultramarinas, e a constituição de núcleos autárquicos ou quase autárquicos de economia de subsistência em absoluta contradição com as necessidades e os estímulos da economia europeia em expansão. *É em função dessas determinações que renasce na Época Moderna, no mundo colonial, a escravidão* e toda uma gama de formas servis e semiservis de relações de trabalho, precisamente quando na Europa tende a se consolidar a evolução no sentido contrário, isto é, da difusão cada vez maior do regime assalariado.[10]

Este problema, fundamental para o êxito da empresa colonizadora agitou, como se sabe, profundamente a consciência europeia na época do Antigo Sistema de colonização. O escandaloso paradoxo do renascimento da escravidão em pleno imo da civilização cristã desencadeou toda uma série de racionalizações, cada qual mais sutil, tendentes a aquietar a piedade cristã e velar a crueza chocante da realidade colonial-escravista. Os escrúpulos nem sempre se tranquilizaram, e os governos a revezes tentaram pôr cobro à indescritível exploração das massas humanas, ameríndias ou africanas, reduzidas à condição escrava. Nada mais expressivo, para se compreender o sentido das determinações mais profundas do Sistema Colonial, que a análise das várias tentativas de aliviar ou suprimir o trabalho compulsório, coibir a escravização ou servilização dos ameríndios; a variedade de fórmulas por meio das quais se encaminhou concretamente o problema revela, a cada passo, os limi-

---

[10] Eric Williams, *Capitalism & Slavery*, Chapel Hill, University of North Carolina Press, 1944.

tes impostos pelo sistema, e a margem relativamente estrita para alternativas dentro da qual se processava a colonização mercantilista.

Na América Portuguesa, a visão paradisíaca do indígena, características dos primeiros contatos e cuja expressão mais provável é a famosa carta do escrivão da armada descobridora, Pero Vaz de Caminha, foi logo abandonada quando se iniciou a valorização econômica mediante a implantação da economia açucareira; ela cede lugar à "guerra justa" e outras formas de preação de braço ameríndio para o trabalho compulsório de instalação da grande lavoura. As resistências oferecidas pelos aborígines e a oposição jesuítica, bem como as necessidades de abastecimento regular de mão de obra, tornam evidente que o tráfico negreiro pelo Atlântico, organizado em termos empresariais, apresentava maior grau de eficiência e, pois, de lucratividade. Assim, entrosam-se as atividades dos colonizadores europeus nas duas margens do Atlântico, e se abre para a classe empresarial europeia todo um importante setor de tráfico mercantil, portanto, de acumulação capitalista, e dos mais significativos: *o tráfico de escravos*. Como setor da economia do Sistema Colonial, a importância do tráfico negreiro tornou-se excepcional: de seu funcionamento dependia em última instância a elaboração dos produtos coloniais. Por isso não é de se admirar que em torno deste negócio se desencadeasse a mais agressiva competição entre as potências. Os conflitos e as pressões para o domínio do *asiento* do abastecimento da América Espanhola em mão de obra escrava negra assinalam o ponto alto da concorrência colonial; e até certo ponto é possível dizer que o controle do tráfico negreiro assegurava à potência respectiva a hegemonia colonial.

Nas Índias de Castela, os grupos indígenas apresentavam maior densidade demográfica e nível cultural mais elevado. Por outro lado, a Espanha não dispunha de entrepostos no litoral atlântico africano para o abastecimento de escravos negros, ficando na dependência de empresas estrangeiras. Daí o aproveitamento da mão de obra indígena na empresa colonial ter assumido maiores proporções na América Espanhola que nos outros setores de colonização europeia; embora o número de escravos negros cresça com o desenvolvimento da colonização castelhana, a força de trabalho indígena predominou em todo o período colonial. Ora, como súditos da Coroa, objeto da ação missional da Igreja espanhola, os aborígines não podiam ser escravizados — desde o início da colonização, o Estado espanhol tomou posição contra a escravização pura e simples dos silvícolas. Entretanto, durante o primeiro ensaio colonizador, a primeira fase da economia açucareira antilhana, nas duas primeiras décadas do século XVI, a exploração compulsória do trabalho indígena por meio do sistema de *encomiendas* e *repartimientos*[11] foi de tal ordem que levou rapidamente à dizimação da população pré-colombiana, sobretudo na Hispaniola (ilha de São Domingos). A campanha, que contra este estado de coisas moveram a partir de então Las Casas e outras consciências impressionadas com a aspereza da empresa indiana, fez com que o governo metropolitano, na regência de Cisneros, delegasse poderes a uma comissão de frades jerônimos para estudar *in loco* o problema; o relatório desta comissão, estabelecendo que aliviar os indígenas resultaria no empobrecimento da colônia (leia-se dos colonos), mas que manter o *status quo* dizimaria os aborígines pondo em risco a obra missional, desvenda as contradições em que se movimenta a colonização europeia. Tem início então a *lucha por la justicia*, busca difícil de um equilíbrio entre os dois extremos, sempre almejado e nunca satisfatoriamente alcançado. A expansão da colonização para o continente acentuou o problema; a empresa mineradora deixou pouca margem para hesitações, e a colonização se viu compelida a pôr em prática regimes rigorosamente servis (a *mita* e o *cuatequil*).

No início do século XVII, a Inglaterra inicia a sua jornada como potência colonizadora. A experiência inglesa deu origem ao regime de trabalho conhecido como o dos *indented servants*, que consistia numa espécie de servidão temporária do trabalhador em pagamento do transporte que lhe era propiciado pelas companhias inglesas de comércio e colonização. Evidencia-se, também aqui, portanto, a necessidade de trabalho compulsório inerente à economia colonial do mercantilismo. A evolução da Virgínia, no século XVII, a pioneira das colônias inglesas, mostra contudo como o sistema *indented* se revelou ineficiente para prover a mão de obra requerida para a economia colonial; na medida em que, por meio da cultura do tabaco, se apresentou a possibilidade de uma produção tipicamente colonial para o merca-

---

[11] Por esse regime, o Estado transfere ("encomenda") aos colonos a cobrança de tributos que, como súditos da Coroa, os indígenas deviam pagar. Como a cobrança podia ser em prestações de trabalhos, abria-se caminho para a servilização (o "encomendeiro" ficava obrigado a proteger, cristianizar e civilizar os indígenas).

do europeu, impõe-se cada vez mais o trabalho escravo africano. As condições muito específicas em que se processou na Inglaterra a formação do Estado moderno, com as sucessivas crises político-religiosas, ao mesmo tempo em que o movimento dos *enclosures* e a consequente migração rural-urbana criavam excedentes de mão de obra subempregada ou desempregada, abriram possibilidade a que se promovesse um tipo de colonização inteiramente diverso, baseado nas colônias de povoamento. Na realidade, as colônias inglesas das áreas temperadas da América Setentrional formam um fenômeno qualitativamente distinto do que vimos descrevendo e analisando até aqui; a presença desse novo elemento no sistema colonial do mercantilismo, fugindo às suas características mais profundas, mas formalmente integrado nos seus quadros políticos, passou a constituir um permanente fator de perturbação de seu funcionamento normal, e de complicação do sistema. Na Nova Inglaterra organiza-se uma vida econômica que não se orienta essencialmente para a metrópole, o que de resto seria quase impossível, dada a identidade dos respectivos quadros geográficos. Não se conseguia, assim, a complementaridade econômica, elemento basilar na situação colonial típica; trabalho livre de pequenos proprietários, produção diversificada para consumo interno, baixo nível de rentabilidade (na primeira fase) contrastam radicalmente com os elementos estruturais das colônias ajustadas ao sistema mercantilista — as colônias de exploração. Não podemos analisar longamente no espaço restrito deste ensaio as condições concretas que determinaram o aparecimento das colônias de povoamento; para a definição do colonialismo mercantilista, que estamos empreendendo, elas devem ficar à margem.

  Escravismo, tráfico negreiro, formas várias de servidão formam, portanto, o eixo em torno do qual se estrutura a vida econômica e social do mundo ultramarino valorizado para o mercantilismo europeu. A estrutura agrária fundada no latifúndio vincula-se ao escravismo e, por intermédio dele, às linhas gerais do sistema; as grandes inversões exigidas pela produção só encontram rentabilidade, efetivamente, se organizada em grandes empresas. Daí decorre também o atraso tecnológico, o caráter predatório, o "cíclico" no espaço e no tempo, que assume a economia colonial. A sociedade estamentiza-se em castas incomunicáveis, com os privilégios da camada dominante juridicamente definidos, que de outra forma seria impossível manter a condição escrava dos produtores diretos.

Tal, em síntese, a estrutura fundamental do sistema de colonização da época mercantilista. O Brasil-colônia enquadra-se com exatidão dentro do quadro de determinações do Antigo Sistema Colonial, e diríamos mesmo que o exemplifica de forma típica. É dessa estrutura básica que, a nosso ver, se tem de partir, quando se pretende compreender os movimentos históricos, em todos os seus níveis, dos três séculos de nossa formação colonial, e mesmo os seus prolongamentos e resistências até os dias atuais.

A proibição das manufaturas no Brasil e a política econômica portuguesa do fim do século XVIII[1]

O alvará de 5 de janeiro de 1785 — por que se proíbem nas capitanias do Brasil as manufaturas têxteis — tem sido reiteradamente tomado como a manifestação mais expressiva da persistência de uma política colonial de tipo mercantilista tradicional por parte da Coroa portuguesa, a discrepar das tendências francamente reformistas da época das Luzes. Já Varnhagen, ao tratar do reinado de D. Maria I, no que se refere à legislação especialmente respeitante ao Brasil, menciona unicamente a referida determinação, acrescentando tratar-se do "ato mais arbitrário e opressivo da metrópole contra o Brasil desde o princípio do reinado anterior".[2]

Na esteira de Varnhagen, refere-se Capistrano de Abreu à extinção brutal das manufaturas.[3] Lemos Britto dedica-lhe todo um capítulo, onde, aliás, há algumas observações bastante lúcidas.[4] Roberto Simonsen e Caio Prado Jr. não discrepam desse ponto de vista.[5] Heitor Ferreira Lima não vai além.[6]

---

[1] Publicado originariamente em *Revista de História*, nº 67, 1966, pp. 145-66.

[2] Francisco A. Varnhagen, *História geral do Brasil*, 3ª ed., São Paulo, Melhoramentos, s.d., t. IV, p. 374.

[3] Capistrano de Abreu, *Capítulos de história colonial*, 4ª ed., Rio de Janeiro, Briguiet, 1954, p. 335.

[4] Lemos Britto, *Pontos de partida para a história econômica do Brasil*, 2ª ed. rev. aum., São Paulo, Companhia Editora Nacional, 1939, pp. 191 ss.

[5] Roberto Simonsen, *História econômica do Brasil (1500-1820)*, 3ª ed., São Paulo, Companhia Editora Nacional, 1957, p. 375; Caio Prado Jr., *Formação do Brasil contemporâneo*, 5ª ed., São Paulo, Brasiliense, 1953, pp. 222-3.

[6] Heitor Ferreira Lima, *Formação industrial do Brasil (período colonial)*, Rio de Janeiro, Fundo de Cultura, 1961, pp. 167-70.

Não pode haver dúvida de que este modo de ver tem o seu fundo de verdade, sobretudo quando são levados em conta os efeitos do referido ato para a economia brasileira. Pode-se, porém, legitimamente observar que, ao focalizar-se dessa maneira o assunto, ficam de lado outros aspectos fundamentais para a compreensão do problema. É que o alvará proibitório faz parte de um conjunto maior — a política colonial portuguesa do fim do século XVIII — do qual não pode ser desvinculado se lhe quisermos alcançar o significado. A política colonial, por sua vez, insere-se inseparavelmente no quadro geral da política econômica portuguesa da época, em função da qual se orienta e se concretiza. Empenhados na análise da constituição, ao longo da história, da economia nacional brasileira, aqueles autores não podiam deixar de marcar nitidamente os efeitos negativos da referida proibição sobre atividades econômicas da então Colônia, e suas repercussões no futuro arcabouço econômico da nação. Mas ao caracterizá-la como expressão de uma política econômica, suas análises tornam-se porventura menos exatas, dada a falta do quadro mais amplo de referências a que nos referimos; não será, pois, demasiado concluir que iluminam apenas uma face do fenômeno, tornando-se indispensável encará-lo sob outros ângulos, para, só depois, repensar o conjunto.

O próprio texto do famigerado alvará não tem sido examinado em profundidade.[7] No conjunto e à primeira vista, a impressão é de argumentação frouxa, um enredo de contradições; afirmações doutrinárias colidem com determinações efetivas. Isto levou Lemos Britto, dos poucos a sondar por dentro o texto legal, a referir-se à "capciosidade" do arrazoado.[8] De fato, afirma-se enfaticamente que nos "frutos e produções da terra" consiste a "verdadeira e sólida riqueza", com o que se justifica não só o impedir-se o desvio de fatores de produção para os setores manufatureiros, como também a supressão das manufaturas já instaladas; mas alude-se a seguir a que os produtos do

---

[7] Texto do alvará publicado em Antônio Delgado da Silva, *Collecção da legislação portuguesa*, 1830, vol. III (1775-1790), p. 370, e *Revista do Instituto Histórico e Geográfico Brasileiro*, t. X, pp. 228-30. Transcrevem-no, entre outros, Lemos Britto (*op. cit.*, pp. 195-7) e H. Ferreira Lima (*op. cit.*, pp. 311-3).

[8] L. Britto, *op. cit.*, pp. 197 ss.

Brasil são essenciais ao comércio de Portugal, que, como é sabido, em grande parte comportava a exportação de manufaturas portuguesas para a Colônia. O princípio doutrinário — de base fisiocrática — metamorfoseia-se, assim, quando aplicado num ou noutro polo do pacto colonial. Além disso, como é por demais evidente que a expansão manufatureira amplia a procura de matérias-primas — "legítimos frutos e produções da terra", por exemplo, o algodão —, resulta que para incrementar a "verdadeira e sólida" riqueza é conveniente fomentar as manufaturas. Mas, replica o alvará, o Brasil é escassamente povoado, e a aplicação de braços a manufaturas leva necessariamente a desfalcar-se o cultivo dos campos. Não, redarguimos nós, pois o crescimento da produção da terra pode ser potencializado com melhorias tecnológicas; e, aliás, sendo como era escravista o regime de trabalho, a dificuldade se resolveria estimulando o tráfico africano, para gáudio dos mercadores ligados a esse ramo de comércio. E por aí adiante poderíamos seguir polemizando vitoriosamente com o mudo texto de lei. Mas não é evidentemente este o caminho que conduz a uma compreensão efetiva deste momento das relações do Brasil-colônia com a metrópole portuguesa.[9] Constatada a incoerência, o que se impõe é buscar o significado dessas contradições.

Restituamos, portanto, ao texto legal o seu andamento próprio. Principia-se pela afirmação de que, nas capitanias do Brasil, nos últimos anos, grande número de fábricas e manufaturas se tem difundido; o que importa, prossegue o alvará, em grave prejuízo da lavoura e da mineração, pois a população é escassa, dando-se por evidente que, aumentando o número de fabricantes, diminui inevitavelmente o de cultivadores; aduzindo-se logo que diminuem também os braços para o desbravamento dos extensos domínios ainda incultos, deixando de prosperar as sesmarias, doadas, aliás, à condição de que se cultivem; e igualmente se prejudicam as lavras mineiras, cuja produção, aliás, ressalta o legislador, vem efetivamente diminuindo. Ora, verdadeira riqueza são os frutos da terra, que se não obtêm senão pelas fainas agrícolas ou mineradoras. E para além, os produtos brasileiros são básicos ao comércio e à navegação entre os vassalos de Portugal com os dos domínios

---

[9] Este é, precisamente, o erro de perspectiva em que incorre Lemos Britto, que, aliás, não penetrou fundo nas contradições do alvará.

americanos, os quais comércio e navegação são dever do soberano comum animar para o benefício de todos, removendo os óbices que se oponham. Em consequência, manda extinguirem-se todas as fábricas, as manufaturas ou os teares de galões, de tecidos ou de bordados de ouro e prata, de veludos, brilhantes, cetins, tafetás, ou de qualquer outra qualidade de seda; de belbutes, chitas, bombazinas, fustões, ou de outra qualquer qualidade de fazenda de algodão ou de linho, branca ou de cores; e de panos, baetas, droguetes, saetas, ou de outra qualquer qualidade de tecidos de lã; ou os ditos tecidos sejam fabricados de um só dos referidos gêneros, ou misturados e tecidos uns com os outros; excetuando tão somente as fazendas grossas de algodão para uso dos negros e enfardamento de fazendas. Estabelece-se que os proprietários que, dois meses depois da publicação do alvará, forem encontrados na posse das ditas manufaturas e teares terão pena de "perdímento em tresdobro" do valor dos referidos instrumentos e das fazendas que se acharem, ficando repartida a importância entre o denunciante e os oficiais que fizerem a apreensão (metade para o denunciante, metade para os oficiais; no caso de não haver denunciante, os oficiais se apropriam da totalidade). Seguem-se as providências burocráticas para a execução da ordem: aviso às várias autoridades competentes (presidente e conselheiros do Conselho Ultramarino, presidente do Real Erário, vice-rei do Brasil, governadores e capitães-generais, governadores e oficiais militares, ministros das Relações do Rio de Janeiro e Bahia, ouvidores, provedores, outros ministros, oficiais de justiça e fazendas) e a todas as pessoas do Estado do Brasil para que cumpram e façam cumprir a determinação. Derrogam-se, para o caso, as determinações em contrário. Assinam a rainha e Martinho de Mello e Castro, então ministro e secretário de Estado da Marinha e Ultramar.[10]

Preliminarmente, convém assinalar o estilo arrevesado e repetitivo em que vem redigido o alvará, aliás, típico desse gênero de documentos. É que se procurava ser o mais explícito possível, não deixando margem a qualquer sombra de dúvida. Por isso, não se evitam as repetições, abusando-se mesmo da sinonímia. Expressões como "fábricas, manufaturas ou teares" poderiam sugerir uma gradação, mas não parece que se possa presumir por parte do le-

---

[10] Cf. o Alvará de 5 de janeiro de 1785, transcrito ao final deste artigo.

gislador qualquer preocupação classificatória.[11] Da mesma forma não pudemos estabelecer distinção alguma entre "permutações mercantis" e "comércio", a não ser que pela primeira expressão se designasse o escambo puro e simples. Não enveredamos, porém, pelo matagal da estilística legislativa portuguesa por motivos formais; interessa-nos, sim, opor essa excessiva explicitação com certas obscuridades do texto, pois o contraste torná-las-á mais significativas.

Com efeito, o leitor atento já terá notado, pela descrição fiel que reproduzimos, que a sequência de argumentos justificativos entra, na sua parte final, em solução de continuidade: depois de afirmar que as produções do Brasil são fundamentais para o comércio de Portugal ("permutações mercantis, navegação e comércio") — e de sobrelevar que é dever do soberano favorecer o bem comum dos vassalos de ambos os lados do Atlântico, removendo os obstáculos — passa a decretar as proibições. Ora, faltou, visivelmente, aqui, esclarecer por que as produções manufatureiras do Brasil se constituíam em obstáculo ao comércio português. No texto, contudo, a afirmação permeia o arrazoado: a fabricação de manufaturas têxteis prejudica as "produções da terra", legítima riqueza; sendo as "produções" do Brasil o "fundo e a base" do comércio português que deve ser animado, removendo os entraves, segue-se que se devem suprimir no Brasil fábricas, manufaturas e teares. Primeiro fala-se em "manufaturas" e "produções da terra"; depois, apenas em "produções" do Brasil, o que parece ter o intuito de excluir desse conjunto as manufaturas. De qualquer modo, a afirmação não se explicita, torna-se manifesta a obscuridade a contrastar com o fervor explicativo já referido. Nem se diga que os motivos eram óbvios, pois esses textos legislativos (cartas régias, alvarás, leis etc.) não hesitam em dizer o óbvio, e em repeti-lo uma e várias vezes. A razão é, portanto, outra, e não é difícil de perceber: explicá-lo seria romper, publicamente, aquele bem comum de todos os vassalos da Coroa, "destes

---

[11] Entre "fábrica" e "manufatura" a distinção não era nítida, na época, em Portugal, até porque ali se desconhecia a maquinofatura, característica específica do sistema fabril. Antonio de Morais Silva, na primeira edição de seu dicionário (1789), define fábrica a "casa onde se trabalha e fabrica v. g. panos, chapéus, sedas e outras manufaturas", e manufatura "fábrica, e oficina de artefatos v. g. de lanifícios, de sedas, chapéus, panos", acrescentando que manufatura significa também "a obra feita nelas, e neste sentido é mais usual".

Reinos e daqueles Domínios", implicaria desvendar a oposição de interesses nos dois lados do Sistema Colonial. Por isso, o alvará não o diz explicitamente; mas o simples fato de evitar a afirmação clara não deixa de ser muito significativo. Tinha-se, não obstante, clara consciência desse contraste de interesses, e as instruções de Martinho de Mello e Castro ao vice-rei (Luís de Vasconcelos e Sousa) afirmam-no peremptoriamente:[12] da mesma forma que o contrabando, a produção manufatureira colonial se faz sentir nas alfândegas da Metrópole, diminuindo as saídas para o Brasil. Contra essa situação reclamam o administrador da alfândega e a junta das fábricas do Reino. Esta é a contradição básica do texto, porque reflete imediatamente uma situação real: o desenvolvimento manufatureiro de Portugal não podia prescindir do mercado colonial; a Colônia, porém, já começa a dar mostras das primeiras e frágeis tendências para desenvolvimento autônomo. Temos de partir dessa base para compreender o alvará, e depois projetá-lo no conjunto da política ultramarina portuguesa do final do Antigo Regime.

Reexaminemos, pois, nesta perspectiva, o conjunto do diploma legal. O seu andamento é simples: desdobra-se em três partes claramente demarcáveis, quais sejam, constatações de uma situação de fato, justificação das normas a serem adotadas e determinações positivas. Essa sequência é corrente nos textos congêneres. Aqui, contudo, pode notar-se, de um lado, certa hesitação nos argumentos justificativos, um meticuloso cuidado nas afirmações altamente ponderadas; de outro, um excessivo esclarecimento no que diz respeito às proibições. No conjunto, a impressão é de insegurança na argumentação e de preocupação pela efetiva execução das proibições.

Constata-se, em primeiro lugar, que se difunde grande número de fábricas e manufaturas nas capitanias do Brasil; afirma-se mais adiante a diminuição das extrações auríferas e diamantinas. Esta segunda asserção fundava-se, como é fácil prever, na queda da arrecadação dos quintos. De fato, se os vários autores discrepam no difícil cálculo da produção aurífera do século XVIII, há concordância quanto à diminuição paulatina a partir do meado do século; segundo Eschwege, autor dos mais acatados na matéria, a arrecadação do quinto atingiu o máximo de 118 arrobas em 1754, caindo a seguir; em

---

[12] Ofício de Martinho de Mello e Castro ao vice-rei Luís Vasconcelos e Souza, 5/1/1785, *Revista do Instituto Histórico e Geográfico Brasileiro*, t. X, pp. 213-24.

1764 fora de 99 arrobas, em 1774, de 75 e em 1784, de 63 arrobas.[13] O mesmo não ocorria, porém, com a extração de diamantes, empreendida diretamente pela Coroa desde 1772, e que mantém e mesmo incrementa o nível de produção no período que antecede o alvará.[14] A expansão das atividades manufatureiras no Brasil é, por seu turno, afirmada com base em informações oriundas da Colônia, mas sobretudo inferida dos efeitos negativos que se fazem sentir sobre as alfândegas do reino, como indica o ministro do Ultramar no ofício acima referido. É na balança de comércio que se poderia com segurança aquilatar quantitativamente o fenômeno. Infelizmente, as séries conhecidas iniciam-se em 1796, e não temos conhecimento de se terem localizado as anteriores.[15] De qualquer forma, outras fontes oferecem-nos pelo menos alguns indícios. Já em 1779, o relatório com que o marquês de Lavradio passou o vice-reinado ao sucessor apontava a existência de fábricas e teares em Minas, o que constitui, anota o marquês, fator negativo para o comércio com a Metrópole, pois os habitantes da referida capitania iam-se tornando independentes do abastecimento da Europa.[16] Martinho de Mello e Castro, no ofício que acompanha e instrui o alvará de 1785, afirma, por outro lado, que a comprovação se tem feito na Metrópole por amostras de tecidos remetidos do Brasil para a Secretaria da Marinha e Ultramar.[17]

---

[13] Ludwig von Eschwege, *Pluto brasiliensis* (1833), São Paulo, Companhia Editora Nacional, 1944, t. I, pp. 366-8. Cf. José J. Teixeira Coelho, "Instruções para o governo da capitania de Minas Gerais (1780)", *Revista do Instituto Histórico e Geográfico Brasileiro*, t. XV, 1888, pp. 255-481 e tabela na p. 372.

[14] Cf. L. von Eschwege, *op. cit.*, t. 2, pp. 176 ss.; Joaquim Felício dos Santos, *Memórias do Distrito Diamantino*, 2ª ed., Rio de Janeiro, Castilho, 1924, p. 254.

[15] Anteriores a 1796 conhecemos apenas as balanças referentes aos anos de 1776 e 1777, no Arquivo Histórico do Ministério de Obras Públicas, em Lisboa. Sobre as balanças, cf. Jorge de Macedo, *O bloqueio continental, economia e guerra peninsular* (Lisboa, Delfos, 1962, p. 37), que programa um estudo de conjunto sobre a matéria.

[16] Relatório do marquês de Lavradio (1779), *Revista do Instituto Histórico e Geográfico Brasileiro*, t. IV, 1863, p. 457.

[17] Ofício de Martinho de Mello e Castro, *Revista do Instituto Histórico e Geográfico Brasileiro*, t. X, p. 214.

Quanto ao montante dos estabelecimentos e o volume da produção ficava-se, pois, em meras presunções.

O que porém antes e acima de tudo se põe em relevo são os efeitos a se manifestarem no decréscimo das exportações para a Colônia, o que é registrado nas alfândegas e igualmente assinalado nas reclamações da junta das fábricas de Portugal. Este o dado fundamental, ponto de partida do alvará proibitório. O intendente Pina Manique, administrador da alfândega, reivindicando medidas ao ministro Mello e Castro, no ofício que lhe dirige em 6/10/1784, lembra as "tristes circunstâncias que se podem seguir a este reino e à Fazenda de Sua Majestade"[18] a não se providenciarem determinações tendentes a impedir a produção manufatureira colonial e a coibir o contrabando. É que o referido decréscimo das "permutações mercantis" registrado nas alfândegas e constatado nas fábricas portuguesas com o consequente diminuendo dos direitos da Coroa decorria tanto da existência de produção brasileira de manufaturas, como, e sobretudo, do intenso contrabando estrangeiro, particularmente o inglês, que à larga se praticava nas costas do Brasil.

Este ladeamento do exclusivo colonial português no Brasil pelas grandes potências europeias vinha de longa data[19] e se avolumava nos últimos tempos. Não pretendemos esmiuçar aqui o assunto, já tantas vezes aventado mas ainda à espera de um estudo quantitativo.[20] É, contudo, digno de nota que ao longo do século XVIII, apesar dos esforços da Metrópole, sobretudo a partir do consulado pombalino, para pôr cobro a esse apoucamento da sua exploração ultramarina,[21] o contrabando se vai incrementando, na medida mesma em que se amplia o desnível entre o desenvolvimento econômico dos países ibéricos de um lado e, de outro, as potências marítimas (Inglaterra e

---

[18] Ofício de Diogo Inácio de Pina Manique de Melo e Castro, *Revista do Instituto Histórico e Geográfico Brasileiro*, t. X, p. 225.

[19] Do contrabando do pau-brasil pode-se dizer que começou antes da própria colonização. A mais recente análise do assunto encontra-se em Sérgio Buarque de Holanda (org,), *História geral da civilização brasileira*, São Paulo, Difel, 1960, t. I, vol. I, pp. 89-95 e 147-75.

[20] Wanderley Pinho, *A abertura dos portos*, Salvador, Publicações da Universidade da Bahia, 1961, pp. 5-12.

[21] Cf. *Collecção das leys e ordens que proíbem os navios estrangeiros, assim os de guerra, como os mercantes, nos portos do Brasil*, Arquivo Histórico Ultramarino, Lisboa, códice 1193.

Holanda) e a França. Sebastião José de Carvalho e Melo, que já na embaixada de Londres formara juízo sobre o comércio inglês,[22] forcejou sempre, à frente da administração portuguesa, por impedir a penetração inglesa no Ultramar; é abundante a correspondência polêmica travada pelo cônsul inglês em Lisboa (então Robert Walpole) para reduzir o rigor da fiscalização pombalina.[23] Por maior que tenha sido o esforço, não se pode duvidar que o contrabando tenha persistido. A própria insistência legislativa indica nesse sentido. Nem era só a Inglaterra que contrabandeava. Em 1778, no início do reinado de D. Maria I e nas vésperas de deixar o vice-reinado, oficiava o marquês de Lavradio (6/6/1778), encaminhando ao Conselho Ultramarino os autos de exame feito em várias embarcações espanholas arribadas no Rio de Janeiro; os castelhanos solicitam suprimento, contra letras passadas para Espanha; o vice-rei protela, obtemperando que as instruções aconselham flexibilidade em se tratando de barcos espanhóis, dada a possibilidade de entrar prata.[24] Não era portanto sem motivo que as instruções ao novo vice-rei, Luís de Vasconcelos e Sousa, consignassem para logo entre as importantes obrigações do governo um "vigilante cuidado em evitar os contrabandos", pois que são "não só a ruína dos úteis vassalos, mas os que diminuem o real patrimônio destinado à cousa pública".[25] A pressão prosseguiu e até mesmo intensificou-se — em 1781 era confiscada no Rio de Janeiro a chalupa inglesa Hind, remetendo-se para Lisboa os contrabandistas, Sua Majestade, porém, informa o ministro dos negócios ultramarinos em carta ao vice-rei, de 30/10/1781,[26] "atendendo a algumas justas considerações do seu real serviço", manda libertar os ingleses, devendo o barco ser guardado, consertado e

---

[22] João Lúcio de Azevedo, *O marquês de Pombal e a sua época*, 2ª ed., Rio de Janeiro, Annuario do Brasil, 1922, pp. 29 ss.

[23] Cf. Biblioteca Nacional de Lisboa, Coleção Pombalina, códice 638, que contém os autos de exames em navios ingleses mandados efetuar pelo marquês de Lavradio.

[24] Arquivo Histórico Ultramarino, Lisboa, *Documentação avulsa*, Rio de Janeiro, cx. de 1778.

[25] "Instruções a Luís de Vasconcelos e Souza acerca do governo do Brasil", *Revista do Instituto Histórico e Geográfico Brasileiro*, t. XXV, 1862, pp. 479-83.

[26] Carta de Martinho de Mello e Castro a Luís de Vasconcelos e Souza, 10/10/1781, Arquivo Histórico Ultramarino, Lisboa, códice 572, fl. 106.

conservados em depósito os "efeitos" que conduzia e o produto dos gêneros que porventura já se tivessem vendido. Viviam-se momentos difíceis do equilíbrio europeu, e a Inglaterra cobrava caro a sua aliança.

Tão caro, de fato, que no mais das vezes a aliança inglesa encobria para Portugal uma efetiva tutela. Nem se pode prescindir da posição britânica para compreender qualquer passo da política econômica e colonial portuguesa nos séculos XVII e XVIII. O que a corte de Lisboa tinha em mira era um equilíbrio difícil que, sem comprometer de todo a necessária aliança política, permitisse recobrar uma mais larga faixa de movimentação econômica. No caso específico do alvará proibitório das manufaturas no Brasil, porém, parece convergirem os interesses da Inglaterra e da metrópole portuguesa — os tecidos ingleses participavam do abastecimento do mercado consumidor brasileiro por duas vias: pelo intermediário português e pelo comércio ilícito de contrabando, cujas pegadas documentamos anteriormente.

São apenas exemplos colhidos na vasta documentação impressa e manuscrita referente ao tema, para balizar a persistência do contrabando. Completa o quadro, verdadeiramente escabroso, o ofício, sem dúvida digno de nota, do cônsul inglês em Lisboa, no qual o diplomata se dirige ao governo lusitano para informar sem rebuços o volume substancial do comércio direto que se faz da Grã-Bretanha para o Brasil: nada menos que "doze navios grandes (o menor de quinhentas a seiscentas toneladas), com artilharia proporcionada, e quarenta a cinquenta homens de equipagem" efetuam anualmente o referido tráfico. E acrescenta, com tranquilidade verdadeiramente britânica:

> Se se duvidar deste fato, as alfândegas daquele continente mostrarão a quantidade de fazendas que ali se têm despachado; e se é necessária outra prova, eu tenho uma gazeta inglesa vinda no último paquete, que anuncia formalmente dois navios a partir para o Brasil, e antes deles tinham partido outros dois.

Para arrematar, esclarece que os últimos navios aportados em Lisboa, e vindos do Brasil, trouxeram ordem para alguns negociantes enviarem, em retorno dos açúcares, moeda corrente, e não fazendas europeias, "porque tem os seus armazéns cheios delas, e mais baratas que em Portugal"; e mais, no Brasil já se sugeria a formação de uma companhia para o comércio regular com a Inglaterra.[27] Não resta dúvida de que, do ponto de vista do Sistema Colonial, o informe do curioso diplomata não podia ser mais edificante. Nem é para surpreender que o ministro português do Ultramar considerasse os termos dessa correspondência consular "dignos da mais circunspeta reflexão".

Meditou-se, efetivamente, na gravidade da situação, e daí resultaram as medidas proibitivas. O mesmo ofício instrutivo encaminha ao vice-rei do Brasil dois alvarás, igualmente datados de 5 de janeiro de 1785, um proibindo as manufaturas têxteis, diligenciando o outro medidas de combate ao contrabando.[28] Fazem um todo, tentando solucionar uma conjuntura altamente desfavorável ao funcionamento do Sistema Colonial português. Distinguem-se, porém, em que, enquanto o que se refere ao comércio ilícito reafirma e reforça disposições já estabelecidas, o que diz respeito às fábricas parece enfrentar uma situação nova.

Manufaturas coloniais, descaminhos e contrabandos convergem em idênticos efeitos sobre a economia portuguesa, que, como já avançamos no primeiro passo da análise que estamos perseguindo, não podia dispensar os estímulos do mercado colonial para consolidar seu esforço industrialista. Ao determinar a supressão das manufaturas existentes no Brasil (terceira parte do alvará), bem como ao intentar coibir a penetração de economias mais desenvolvidas no mercado ultramarino, a política colonial portuguesa reage a uma situação de fato, que deve ser encarada com objetividade, mas é indiscutível que ao fazê-lo procura preservar em moldes tradicionais o funcionamento do sistema, e nesse sentido é justo falar-se em persistência de uma orientação mercantilista. As preocupações relevantemente fiscais que repontam neste conjunto de documentos (alvarás, instruções) indicam no mesmo sentido conservantista.

Resta, contudo, analisar a segunda parte do alvará. Entre a constatação dos fatos e as regras impostas, entre a tomada de consciência dos problemas e a determinação de intervir na realidade, e estabelecendo conexão entre uma

---

[27] *Revista do Instituto Histórico e Geográfico Brasileiro*, t. X, p. 228.

[28] Alvará de 5 de janeiro de 1785, que providencia sobre os contrabandos e os descaminhos no Brasil, está publicado em A. Delgado da Silva, *op. cit.*, vol. III (1775-1790), pp. 371-2; em manuscrito, ver Arquivo Histórico Ultramarino, Lisboa, códice 311, fl. 20.

e outra, desenvolve-se o arrazoamento justificativo. O raciocínio desdobra-se como segue: primeiro, o aumento do número de fábricas e manufaturas no Brasil se faz em detrimento da lavoura e da mineração, dada a escassez da população colonial; segundo, a verdadeira riqueza são os frutos e produções da terra; terceiro, os produtos coloniais formam a base do comércio entre a metrópole e a colônia. Estes os três pontos essenciais. Entre o primeiro e o segundo passos, salienta-se a necessidade de povoamento e ocupação do vasto território da América Portuguesa, também prejudicado pelo desvio para atividades fabris. Observe-se que a argumentação se faz inicialmente no plano prático (prejuízo da lavoura e mineração), e se encerra no mesmo plano (danos para o comércio); a formulação teórica intermediária parece, pois, estabelecer o contato, assegurar a passagem entre um e outro momento da argumentação, dando-lhe consistência. E isso é tanto mais importante quanto o primeiro argumento refere-se mais especificamente à Colônia, relacionando-se o terceiro mais diretamente à Metrópole. A produção manufatureira colonial, disputando mão de obra para atividades primárias, faz decrescer a sua agricultura e mineração, o que se reflete negativamente no comércio metropolitano, cujo volume fica cada vez mais restrito. Ora, sendo a verdadeira riqueza as produções da terra, justifica-se a proibição das manufaturas e restabelece-se a harmonia que se ia rompendo.

O princípio teórico de inspiração fisiocrática — as produções da terra constituem a verdadeira riqueza —, formulado em sentido excessivamente lato e habilmente aplicado, permitiu ao legislador português articular o seu discurso com um mínimo de consonância, pelo menos aparente. Não é difícil, porém, desvendar-lhe as mistificações, e já mostramos de início que o mesmo princípio se inverte ao incidir na Colônia ou na Metrópole. Se quisermos prosseguir na análise, verificaremos que o próprio enunciado se prestou a manipulações. Efetivamente, a identificação dos produtos agrícolas com a verdadeira riqueza não tem na fisiocracia o sentido exclusivo dos demais setores que aqui se lhe empresta. O conteúdo do princípio, no contexto da doutrina, situa-se no plano teórico e não no prático. A ele chegaram os fisiocratas na procura da origem do excedente econômico (*produit net*), problema que os mercantilistas descartavam, na medida em que suas análises se situavam preferencialmente no âmbito da circulação. Neste plano, e considerando o comércio uma transação de valores desiguais (o comércio é uma forma de guerra entre as nações, dizia Colbert), a teoria mercantil simplificava o problema: o lucro, manifestação exterior do excedente, advém das transações comerciais, da circulação, portanto, mediante vantagens concretas obtidas em detrimento do parceiro.[29] Deslocando a análise para o sistema produtivo, e dando destarte um passo decisivo no equacionamento do problema, a fisiocracia não podia deixar de se perguntar como era possível remanescer, do processo produtor dos bens econômicos, um excedente líquido, pois que a produção não era em última instância senão consumo de riqueza que se transfigurava, reaparecendo sob nova forma. Aprofundando, no entanto, o exame da questão, os fisiocratas foram incapazes de ultrapassar o universo material das operações produtivas, não projetando por isso a gênese do excedente na trama das relações sociais;[30] encaminharam-se, desse modo, necessariamente para a única solução que se lhes apresentava: apenas um setor da produção — as "produções da terra" — poderia gerar, graças à fertilidade da natureza, esse incremento líquido da riqueza que é o excedente econômico. Apenas esta categoria das atividades econômicas merece o nome de "produtiva", todas as demais são "improdutivas". Improdutivas, convém imediatamente acrescentar, mas não despiciendas;[31] importantes, porque úteis, as atividades comerciais e industriais não perdem mérito aos olhos do pensamento fisiocrático. Este, em linhas muito gerais, o significado originário da preeminência da agricultura na teoria fisiocrática, e não é preciso mais para se convencer de que o alvará de 1785 lhe forçou o sentido.

Se importa, porém, patentear todas essas incorreções e velamentos, isto não nos desobriga do exame de outros aspectos suscitados pela presença mesma do pensamento fisiocrático encravado em resoluções de cunho mercantilista. Note-se, de passagem, o cuidado escrupuloso com que o legislador evitou avançar por demais o sinal, contrastando explicitamente o valor das fainas agrícolas à preciosidade dos trabalhos manufatureiros. Em vez disso, envereda mais uma vez na obscuridade, para nós muito significativa, preferindo

---

[29] Paul Hugon, *História das doutrinas econômicas*, 6ª ed., São Paulo, Atlas, 1959, p. 103.

[30] Eric Roll, *History of Economic Thought*, Londres, Faber & Faber, 1956, pp. 128 ss.

[31] Charles Gide e Charles Rist, *Historie des Doctrines Économiques*, 7ª ed., Paris, Sirey, 1959, t. I, pp. 12 ss.

dizer que, na Colônia, os braços abandonam "estes úteis e vantajosos trabalhos" (agricultura, mineração), empregando-se em outros "totalmente diferentes como são os das referidas fábricas e manufaturas". Pois não é curioso, num texto tão meticulosamente elaborado, antepor "úteis e vantajosos" a "diferentes"? Resulta disto a inevitável impressão de que se procurava adaptar penosamente uma doutrina, aceita como correta, a uma situação de fato, que exigia acomodações. Doutrina e realidade econômicas parece que se não compaginavam muito à vontade no fim do Antigo Regime em Portugal. Embora distorcida e estrategicamente utilizada, o mero aparecimento da teoria fisiocrática no próprio alvará proibitório não atesta menos o conhecimento e a difusão em Portugal de uma doutrina crítica do mercantilismo tradicional, e a sua influência nas esferas governamentais. As violências e os ajustamentos a que a doutrina é submetida em nosso texto não deixam, por outro lado, de exemplificar significativamente as vicissitudes e as contradições com as quais a inteligência portuguesa do final de Setecentos procura equacionar, com as ferramentas mentais em voga, os difíceis problemas econômicos e sociais da metrópole e do Ultramar no quadro da aguda competição internacional.

Exemplo desse esforço e dessas contradições podem ser consideradas as diversas memórias e escritos que à época se produziram sobre as minas, sua utilidade ou desvantagem, os efeitos estimulantes ou regressivos da mineração sobre o conjunto da economia nacional, as técnicas mineradoras etc. Realmente, o legislador metropolitano, ao situar no mesmo nível de importância — como produções de terra, e pois legítima riqueza — agricultura e lavra mineira, toma posição num debate aberto no pensamento fisiocrático. E de fato hesitaram os fisiocratas em atribuir às atividades extrativas a mesma capacidade de engendrar incrementos líquidos de riqueza; não lhes escapava, contudo, a visão de que, enquanto a terra, na produção agrícola, apresenta-se como uma fonte que constantemente se renova, as minas tendem pelo contrário a um inexorável esgotamento: na palavra de Turgot, a terra produz frutos, a mina é ela própria o fruto a recolher.[32] Faltou, sim, observar que a agricultura é também, no fundo, uma espécie de mineração, pois igualmente tende a longo prazo a exaurir a produtividade da terra; mas isto os levaria a se embrenhar num labirinto sem esperança para a sua doutrina, visto que a

---

[32] *Idem, ibidem*, pp. 15-6.

técnica e os ingredientes com que é possível manter e mesmo elevar a fertilidade dos terrenos agrícolas fazem parte do consumo produtivo, e, pois, não se podem considerar como saída para a explicação fisiocrática da gênese do excedente.

De qualquer forma, nesse clima de elaboração e consolidação do pensamento fisiocrático, e em face do espetáculo de atraso econômico das nações possuidoras de minas, sobretudo a Espanha, era natural que as explorações mineiras fossem encaradas de modo desfavorável. Já em 1748, Montesquieu, no capítulo XXII, livro XXI, do *Espírito das leis*, afirmava serem o ouro e a prata "uma riqueza de ficção e de símbolo", acrescentando que "quanto mais se multiplicam, mais perdem seu preço, porque representam menos coisas". Ora, essa mesma elevação dos preços provocada pelo crescimento do montante de metais nobres acresce o custo de sua exploração, resultando assim desvantajosa para o país minerador. Assim poderia ser entendida a decadência da Espanha. As novas ideias econômicas difundidas pela escola fisiocrática, cuja teoria implicava uma crítica ao mercantilismo, e particularmente à sua ideia metalista, consolidaram essa maneira de encarar a exploração das minas.

É claro que nos países ibéricos detentores das minas auríferas e argentíferas da América esta visão, porventura demasiado teórica do problema, havia de ser repensada na procura de redefinições mais ajustadas à sua realidade econômica. Em Portugal, o assunto foi com certeza debatido — em 1789, Rodrigo de Sousa Coutinho, futuro ministro do Ultramar, apresentou à Academia Real das Ciências uma memória realmente notável pelo rigor do raciocínio e largueza de vistas em que procurava confutar as versões correntes.[33] Sua ideia central é a de que os efeitos da mineração sobre a economia do país minerador estão condicionados exatamente à maneira como a atividade mineradora se relaciona com os demais setores, ou, em outros termos, não se pode isolar este único segmento da atividade econômica. Assim, se é certo que o surto mineiro pode provocar despovoação e desfalque de mão de obra em outros setores, não é menos verdade que provoca uma procura cada

---

[33] Rodrigo de Sousa Coutinho, "Discurso sobre a verdadeira influência das minas e metais preciosos na indústria, das nações que as possuem", in *Memorias economicas da Academia Real das Sciencias de Lisboa*, vol. I, Lisboa, 1789, pp. 237 ss.

vez maior de produtos de consumo, estimulando, pois, o conjunto da economia; em termos mais concretos, podem as minas estimular as manufaturas da metrópole, funcionando da mesma maneira que uma balança favorável. O argumento de Montesquieu, acrescenta Coutinho, é pertinente no caso de o país ser desprovido de manufaturas e ter que cobrir a sua balança desfavorável de comércio com exportação do metal nobre. Mas isso não é um efeito intrínseco à mineração, e sim às condições gerais da economia. Em grande medida, esta era, aliás, a situação de Portugal no século XVIII, daí o esforço industrialista. Resulta, pois — mas isso já não está na dissertação de Rodrigo de Sousa Coutinho —, que inclusive para poder vantajosamente explorar as minas do Brasil era imprescindível à metrópole portuguesa promover o seu desenvolvimento manufatureiro. A exploração da colônia americana, portanto, é a um só tempo condição e pressuposto de mudança na economia portuguesa. Tal o nível de vinculação e dependência, que exigia que a política econômica fosse coordenada tendo em vista um e outro setor dos domínios de El-rei Fidelíssimo.

Mais para o final do século, Antônio Pires da Silva Pontes Leme[34] volta ao tema, para refutar um verbete da famosa *Encyclopédie* em que se afirmava sem mais ambages que "quanto for maior a massa de ouro na Europa tanto mais Portugal será pobre, tanto mais tempo será ele uma província da Inglaterra". Fá-lo, porém sem o brilho e a segurança do antecessor, pois o que na realidade apresenta são as vantagens da economia monetária sobre a economia natural, o que, aliás, não estava em jogo. Vale-se, porém, do ensejo para lembrar a "pouca utilidade das fábricas de minerar para seus donos", apontando as dificuldades da produção mineira no Brasil, terminando enfim por lembrar que se deve promover os outros setores da atividade econômica na Capitania das Minas. Em 1804, retoma o assunto Azeredo Coutinho,[35] que volta, aliás, aos argumentos de Montesquieu. Tudo isso ilustra o quadro das

---

[34] "Memória sobre a utilidade pública de se extrair o ouro das minas" (1789), *Revista do Arquivo Público Mineiro*, vol. 1, 1896, pp. 417-26. Ver também a "Censura" à referida memória, pelo Visconde da Lapa, em *Memorias Economicas da Academia de Sciencias de Lisboa*, 1813, t. I, nº 12, Academia de Sciencias de Lisboa (manuscrito nº 373).

[35] José J. da Cunha de Azeredo Coutinho, "Discurso sobre o estado atual das minas do Brasil" (1804), *Revista do Instituto Histórico e Geográfico Brasileiro*, t. 97, 1898, pp. 5-37; ver também

ideias na qual se elabora a política econômica e colonial na época do absolutismo ilustrado.

A proibição das manufaturas brasileiras insere-se neste contexto, e o alvará que lhe deu forma legal, nos descaminhos de seu arrazoado e nas contradições de seu substrato teórico, o indica concretamente. Para compreendê-lo como expressão de uma política econômica é necessário situá-lo nesse quadro, partindo das condições concretas em que se processava a vida econômica da metrópole e das colônias, a que já nos referimos anteriormente e que devemos retomar ainda uma vez mais. Ao estabelecer, por exemplo, uma como que fatal alternativa entre as atividades primárias e os labores industriais no domínio ultramarino, o alvará pode ser teoricamente criticado, e já o fizemos no início desta exposição. Mas se considerarmos, agora, que o desenvolvimento tecnológico é bloqueado numa economia escravista,[36] que, doutra parte, não se pode avolumar indefinidamente o contingente de escravos no sistema sem romper um mínimo de equilíbrio indispensável (vale lembrar que as exceções que se abrem nas proibições se ajustam às exigências da economia escravista); e se ponderarmos, ainda, que nas condições específicas da economia colonial de baixo nível de capitalização o empresário dificilmente poderia cometer ao mesmo tempo tarefas agrícolas e manufatureiras — acrescendo para mais que a atividade agrícola visada é em parte, como salienta o próprio alvará, desbravamento e ocupação de novas áreas —, aquelas asserções do texto legal começam a fazer sentido. Ademais, a questão desse "equilíbrio" nas atividades econômicas colocava-se também nas relações entre as lavras mineiras e os trabalhos agrícolas — um escritor da época reclamava exatamente que se estimulasse, nas Minas Gerais, a agricultura, pois a obsessão mineradora provoca graves problemas na capitania.[37] Poder-se-ia, contu-

---

em *Obras econômicas de J J. da Cunha de Azeredo Coutinho (1794-1804)*, organização de Sérgio Buarque de Holanda, São Paulo, Companhia Editora Nacional, 1966, pp. 187-229.

[36] Eric Williams, *Capitalism & Slavery*, Chapel Hill, University of North Carolina Press, 1944, pp. 6-7.

[37] "Considerações sobre as duas classes mais importantes de povoadores da capitania de Minas Gerais, como são as de mineiros e agricultores....", *Revista do Instituto Histórico e Geográfico Brasileiro*, t. 25, 1862, pp. 421-9. Caio Prado Jr. supõe ser José Vieira Couto o autor dessas "Considerações" (cf. *Formação do Brasil contemporâneo*, 5ª ed., São Paulo, Brasiliense, 1953, p. 161), o

do, insistir em que, promovendo a economia colonial a capitalização na Metrópole em detrimento da Colônia, seria possível canalizar de volta esses capitais para o Ultramar... E o argumento teria sem dúvida um sabor utópico, quando projetado na época em que esses fatos se passaram, mas de qualquer forma, nas circunstâncias concretas que estamos analisando, nem essa capitalização metropolitana era intensa em Portugal, e os recursos ali estavam sendo dificultosamente mobilizados para o esforço de industrialização. Ora, exatamente este esforço pelo desenvolvimento manufatureiro em Portugal esbarrava em obstáculos institucionais, em cuja remoção se mobilizavam as novas linhas de pensamento crítico do Antigo Regime (fisiocracia, economia clássica inglesa, filosofia da Ilustração). Assim é que o pensamento fisiocrático se insinua no alvará de 1785, o qual, se lhe restituímos antes o andamento próprio, readquire agora a sua particular coerência.

Se essa tentativa de situar o polêmico alvará no quadro da mentalidade de sua época e em face das condições concretas sobre as quais devia atuar ajuda-nos a compreender os motivos que lhe deram origem e a forma que assumiu, completará o nosso esforço para apreender o seu significado o exame da sua aplicação e dos seus efeitos. Não é para supor que o impacto da proibição sobre a economia colonial brasileira tenha assumido dimensões de grande monta. É impossível perder de vista, quando se pretende encarar a atuação efetiva da resolução legal, que a estrutura econômica do Brasil-colônia era de todo desfavorável ao desenvolvimento das manufaturas. De fato, o regime escravista, base sobre que repousa todo o sistema, limita substancialmente as possibilidades de constituição de um mercado interno, pressuposto indispensável da expansão industrial. Propícia era, de fato, esta situação para o florescimento de um artesanato doméstico de tecidos grosseiros para escravos ou mesmo para as camadas livres, inaptas para a aquisição dos artigos importados. Mas isso, exatamente, é o que se permitia no alvará.

Os dados de que dispomos sobre a aplicação do alvará sugerem indubitavelmente que pouca coisa se encontrou para apreender. Na capital da então Colônia, que era, juntamente com Salvador, uma das maiores aglomerações

---

que se confirma quando observamos que elas fazem parte da segunda memória sobre a capitania de Minas (1801) de autoria de Vieira Couto (cf. *Revista do Arquivo Público Mineiro*, vol. XXV, 1898, pp. 70 ss.).

urbanas da América Portuguesa na época,[38] e, pois, onde havia melhores condições para as atividades manufatureiras, o vice-rei Luís de Vasconcelos e Sousa tratou de executar as ordens régias com as devidas cautelas recomendadas nas instruções. Diga-se de passagem, não se deu muita pressa nessa tarefa; o ofício em que dá conta do cumprimento das determinações metropolitanas data de 12 de julho de 1788. Isto, aliás, exemplifica bem a morosidade da administração colonial. Realizadas as buscas e feitas as apreensões, o resultado foi visivelmente decepcionante: reuniram-se ao todo para remeter à Metrópole treze teares de tecidos de ouro e prata. Além disso, sua distribuição mostra o caráter artesanal das atividades: Jacob Munier possuía cinco teares, dos quais um desarmado; José Antônio Lisboa, três teares; Sebastião Marques, três teares, sendo que um desarmado; Miguel Xavier de Morais, um tear; José Maria Xavier, um tear. A rigor, não se pode, pois, falar em fábricas ou manufaturas empresarialmente organizadas. Talvez somente no primeiro caso, e com algum esforço, possa se admitir a classificação, e é sintomático o nome estrangeiro do empreendedor. De teares de lã, linho ou algodão há referências vagas não quantificadas: de João Monteiro Celi afirma-se que possuía "teares de grosserias de algodão em que algumas vezes fabricava uns cobertores felpudos de algodão fino, e panos grossos ou baetões do mesmo algodão"; de José Luís, José Francisco, Antônio José, Antônio de Oliveira do Amaral, Maria da Esperança, Francisco de São José, Custódio José, Manuel de Morais, Maria Antônia, Ana Maria, diz-se que tinham "teares da mesma qualidade de grosseria de algodão, nos quais algumas vezes fabricavam toalhas de mesas e guardanapos". E foi tudo quanto se encontrou. Remetendo para Lisboa tais informações, acrescentava o vice-rei ter transmitido as ordens da rainha aos governadores das capitanias subalternas do Rio Grande e de Santa Catarina, bem como ao ouvidor da comarca dos Campos de Goitacazes para que se tomassem as necessárias providências, mas já adiantava estar, contudo, persuadido de que "os teares que nelas podem existir são próprios para as (manufaturas) permitidas e toleradas".[39]

---

[38] Aroldo de Azevedo, *Vilas e cidades do Brasil colonial*, São Paulo, FFCL-USP, 1956, p. 51.

[39] *Revista do Instituto Histórico e Geográfico Brasileiro*, t. X, 1848, pp. 230-40.

Para as demais capitanias seguiram idênticas instruções, mas é legítimo presumir que os resultados não tenham sido diferentes. Não conhecemos as apreensões realizadas em Minas Gerais. Nos sequestros da Inconfidência figuram apenas "um tear preparado em tudo", três "rodas de pau de fiar", uma "fieira de ferro" e um "banco grande com roda de puxar fieira".[40] É preciosa, todavia, a observação de José Vieira Couto, sempre bem informado a respeito de sua capitania natal, em que afirma "nunca em Minas se fabricara senão teçume próprio para os escravos e gente miúda".[41]

Também o governador da capitania de São Paulo recebeu a ordem proibitória e as instruções,[42] sendo o ofício com que se encaminharam os documentos legais datado de 3 de fevereiro de 1788. Mais uma vez o combate ao contrabando aparece ligado à supressão das manufaturas. Feitas as averiguações, oficiava Bernardo José de Lorena em 16 de outubro de 1788 ao ministro Martinho de Mello e Castro para esclarecer não possuir "notícias de fábricas de qualidade alguma das proibidas", concluindo, como para encerrar o assunto, que "com este ofício tenho respondido a todos que de V. Excia. tenho até agora recebido".[43] O que não excluía, evidentemente, a existência de produção têxtil do tipo permitido.

As palavras do vice-rei Luís de Vasconcelos, bem como as expressões do governador Bernardo de Lorena, são muito esclarecedoras e comprovam o que antes dissemos: as condições da economia colonial escravista, com seu estreito mercado interno, se eram desfavoráveis ao desenvolvimento de atividades propriamente manufatureiras competitivas com as importações europeias, eram por outro lado altamente estimulantes para o florescimento de uma produção têxtil artesanal e doméstica, que visava sobretudo ao consumo dos escravos. Essas atividades podiam mesmo adquirir um certo volume, principalmente nos momentos em que — como no final do século XVIII —

---

[40] *Autos de devassa da Inconfidência Mineira*, Rio de Janeiro, Biblioteca Nacional, 1936-1938, vol. V, pp. 238, 455, 482; vol. VI, pp. 84, 89.

[41] "Considerações sobre as duas classes...", *Revista do Instituto Histórico e Geográfico Brasileiro*, op. cit., p. 425.

[42] *Documentos interessantes*, vol. XXV, 1898, pp. 70 ss.

[43] *Documentos interessantes*, vol. XLV, s.d., p. 18.

as condições do setor exportador eram prósperas, e dentro das unidades produtivas ligadas ao mercado externo todos os fatores se mobilizavam na produção das mercadorias exportáveis. Às áreas da economia de subsistência, abria-se então a possibilidade de uma produção que transcendia o consumo local, abastecendo o setor exportador; assim se estabelecia uma circulação interna dos tecidos grosseiros. De fato, as pesquisas e reflexões de Sérgio Buarque de Holanda, relativas às antigas técnicas de produção no Brasil,[44] permitem reconstruir o quadro da antiga produção artesanal e doméstica de tecidos na capitania de São Paulo, e suas pulsações ao longo do tempo. Como fica amplamente documentado no referido trabalho, remontam ao século XVI essas atividades. Intensificadas no século seguinte, acompanharam a difusão dos algodoais e dos rebanhos de ovelhas, destinando-se os produtos sobretudo a vestir escravos e índios administrados; no final do século XVII e começo do XVIII esses tecidos já eram vendidos em outras áreas. A emigração para as minas, sobretudo no final do século, e a integração, por meio da produção açucareira, da capitania de São Paulo na economia exportadora ocasionaram a diminuição da mão de obra para aquelas atividades tradicionais. É sobre esta situação que incide o alvará de 1785, e a sua atuação não podia deixar de ser muito restrita.

Todas essas considerações reduzem em grande parte a visão, que tantos autores apresentam, dos efeitos das medidas proibitivas emanadas da Corte portuguesa. É mesmo de se considerar que os estadistas da Metrópole andavam porventura pouco informados das condições da economia colonial ao baixarem as proibições. Porém não se pode, como já indicamos, separar os dois alvarás (manufaturas e contrabandos) — ambos visavam a resguardar condições para o incremento da indústria metropolitana portuguesa. Na realidade, esta achava-se muito mais ameaçada pela penetração das economias europeias mais avançadas do que pelas possibilidades de desenvolvimento manufatureiro da Colônia. A proibição das manufaturas no Brasil era uma medida que tinha a seu favor as tendências estruturais ainda persistentes na economia colonial brasileira. A contenção do comércio de contrabando, pelo contrário, enfrentava os impulsos mais vigorosos do capitalismo industrial

---

[44] Sérgio Buarque de Holanda, *Caminhos e fronteiras*, Rio de Janeiro, José Olympio, 1957, pp. 251 ss.

nascente, e por isso foi incapaz de concretizar o seu desiderato. O comércio ilegítimo prossegue crescente para o final do século, rompendo enfim as barreiras com a abertura dos portos.[45]

Situação interna e condições internacionais entrelaçavam-se, entretanto, por outras vias. O pensamento reformista, crítico do Antigo Regime, que como vimos em Portugal procurava se integrar num esforço de reequacionamento da realidade, atingia a Colônia nas suas formas mais avançadas e já não reformistas. Dessa forma o surto manufatureiro encarnando possibilidades, embora precárias, de desenvolvimento autônomo da economia brasileira, poderia servir de suporte material às ideias separatistas.[46] Abrir caminho neste emaranhado de contradições era tarefa nada fácil dos dirigentes metropolitanos. Somente levando-se em conta todos esses aspectos econômicos, políticos e ideológicos é que se pode compreender o alvará de 1785, o qual, analisado em todas as suas partes e sob várias perspectivas, reaparece agora no seu verdadeiro sentido histórico — espelho e produto de seu tempo.

Alvará de 5 de janeiro de 1785

Eu a Rainha faço saber aos que este Alvará virem: Que sendo-me presente o grande número de Fábricas, e Manufacturas, que de alguns annos a esta parte se tem diffundido em differentes Capitanias do Brasil, com grave prejuízo da Cultura, e da Lavoura, e da exploração das Terras Mineraes daquelle vasto Continente; porque havendo nelle huma grande, e conhecida falta de População, he evidente, que quanto mais se multiplicar o número dos Fabricantes, mais diminuirá o dos Cultivadores; e menos Braços haverá, que se possão empregar no descubrimento, e rompimento de huma grande parte daquelles extensos Dominios; que ainda se acha inculta, e desconhecida: Nem as Sesmarias, que formão outra

---

[45] Ao chegar à Bahia, nas vésperas da abertura dos portos, o príncipe regente D. João tem ainda que mandar apreender um brigue que contrabandeava tranquilamente pau-brasil (cf. Wanderley Pinho, *op. cit.*, p. 8).

[46] Ofício de Martinho de Mello e Castro, *Revista do Instituto Histórico e Geográfico Brasileiro*, t. X, 1848, p. 218.

considerável parte dos mesmos Dominios, poderão prosperar, nem florescer por falta do beneficio da Cultura, não obstante ser esta a essencialissima Condição, com que forão dadas aos Proprietários dellas: E até nas mesmas Terras Mineraes ficará cessando de todo, como já tem consideravelmente diminuido a extracção do Ouro, e Diamantes, tudo procedido da falta de Braços, que devendo empregar-se nestes uteis, e vantajosos trabalhos, ao contrario os deixão, e abandonão, occupando se em outros totalmente differentes, como são os das referidas Fabricas, e Manufacturas: E consistindo a verdadeira, e sólida riqueza nos Frutos, e Producções da Terra, as quaes somente se conseguem por meio de Colonos, e Cultivadores, e não de Artistas, e Fabricantes: e sendo além disto as Producções do Brasil as que fazem todo o fundo, e base, não só das Permutações Mercantis, mas na Navegação, e do Comercio entre os Meus Leaes Vassallos Habitantes destes Reinos, e daquelles Dominios, que devo animar, e sustentar em commum beneficio de huns, e outros, removendo na sua origem os obstáculos, que lhe são prejudiciaes, e nocivos: Em consideração de tudo o referido: Hei por bem Ordenar, que todas as Fabricas, Manufacturas, ou Teares de Galões, de Tecidos, ou de Bordados de Ouro, e Prata: De Velludos, Brilhantes, Setins, Tafetás, ou de outra qualquer qualidade de Seda: De Belbutes, Chitas, Bombazinas, Fustões, ou de outra qualquer qualidade de Fazenda de Algodão, ou de Linho, branca, ou de cores: E de Pannos, Baetas, Droquetes, Saetas, ou de outra qualquer qualidade de Tecidos de Lã, ou os ditos Tecidos sejão fabricados de hum só dos referidos Generos, ou misturados, e tecidos huns com os outros; exceptuando tão somente aquelles dos ditos Teares, e Manufacturas, em que se técem, ou manufacturão Fazendas grossas de Algodão, que servem para o uso, e vestuário dos Negros, para enfardar, e empacotar Fazendas, e para outros Ministérios semelhantes; todas as mais sejão extinctas, e abolidas em qualquer parte onde se acharem nos Meus Domínios do Brasil, debaixo da Pena do perdimento, em tresdobro, do valor de cada huma das ditas Manufacturas, ou Teares, e das Fazendas, que nellas, ou nelles houver, e que se acharem existentes, dous mezes depois da publicação deste; repartindo-se a dita Condemnação metade a favor do Denunciante, se o houver, e a outra metade pelos Officiaes, que fizerem a Diligencia; e não havendo Denunciante, tudo pertencerá aos mesmos Officiaes.

Pelo que: Mando ao Presidente, e Conselheiros do Conselho Ultramarino; Presidente do Meu Real Erario; vice-rei do Estado do Brazil; Governadores, e Capitáes Generaes, e mais Governadores, e Officiaes Militares do mesmo Estado; Ministros das Relações do Rio de Janeiro, e Bahia; Ouvidores, Provedores, e outros Ministros, Officiaes de Justiça, e Fazenda, e mais Pessoas do referido Estado, cumprão, e guardem, e fação inteiramente cumprir, e guardar este Meu Alvará como nelle se contém, sem embargo de quaesquer Leis, ou Disposições em contrario, as quaes Hei por derogadas, para este effeito somente ficando aliás sempre em seu vigor. Dado no Palacio de Nossa Senhora da Ajuda, em 5 de Janeiro de 1785 — Com a Assignatura da Rainha, e a do Ministro.[47]

---

[47] A. Delgado da Silva, *Collecção da legislação portuguesa, op. cit.*, vol. III (1775-1790), p. 370.

A extinção da escravatura africana em Portugal no quadro da política pombalina[1]

Na história de Portugal e do Brasil, nenhuma personagem terá tido a fortuna de inspirar tantas e tão apaixonadas polêmicas como Sebastião José de Carvalho e Melo, conde de Oeiras e marquês de Pombal, famoso ministro de D. José I.[2] Curiosamente, é a tradição da historiografia liberal que tende a exaltar a figura do governante absolutista; e são os historiadores tradicionalistas que apoucam o significado de sua atuação, desmanchando-se mesmo em ataques à própria personalidade do discutido homem de Estado.[3] Na corrente apologética, iniciada, aliás, por ele próprio, com frequência menciona-se entre suas obras mais meritórias a extinção da escravatura: assim, por exemplo, John Smith vê nesse ato "uma das mais claras e notáveis provas de seu espírito liberal e humanitário".[4]

No centenário de Pombal, caberia a Latino Coelho, mais uma vez, encomiar a libertação dos escravos, em que identifica o caráter ilustrado da governação pombalina,[5] consoante assim com as Luzes que irradiavam por to-

---

[1] Artigo em coautoria com Francisco C. Falcon, publicado originariamente em *Anais do VI Simpósio Nacional dos Professores Universitários de História*, São Paulo, 1973, pp. 405-31. Comunicação apresentada na VI Sessão de Estudos em 9/9/1971.

[2] Sobre essas polêmicas, ver Alfredo Duarte Rodrigues, *O marquês de Pombal e seus biógrafos*, Lisboa, edição particular, 1947.

[3] João Ameal e Rodrigues Cavalheiro, *Erratas à história de Portugal: de D. João V a D. Miguel*, Porto, Livraria Tavares Martins, 1939, pp. 49 ss.

[4] "One of the clearest and most remarkable proofs of Pombal's liberal and humane mind". John Smith, *Memoirs of the Marquis of Pombal...*, Londres, Wentworth Press, 1848, vol. II, p. 100.

[5] José M. Latino Coelho, *O marquez de Pombal*, Lisboa, s.e., 1855, pp. 268, 403. João de Saldanha Oliveira e Souza ("O marquês de Pombal e a repressão da escravatura: a obra e o ho-

do o ocidente europeu. E no próprio pedestal da estátua, na praça de seu nome em Lisboa, inscreveram-se os seus feitos e entre eles a libertação dos escravos em Portugal.

Entre o elogio e a detração, haverá sempre lugar para o historiador procurar as razões da supressão da escravatura na metrópole, e o seu significado na história luso-brasileira. Para tanto, teremos primeiramente de proceder a um balanço, naturalmente muito sumário, da presença dos escravos[6] no Portugal metropolitano na Época Moderna.

Deixando de lado a persistência residual de mancípios na Península Ibérica,[7] o tráfico africano remonta em Portugal às primeiras décadas do século XV. Numa passagem merecidamente famosa, descreveu Zurara a chegada dos primeiros nativos africanos no Algarve:

> Chegaram as caravelas a Lagos, donde antes partiram, havendo nobre tempo de viagem [...]. E no outro dia muito cedo mandou Lançarote aos mestres das caravelas que os tirassem fora e que os levassem aquele campo, onde fizessem suas repartições [,..].[8]

---

mem", comunicação do Congresso do Mundo Portugês, 1940) trata, em tom laudatório, da libertação dos indígenas do Grão-Pará e Maranhão, limitando-se à sumária referência ao problema dos negros.

[6] Escravidão, em sentido socioeconômico, não se confunde com servidão feudal. Esta se define em termos de apropriação compulsória, pela camada senhorial, de parte do trabalho (corveia) e produtos (prestações) dos produtores diretos — servos. O escravo, pelo contrário, pertence ele próprio ao senhor, e por consequência também o que produz (Cf. Maurice Dobb, *Studies in the Development of Capitalism*, Londres, Routledge & Kegan and Paul, 1954, pp. 35 ss.). A imprecisão conceitual apesar de tudo ocorre em muitos trabalhos que tratam do assunto. Como o título indica, lidamos aqui apenas com a supressão da escravatura africana em Portugal.

[7] Charles Verlinden, *Les Origines de la Civilisation Atlantique*, Neuchâtel, La Baconnnière, 1966, pp. 16 ss. Para um estudo exaustivo do tema, ver Charles Verlinden, *L'Esclavage dans l'Europe Médiévale*, Bruges, De Tempel, 1965.

[8] Gomes Eanes de Zurara, *Crônicas dos feitos da Guiné*, Lisboa, Agência Geral das Colónias, 1949, cap. XXIV, pp. 122-3. Comentando este trecho, observa Vitorino Magalhães Godinho que "a vinda dos primeiros cativos do litoral saariano data de 1441", o que significa que a partilha descrita não foi a primeira (cf. V. M. Godinho (org.), *Documentos sobre a expansão portuguesa*, Lisboa,

Mal descrita a partilha, já se inquieta a consciência do cronista, que acrescenta:

> Se as brutas animálias, com seu bestial sentir, por um natural instinto, conhecem os danos de suas semelhantes, que queres que faça esta minha humanal natureza, vendo assim ante meus olhos, aquesta miserável campanha, lembrando-me de que são da geração dos filhos de Adão![9]

Ainda que a ideologia do colonialismo nascente para logo racionalizasse a escravização, não faltaram vozes dissonantes (Fernando de Oliveira, Tomás de Mercado, Manuel Ribeiro da Rocha) para dar continuidade, posteriormente, às inquietações de Zurara.

Este renascer do escravismo, em oposição às tendências dominantes da economia e da sociedade europeia, encontrava contudo em Portugal condições específicas para a sua sustentação: a expansão ultramarina e o consequente desenvolvimento da economia escravista colonial; o peso excessivo das áreas coloniais sobre a pequena Metrópole, além de certas características da estrutura agrária do Portugal mediterrâneo.[10]

Difícil, se não impossível, no estado atual dos estudos, quantificar o percentual dos escravos na população portuguesa durante a Época Moderna.[11] Os dados são escassos, dispersos, e, ainda mais, propensos à exageração. Até 1448, quando se interrompe a relação de Zurara, calcula-se que houvessem entrado em Portugal cerca de mil cativos; e em 1455, segundo avaliação de Cadamosto, era de setecentos ou oitocentos o número de entradas anuais.[12] O tráfico parece que se desdobra para a Espanha, pois nas Cor-

---

Gleba/Cosmos, 1956, vol. III, p. 25). O texto de Zurara mantém, contudo, caráter simbólico por ser a primeira descrição do evento.

[9] G. E. de Zurara, *Crônicas dos feitos da Guiné, op. cit.*, cap. XXV, p. 124.

[10] Albert Silbert, *Le Portugal Méditerranéen à la Fin de l'Ancien Régime*, Paris, SEVPEN, 1966, vol. I, pp. 80 ss; vol. II, pp. 742 ss.

[11] V. M. Godinho (org.), *Documentos sobre a expansão portuguesa, op. cit.*, vol. III, p. 25. Ver também o balanço de C. Verlinden em *L'Esclavage dans l'Europe Médiévale, op. cit.*, pp. 835-54.

[12] Mauricio Goulart, *Escravidão africana no Brasil: das origens à extinção do tráfico*, São Paulo, Martins, 1950, p. 25.

tes de 1472 solicitou-se ao rei que proibisse a reexportação, no que, aliás, não consentiu Sua Majestade.[13] Aos olhos dos estrangeiros, sobretudo, devia causar intensa impressão o fenômeno; assim é que o humanista Cleonardo, em 1535, referiu que "em Lisboa os escravos e escravas são mais que os portugueses livres de condição".[14] Mas Gino Luzzatto alerta-nos para o evidente exagero desta avaliação.[15]

No balanço mais recente sobre o assunto,[16] ainda assim muito lacunoso, conclui-se que no meado dos Quinhentos (1551), para uma população de cem mil almas, haveria dez mil escravos negros em Lisboa. Segundo Lúcio de Azevedo,[17] por volta de 1620, para uma população lisboeta de 165 mil habitantes, o número de escravos mantinha-se nos dez mil antes referidos, ou pouco acima disso. Na segunda metade do século XVIII, à época pombalina, havia no Alentejo cerca de quatro mil a cinco mil escravos, segundo referência de Francisco António Correia.[18] Ora, a população total do reino evolui, segundo as mais seguras e recentes avaliações globais,[19] de 1.008.280 habitantes em 1417, para 1.124.000 em 1527, 2.321.447 em 1767, 2.931.840 em 1801. Em 1767, a população do Alentejo era de 311.018 pessoas. Apesar, pois, da precariedade dos dados sobre escravos, eles parecem indicar, confrontados com a evolução demográfica portuguesa, que os cativos nunca che-

---

[13] António de Sousa Silva Costa Lobo, *História da sociedade em Portugal no século XV*, Lisboa, Imprenta Nacional, 1903, p. 588.

[14] Carta de Évora, 26 de março de 1535, in Manuel Gonçalves Cerejeira, *O Renascimento em Portugal: Cleonardo e a sociedade portuguesa do seu tempo*, 3ª ed., Coimbra, Coimbra Editora, 1949, pp. 276-92.

[15] Gino Luzzatto, *Storia Economica dell'Età Moderna e Contemporanea*, Pádua, CEDAM, 1955, t. I, p. 156.

[16] C. F. M. de Sousa Miguel, "Escravatura" (verbete), in Joel Serrão, *Dicionário de história de Portugal*, Lisboa, Iniciativas Editoriais, 1965, 4 vols.

[17] João Lúcio de Azevedo, *Elementos para a história económica de Portugal (séculos XII a XVII)*, Lisboa, Gabinete de Investigações Económicas do ISCEF, 1967, p. 159.

[18] Francisco António Correia, *História econômica de Portugal*, Lisboa, Empresa Nacional de Publicidade, 1930, vol. II, p. 95.

[19] José Gentil da Silva, "Au Portugal: structure démographique et développement économique", separata de *Studi in Onore di Amintore Fanfani*, 1962, p. 509.

garam a constituir uma porcentagem muito significativa no conjunto; parecem concentrar-se mais nas cidades (exceção talvez do Alentejo), numa economia essencialmente agrária.

Não se pode, portanto, em absoluto, falar de sociedade escravista, referindo-se ao Portugal do Antigo Regime, como o fazem alguns autores menos rigorosos em conceitos; o sistema produtivo nunca chegou a se basear na produção escrava. A verdade é que o escravismo não foi mais que um setor marginal da economia e da sociedade portuguesa na Época Moderna. Isto, por outro lado, não significa que a sua presença tenha deixado de exercer influência negativa no desenvolvimento econômico de Portugal neste período: o escravismo, como se sabe, dificultando a generalização da economia mercantil,[20] não se ajusta ou mesmo se constitui em óbice ao desenvolvimento capitalista. O retardamento dos países ibéricos em relação aos mais avançados da Europa ocidental a partir do século XVII é fruto de múltiplos e complexos fatores, entre os quais convém não esquecer a presença de um segmento escravista no corpo da sociedade peninsular.

Daí o esforço por acelerar o progresso econômico e atualizar o país no nível europeu — que foi, essencialmente, o nervo de toda a política pombalina[21] — constituir-se naturalmente de medidas tendentes a remover os entraves de toda ordem que obstaculizavam esse desenvolvimento. Integrado nesse contexto é que procuramos compreender a extinção da escravatura em Portugal pela legislação pombalina.

De fato, a política econômica industrialista posta em prática pelo marquês de Pombal nos últimos anos da década de 1760 não constitui, a nosso ver, apenas uma espécie de resposta mais ou menos empírica, desligada de qualquer visão mais ampla, às exigências de uma conjuntura tornada dia a dia mais difícil pela contração econômica.[22] Tal contração, ligada funda-

---

[20] Eric Williams, *Capitalism & Slavery*, 2ª ed., Nova York, Russel & Russel, 1961, pp. 5 ss.

[21] Kenneth Maxwell, "Pombal and the Nationalization of the Luso-Brazilian Economy", separata de *The Hispanic American Historical Review*, vol. XLIII, 1968, pp. 629 ss.

[22] Jorge de Macedo, *A situação econômica no tempo de Pombal: alguns aspectos*, Porto, Portugália, 1951, pp. 164, 242-9, 258-9.

mentalmente no declínio dos rendimentos coloniais,[23] não representou o fator determinante da política manufatureira. Acelerada pela crise, ela se integra no conjunto das mais diversas medidas que, na verdade, constituem aquilo que poderíamos denominar o universo político-econômico do pombalismo, fundamentalmente mercantilista. Nisso, realmente, consiste a sua principal diferença em relação às anteriores tentativas de industrialização, como, por exemplo, a do conde de Ericeira.

Na segunda metade do século XVIII, pela primeira vez em Portugal, foi posto em andamento, de forma sistemática e coordenada, todo o arsenal mercantilista de fomento às manufaturas: financiamento direto, subvenções, privilégios, monopólios, além da proteção tarifária; em certos casos, como já o notou Acúrsio das Neves,[24] o Estado tomava a si os grandes empreendimentos fabris, até poderem se sustentar em mãos de particulares. E tais empresas "depois continuaram sem os socorros pecuniários dos cofres públicos", atesta nas suas memórias Jácome Ratton,[25] empresário francês radicado em Portugal e que, aliás, participou ativamente de todo esse processo. Toda essa política de fomento industrial vem sendo estudada na historiografia econômica portuguesa: desde as indicações de Lúcio de Azevedo[26] e a tentativa de síntese de Francisco Antônio Correia[27] até as mais recentes investigações e análises de Jorge de Macedo.[28] Os estudos deste último, conduzidos criticamente, com a reconstituição minuciosa da sólida estrutura artesanal extremamente dispersa, voltada para o mercado local, da tradicional indústria portu-

---

[23] Harold E. S. Fischer, *The Portugal Trade: A Study of Anglo-Portuguese Comerce, 1700-1770*, Londres, Methuen & Co., 1971, pp. 13 ss.

[24] José Acúrsio das Neves, *Variedades sobre objetos relativos às artes, comércio, e manufaturas, consideradas segundo os princípios da economia política*, Lisboa, Impressão Régia, 1814, vol. I, p. 20.

[25] Jácome Ratton, *Recordações de Jácome Ratton sobre as ocorrências do seu tempo (1747-1810)*, Coimbra, Imprensa da Universidade, 1920, p. 97.

[26] João Lúcio de Azevedo, *Épocas de Portugal econômico: esboços de história*, Lisboa, Clássica, 1947, pp. 432 ss.

[27] F. A. Correia, *História econômica de Portugal*, op. cit., pp. 128 ss.

[28] J. de Macedo, *A situação econômica no tempo de Pombal: alguns aspectos*, op. cit., 1951, pp. 210, 242, 257 ss., e *Problemas de história da indústria portuguesa no século XVIII*, Lisboa, Bertrand, 1963, pp. 189 ss.

guesa, permitiram afastar a ideia até então prevalecente do "deserto industrial", em que Pombal se teria esforçado por criar uma indústria *ab initio*; isto o conduz, por outro lado, a ressaltar na política pombalina mais o caráter de continuidade, de reorganização da base anterior, caracterizando-a enfim como circunstancial (resposta à crise) e assistemática.[29] Ora, o ter sido estimulada ou mesmo sugerida pela crise e assentar sobre a estrutura preexistente não lhe tira, quanto a nós, o caráter de programa sistemático, que transparece na simultaneidade e na coordenação das medidas, e na sua continuidade para além do próprio período pombalino, bem como nos seus resultados altamente positivos. Mais ainda, apenas essa visão do mercantilismo português da época possibilita-nos entender sob nova luz outros setores da governação pombalina, aparentemente alheios ao projeto industrialista, e entre eles as leis sobre os escravos. Procuremos, pois, situar a extinção da escravidão em Portugal, relacionando-a com o esquema global da política industrialista, que, além dos elementos de incentivo direto já referidos, envolve ainda outros aspectos: mobilização de capitais, integração e expansão de mercados, liberação de mão de obra.

No que se refere à mobilização de capitais, indispensável à expansão do comércio e ao fomento das manufaturas, é significativa a progressiva eliminação das diferenças entre cristãos-novos e cristãos-velhos. Atendendo aos argumentos de uma longa galeria de vozes eminentes, tais como as do padre Antônio Vieira, D. Luís da Cunha, Ribeiro Sanches e outros, o término daquela distinção, a par com a reforma do Santo Ofício e sua submissão ao poder real absolutista,[30] criava condições atraentes para o engajamento da "gente de nação" (categoria que na realidade quase se confundia com os "homens de negócio") no próprio processo de crescimento econômico levado a cabo pelo governo pombalino.[31] O alvará de 2/5/1768, mandando anular e

---

[29] J. de Macedo, *A situação econômica no tempo de Pombal: alguns aspectos*, op. cit., 1951, pp. 250, 258.

[30] João Lúcio de Azevedo, *História dos cristãos-novos portugueses*, Lisboa, Clássica, 1921, pp. 346 ss.; Antônio José Saraiva, *Inquisição e cristãos-novos*, Lisboa, Inova, 1969, pp. 308, 319.

[31] Sobre o influxo economicamente negativo da ação inquisitorial contra os cristãos-novos, ver Sônia A. Siqueira, "A inquisição portuguesa e os confiscos", separata de *Revista de História*, nº 82, 1970.

destruir as listas dos cristãos-novos que tinham contribuído para o preço dos perdões gerais e outros benefícios comprados ao rei[32] é logo seguido pelo de 5/10/1768 (secretíssimo), que liquida com a "seita dos puritanos", cujo texto, apesar de incríveis confusões históricas, ataca o problema da discriminação racial-religiosa no âmbito da aristocracia dominante;[33] completa-se, finalmente, com a lei de 25/5/1773, em que se oferecem providências definitivas ao problema.[34] Muito embora toda a argumentação do texto da citada lei esteja centrada em temas como a culpa dos jesuítas pelo estabelecimento daquela discriminação em terras lusitanas e a necessidade de extirpá-la em nome da tranquilidade pública e imperiosa exigência da unidade da sociedade civil sob a égide do poder monárquico, o fato é que, na prática, entravam em linha de conta considerações relativas à capacidade empresarial dos cristãos-novos e aos seus recursos econômicos, não raro, é verdade, superestimados. Atrativos decisivos, quando se pensa nas dificuldades da política industrialista diante da escassa disponibilidade de capitais, quase tradicional no reino. Já D. Luis da Cunha, aliás, que no seu famoso *Testamento político*[35] aconselhara a medida, chamara a atenção para este lado do problema.

Tomada em seu contexto mercantilista, a política manufatureira da governação pombalina far-se-á acompanhar, evidentemente, de toda uma série de providências de ordem administrativa, voltadas para a imprescindível expansão e integração de mercados, tanto o interno ou metropolitano, como os externos ou coloniais.

Em relação ao mercado metropolitano, essa política se expressa não apenas em termos de sua ampliação geográfica, mas, principalmente, pela superação de toda uma variada gama de obstáculos que, dificultando a circulação de mercadorias, limitavam a potencialidade aquisitiva de determinadas par-

---

[32] A. D. da Silva, *Collecção da legislação portuguesa*, 1830, vol. II (1763-1774), pp. 339-41.

[33] Alvará de lei secretíssimo, 5/10/1768 (manuscrito), in Francisco Manuel Trigoso de Aragão Morato, *Coleção da legislação impressa e manuscrita*, vol. XVIII, doc. 158, Biblioteca da Academia das Ciências de Lisboa; e A. J. Saraiva (*Inquisição e cristãos-novos, op. cit.*, p. 311), que se engana em relação à data.

[34] A. D. da Silva, *Collecção da legislação portuguesa, op. cit.*, vol. II, pp. 672-8.

[35] *Testamento político de D. Luiz da Cunha* (*c.* 1748), Lisboa, Seara Nova, 1943, pp. 60, 71 ss.

celas da população e criavam óbices específicos com relação ao abastecimento dos núcleos urbanos maiores — Lisboa à frente dos demais. Impunha-se a unificação econômica do território metropolitano, pela eliminação das barreiras e nivelamento das tarifas internas, a fim de que fossem abertas novas oportunidades ao comércio de manufaturas e, ao mesmo tempo, debeladas as dificuldades com que se viam a braços os produtos agrícolas do país. Explica-se, assim, que, em meio à política industrialista, tenha havido uma constante preocupação com os obstáculos ao trânsito interno dos frutos do trabalho metropolitano, merecendo, neste particular, um destaque especial as medidas tomadas entre 1773 e 1774 com a finalidade de implementar a integração das regiões do Alentejo e, particularmente, do Algarve ao espaço econômico lusitano, em consonância com a meta de unificação e constituição de uma economia nacional inerente ao próprio mercantilismo.[36]

Verifica-se, portanto, com relação ao Alentejo em geral e, no nosso caso específico, com relação ao Algarve, que, por intermédio da carta de lei de 4/2/1773,[37] foram desenvolvidas e aprofundadas as medidas do alvará com força de lei de 18/1/1773,[38] em que se buscara facilitar o comércio "dos frutos de primeira necessidade para a indispensável subsistência dos povos", facilitando-se ao máximo a sua entrada no Algarve, à qual se opunham até então "os abusos dos diferentes Forais" e "dos muitos exatores dos contratos estabelecidos para as arrecadações dos diversos impostos pertencentes aos grandes e pequenos donatários"; e para tanto elimina-se o pagamento de "muitos pesados direitos nas alfândegas, e casas de portagens e sisas".

A introdução da carta de lei de 4/2/1773 é uma apologia da livre circulação dos produtos agrícolas e industriais, cujo exame mais acurado revela, contudo, tratar-se apenas de uma preocupação do legislador com os benefícios que se supõem inerentes ao aumento da circulação mercantil;[39] daí sua

---

[36] Pierre Deyon, *Le Mercantilisme*, Paris, Flammarion, 1969, p. 21; e Amintore Fanfani, *Storia Economica*, 4ª ed., Turim, UTET, 1956, pp. 366 ss.

[37] A. D. da Silva, *Collecção da legislação portuguesa, op. cit.*, vol. II, pp. 645-8.

[38] *Idem, ibidem*, pp. 644-5.

[39] Visa a fazer com que "os frutos naturais, e industriais, que, sobejando em uns lugares, constituem neles um cabedal inútil, e morto, possam renascer, e fazer-se lucrosos pela exportação

hostilidade a toda e qualquer sorte de obstáculos à entrada e saída das produções agrícolas e manufatureiras, invocando mesmo, nessa passagem, o exemplo da "bem regulada economia de todas as nações civilizadas".

Estabelecendo os referidos alvarás a livre circulação de mercadorias entre o Algarve e as demais regiões metropolitanas, traduzem na prática o que se poderia denominar uma faceta unificadora do mercantilismo,[40] que amplia o mercado e, ao mesmo tempo, elimina os resíduos de origem feudal que impedem essa unificação.

O esforço por integrar o mercado metropolitano envolvia ainda e concomitantemente a defesa da capacidade de consumo de seus habitantes, o que significava o abrandamento ou a eliminação de certas formas feudais de exploração, responsáveis pela limitação daquela capacidade. Nessa linha, citam-se os alvarás de 16/1/1773 e 4/8/1773,[41] que buscavam eliminar "os censos e fôros usuários do Reino no Algarve".

Com isso, tentava a administração pombalina ampliar o poder aquisitivo de uma população agrícola esmagada em seus rendimentos pelas exigências dos donatários. Dentro ainda da mesma política, localizar-se-ia o alvará de lei de 20/6/1774,[42] cujo objetivo precípuo "era coibir os abusos dos senhores de terra do Alemtejo" — "donos de herdades", que provocavam o empobrecimento das gentes do campo e, desse modo, reduziam em números absolutos e relativos as possibilidades consumidoras do mercado interno.

O exemplo do Algrave é evidentemente apenas um elemento, embora importante, no conjunto da política unificadora levada a efeito pelo mercantilismo na esfera metropolitana. Já com relação às áreas coloniais, torna-se claro que a política mercantilista assume aí proporções muito mais amplas e complexas, principalmente se lembrarmos a sua inclusão no próprio Sistema Colonial. Acreditamos porém que, na época pombalina, as companhias de

---

para outros lugares, que deles necessitam" (A. D. da Silva, *Collecção da legislação portuguesa, op. cit.*, vol. II, p. 645).

[40] Eli F. Heckscher, *La Época Mercantilista*, México, Fondo de Cultura Económica, 1943, pp. 17 ss.

[41] A. D. da Silva, *Collecção da legislação portuguesa, op. cit.*, vol. II, pp. 640-3, 700-2.

[42] *Idem, ibidem*, pp. 781-93.

comércio ofereciam um exemplo dos mais representativos da política de expansão e integração de mercados aplicada ao Ultramar. Estimulando o desenvolvimento de certas áreas, decadentes ou inexploradas, essas companhias receberam o direito exclusivo de comércio, incluindo-se aí o tráfico de escravos, e, em contrapartida, coube-lhes reunir e canalizar os recursos financeiros indispensáveis à política de fomento que deveriam empreender nas suas respectivas áreas. O monopólio mercantil concedido aos membros das companhias era a principal garantia dos investimentos realizados.[43] Completando essa política e constituindo, ao mesmo tempo, um de seus mais fortes pontos de apoio, encontramos o monopólio do fornecimento de escravos, a partir do qual se estruturou todo um complexo de relacionamento com as áreas fornecedoras situadas na costa ocidental da África.[44]

Exemplo marcante do que afirmamos é oferecido pela Companhia Geral do Grão-Pará e Maranhão, em cuja estrutura e atuação encontramos os aspectos básicos da política mercantilista aplicada ao comércio colonial.[45] Atuando em outra área, tradicionalmente rica por sinal, embora sofresse nesse período os efeitos da conjuntura internacional desfavorável, a Companhia Geral de Pernambuco e Paraíba empenhou-se na execução de uma política que, em suas grandes linhas, tentava reproduzir o padrão geral da sua congênere do Norte. Todavia, a diversidade das estruturas socioeconômicas entre uma e outra região fez com que, no Nordeste, o monopólio das importações e exportações e do tráfico negreiro assumisse dimensões bem mais consideráveis, tornando evidente a disparidade entre os recursos disponíveis e a magnitude dos problemas a enfrentar e dos objetivos colimados.[46]

---

[43] Arthur César Ferreira Reis, "O comércio colonial e as companhias privilegiadas", in Sérgio Buarque de Holanda (dir.), *História geral da civilização brasileira*, t. 1, vol. 2, "A época colonial", São Paulo, Difel, 1960, pp. 327 ss.

[44] Antônio Carreira, *As companhias pombalinas de navegação, comércio e tráfico de escravos entre a Costa Africana e o Nordeste brasileiro*, Bissau, Centro de Estudos da Guiné Portuguesa, 1969.

[45] Sobre a ação da Companhia no Norte brasileiro, ver Manuel Nunes Dias, *A Companhia do Grão-Pará e Maranhão*, São Paulo, FFLCH-USP, 1971.

[46] José Ribeiro Júnior, *Política econômica para o Brasil: a legislação pombalina*, mimeo.,

Não resta dúvida, pois, de que, na política pombalina, a ideia de criação de companhias privilegiadas de comércio, no melhor estilo das potências marítimas mais prósperas da Europa,[47] era uma preocupação constante, bastando lembrar o projeto de uma "Companhia da Índia Oriental", encaminhado e recomendado por Sebastião José de Carvalho e Melo, ainda na década de 1740.[48] Além das do Grão-Pará e Maranhão e Pernambuco-Paraíba, cogitou ainda Pombal criar uma terceira companhia para abranger as áreas da Bahia e do Rio de Janeiro,[49] não sendo de se excluir a hipótese de uma retomada do antigo projeto de uma companhia para o comércio oriental. Tudo isso parece, portanto, indicar que a concepção pombalina visava a enquadrar todo o comércio colonial português nas órbitas das companhias monopolistas de comércio.

Conclui-se assim que, por meio das companhias, se promovia a expansão das atividades mercantis, em íntima conexão com o aumento da produção e do consumo essenciais ao escoamento de uma enorme variedade de artigos da indústria metropolitana e, em menor escala, de sua agricultura, para as áreas coloniais. Parece certo que coube às companhias pombalinas complementar nas suas respectivas áreas de atuação a política mercantilista de fomento industrial, posta em prática na Metrópole, mediante o exclusivo imposto aos mercados coloniais.

Mobilização de capitais, expansão e integração de mercados: liberação de mão de obra para a oferta de trabalho nacional insere-se nesse quadro e é em tal contexto que pensamos se deva analisar a legislação pombalina relativa aos escravos na Metrópole e no Ultramar.

Apenas iniciado o período pombalino, já em 1751 um alvará em forma de lei proíbe, com penalidades severas, a extração de negros do Brasil para

---

1969, pp. 72-4. Sobre a companhia de Pernambuco e Paraíba, prepara tese o professor José Ribeiro Júnior, a quem devemos as observações acima.

[47] Émile L. J. Coornaert, "European Economic Institutions and the New World: The Chartered Companhies", in E. Rich (org.), *The Cambridge Economic History of Europe*, Cambridge, 1967, pp. 220-74.

[48] Biblioteca Nacional de Lisboa, Reservados, Coleção Pombalina, códice 735, fls. 3-8; J. L. de Azevedo, *O marquez de Pombal e sua época, op. cit.*, 1922, p. 13.

[49] J. L. de Azevedo, *Épocas de Portugal económico, op. cit.*, 1943, p. 435.

outras colônias, ou melhor, colônias de outras metrópoles:[50] tendo conhecimento, diz o texto legal, da

> [...] grande desordem com que no Brasil se estão extraindo, e passando negros para os Domínios que me não pertencem, de que resulta um notório prejuízo ao bem público e à minha real fazenda [determina que] se não levem negros dos portos do mar para terras, que não sejam dos Meus Reinos Domínios; e constando o contrário se perderá o valor do Escravo em tresdobro, a metade para o denunciante, e a outra para a Fazenda Real, e os réus de contrabando serão degradados por dez anos em Angola.

O objetivo da medida parece claro, e se enquadra nas linhas da política mercantilista que se ia cristalizando em Portugal: visava-se a preservar o bom abastecimento da Colônia em escravos, condição de funcionamento do Sistema Colonial; dificultava-se, ao mesmo tempo, o aprovisionamento das alheias colônias, o que se ajusta à aguda concorrência colonial do século XVIII.

Em Macau, entreposto comercial encravado na China, o problema apresentava-se de forma inteiramente diversa. Ali, a escravização dos nativos não só não tinha nenhum significado econômico para a Metrópole (seria escravidão doméstica), como também poderia criar dificuldades diplomáticas com o Celeste Império, então sob o domínio dos manchus. Em 1758, por isso, uma carta régia[51] inibe o cativeiro dos chins. Tal cativeiro, diz, "não podia deixar fazer a Religião Cristã odiosa naquelas regiões", e isto seria "absurdo abominável".

Se a religião cristã ficaria odiosa na África de onde se tiravam os negros, ou na América Portuguesa para onde eram levados, não cogitam os textos setecentistas da legislação. O que mostra, aliás, que não eram princípios

---

[50] Alvará em forma de lei de 19/10/1751 (cf. António Delgado da Silva, *Suplemento à Collecção da Legislação Portuguesa (1750-1820)*, Lisboa, Typographia Luís Correa da Cunha, 1842, vol. I (1750-1762), pp. 111-2.

[51] Carta Régia de 20/3/1758. Cf. A. D. da Silva, *Suplemento à Collecção da Legislação Portuguesa (1750-1820)*, op. cit., 1842, vol. I, pp. 507-8.

éticos, mas a razão do Estado, que orientava a política ultramarina. Domínios de diferente natureza, nos extremos do império — uma extensa *plantation* tropical de exploração, um entreposto de comércio —, exigiam soluções divergentes.

Com o mesmo realismo, foi encarada a presença de escravos na Metrópole. E aqui nos reencontramos com a política industrialista, pedra angular do mercantilismo pombalino: ao mesmo tempo em que importava incentivar a economia colonial, e para tanto prover o abastecimento de escravos à colônia americana, era importante extinguir a escravidão, ainda que marginal, na Metrópole. O fomento da exploração colonial, empreendido por meio das companhias de comércio, ampliava o mercado consumidor para as renascentes manufaturas portuguesas; a libertação dos escravos em Portugal tendia a dar flexibilidade ao mercado de trabalho, indispensável ao incremento industrialista.

Assim, o primeiro ato da legislação pombalina referente à escravidão no Portugal metropolitano (alvará com força de lei de 19/9/1761) proíbe o transporte, dos portos da América, da Ásia e da África para Portugal e Algarves, de pretos e pretas,

> [...] ordenando que todos os que chegarem aos sobreditos Reinos, depois de haverem passado os referidos Termos, contados do dia da publicação desta, fiquem pelo benefício dela libertos, e forros, sem necessitarem de outra alguma carta de manumissão, ou alforria, nem de outro algum despacho, além das certidões dos administradores e oficiais das alfândegas dos lugares onde portarem.[52]

Os "referidos Termos" eram os prazos estabelecidos para o cumprimento da lei: seis meses para os portos da América e da África, um ano para os portos da China. Os emolumentos das certidões corriam por conta "dos donos dos referidos pretos, ou das pessoas, que os trouxeram na sua companhia". E se por acaso se burlasse a lei dilatando-se o prazo das certidões, "re-

---

[52] Alvará com força de lei de 19/9/1761. Cf. A. D. da Silva, *Collecção da legislação portuguesa*, 1830, *op. cit.*, vol. I, pp. 811-2.

correrão os que se acharem gravados aos Juízes, e Justiça das respectivas terras, que nelas tiveram jurisdição ordinária, para que qualquer deles passe as ditas certidões". Mais ainda estabelecia que

> [...] a todas e quaisquer pessoas, de qualquer estado, e condição que sejam, que venderem, comprarem, ou retiverem na sua sujeição, e serviço, contra suas vontades, como escravos, os pretos, ou pretas, que chegarem a estes Reinos, depois de serem passados os referidos termos, se imponham às penas, que por direito se acham estabelecidas, contra os que fazem cárceres privados, e sujeitam a cativeiro homens, que são livres.

No texto legal, a justificativa da medida expressa-se como segue:

> [...] sendo informado dos muitos, e grandes inconvenientes que resultam do excesso, e devassidão, com que contra as Leis, e costumes de outras Cortes polidas se transportam anualmente da África, América e Ásia, para estes Reinos um tão extraordinário número de Escravos pretos, que fazendo nos Meus Domínios Ultramarinos uma sensível falta para a cultura das Terras, e das Minas, só vem a este Continente ocupar os lugares dos moços de servir, que ficando sem cômodo, se entregam à ociosidade, e se precipitam nos vícios, que dela são naturais consequências [...].

São, portanto, três os argumentos invocados pelo legislador: primeiro, o exemplo da Europa ilustrada; segundo, o desfalque que o transporte de escravos para Portugal impunha à lavoura e à mineração do Brasil; terceiro, o desemprego que a presença de escravos provocava na Metrópole, e a ociosidade e os vícios.

A primeira razão envolve nítida incidência das Luzes, a atestar o esforço de modernização que já indicamos característico do consulado de Pombal. O segundo motivo parece pouco convincente: o tráfico negreiro era via de regra movimentado por mercadores metropolitanos, e provocava boa margem de acumulação de capitais; se a colônia carecesse de escravos, ampliava-se por consequência a margem de ação desse setor do comércio português. Nesse caso, proibir-se-ia o transporte de escravos do Brasil, mas não da África, para Portugal. Tomar, pois, esta alegação como a razão explicativa do ato, como o fez Lúcio de Azevedo,[53] afigura-se-nos leitura porventura menos crítica do texto de lei, em que tal justificativa ocorre talvez mais com vistas a atrair simpatias dos colonos luso-brasileiros empenhados na grande lavoura e na mineração. O último considerando parece, portanto, essencial, e aponta para a conexão que estamos estabelecendo com a política industrialista. Os escravos vinham ocupar o lugar de trabalhadores livres, que ficavam desempregados, promovendo o ócio. Ora, isso contrariava o esforço manufatureiro em vários sentidos: desempregados, os portugueses livres não ganhavam salários, o que restringia o mercado interno; no seu lugar, os escravos, sem poder aquisitivo, eram neutros com relação à procura interna. Além disso, o ambiente viciado pela ociosidade acentuava o desprezo pelo trabalho manual, outro entrave ao fomento industrialista.

Ilustrada, porém mercantilista, nada tinha de radical a legislação pombalina; e essa moderação expressa-se no alvará de 1761:

> [...] não é, porém da Minha Real intenção, nem que a respeito dos Pretos, e Pretas; que já se acham nestes Reinos; e a eles vierem dentro dos referidos Termos, se inove cousa alguma, com o motivo desta Lei; nem que com o pretexto dela desertem dos Meus Domínios Ultramarinos os Escravos, que nele se acham, ou acharem; antes pelo contrário Ordeno, que todos os Pretos, e Pretas livres, que vierem para Estes Reinos viver, negociar, ou servir, usando da plena liberdade, que para isso lhes compete, tragam indispensavelmente Guias das respectivas Câmaras dos lugares donde saírem [...].

Mantinham-se, pois, os escravos já existentes, mas se proibia a vinda de novos contingentes.

Algumas dificuldades causariam, é certo, à navegação luso-brasileira, essas determinações de 1761. Tanto assim que se procurou burlá-las com especiosa casuística: como a Lei referia-se a "pretos e pretas", passaram a utilizar escravos mestiços, mulatos e mulatas. Com o que se iam introduzindo de novo no Reino os cativos. Atestam-nos dois avisos de 1767, um dirigido à Casa

---

[53] João Lúcio de Azevedo, *Novas epanáforas: estudos de história e literatura*, Lisboa, Clássica, 1932, p. 46.

da Índia, outro à Alfândega de Lisboa.[54] Explicita-se então que o determinado se aplicava a quaisquer cativos, até porque não seria justo "que ficando os pais e mães, sendo pretos, livres e forros por benefício do mesmo Alvará, fiquem os filhos escravos". Assim nenhuma dúvida poderia deveras pairar sobre a vontade soberana do legislador.

O passo final do programa pombalino de libertação foi dado em 1773. O alvará de 16 de janeiro deste ano[55] encaminha a extinção total da escravatura, naturalmente com a costumeira moderação. Começa por constatar a incômoda persistência dos cativos, descendentes dos africanos, muito deles mestiços claros:

> [...] em todo o Reino do Algarve, e em algumas Províncias de Portugal, existem ainda Pessoas tão faltas de sentimento de Humanidade e de Religião, que guardando nas suas casas Escravas, umas mais brancas do que eles, com os nomes de Pretas, e de Negras; outras Mestiças; e outras verdadeiramente Negras; para pela repreensível propagação delas perpetuarem os Cativeiros por um abominável comércio de pecados, e de usurpações das liberdades dos miseráveis nascidos daqueles sucessivos, e lucrosos concubinatos, debaixo do pretexto de que os ventres das Mães Escravas não podem produzir Filhos livres conforme o Direito Civil [...]

O que indica que, cortada a fonte de suprimentos, tratavam os possuidores da mercadoria humana de prover a sua reprodução, com as misérias decorrentes.

O governo pombalino, entretanto, vê aí um abuso que impendia atalhar:

> [...] não permitindo, nem ainda o mesmo Direito, de que se tem feito um tão grande abuso, que aos Descendentes dos Escravos, em que não

---

[54] Avisos de 2/1/1767 (cf. A. D. da Silva, *Collecção da legislação portuguesa, op. cit.*, 1830, vol. II, pp. 128-9).

[55] Alvará com força de lei de 16/1/1773 (cf. A. D. da Silva, *Collecção da legislação portuguesa, op. cit.*, 1830, vol. II (1763-1774), pp. 639-40).

há mais culpa, que a da sua infeliz condição de Cativos, se estenda a infâmia do Cativeiro, além do termo, que as Leis determinam, contra os que descendem dos mais abomináveis Réus, dos atrocíssimos crimes de lesa Majestade Divina ou Humana [...]

configurava ilegalidade a atuação dos procriadores. Princípios jurídicos, diga-se de passagem, que nem de leve se imaginava aplicar na Colônia, o que mostra mais uma vez que as normas éticas eram manipuladas em função de razões outras, de natureza econômica e política. Para a América Portuguesa deviam ir, e não sair, os escravos: a lavoura e as minas o exigiam. Para a Metrópole, porém, de que trata o texto, ordenava-se

[...] quanto ao pretérito, que todos aqueles Escravos, ou Escravas, ou sejam nascidos dos sobreditos concubinatos, ou ainda de legítimos Matrimônios, cujas Mães e Avós são, ou houverem sido Escravas, fiquem no Cativeiro, em que se acham, durante a sua vida somente: Que, porém aqueles, cuja escravidão vier das Bisavós, fiquem livres, e desembargados, posto que as mães e avós, tenham vivido em cativeiro: Que quanto ao futuro, todos os que nascerem do dia da publicação desta Lei em diante, nasçam por benefício dela inteiramente livres, posto que as Mães e Avós hajam sido escravas: e que todos os sobretidos por efeito desta minha paternal e pia providência libertados, fiquem hábeis para todos os Ofícios, honras e dignidades, sem a Nota de libertos, que a superstição dos Romanos estabeleceu nos seus costumes, e que a União Cristã, e a Sociedade Civil faz hoje intolerável no Meu Reino, como tem sido em todos os outros da Europa.

Era, pois, uma espécie de "lei do ventre Livre" a que se decretava então, bem como a de 1761 configurava uma "supressão do tráfico", e foi por meio delas que enfim se extinguiu em Portugal a escravatura.

A mentalidade ilustrada reponta mais uma vez neste texto de 1773, pois é a "sociedade civil", são os foros da civilização que fizeram intolerável no reino a presença dos escravos; e os outros Estados da Europa são mais uma vez chamados a chancelar a determinação legal. Igualmente, a crítica ao direito romano indica nesse mesmo sentido, pois corre na linha aberta pela famosa Lei da Boa Razão,[56] umas das peças fundamentais do iluminismo pombalino.

Por outro lado, não se deixa de considerar, além da

[...] grande indecência, que as ditas Escravidões inferem aos Meus Vassalos [...] os prejuízos, que resultam ao Estado, de ter tantos Vassalos lesos, baldados, e inúteis, quantos são aqueles miseráveis que a sua infeliz condição faz incapazes para os Ofícios públicos; para o Comercio; para a Agricultura; e para os tratos, e contratos de todas as espécies.

Por onde se vê mais uma vez a preocupação de engajar a população produtiva em trabalho remunerado, o que indica a correlação com a política de fomento à indústria, como já indicamos. Realmente, para uma economia que abria caminho na rota capitalista, os escravos eram um entrave; não dispondo de remuneração monetária, não entram diretamente na procura interna, e impedem que outros o façam; e sua condição os impede, além disso, de quaisquer "tratos e contratos": não participam também da oferta de mão de obra para as novas tarefas exigidas pelo desenvolvimento econômico. Apesar da pequena expressão numérica, sua libertação era, pois, uma exigência da política industrialista.

Consentânea, portanto, com o conjunto da política industrialista do mercantilismo pombalino, a libertação da escravatura foi levada a efeito em Portugal de forma gradual, mas persistente. Seus resultados devem-se medir, também, no andamento do surto manufatureiro, que prosperou a partir de então até o final do Antigo Regime, ou pelo menos até as invasões napoleônicas. Cumpre ainda chamar a atenção para um último aspecto. O fomento industrialista é mais característico da última fase da governação pombalina[57] e a legislação antiescravista começa, como vimos, em 1761. Todavia, convém notar que essa mesma caracterização das fases do consulado do conde de

---

[56] José Homem Correa Telles, *Comentário crítico à Lei da Boa Razão*, Lisboa, Typographia de Maria da Madre de Deus, 1865.

[57] Jorge de Macedo, "Portugal e a economia pombalina: temas e hipóteses", *Revista de História*, nº 19, 1954, pp. 81-100.

Oeiras faz-se em termos de acentuação de tendências e não de sua exclusividade. Assim, no final dos anos 1760 aceleram-se as medidas de estímulo manufatureiro, mas a política industrialista pode-se dizer que cobre todo o período e mesmo remonta à época de D. João V. Há pois uma continuidade no esforço, como aliás o demonstrou o próprio Jorge de Macedo, sendo que na última fase se acentua o estímulo à indústria. Trata-se, portanto, de uma política por etapas. Assim também a supressão do escravismo acompanhou essas etapas; no primeiro momento, quando o esforço em prol das manufaturas ainda não era a nota dominante, corta-se o tráfico para Portugal; em 1773, em pleno auge do fomento industrial, completa-se a extinção da escravatura. Parece-nos, pois, legítima a correlação que apresentamos, e que indica o significado da eliminação dos escravos em Portugal.

É claro, porém, que tais medidas teriam de provocar alguns desequilíbrios. Eles foram mais sensíveis no Alentejo, cuja estrutura agrária com base na grande propriedade devia atrair mais do que qualquer outra província portuguesa a presença de cativos. Já vimos que, segundo Francisco Antônio Correia, ali existiam, na segunda metade do século XVIII, cerca de quatro ou cinco mil escravos. Refere-se esse mesmo historiador a uma "crise nos trabalhos rurais", o que talvez seja exagerar os efeitos da supressão do cativeiro. De qualquer forma, no reinado de D. Maria I, fez-se desviar para aquela província a emigração que antes se dirigia para a América, e mesmo se canalizou para lá a fixação de 450 famílias de açoreanos.[58]

Quanto à aplicação das determinações relativas ao alforriamento dos escravos chegados ao Portugal metropolitano, algumas consultas do Conselho Ultramarino atestam-nos que elas não ficaram letra morta. Assim, por exemplo, em 1795,[59] quando um certo Marçal José de Araújo, morador em Vila Rica na Capitania de Minas Gerais, solicitou licença "para se transportar a esta Corte, ou à cidade do Porto, com sua mulher, duas filhas, e duas criadas pretas", o procurador da Fazenda, chamado a opinar, foi de parecer que, quanto à mulher e filhas, bastava a licença do governador, e no que dizia respeito às escravas devia-se observar o alvará de 19/9/1761. O conselho, enca-

---

[58] F. A. Correia, *História econômica de Portugal*, op. cit., p. 95.

[59] Consulta de 8/7/1795, Arquivo Histórico Ultramarino, Lisboa, códice 70, fl. 113v.

minhando a consulta, explicita que, em Portugal, elas deveriam gozar de liberdade; e a decisão régia ("como parece") ratifica esses preceitos.

Ao contrário do que à primeira vista fora de supor, parece que os escravos, por seu turno, tomavam conhecimento das novas leis, e reivindicavam sua aplicação. É o que transparece, de certo modo, no "requerimento de Mário Freitas Antunes, homem preto", discutido em consulta de 26/6/1795.[60]

Este escravo fora enviado a Portugal em 1786, e ali declarado forro e livre de toda escravidão, recebendo carta de liberdade. De volta ao Brasil, dirigindo-se a Pernambuco, a sumaca em que viajava passa pelo Maranhão, onde o antigo senhor — Feliciano dos Santos — o põe de novo a ferros. É denunciado, porém absolvido por ignorância. O ex-escravo requer então que a rainha reforme a sentença, e mande à prisão o atrabiliário Feliciano. O parecer entretanto considera "vingativa" a pretensão, opinando pela manutenção do julgado. Aliás, três anos depois, reencontramos o mesmo Feliciano dos Santos envolvido em idêntico delito, como se vê da consulta de 10/9/1798.[61]

Exemplo ainda mais significativo e o ofício do Intendente Pina Manique ao ministro do Ultramar, Martinho de Mello e Castro, datado de 26/2/1791. Ali se narra que "dous pretos, que tinham vindo ao porto desta Corte com a tripulação de um navio francês" foram embriagados e "surreticiamente" embarcados num navio de Pedro Nolasco para serem vendidos como escravos no Pará — tudo obra de "um tendeiro com loja de mercearia a São Roque". No Pará, "exclamando eles os miseráveis o terem-lhes praticado esta violência, se acham por autoridade da justiça em casa de Domingos José Frazão".

Requer, pois, que o ministro providencie ordens ao governador para remeter de volta os pretos, e no primeiro navio,

> [...] a fim de resgatar estes miseráveis das opressões que se lhes tem feito, e poder indenizá-los dos jornais que tenha a tenção de lhes fazer pagar [...] e arbitrar-lhes mais, a título de ajuda de custo, cousa com que os mesmos escravos possam ser satisfeitos da injúria e dano.

---

[60] Consulta de 20/6/1795, Arquivo Histórico Ultramarino, Lisboa, códice 70, fls. 107-10.

[61] Consulta de 10/9/1973, Arquivo Histórico Ultramarino, Lisboa, códice 71, fls. 88-9v.

Quanto ao tendeiro, mandara-o prender o inflexível intendente: "e não faço tenção de soltá-lo, sem que cheguem os mesmos escravos a Lisboa, para dar um bom exemplo por este modo".

Com relativa presteza, juntando cópia do ofício, dirigiu-se o ministro (carta de 2/3/1711) ao governador do Pará, determinando aquelas providências.[62] O empresário Ratton, entretanto, o considerava vagaroso no expediente.[63] Difícil apurar se a rapidez de Martinho de Mello e Castro deveu-se à vontade de desagravar os negros ou ao desejo de ver solto o lojista.

Fortuna parecida tiveram Domingos Joaquim, Manuel Dias, José Dias e Ventura José da Cunha, "homens pretos da Vila de Parnaíba": enviados como marinheiros para Portugal, foi o navio apresado por corsários franceses, que os levou para Caiena, onde foram libertados. Voltando ao Pará, quis o antigo senhor reduzi-los de novo à situação escrava, ao que se opôs o governador, que os enviou à Metrópole; solicitaram então licença para viverem livres na América.[64] Um aviso de 25/1/1799 de D. Rodrigo de Sousa Coutinho, ministro do Ultramar, informa-nos que Sua Majestade resolvera "usar com eles da sua Real benignidade", mandando, outrossim, que "se pagasse pela sua Real Fazenda aos antigos senhores dos ditos pretos o seu justo valor".[65]

Tais exemplos mostram como essas leis foram de fato aplicadas — o poder monárquico procurava conter e equilibrar os interesses e as forças em choque. O que também se pode ver nesses poucos casos que localizamos é que os escravos eram utilizados nos ofícios de marinheiro, parece que com muita frequência, apesar dos riscos que corriam os proprietários. Desse modo, criava-se um autêntico círculo vicioso para a política econômica portuguesa: já vimos que, centrada no esforço industrialista, ela postulava ao mesmo tempo a extinção de escravos em Portugal e a expansão da exploração

---

[62] Arquivo Histórico Ultramarino, Lisboa, códice 588, fls. 52-3.

[63] J. Ratton, *Recordações de Jácome Ratton sobre as ocorrências do seu tempo (1747-1810)*, op. cit., p. 244.

[64] Consulta de 22/11/1798, Arquivo Histórico Ultramarino, Lisboa, códice 71, fls. 101v.--3v.

[65] Arquivo Histórico Ultramarino, Lisboa, códice 10, fl. 72.

colonial e, portanto, a intensificação do comércio colônia-metrópole. Ora, declarar a libertação de quaisquer escravos chegados aos portos metropolitanos acabava por dificultar a navegação entre Portugal e Brasil. Entende-se que o equilíbrio se tenha restabelecido enfim com o alvará de 10/3/1802,[66] no qual se consta: "os embaraços, que desde a publicação do Alvará de 19/9/1761 se tem posto nos portos dos Meus Domínios Ultramarinos a virem escravos a estes Reinos, no exercício de marinheiros"; e se observa que "dos referidos escravos se podem tirar marinheiros hábeis, e peritos, com que se facilite a navegação, e promova o comércio", determinando, em consequência, que não se aplique o alvará de libertação aos escravos que "sejam matriculados nas listas das equipagens", contando que voltem para os portos de origem, "sem que por título algum se estabeleçam, e fiquem demorando no Reino em estado de escravidão".

A partir do fomento industrial do mercantilismo pombalino, devidamente interpretado, pode-se compreender a extinção da escravatura no Portugal metropolitano, ao mesmo tempo em que se incentiva o abastecimento de escravos ao Brasil-colônia. O ajustamento das duas diretrizes criava certas dificuldades, pois, ao decretar-se a libertação de negros aportados na Metrópole, dificultava-se a navegação e portanto o comércio entre Brasil e Portugal. Por outro lado, sem aquela deliberação seria difícil impedir a presença dos cativos no próprio reino. A legislação pombalina procurou equacionar em função de sua política industrialista e colonialista esses aspectos, harmonizando-os. Iniciou-se em 1751 por garantir o abastecimento de escravos à Colônia — as leis de 1761 e 1773 declararam livres os escravos aportados no reino, suprimindo a escravidão; finalmente, o Alvará de 1800, para além do período pombalino, procurou estabelecer o equilíbrio, autorizando a presença de negros escravos apenas quando matriculados nos navios de carreira.

---

[66] Alvará de declaração de 10/3/1800, in A. D. da Silva, *Collecção da legislação portuguesa*, op. cit., 1830, vol. IV (1791-1801), p. 611.

Notas para o estudo do Brasil no comércio internacional do fim do século XVIII e início do século XIX (1796-1808)[1]

O período que cobre as últimas décadas do século XVIII e as primeiras do XIX apresenta-se, sob todos os aspectos, como um momento-chave na história da América Latina. Nele situam-se os esforços da política ilustrada das monarquias ibéricas para reajustar o sistema de colonização em meio à crise geral do Antigo Regime, e as reformas para dinamizar a exploração e aliviar as tensões. Na análise da conjuntura econômica dessa última fase do colonialismo mercantilista, podem-se revelar portanto elementos altamente significativos para a compreensão do movimento de independência, nas Américas, bem como da crise do absolutismo, nas metrópoles.

Para o Brasil, em especial, tal consideração torna-se ainda mais pertinente uma vez que a ruptura do pacto colonial, que marca a abertura do longo e sinuoso processo que culminaria na Independência, liga-se intimamente à política portuguesa, por derivar da migração da corte bragantina para a Colônia americana. A abertura dos portos, para logo promulgada (carta régia de 28/1/1808), ainda que em função das circunstâncias de momento, significava a "suspensão do Sistema Colonial", como notou o seu inspirador José da Silva Lisboa;[2] tornou-se por isso irreversível, e está na raiz das tensões de

---

[1] Publicado originariamente em *L'Histoire Quantitative du Brésil de 1800 à 1930*, Paris, Centre Nacional de la Recherche Scientifique, 1971.

[2] José da Silva Lisboa, *Memórias sobre os benefícios políticos do governo de El Rey Nosso Senhor Don João VI*, Rio de Janeiro, Impressão Régia, 1818, p. 66. Contemporaneamente, em Portugal, "[...] a abertura do comércio do Brasil às nações estrangeiras, e a repentina extinção do Sistema Colonial [...]" (José Acúrsio das Neves, *Memoria sobre os meios de melhorar a indústria portuguesa*, Lisboa, Officina de Simão Tadeu Ferreira, 1820, pp. 5-6).

toda ordem que se desencadeiam na Metrópole e na Colônia a partir de então. Assim, o movimento de independência no Brasil, e a revolução liberal em Portugal, aparecem-nos como desdobramentos de um processo cujas raízes encontram-se na última fase do Antigo Regime. O estudo desse período torna-se pois de enorme importância. Num trabalho já agora em fase final, tomamos como centro de indagações a política colonial portuguesa dessa última fase, referente ao Brasil: procuramos analisar os mecanismos estruturais do Sistema Colonial mercantilista no seu conjunto com vistas a explicitar as forças que, nos vários níveis da realidade histórica, engendravam as tensões e promoviam a crise; o esforço de equacionamento dos problemas por parte dos teóricos e estadistas portugueses; as normas levadas à prática pela legislação metropolitana, com vistas a fomentar a exploração ultramarina e reajustá-las às novas condições; enfim, os resultados obtidos no encaminhamento do processo.

Na avaliação desse último aspecto, qual seja, os êxitos ou as frustrações do mercantilismo ilustrado português em sua ação sobre a enorme Colônia americana, nenhuma documentação revela-se tão estratégica como as *balanças do comércio*.[3] Apesar de as séries completas só se iniciarem em 1796, elas permitem a elaboração de tabelas e gráficos, por meio de cuja análise se pode

---

[3] *Balança geral do comercio do reyno de Portugal com os seus domínios ultramarinos e nações estrangeiras no anno...*, elaboradas sob a direção de Maurício José Teixeira de Morais, que redige os comentários introdutórios. Existem coleções em várias bibliotecas e arquivos. As séries mais completas que conhecemos são a da biblioteca do Instituto Nacional de Estatística, de Lisboa, que possui os volumes de 1796 a 1830, faltando apenas os referentes aos anos de 1798 e 1808; a do Arquivo Nacional da Torre do Tombo, Lisboa, que na seção Cartório da Junta do Comércio conserva 26 livros de balança do comércio: 1799-1800, 1802, 1803 (3 exemplares), 1804, 1814 e seguintes até 1830, com algumas repetições; e a da Biblioteca Nacional do Rio de Janeiro, Seção de Manuscritos, onde existem códices dos anos de 1777, 1787, 1796-1802, 1805, 1812-1813, 1815-1818 (faltando, portanto, os anos 1803-1804, 1806, 1808-1811, 1814 e de 1819 em diante). Em Lisboa, no Arquivo Histórico do Ministério de Obras Públicas (AHMOP), há os volumes referentes a 1776-1798 (faltam as tabelas finais) e 1808. No Rio de Janeiro, no Instituto Histórico e Geográfico Brasileiro (IHGB), os de 1808, 1811, 1814 e 1816. Torna-se, pois, necessário combinar os acervos de várias instituições para se recompor a série completa. Cremos que Adrien Balbi foi o primeiro a usar essas estatísticas no seu famoso *Essai statistique sur le royaume de Portugal et d'Algarve* (1822). Por intermédio de Balbi ou diretamente nos códices, utilizaram essas fontes,

recompor a conjuntura comercial do período, nesse decênio que antecede a abertura dos portos. Assim, será possível demarcar, com alguma segurança, a posição do Brasil no comércio português, e mediante a Metrópole, no quadro das relações mercantis internacionais.

Algumas observações preliminares, contudo, são indispensáveis a fim de se esclarecer as limitações dessa documentação e do tratamento analítico a que a submetemos. De fato, nem todas as atividades mercantis constam das balanças. Obviamente, elas apenas registram o comércio lícito, ficando fora da sua contabilidade, pela sua própria natureza, o extenso contrabando que se avoluma nos portos brasileiros. Por outro lado, também o tráfico negreiro, por se realizar diretamente entre África e Brasil, não entra em seus cômputos. Enfim, não procedemos a um levantamento exaustivo dos dados oferecidos por esse riquíssimo núcleo documental; trabalhamos apenas com os balanços globais de cada ano, isto é, com as tabelas de importação e exportação de Portugal com os "domínios" e com as a "nações estrangeiras". É claro que tudo isso limita o alcance das conclusões sugeridas neste trabalho; temos disso plena consciência, e não as temos em conta de resultados definitivos, mas acreditamos ainda assim que indicam certas tendências a serem examinadas por futuras pesquisas.

Feitas essas ressalvas, tentemos a análise do material estatístico contido nas balanças. As de 1776, 1777 e 1787 não são tão completas, sobretudo as duas primeiras — faltam os balanços finais, dando a impressão de que as balanças foram se aperfeiçoando ao longo dos anos. As que ficaram fora da série contínua, excluímo-las de nossos gráficos e tabelas, deixando os seus dados para ponto de referência e comparações. Assim, o ano de 1796 apresenta-se como o ponto de partida. O outro marco, que indica nitidamente um ponto de inflexão, é indiscutivelmente o do ano de 1808. Avançamos até 1811 para enfatizar o significado de 1808 (abertura dos portos). Cumpre notar que evidentemente esse marco cronológico tem sentido diverso para o Brasil e Portugal, mas para ambos é significativo: o comércio brasileiro se orienta em novas bases, sobretudo em contato direto com a Inglaterra; para o comércio

---

entre outros, Vicente de Almeida Eça, Julião Soares de Azevedo, Fernando Piteira Santos e Jorge Borges de Macedo. Este último noticia estudo de conjunto sobre as balanças, em preparação.

português, implicou um enorme rebaixamento das atividades. De qualquer forma, os anos de 1809 a 1811 já indicam uma tendência de recuperação, acentuada nos anos seguintes. Portanto, o período entre 1796 e 1808 possui de fato uma certa unidade: trata-se da última etapa do comércio brasileiro dentro dos quadros do Antigo Sistema Colonial. Justifica-se, assim, a análise mais aprofundada desse conjunto.

Em primeiro lugar, se atentarmos para o conjunto dos gráficos e mais especialmente para os gráficos 1, 3, 4 e 8, evidencia-se que apesar de certas flutuações (o ano de 1797, por exemplo) as curvas indicam em média uma tendência ascendente, configurando uma *conjuntura de prosperidade* do comércio luso-brasileiro nesse período. No comércio de Portugal com suas colônias (tabela 1 e gráfico 1) as importações crescem, entre 1797 e 1807, a 6% ao ano; as exportações (de Portugal para as colônias) crescem a 20% ao ano entre 1797 e 1800; decrescem, depois, até 1806 a 6,5% ao ano, resultando no cômputo geral um crescimento médio de 1,6% ao ano. Há, pois, um período de flutuações até 1800, quando se fixam as tendências ascendentes das importações (colônia-metrópole) e descendente das exportações (metrópole-colônia). No conjunto, um aumento das atividades mercantis.

Nas relações de Portugal com as nações estrangeiras (gráfico 2 e tabela 3), essas características são ainda mais marcantes: também a uma fase de flutuações sucede-se outra de tendência mais nítida — as importações crescem de 1797 a 1806 a 2,2% ao ano, no mesmo período as exportações crescem à média de 6,2%. Parecem mais estáveis as relações da Metrópole com as demais nações do que com as colônias, o que é, de certo modo, surpreendente. No gráfico 8, em que usamos o recurso estatístico de "acumular" os déficits e os superávits para melhor marcar as tendências, cremos que fica nítida essa caracterização: o comércio português, e no seu bojo os produtos brasileiros, passam por uma fase de expansão neste período final do Antigo Regime.

Feita essa descrição geral, tomemos agora os gráficos 1 e 8 para analisar mais de perto o comércio da Metrópole com as colônias. Na tabela e no gráfico 1 estão representados os déficits e superávits dessas transações: fica claro que, sobretudo a partir de 1800, a tendência é de os déficits superarem de ano para ano os superávits, isto é, a Metrópole tinha um comércio deficitário com os seus domínios ultramarinos. Se tomarmos a curva "resultado global" (linha contínua do gráfico 8), isto se torna ainda mais claro: ela representa a curva acumulada de déficits e superávits de Portugal com as colônias (os dados numéricos dessa curva estão na tabela 12, coluna do meio). Assim, em 1796 o déficit é de 5.885 contos (resultado arredondado), em 1797 há 4.131 contos de superávits: acumulado, mantém-se um déficit de 1.753 contos, e sucessivamente. A curva resultante desse recurso estatístico marca mais nitidamente a tendência global. No período que estamos estudando, desenvolve-se uma acentuada tendência de o comércio de Portugal ser deficitário com suas colônias.

Examinemos, agora, o comércio de Portugal metropolitano com as nações estrangeiras (gráficos 2, 6, 7 e 8). Aqui se manifesta claramente a tendência inversa: o comércio português tende a ser superavitário com as demais nações, já nos gráficos 2 e 6 fica patente como a curva das exportações se superpõe quase continuamente à de importações. No gráfico 2 e na tabela 4 discriminam-se os déficits e os superávits anuais, o que evidencia a mesma tendência. No gráfico 8, a curva relativa às "nações estrangeiras" corresponde ao "acumulado" dos déficits e dos superávits de Portugal com as demais nações (dados numéricos na coluna da esquerda da tabela 8) e a tendência assinalada fica ainda mais nítida. Logo, retomando as constatações até aqui consideradas, num quadro geral de expansão das relações mercantis, Portugal desta fase tendia a ter um comércio deficitário com as colônias e superavitário com as demais nações; no cômputo geral, como mostra o gráfico 8 e a tabela 12, as vantagens do comércio "externo" superavam as perdas do comércio "colonial", e a tendência geral era superavitária.

Voltemos, porém, mais uma vez a examinar o comércio colonial. Os gráficos l, 3, 4 e 5 e tabelas 1, 2, 5, e 6, combinados, marcam nitidamente a posição do Brasil. Nos gráficos 3 e 7, fica clara a posição quase absorvente dos produtos brasileiros, nas importações e nas exportações respectivamente, os das demais colônias são quase inexpressivos no conjunto. Efetivamente, de 1796 a 1807, nas importações (das colônias para a Metrópole), o Brasil participa com 83,7%, as demais colônias, com 16,3%. No referente às exportações (de Portugal para as colônias), o Brasil absorve no mesmo período 78,4%, as outras colônias, 21,6%. Mas não é só. Se acumularmos, em separado, os déficits e os superávits do comércio da Metrópole com o Brasil e com as demais colônias, evidencia-se que a tendência era de Portugal ter um comércio superavitário com as outras colônias, e deficitário com o Brasil (gráfico 5 e tabela 7). Como a tendência geral, já analisada, do comércio de Portugal com o conjunto das colônias era para o déficit, conclui-se que é o peso do comércio do Brasil que define a tendência geral.

Retomemos, por outro lado, o exame do comércio português com as nações estrangeiras. As tabelas 8, 9 e 10 põem agora em destaque a posição da Inglaterra. Nas importações portuguesas do período entre 1796 e 1807, a Inglaterra participa com 34%, e para esse mesmo país vão na mesma época 39% das exportações de Portugal. A tabela 10, por seu turno, explicita o caráter superavitário para Portugal do intercâmbio com a Grã-Bretanha. No conjunto, o comércio externo português neste decênio era superavitário com a Inglaterra, a Alemanha (Hamburgo), a Itália, a França e a Espanha, e deficitário com a Holanda, os Estados Unidos, a Prússia, a Barbária, a Rússia e a Suécia; de modo geral, o volume do tráfico era maior com os países do primeiro grupo (onde obtinha superávits) do que com os do segundo (onde perdia déficits), o que impõe a tendência superavitária geral que já assinalamos. Entre os do primeiro grupo sobreleva de muito a posição da Inglaterra, que assim define a tendência. Logo, sem ter uma posição tão marcadamente preponderante como o Brasil, a Inglaterra ocupa, neste quadro de intercâmbio, uma posição similar, mas de sentido contrário. Isto é: a Inglaterra tem no comércio externo português importância similar à que tem o Brasil no seu comércio colonial. Mas de sentido contrário: Portugal é deficitário no comércio com as colônias em função exclusiva da posição do Brasil; é superavitário no comércio exterior em grande parte em função de seu intercâmbio com a Inglaterra.

Finalmente, as tabelas 11 e 12 permitem-nos articular os vários pontos até aqui estabelecidos, e assim configurar a *posição do Brasil* nesse quadro de relações mercantis internacionais. Efetivamente, é graças aos produtos brasileiros que o Portugal metropolitano consegue desenvolver um comércio superavitário na virada do século XVIII para o século XIX. A tabela 11 permite analisar a composição das exportações portuguesas para as nações estrangeiras, discriminando os produtos do Brasil, das outras colônias e do Reino (isto é, do Portugal metropolitano), e as reexportações (produtos de outras nações reexportados). Fica clara a posição dos produtos do Brasil, muito preponderante em relação ao conjunto dos demais; a posição quase insignificante das demais colônias, cuja curva está abaixo da das reexportações; a posição apenas intermediária dos produtos do Reino. De fato, entre 1796 e 1807, com pequenas flutuações, os produtos brasileiros ocupam em média 60,6% do total das exportações portuguesas. Os produtos portugueses, um pouco abaixo de 30%. Já agora podemos compreender o gráfico 8: as três curvas representam o movimento "acumulado" de déficits e superávits do comércio português com as colônias e com as nações estrangeiras e o resultado global; é patente a tendência deficitária do comércio colonial em contraposição à tendência superavitária do comércio exterior. Temos agora a conexão efetiva das duas curvas: é por ser o comércio colonial deficitário que o exterior é superavitário, ou, noutros termos, é graças ao comércio colonial que o Portugal metropolitano consegue um movimento comercial vantajoso no conjunto.

Desenvolver as implicações do que fica aqui quantitativamente estabelecido iria por certo além dos limites desta comunicação. Contudo, vale a pena notar, ainda que rapidamente, que a demarcação clara da posição do Brasil no tráfico internacional, mediante a quantificação das tendências aqui analisadas, dá um sentido concreto ao chamado "amadurecimento" do país para a Independência. De outro lado, igualmente, essas análises permitem entrever o desequilíbrio que significou para a economia portuguesa a alteração radical desse sistema de relações mercantis. Num outro plano, essa análise quantitativa revela os mecanismos de exploração do Sistema Colonial nessa sua última etapa.

Este último aspecto nos conduz a outra ordem de indagação. De fato, se consultarmos as balanças de 1776 e 1777 — fim do período pombalino — e de 1787, o que se constata é uma situação inteiramente diversa. Em 1776, Portugal é superavitário no seu comércio com as colônias (saldo da balança é de 1.177.159$491) e deficitário em relação as nações estrangeiras (déficit de 1.795.390$386), sendo pois a balança global levemente deficitária. Em 1777, mantém-se a situação: superávit de 545.329$256 em relação às colônias e déficit de 1.492.427$195 em relação às nações estrangeiras. Em 1787, é ainda deficitário em relação às nações estrangeiras (não localizamos o balanço desse ano com as colônias). O que se pode inferir é que a inversão nas tendências da balança de comércio portuguesa operou-se no período que medeia entre 1787 e 1796. Só a localização nos arquivos dos códices das balanças desses anos é que permitirá uma análise segura dessa mudança.

Atentemos porém no sentido dessa inversão: é como que se Portugal tivesse tomado consciência de que, para equilibrar a balança comercial, e mesmo para torná-la vantajosa, era necessário conduzir a política colonial de modo a fomentar a produção das colônias, ainda que isso tornasse deficitária a relação da Metrópole com os domínios ultramarinos. Tal posição em matéria de política econômica colonial envolve um forte realismo para ajustar as teorias correntes à situação específica de Portugal. Ora, é exatamente esse o esquema que encontramos na pena do mais conspícuo teórico da política colonial portuguesa dessa época: uma das figuras mais marcantes da Ilustração luso-brasileira, o bispo D. José Joaquim da Cunha de Azeredo Coutinho.[4]

De fato, no seu famoso *Ensaio econômico sobre o comércio de Portugal e suas colônias* (1794), o autor afirma, dentro da ortodoxia do colonialismo mercantilista, que os "justos interesses e as relativas dependências" exigem que as colônias "só possam comerciar diretamente com a Metrópole, excluída toda e qualquer outra nação". Em outra passagem lembra que a Metrópole, ainda que "seja devedora às colônias, necessariamente há de ser em dobro credora aos estrangeiros". E pergunta: "Que importa, pois, que a mãe deva às filhas, quando ela é em dobro credora aos estranhos?".[5] Teoria e realidade econômica corriam pois juntas e se articulavam nesta última fase do Sistema Colonial do Antigo Regime em Portugal.

---

[4] Sobre Azeredo Coutinho, ver Luís Nogueira de Paula, "Brasil", in *El Pensamiento Económico Latinoamericano*, México, Fondo de Cultura Económica, 1945, pp. 71-4; Myriam Ellis, "Um documento anônimo dos fins do século XVIII sobre as relações comerciais entre o Brasil e Portugal", *Revista de História*, n° 38, 1959, pp. 383-419; Nelson Werneck Sodré, *A ideologia do colonialismo, seus reflexos no pensamento brasileiro*, Rio de Janeiro, ISEB, 1961, pp. 13-57; Sônia A. Siqueira, "A escravidão negra no pensamento do bispo Azeredo Coutinho: contribuição ao estudo da mentalidade do último inquisidor", separata de *Revista de História*, n° 56-57, 1964; Edward Bradford Burns, "The Role of Azeredo Coutinho in the Enlightenment of Brasil", *The Hispanic American Historical Review*, vol. XLIV, 1964, pp. 145-61; Manuel Cardozo, "Azeredo Coutinho e o fermento intelectual de sua época", in H. Keith e S. F. Edwards (orgs.), *Conflito e continuidade na sociedade brasileira*, Rio de Janeiro, Civilização Brasileira, 1970, pp. 86-123.

[5] José Joaquim da Cunha Azeredo Coutinho, *Ensaio econômico sobre o comércio de Portugal e suas colônias*, in Sérgio Buarque de Holanda (org.), *Obras econômicas de J. J. da Cunha Azeredo Coutinho*, São Paulo, Difel, 1966, pp. 154-5.

Tabela 1
MOVIMENTO COMERCIAL 1796-1811
PORTUGAL-COLÔNIAS: IMPORTAÇÃO E EXPORTAÇÃO

Ano	Importação	Exportação
1796	13.414.265$038	7.527.648$713
1797	5.519.870$608	9.651.734$406
1798	12.802.090$872	12.418.654$675
1799	15.169.305$719	20.458.608$483
1800	14.850.936$376	13.521.110$817
1801	17.527.723$934	13.133.542$148
1802	12.966.553$680	12.800.313$175
1803	14.193.353$435	12.741.308$922
1804	13.579.874$717	14.905.960$519
1805	15.843.481$445	12.245.019$147
1806	16.103.966$250	11.313.313$554
1807	16.968.810$061	10.348.602$741
1808	614.857$782	1.694.187$512
1809	5.857.754$930	3.911.194$516
1810	3.949.320$962	3.811.220$063
1811	5.304.266$468	3.479.940$500

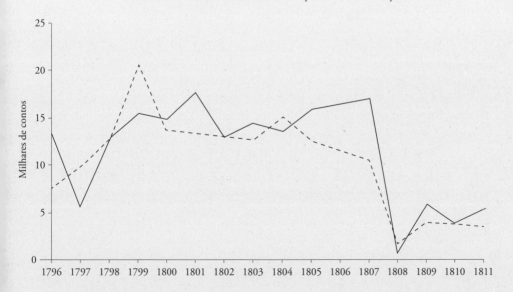

Gráfico 1
MOVIMENTO COMERCIAL 1796-1811
PORTUGAL-COLÔNIAS: IMPORTAÇÃO E EXPORTAÇÃO

Tabela 2
MOVIMENTO COMERCIAL 1796-1811
PORTUGAL-COLÔNIAS: DÉFICITS E SUPERÁVITS

Ano	Superávits	Déficits
1796		- 5.885.616$325
1797	+ 4.131.863$798	
1798		- 383.436$197
1799	+ 5.289.302$764	
1800		- 1.329.825$559
1801		- 4.394.181$786
1802		- 166.240$505
1803		- 1.452.044$513
1804	+ 1.326.085$802	
1805		- 3.598.462$298
1806		- 4.789.652$696
1807		- 6.620.207$320
1808	+ 1.079.329$730	
1809		- 1.946.560$414
1810		- 138.100$899
1811		- 1.824.325$968

Gráfico 2
MOVIMENTO COMERCIAL 1796-1811
PORTUGAL-COLÔNIAS: DÉFICITS E SUPERÁVITS

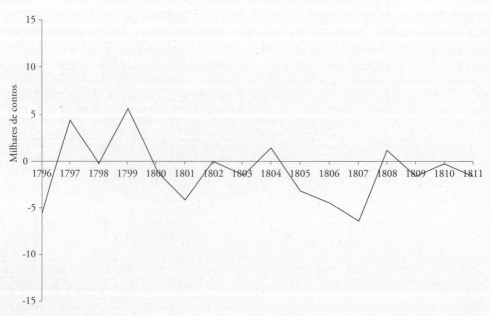

Tabela 3
MOVIMENTO COMERCIAL 1796-1811
PORTUGAL-NAÇÕES ESTRANGEIRAS: IMPORTAÇÃO E EXPORTAÇÃO

Ano	Importação	Exportação
1796	12.652.771$691	16.013.356$598
1797	14.498.399$597	11.822.970$024
1798	14.729.238$360	15.053.960$930
1799	19.755.284$401	17.688.107$851
1800	20.031.347$325	20.684.802$298
1801	19.337.425$504	25.103.785$190
1802	17.942.240$592	21.405.349$072
1803	15.068.304$594	21.528.379$563
1804	17.841.034$672	21.060.962$501
1805	19.656.685$570	22.654.204$293
1806	16.440.921$781	23.255.505$141
1807	13.896.318$253	20.999.506$331
1808	2.740.598$802	5.811.038$620
1809	8.833.965$232	9.858.222$739
1810	17.051.885$239	12.521.960$437
1811	38.704.283$725	6.913.924$928

Gráfico 3
MOVIMENTO COMERCIAL 1796-1811
PORTUGAL-NAÇÕES ESTRANGEIRAS: IMPORTAÇÃO E EXPORTAÇÃO

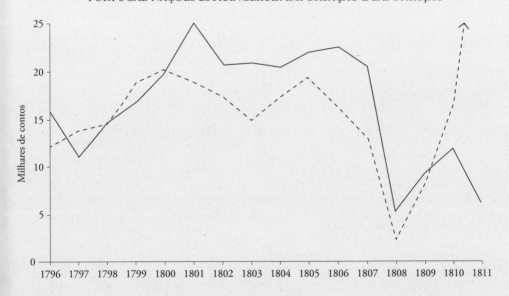

Tabela 4
MOVIMENTO COMERCIAL 1796-1811
PORTUGAL-NAÇÕES ESTRANGEIRAS: DÉFICITS E SUPERÁVITS

Ano	Superávits	Déficits
1796	+ 3.360.584$907	
1797		- 2.675.429$573
1798	+ 324.722$570	
1799		- 2.067.176$550
1800	+ 653.454$973	
1801	+ 5.766.359$686	
1802	+ 3.463.108$480	
1803	+ 6.460.074$969	
1804	+ 3.219.927$829	
1805	+ 2.997.518$723	
1806	+ 6.814.563$360	
1807	+ 7.103.188$078	
1808	+ 3.070.439$818	
1809	+ 1.024.257$507	
1810		- 4.529.924$802
1811		- 31.790.358$797

Gráfico 4
MOVIMENTO COMERCIAL 1796-1811
PORTUGAL-NAÇÕES ESTRANGEIRAS: DÉFICITS E SUPERÁVITS

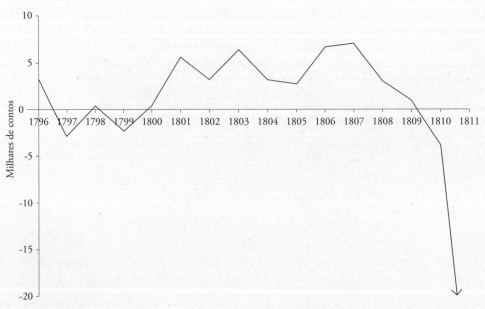

Tabela 5
MOVIMENTO COMERCIAL 1796-1811
PORTUGAL-COLÔNIAS: IMPORTAÇÃO
DAS COLÔNIAS PARA A METRÓPOLE;
POSIÇÃO DO BRASIL EM RELAÇÃO AO TOTAL E ÀS OUTRAS COLÔNIAS

Ano	Brasil	Outras colônias	Total
1796	11.474.863$931	1.938.401$107	13.413.265$038
1797	4.258.823$470	1.261.047$138	5.519.870$608
1798	10.816.561$028	1.985.529$844	12.802.090$872
1799	12.584.505$139	2.584.800$580	15.169.305$719
1800	12.528.091$556	2.322.844$820	14.850.936$376
1801	14.776.706$349	2.751.017$385	17.527.723$934
1802	10.353.244$931	2.613.308$749	12.966.553$680
1803	11.332.290$669	2.861.062$766	14.193.353$435
1804	11.199.922$858	2.379.951$859	13.579.874$717
1805	13.948.658$601	1.894.822$844	15.843.481$445
1806	14.153.761$891	1.950.204$359	16.103.966$250
1807	13.927.799$336	3.041.010$725	16.968.810$061
1808	546.930$970	67.926$812	614.857$782
1809	4.819.373$394	1.038.381$536	5.857.754$930
1810	3.683.331$085	265.989$811	3.949.320$962
1811	3.633.586$588	1.670.679$880	5.304.266$468

Gráfico 5
MOVIMENTO COMERCIAL 1796-1811
PORTUGAL-COLÔNIAS: IMPORTAÇÃO
DAS COLÔNIAS PARA A METRÓPOLE;
POSIÇÃO DO BRASIL EM RELAÇÃO AO TOTAL E ÀS OUTRAS COLÔNIAS

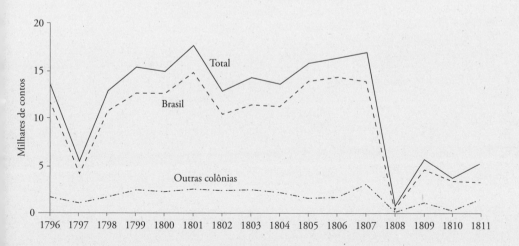

Tabela 6
MOVIMENTO COMERCIAL 1796-1811
PORTUGAL-COLÔNIAS: EXPORTAÇÃO
DA METRÓPOLE PARA AS COLÔNIAS;
POSIÇÃO DO BRASIL EM RELAÇÃO AO TOTAL E ÀS OUTRAS COLÔNIAS

Ano	Brasil	Outras colônias	Total
1796	6.982.356$248	545.292$465	7.527.648$713
1797	8.525.780$093	1.125.954$313	9.651.734$406
1798	10.668.177$385	1.750.477$290	12.418.654$675
1799	15.800.938$555	4.657.669$928	20.458.608$483
1800	9.432.156$624	4.088.954$193	13.521.110$817
1801	10.680.059$775	2.453.482$373	13.133.542$148
1802	10.151.660$235	2.548.652$940	12.800.313$175
1803	9.928.504$852	2.812.804$070	12.741.308$922
1804	11.383.279$024	3.522.681$495	14.905.960$519
1805	9.505.255$996	2.739.763$151	12.245.019$147
1806	8.426.097$899	2.888.215$655	11.314.313$554
1807	6.952.957$454	3.395.645$287	10.348.602$741
1808	1.511.188$078	182.999$434	1.694.187$512
1809	3.437.735$091	473.459$425	3.911.194$516
1810	2.932.527$927	878.692$136	3.811.220$063
1811	2.792.765$820	687.174$680	3.479.940$500

Gráfico 6
MOVIMENTO COMERCIAL 1796-1811
PORTUGAL-COLÔNIAS: EXPORTAÇÃO
DA METRÓPOLE PARA AS COLÔNIAS;
POSIÇÃO DO BRASIL EM RELAÇÃO AO TOTAL E ÀS OUTRAS COLÔNIAS

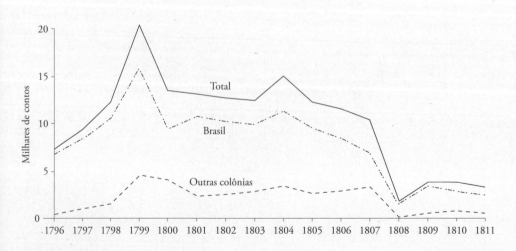

Tabela 7
MOVIMENTO COMERCIAL 1796-1811
PORTUGAL-BRASIL-OUTRAS COLÔNIAS:
DÉFICITS E SUPERÁVITS — ACUMULADO

Exportação total	Ano	Portugal-Brasil acumulado	Portugal-outras colônias acumulado
16.013.356$598	1796	- 4.492.507$683	- 1.393.108$642
11.822.970$024	1797	- 225.551$060	- 1.528.201$467
15.053.960$930	1798	- 373.934$703	- 1.763.254$021
17.688.107$851	1799	+ 2.842.498$713	+ 309.615$327
20.684.802$298	1800	- 253.436$219	+ 2.075.724$700
25.103.785$190	1801	- 4.350.082$993	+ 1.778.189$688
21.405.349$072	1802	- 4.551.667$689	+ 1.813.533$879
21.528.379$563	1803	- 5.955.453$506	+ 1.765.275$183
21.060.962$501	1804	- 5.772.097$340	+ 2.908.004$819
22.654.204$293	1805	- 10.215.499$945	+ 3.752.945$126
23.255.505$141	1806	- 15.943.163$937	+ 4.690.956$422
20.999.506$331	1807	- 22.918.005$819	+ 5.045.590$984
5.811.038$620	1808	- 21.953.748$711	+ 5.160.663$606
9.858.222$739	1809	- 23.335.387$014	+ 4.595.741$495
12.521.960$437	1810	- 24.086.190$172	+ 5.208.443$754
6.913.924$928	1811	- 24.927.010$940	+ 4.224.948$554

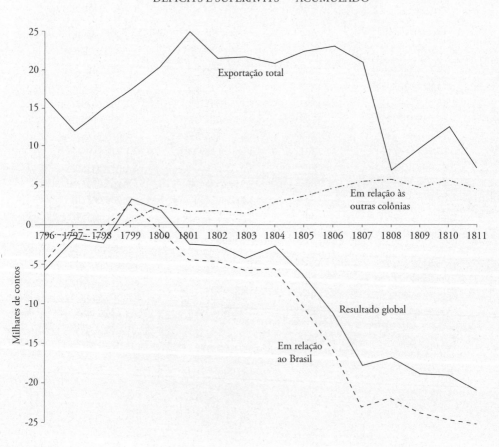

Gráfico 7
MOVIMENTO COMERCIAL 1796-1811
PORTUGAL-BRASIL-OUTRAS COLÔNIAS:
DÉFICITS E SUPERÁVITS — ACUMULADO

Tabela 8
MOVIMENTO COMERCIAL 1796-1811
PORTUGAL-NAÇÕES ESTRANGEIRAS: IMPORTAÇÃO
POSIÇÃO DA INGLATERRA

Déficits	Ano	Importação Inglaterra para Portugal	Importação total nações estrangeiras para Portugal
- 395.338$795	1796	4.951.737$334	12.652.771$691
- 647.636$571	1797	4.627.613$455	14.498.399$597
	1798	6.661.419$574	14.729.238$360
	1799	8.835.649$603	19.755.284$401
	1800	2.911.061$642	20.031.347$325
	1801	4.879.357$324	19.337.425$504
	1802	6.693.774$311	17.942.240$592
	1803	5.587.493$136	15.068.304$594
	1804	5.764.885$656	17.841.034$672
	1805	5.837.705$848	19.656.685$570
	1806	6.587.150$292	16.440.921$781
	1807	5.422.272$321	13.896.318$253
- 1.163.394$420	1808	1.966.375$040	2.740.598$802
	1809	4.531.952$809	8.833.965$232
	1810	9.564.761$528	17.051.885$239
- 17.236.095$658	1811	21.559.960$503	38.704.287$728

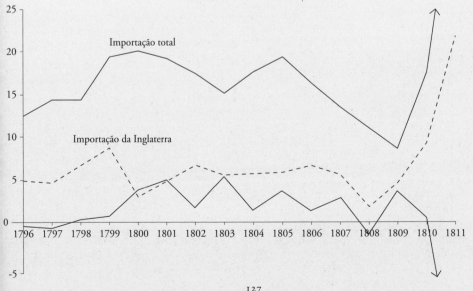

Gráfico 8
MOVIMENTO COMERCIAL 1796-1811
PORTUGAL-NAÇÕES ESTRANGEIRAS: IMPORTAÇÃO
POSIÇÃO DA INGLATERRA

Tabela 9
MOVIMENTO COMERCIAL 1796-1811
PORTUGAL-NAÇÕES ESTRANGEIRAS: IMPORTAÇÃO
POSIÇÃO DA INGLATERRA

Ano	Exportação Portugal para Inglaterra
1796	4.887.076$129
1797	3.979.976$884
1798	6.828.261$088
1799	9.058.217$010
1800	6.702.836$204
1801	9.651.014$710
1802	8.472.170$155
1803	10.514.250$356
1804	7.462.492$334
1805	8.865.210$950
1806	8.201.116$990
1807	7.971.196$005
1808	802.980$620
1809	7.342.270$330
1810	10.219.063$660
1811	4.323.864$845

Gráfico 9
MOVIMENTO COMERCIAL 1796-1811
PORTUGAL-NAÇÕES ESTRANGEIRAS: IMPORTAÇÃO
POSIÇÃO DA INGLATERRA

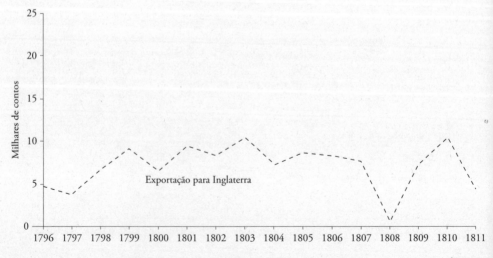

Tabela 10
MOVIMENTO COMERCIAL 1796-1811
PORTUGAL-INGLATERRA: DÉFICITS E SUPERÁVITS

Ano	Superávits
1796	
1797	
1798	+ 166.841$514
1799	+ 222.567$407
1800	+ 3.791.774$562
1801	+ 4.771.657$386
1802	+ 1.778.395$844
1803	+ 4.926.757$220
1804	+ 1.697.606$678
1805	+ 3.027.505$102
1806	+ 1.613.966$698
1807	+ 2.548.923$684
1808	
1809	+ 2.810.317$521
1810	+ 654.302$132
1811	

Gráfico 10
MOVIMENTO COMERCIAL 1796-1811
PORTUGAL-INGLATERRA: DÉFICITS E SUPERÁVITS

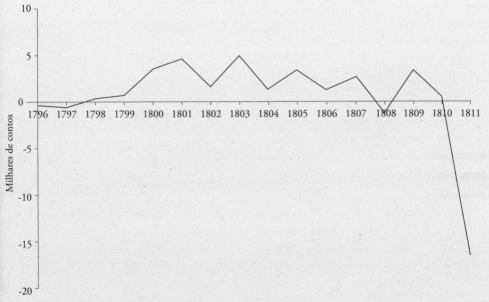

Tabela 11
MOVIMENTO COMERCIAL 1796-1811
PORTUGAL-NAÇÕES ESTRANGEIRAS: EXPORTAÇÃO
POSIÇÃO RELATIVA DOS PRODUTOS
DO BRASIL, OUTRAS COLÔNIAS, REINO E DAS REEXPORTAÇÕES

Ano	Produção do Brasil	Produção das outras colônias	Produção do Reino	Reexportações
1796	9.883.946$717	289.368$917	3.911.778$669	1.928.262$611
1797	6.789.415$431	308.919$097	3.572.058$979	1.152.576$517
1798	8.881.529$629	538.825$084	4.727.860$746	905.745$477
1799	10.202.526$910	468.384$820	4.878.954$325	2.138.241$796
1800	14.173.413$965	480.063$710	4.077.677$650	1.953.646$973
1801	15.092.956$970	1.205.040$640	7.176.424$030	1.629.363$550
1802	14.538.325$439	452.280$820	5.318.917$155	1.095.825$658
1803	11.831.181$658	676.476$340	7.231.050$010	1.789.671$555
1804	13.167.969$276	920.075$655	4.821.105$620	2.151.811$950
1805	13.893.192$268	460.327$840	5.998.441$855	1.302.242$330
1806	14.506.024$046	659.005$700	6.080.209$710	2.010.265$685
1807	11.434.569$041	639.621$060	7.229.652$715	1.695.663$515
1808	4.635.424$220	201.274$560	854.536$830	119.803$010
1809	2.061.200$555	143.257$560	6.337.494$374	1.316.270$250
1810	2.961.732$515	69.010$080	6.888.955$857	2.602.261$985
1811	521.591$895	48.371$540	4.250.589$988	2.102.371$505

Gráfico 11
MOVIMENTO COMERCIAL 1796-1811
PORTUGAL-NAÇÕES ESTRANGEIRAS: EXPORTAÇÃO
POSIÇÃO RELATIVA DOS PRODUTOS
DO BRASIL, OUTRAS COLÔNIAS, REINO E DAS REEXPORTAÇÕES

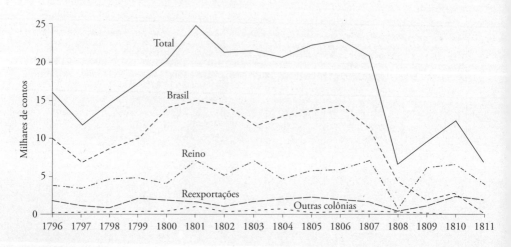

Tabela 12
MOVIMENTO COMERCIAL 1796-1811
BALANÇO GERAL: PORTUGAL-COLÔNIAS-NAÇÕES ESTRANGEIRAS
DÉFICITS E SUPERÁVITS — ACUMULADO

Ano	Nações estrangeiras déficits e superávits acumulado	Colônias déficits e superávits acumulado	Acumulado geral
1796	+ 3.360.584$907	- 5.885.616$325	- 2.525.031$418
1797	+ 685.155$334	- 1.753.752$527	- 1.068.597$193
1798	+ 1.009.877$904	- 2.137.188$724	- 1.127.310$820
1799	- 1.057.298$646	+ 3.152.114$040	+ 2.094.815$394
1800	- 403.843$673	+ 1.822.288$481	+ 1.418.444$808
1801	+ 5.362.516$013	- 2.571.893$305	+ 2.790.622$708
1802	+ 8.825.624$493	- 2.738.133$810	+ 6.087.490$683
1803	+ 15.285.699$462	- 4.190.178$323	+ 11.095.521$139
1804	+ 18.505.627$291	- 2.864.092$521	+ 15.641.534$770
1805	+ 21.503.146$014	- 6.462.554$819	+ 15.040.591$195
1806	+ 28.317.729$374	- 11.252.207$515	+ 17.065.521$859
1807	+ 35.420.917$452	- 17.872.414$835	+ 17.548.502$617
1808	+ 38.491.357$270	- 16.793.085$105	+ 21.698.272$165
1809	+ 39.515.614$777	- 18.739.645$519	+ 20.775.969$258
1810	+ 34.985.689$975	- 18.877.746$418	+ 16.107.943$557
1811	+ 3.195.331$178	- 20.702.072$386	- 17.506.741$208

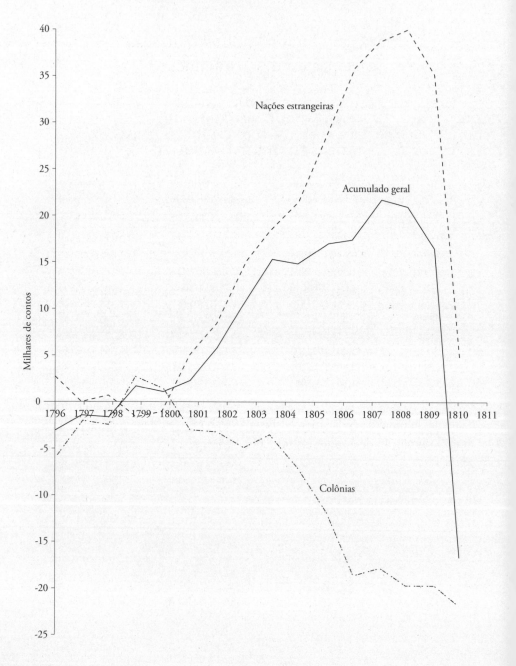

Gráfico 12
MOVIMENTO COMERCIAL 1796-1811
BALANÇO GERAL: PORTUGAL-COLÔNIAS-NAÇÕES ESTRANGEIRAS
DÉFICITS E SUPERÁVITS — ACUMULADO

Sistema Colonial, industrialização e etapas do desenvolvimento[1]

"A história econômica é a ciência econômica do passado." A frase, de Frédéric Mauro, mostra bem até que ponto o entrelaçamento interdisciplinar vem tomando corpo nos últimos anos e o grau de aprofundamento do diálogo entre os especialistas de História e Economia. Noutro passo, o mesmo historiador francês acentua que "as noções de crescimento e desenvolvimento aproximaram economistas e historiadores".[2] De fato, nenhum campo parece mais fértil para essas indagações que os domínios naturalmente convergentes da história econômica e da teoria do desenvolvimento; nenhum outro certamente pode ser mais significativo e fecundo para os historiadores do chamado Terceiro Mundo, onde a luta pela industrialização em curso nos nossos dias imprime ao tema um caráter que transcende de muito o simples interesse acadêmico. Nessa linha, pois, é que tentaremos algumas considerações, à base de estudos que vimos empreendendo sobre a história do Antigo Sistema Colonial da época mercantilista. Não temos, evidentemente, nem de longe, a intenção de apresentar soluções a complexos problemas teóricos da economia do desenvolvimento, mas tão somente sugerir alguns temas ao debate e ao estudo.

Esta deve, efetivamente, ser a posição conscientemente assumida pelo historiador no intercâmbio intelectual que estamos vivendo: de um lado, examinar em que medida as teorias correntes dão conta de processos históricos concretos; de outro, indagar até que ponto a não consideração de de-

---

[1] Publicado originariamente em *Estudos Históricos*, nº 9, 1973, pp. 1-11.

[2] Frédéric Mauro, *L'Expansion Européenne (1600-1870)*, Paris, PUF, 1964, p. 289, e *Le XVIe Siècle Européen. Aspects Économiques*, Paris, PUF, 1966, p. 280.

terminados segmentos da realidade histórica nas teorizações econômicas pode comprometer seu alcance explicativo; sugerir, quem sabe, as direções em que tal integração pode vir a se realizar. Nem sempre se pode, contudo, pretender a realização completa dessas tarefas; neste trabalho, pretendemos apenas mostrar os mecanismos pelos quais o Sistema Colonial dos séculos XVI a XVIII se constitui num fator decisivo da emergência do primeiro surto industrialista moderno, no sentido de chamar a atenção para a lacuna que se abre em algumas das mais recentes teorias do desenvolvimento — em Walt W. Rostow, especialmente — pela não consideração desse processo.

De um lado, nas melhores histórias econômicas tradicionais (chamemo-las tradicionais por datarem de um período anterior ao esforço de assimilação da teoria econômica), estuda-se amplamente a exploração ultramarina no quadro da formação da economia mercantil europeia; suas análises ressentem-se, contudo, da falta de um quadro de referências mais amplo, que envolve os mecanismos inerentes ao processo de desenvolvimento econômico. Obras marcantes como as de Gino Luzzatto, na Europa, ou de S. B. Clough e Ch. W. Cole, nos Estados Unidos,[3] podem exemplificar essa constatação. De outro, os economistas, ao elaborarem uma teoria sistemática do desenvolvimento, situam-se num tal grau de abstração, que componentes particulares — no caso, a exploração colonial europeia na Época Moderna —, por se referirem a fenômenos específicos, não têm lugar na sua construção. Aqui, o exemplo mais típico será talvez a *Teoria do desenvolvimento econômico* de Schumpeter, que explicitamente não se refere aos "fatores concretos da transformação, e sim aos métodos pelo qual eles operam [...] no mecanismo da transformação".[4] Assim, num caso, o estudo concreto não se integra num sistema conceitual mais amplo; noutro, a teoria deixa de lado, de maneira comprometedora, elementos essenciais do processo histórico.

---

[3] Gino Luzzato, *Storia Economica dell'Età Moderna e Contemporanea*, Pádua, CEDAM, 1955, 2 vols.; Shepard B. Clough e Charles W. Cole, *Economic History of Europe*, Boston, D. C. Heath & Co., 1952.

[4] Joseph A. Schumpeter, *Teoria do desenvolvimento econômico*, Rio de Janeiro, Fundo de Cultura, 1961, p. 86.

Uma aproximação dessas tendências divergentes encontra-se, indubitavelmente, na "teoria das etapas" de Rostow,[5] e é isto, pensamos, que explica o enorme sucesso de sua obra, seu prestígio entre historiadores da economia: ela aparece como elemento de ligação entre os caminhos da História e da teoria. Não precisamos reacompanhar todos os seus passos por demais conhecidos. Lembremos apenas que ela se apresenta como superação ou pelo menos alternativa ao marxismo acoimado então de dogmatismo; por isso, procura situar-se no plano mais neutro possível, excluídas as preocupações filosóficas, em busca da maior objetividade científica. Em suma, uma visão não dogmática das etapas do desenvolvimento. Deixemos de lado para já o problema de saber até que ponto é legítimo e metodologicamente sustentável se isolar dentro da complexidade abrangente do pensamento de Marx um segmento do conjunto — no caso, desenvolvimento econômico, para criticá-lo e refutá-lo de per si, e desligado do resto do edifício. De qualquer maneira, esse modo de encarar o problema não pode deixar de sugerir-nos em Rostow uma visão distorcida ou pelo menos empobrecida das teorias marxistas, que de qualquer forma, por bem ou por mal, permanecem como o polo constante de diálogo do pensamento contemporâneo.[6] E, de fato, Rostow parece tomar como adversário de sua teoria um certo escalonamento de tipos econômicos (escravismo, feudalismo, capitalismo) que abrangeria o processo histórico da vida econômica no seu conjunto e que configuraria a evolução necessária de toda sociedade. Sabe-se o quanto essa simplificação está distante do espírito mais autêntico do marxismo, mas não é este o lugar de aprofundar a análise da questão.

---

[5] Walt W. Rostow, *Etapas do desenvolvimento econômico: um manifesto não-comunista*, Rio de Janeiro, Zahar, 1961.

[6] A visão que Rostow tem do marxismo leva-o ao ponto de defini-lo "na sua essência [...] uma teoria acerca de como as sociedades tradicionais chegaram a incorporar os juros compostos em suas estruturas" (*Etapas do desenvolvimento econômico: um manifesto não-comunista, op. cit.*, p. 192), para em seguida identificá-lo com o mais vulgar economicismo. Nem mesmo as discussões reabertas com a publicação dos textos do jovem Marx, e especialmente os esboços sobre as formas econômicas pré-capitalistas, parecem ter inquietado a tranquilidade com que Rostow vai reduzindo o pensamento marxista ao seu próprio estilo de pensamento.

Para fugir a tal esquema, e pois escapar do perigoso dogmatismo, Rostow volta-se para um outro critério a partir do qual torna-se possível periodizar a história e estabelecer os vários tipos económicos ou estágios de desenvolvimento. Enquanto em Marx os modos de produção definem-se pelo nível das forças produtivas, pela forma de apropriação dessas forças e pelo tipo de relações sociais daí derivado,[7] em Rostow o que importa, acima de tudo, é o volume da produção (produto *per capita*) e especialmente a percentagem de investimento. Ressalta à primeira vista que os componentes do primeiro critério são fundamentalmente qualitativos e visam a apreender relações (nível, forma, tipo); no segundo, são basicamente quantitativos (volume, percentagem) e propõem-se a descrever estágios. Daí resulta necessariamente que a perspectiva de Marx permite configurar *estruturas*, enquanto o enfoque de Rostow, quando muito, descreve *situações*. Assim, no primeiro caso, a partir de uma análise estrutural, caminha-se para a tentativa de apreensão de mecanismos de funcionamento e compreensão de processos, enquanto Rostow efetivamente se liberta de "dogmatismo", mas corre o risco de cair no vazio.

Deixemos porém de lado definitivamente esse confronto a que fomos levados pelo próprio Rostow, na sua obsessão de se apresentar como o sucedâneo *up-to-date* do marxismo. Voltemos às etapas rostowianas, para examiná-las na pauta da problemática antes referida, qual seja, a das relações entre História e teoria do desenvolvimento.

É possível, começa por dizer o nosso autor, "enquadrar todas as sociedades, em suas dimensões económicas, dentro de uma das cinco seguintes categorias: a sociedade tradicional, as pré-condições para o arranco, o arranco, a marcha para a maturidade e a era do consumo em massa".[8] Tal enunciado já começa por se atritar com a boa lógica. A impressão que para logo se tem é de que a classificação não decorreu de um mesmo critério — o que seria deveras imperdoável. "Sociedade tradicional" parece um conceito abrangente — e já veremos que é abrangente em excesso; "pré-condições" insi-

---

[7] Maurice Dobb, *Studies in the Development of Capitalism*, Londres, Routledge & Kegan Paul, 1954, pp. 7 ss.

[8] W. W. Rostow, *Etapas do desenvolvimento económico: um manifesto não-comunista, op. cit.*, p. 15.

nuam inapelavelmente condições que preexistem, em uma fase anterior, pois não podem definir uma etapa; "arranco" e "marcha" indicam processos, enquanto a última categoria parece apenas denominar um período. Com muito boa vontade, digamos que Rostow não foi feliz nas denominações, mas não nos apeguemos a palavras.

"Sociedade tradicional" envolve todo o mundo pré-newtoniano, e essa generalização naturalmente causa arrepio ao historiador; nela, as funções de produção são limitadas, ficando restringido o produto *per capita* abaixo de um certo teto. Isto porque o nível de produtividade estava limitado por inexistir ciência moderna e a atitude mental em face do mundo exterior que a ela se associa. A segunda etapa é o período em que as pré-condições para o arranco se estabelecem: pela primeira vez, na Europa ocidental, no fim do século XVII e início do XVIII, as novas concepções começaram a se converter em novas funções de produção tanto na agricultura como na indústria; a Grã-Bretanha, favorecida pela geografia, pelos recursos naturais, pelas possibilidades comerciais e pela estrutura social e política, foi a primeira a desenvolver essas condições. O "arranco" é "o intervalo em que as antigas obstruções e resistências ao desenvolvimento regular são afinal superadas". A taxa real de investimentos pode subir de 5% a 10% do produto líquido, "superando definitivamente a provável pressão demográfica" e dando por isso lugar à elevação da renda real *per capita*. Desenvolvem-se, concomitantemente, um ou mais setores manufatureiros básicos, com elevado índice de crescimento, os chamados setores líderes. Cerca de sessenta anos após o início do "arranco" (quarenta após o seu término) atinge-se a "maturidade", isto é, a etapa em que a economia avança para além das indústrias que lhe impeliram o arranco; os frutos da tecnologia são aplicados a um campo amplo de recursos. Na marcha para a maturidade, cerca de 10% a 20% da renda nacional são investidos continuamente, ultrapassando-se regularmente o incremento demográfico. Na "era do consumo em massa", os setores líderes transferem-se para os produtos duráveis de consumo e os serviços; para além, entra-se nos domínios da futurologia, saindo-se, portanto, da História.

A passagem de um para outro desses estágios depende da distribuição da renda entre consumo, poupança e investimento, bem como da composição do investimento e das transformações internas dos setores particulares da economia; a identificação de opções setoriais dá lugar a uma sequência de padrões de investimento. Os modelos históricos afastam-se naturalmente dos padrões ideais, mas são compreendidos a partir deles: assim, a tarefa da história econômica seria examinar os fatores que atuaram num ou noutro sentido, no espaço e no tempo.

Para averiguar em que medida essa teoria nos apercebe com instrumentos para entender os dilemas dos países subdesenvolvidos, interessa-nos mais de perto, evidentemente, as etapas de pré-condições e do "arranco". Vejamos, pois, como Rostow exemplifica a análise do "primeiro arranco": num certo passo, diz-nos genericamente que "tudo o que se oculta por trás da decomposição da Idade Média diz respeito à criação das pré-condições para o arranco na Europa ocidental".[9] Mas isso é tão geral e vago que não chega a ser uma explicação. Trata-se na verdade, em primeiro lugar da revolução científica que levou a uma nova atitude em face do mundo exterior, que passou a ser visto como algo capaz de ser dominado, manipulado, posto a serviço do homem; doutra parte, da evolução política, que destruiu o particularismo e a hierarquização da ordem social na medida mesma em que se constituía o Estado moderno, permitindo destarte orientar globalmente as opções fundamentais. Esses dois processos são tomados como dados. Ora, ao historiador importaria antes de tudo explicá-los, e mesmo indagar de suas conexões com o próprio movimento da economia — mas isso, para Rostow, seria cair no dogmatismo, uma vez que se extrapolaria da análise econômica. Aceitemos, porém, as suas posições para formular a seguinte pergunta: por que na Inglaterra? Ora, responde Rostow, enquanto as pré-condições iam-se generalizando na Europa ocidental (mentalidade científica, Estado moderno etc.), "só na Grã-Bretanha foram preenchidas as condições necessárias e suficientes para o arranco"; tal combinação foi "uma sorte de acidente estatístico da História".[10] Assim, um acidente estatístico acaba por se converter em explicação de um formidável fenômeno da história moderna, qual seja, a primeira industrialização. Claro, Rostow reporta-se ao descobrimento de novos territórios e ao surto do comércio e navegação, bem como às mudanças que se lhe associam: instituições creditícias, grupo empresarial com mentalidade de

---

[9] *Idem, ibidem*, p. 18.

[10] *Idem, ibidem*, p. 50.

cálculo; destaca "o espírito científico e de pesquisa de engenhos para a produção, desde Galileu e Leonardo até Newton, Bacon e o enxame de oitocentistas" etc. Em suma, tudo o que poderia ter atuado no sentido de possibilitar ou mesmo provocar o "arranco", isto é, as inversões para além da taxa de crescimento demográfico. O que falta, quanto a nós, são exatamente as conexões entre esses diferentes segmentos, que são aqui tomados como dados. Ora, se talvez ao economista se justifique isolar o universo econômico nas suas teorizações, ficando destarte tudo o mais (o quadro institucional) como dado, tal não pode ser a perspectiva do historiador, cujo objetivo não é construir uma teoria, mas compreender uma determinada época. Para tanto, não há senão articular os diversos níveis da realidade coeva com vistas a se atingir uma visão global. Nesse sentido, se a teoria das etapas se propõe entrosar as perspectivas do economista e do historiador, Rostow fica na realidade muito aquém desse desiderato, na medida em que se comporta exclusivamente como economista. Se o objetivo era "levar a moderna teoria da Economia a entrosar-se com a História econômica",[11] ele não poderia considerar esses processos como simples dados a partir dos quais se entende o primeiro "arranco", mas indagar qual o sentido da sua contemporaneidade e quais as suas conexões recíprocas.[12]

Esta crítica se comprova ainda em outros passos da exposição rostowiana. Efetivamente, os fatores antes indicados atuaram sobre a Europa ocidental como um todo; e o problema, aqui, é explicar a prioridade inglesa. Para consegui-lo, envereda por comparações: por que não a França ou a Holanda?

---

[11] *Idem, ibidem*, p. 7.

[12] "Assim, a análise não é nem tipológica no sentido weberiano, pois a ideia de *genus proximum, differentia specified* impede a definição de contextos significativos e a arbitrariedade do esquema não está ancorada na ideia de possibilidade objetiva; também não é estrutural, pois não se evidenciam as relações necessárias entre as variáveis que definem a estrutura das etapas do desenvolvimento; tampouco é marxista, pois o livro é uma 'resposta a Marx': o método de Rostow soma, ao empirismo da 'prova', que consiste na escolha de exemplos, um pseudoformalismo descritivo (que parece ser o esforço teórico máximo a que as análises deste tipo têm chegado como reverso do máximo do empirismo) em que, ao rigor do encadeamento das proposições, substitui-se a justaposição de variáveis abstratas" (Fernando Henrique Cardoso, *Empresário industrial e desenvolvimento econômico*, São Paulo, Difel, 1964, p. 53).

Resposta: "um rol de fatos notórios".[13] Os holandeses tinham-se engajado demasiadamente no comércio e nas finanças, sem base de manufatura. Os franceses? — "Eles foram demasiado brutais com os seus protestantes".[14] Eram inflexíveis ao extremo. Resultado: na Grã-Bretanha havia mais recursos industriais básicos do que na Holanda, e mais não conformistas do que na França. Mas por que diabo os franceses foram brutais com os protestantes? Porque os holandeses se engajaram demasiado no comércio, sendo que os Países Baixos eram uma das regiões mais desenvolvidas do ponto de vista manufatureiro durante a Baixa Idade Média? São questões que ficam fora da teoria, naturalmente; mas assim também não se aproximam as visões do historiador e do economista.

Por que, finalmente, pergunta-se Rostow, não foram os Estados Unidos que tomaram a dianteira no primeiro "arranco"?[15] Embora o contrário é que fora de estranhar, pois que de colônias se tratava, a indagação é feita. É que, responde o autor, a atração de terras abundantes e férteis não era de molde a canalizar recursos, talentos e energia para a indústria. E mais, *en passant*, "até certo ponto, a política mercantilista imposta pelos britânicos às colônias pode ter retardado um pouco as pré-condições".[16] Ora, bem: e essa mesma política mercantilista não terá favorecido *ipso facto* a Inglaterra? Mas esta última pergunta Rostow não se faz.

E não questiona, porque acredita que as colônias eram estabelecidas "para encher um vazio"[17] no quadro da competição entre os Estados nacionais em formação; que o comércio normal seria para as potências europeias menos caro e, pois, mais vantajoso do que o comércio colonial, que era estabelecido em virtude da natureza intrinsecamente competitiva das potências. Logo: como as potências da Época Moderna competiam permanentemente entre si, optavam pela montagem de um Sistema Colonial e desvantajoso, e

---

[13] W. W. Rostow, *Etapas do desenvolvimento econômico: um manifesto não-comunista*, op. cit., p. 52.

[14] *Idem, ibidem.*

[15] *Idem, ibidem*, p. 53.

[16] *Idem, ibidem.*

[17] *Idem, ibidem*, pp. 147 ss.

ainda lutavam para participar mais intensamente dessa antieconômica exploração, com o fito decerto de, na arena internacional, colocarem-se na pior posição possível... Com o que, só falta Rostow concluir que o mercantilismo inglês aplicado às colônias conseguiu a maravilha de retardar as condições de desenvolvimento tanto das colônias como da própria Inglaterra!

Mas, se não quisermos que a razão entre definitivamente em férias, é preciso dizer sem rebuços que tudo isso é de uma inconsistência inigualável. Nem é possível, em plena lucidez, ignorar o fato de a Inglaterra ser, a um só um tempo, a potência que leva de vencida a competição colonial e a nação que primeiro amadurece para o industrialismo; que essa simultaneidade não pode ser insignificante é algo que entra pelos olhos com uma clareza solar. Convergem, nos anos sessenta do século XVIII, a consolidação da preponderância inglesa e a abertura da chamada revolução industrial, e isso evidentemente não é nenhum acidente estatístico.

Efetivamente, o *Antigo Sistema Colonial* da época mercantilista, quando analisado não isoladamente, mas na estrutura mais ampla de que faz parte, isto é, o Antigo Regime, e articulado com os mecanismos do capitalismo comercial e com os demais componentes da política econômica do mercantilismo, revela a sua natureza intrínseca de ferramenta de aceleração da acumulação por parte das camadas empresariais do período — a burguesia mercantil europeia.[18] A história da colonização moderna e da montagem do Sistema Colonial indicam no mesmo sentido: a expansão comercial que marca a abertura dos Tempos Modernos correspondeu a estímulos de desenvolvimento da economia mercantil europeia, e elaborou-se como forma de superação das crises do fim da Idade Média.[19] A maneira como se organiza o comércio ultramarino e depois a exploração colonial por meio do *exclusivo* metropolitano do comércio das colônias articula-se perfeitamente dentro desse quadro estrutural. A própria forma de produção escravista — ou pelo menos com graus variados de compulsão do trabalho — que se estabelece nas economias

---

[18] Em trabalho anterior, tentamos esta análise (cf. Fernando A. Novais, "Colonização e Sistema Colonial: discussão de conceitos e perspectiva histórica", *Anais do IV Simpósio dos Professores Universitários de História*, São Paulo, 1969, pp. 243-68 [neste volume, pp. 24-46]).

[19] Vitorino Magalhães Godinho. "Création et dynamisme économique du monde atlantique (1420-1670)", *Annales. Économies, Societés, Civilizations*, ano V, Paris, 1950, pp. 32 ss.

coloniais só se torna inteligível nesse contexto. Tanto no plano *genético* (os fatores e o desenvolvimento da expansão) como no *estrutural* (relações da colonização com o capitalismo comercial) a natureza do Sistema Colonial se revela, e a História (isto é, o estudo verdadeiramente compreensivo) do processo da colonização dos séculos XVI, XVII e XVIII teria de empreender uma análise *ao mesmo tempo* genética e estrutural.

É no regime do comércio colonial — chamado comumente "monopólio", denominação imprecisa a que preferimos o termo da própria época, isto é, "exclusivo" — que se consubstanciam os mecanismos por meio dos quais as colônias preenchiam sua função no sistema, acelerando a capitalização nas metrópoles. Detendo a exclusividade da compra dos produtos coloniais, os mercadores metropolitanos podiam deprimir seus preços (situavam-se numa posição de "oligopsônio"), para revendê-los na Europa a preços de mercado, obtendo assim superlucros; sendo também os únicos abastecedores dos mercados coloniais ("oligopólio"), podiam vendê-los também com altos lucros, tendo-os obtido a preço de mercado na Europa. Destarte, formava-se um fluxo de renda líquida das economias coloniais periféricas para as centrais metropolitanas. É claro que a rigidez do "exclusivo" variou no tempo e no espaço durante a Época Moderna, mas o mecanismo básico não mudou. Se uma metrópole concedia licenças a mercadores estrangeiros, estava simplesmente transferindo essas vantagens para outrem em troca de proteção política, por exemplo. Também é esse mecanismo básico gerador de superlucros que tornava desejável o contrabando, apesar dos enormes riscos. Licenças e contrabando na realidade não anulam o mecanismo fundamental da exploração ultramarina; do ponto de vista das colônias, a diferença não era substancial.

Das economias coloniais periféricas para a economia central europeia, durante os séculos da Época Moderna, esses mecanismos do Sistema Colonial operaram criando estímulos ao desenvolvimento da Europa. Seu funcionamento se dava, é claro, no conjunto do sistema, por meio do qual a economia central era estimulada pelas periféricas; a apropriação desses estímulos, a assimilação dessas vantagens, contudo, faziam objeto de intensa disputa política entre as potências do Velho Mundo. No conjunto do período, entretanto, é a Inglaterra que vai vencendo a concorrência colonial, para situar-se, enfim, em posição hegemônica. Sabe-se da penetração inglesa nos mercados coloniais de Portugal e Espanha, seja pelas vantagens conseguidas nas metrópoles (tratados comerciais etc.), seja pelo contrabando; igualmente desaloja as rivais, primeiro a Holanda (Províncias Unidas dos Países Baixos), depois finalmente a França, derrotada na Guerra dos Sete Anos. A paz de Paris (1763) marca a consolidação da preponderância inglesa e é contemporânea das primeiras manifestações significativas da Revolução Industrial.

Não era, pois, casual a convergência das datas. Os estímulos do Sistema Colonial faziam sentir-se com mais intensidade na potência que dominava de uma ou outra forma os mercados coloniais. Tais estímulos eram particularmente operantes para fomentar a mecanização da produção — nervo da primeira Revolução Industrial. De um lado, acelerando a acumulação de capitais por parte das camadas empresariais, de outro, ampliando o mercado de produtos manufaturados: atuava, portanto, dos dois lados do processo de desenvolvimento, isto é, simultaneamente do lado da *oferta* e do lado da *procura* dos produtos industriais. Com efeito, ao ampliar o mercado desses produtos gerava condições de *necessidade* de se potencializar a produtividade para atender a crescente demanda; promovendo a acumulação, engendrava a *possibilidade* de investimentos reprodutivos em escala mais elevada. É pois impossível não ver no funcionamento do Sistema Colonial uma peça essencial na criação das precondições do primeiro industrialismo. Não queremos evidentemente dizer que a exploração colonial foi o único motor da Revolução Industrial, mas certamente foi um fator importantíssimo; sobretudo para se compreender a prioridade da Inglaterra terá sido decisivo.

Ignorá-lo é deformar a realidade histórica, e tal ocorre nas páginas de Walt W. Rostow em função do modo como concebe a "sociedade tradicional". Ao plasmar num mesmo modelo as situações mais díspares, as mais antagônicas, escapam-lhe necessariamente os elementos mais importantes para explicar a primeira Revolução Industrial, isto é, o primeiro "arranco". Já o notou o historiador Pierre Vilar, na crítica contundente a que submeteu a teoria das etapas:[20] a ideia rostowiana de "sociedade tradicional" não é constituída a partir de análises concretas, mas montada como o inverso da socie-

---

[20] Pierre Vilar, *Crecimiento y Desarrollo: Economia y Historia. Reflexiones sobre el Caso Español*, Barcelona, Ariel, 1964 (ver capítulo "Desarrollo económico y progreso social: las etapas y los critérios").

dade industrial; assim nem chega a ser um modelo, é antes um "clichê negativo", diz-nos o que a sociedade tradicional não é, e não o que ela é.

São por outro lado graves as implicações dessa crítica, pois trata-se de situações fundamentalmente distintas: um país ou uma região "arrancar" para o industrialismo no quadro geral de economias pré-industriais, e conseguir um país industrializar-se no quadro internacional já definido pela economia capitalista desenvolvida. Assim, a noção rostowiana de "sociedade tradicional" nada nos aclara sobre a situação de subdesenvolvimento, em cuja raiz, precisamente, se encontram os mecanismos do Sistema Colonial em suas várias etapas.[21] *Subdesenvolvimento*, como evidenciaram as análises de Paul Baran ou dos economistas "cepalinos",[22] significa basicamente atraso econômico nos quadros do desenvolvimento industrial contemporâneo. Daí também o já citado Vilar sugerir a distinção entre "pré-desenvolvimento", isto é, a situação anterior à Revolução Industrial, e "subdesenvolvimento", ou seja, a posição dos países atrasados na esteira do industrialismo de nossos dias.

O estudo da história da expansão colonial e do Sistema Colonial, se conduzido de maneira verdadeiramente explicativa dos mecanismos estruturais desse longo processo, poderia conduzir à definição de posições bem demarcadas em face do desenvolvimento, a partir das quais se poderia repensar a teoria. Assim, países que tiveram colônias, isto é, que puderam contar, na fase de criação das condições para a industrialização, com os estímulos da exploração colonial; países (como a Índia, por exemplo, que serve de base à maior parte das reflexões de Baran) que sofreram o impacto da exploração colonial; países que se formaram nos quadros do Sistema Colonial, como o Brasil; países, enfim, que não foram colonizadores nem colonizados demarcam posições fundamentalmente distintas diante do desenvolvimento econômico. Cada uma dessas posições teria naturalmente de ser matizada, dependendo do grau de impacto do Sistema Colonial, das suas fases e da posição

---

[21] Paul A. Baran, *A economia política do desenvolvimento econômico*, Rio de Janeiro, Zahar, 1960, pp. 158 ss.

[22] Gunnar Myrdal, *Teoria econômica e regiões subdesenvolvidas*, Rio de Janeiro, ISEB, 1960; Raúl Prebisch, *Hacia una Dinámica del Desarrollo Latinoamericano*, México, Fondo de Cultura Económica, 1963; Celso Furtado, *Desenvolvimento e subdesenvolvimento*, Rio de Janeiro, Fundo de Cultura, 1961.

da metrópole (por exemplo, a peculiaridade da relação Portugal-Brasil), e essa seria efetivamente a tarefa do historiador verdadeiramente empenhado em dar aos seus estudos um caráter de diálogo com os grandes problemas das ciências humanas de nosso tempo. Nessa perspectiva, parece-nos muito significativa a orientação dos sociólogos latino-americanos voltados para os problemas da sociologia do desenvolvimento.[23] O tipo de preocupação e a postura metodológica inerente a esses estudos abrem caminho para uma fecunda colaboração intelectual entre economistas, sociólogos e historiadores. A complexidade dos problemas abordados exige tal cooperação, que os anos vindouros, estamos certos, hão de presenciar.

---

[23] Fernando Henrique Cardoso e Enzo Faletto, *Dependência e desenvolvimento na América Latina*, Rio de Janeiro, Zahar, 1970.

A evolução da sociedade brasileira: alguns aspectos do processo histórico da formação social no Brasil[1]

Na organização deste painel, em que se apresentam comunicações discutindo o desenvolvimento das pesquisas científicas (em ciências exatas e humanas) e tecnológicas no Brasil, pareceu conveniente a presença de uma exposição sucinta sobre a "evolução da sociedade brasileira", com vistas a possibilitar reflexões situando os avanços da ciência e da técnica do conhecimento científico no quadro mais geral da história do país. Entretanto, as dificuldades inerentes ao tema obrigam-nos a definir, preliminarmente, o âmbito de nossas indagações.

Tratar o tema proposto — evolução da sociedade brasileira —, nos limites de uma comunicação, envolve naturalmente problemas de grande complexidade, que devem ser enfrentados desde o início, para fixar com nitidez os objetivos a que visamos, bem como as limitações de que temos consciência. Em primeiro lugar, e obviamente, a sua extensão. Tal como se apresenta, implicaria a reconstituição do processo histórico da formação social do Brasil, demarcando as várias configurações nas diversas etapas, assim como os mecanismos de mudança de uma para outra, sem deixar de considerar as variações regionais que acompanham aquele processo e que ainda hoje se fazem notar. Nas balizas de tempo e espaço disponíveis, tentar uma síntese dessa natureza seria condenar-se no melhor dos casos à superficialidade. Aliás, tal síntese pressuporia uma convergência de pontos de vista dos vários auto-

---

[1] Publicado originariamente em *Anais do Museu Paulista*, t. XXIX, São Paulo, 1979, pp. 51-63. Em versão inglesa, este texto foi apresentado como comunicação no painel Science and Tecnology in Brazil, do programa do Annual Meeting of the American Association for the Advancement of Science, Boston, fevereiro de 1976.

res que vêm se dedicando ao assunto, pois seria então possível procurar os denominadores comuns das múltiplas análises, que constituiriam, enfim, essa súmula. Não há, bem se vê, tal concordância, o que por si só exclui o projeto de uma reconstituição sintética.

Para além da extensão, o tema proposto apresenta-se de certo modo — permita-se-nos dizê-lo — impreciso. Deixando de lado as conotações possivelmente ambíguas de "evolução" (entendamos: "processo histórico"), será preciso qualificar o que se vai entender por "sociedade", sem entretanto abrir o debate praticamente ilimitado que este conceito pode comportar. Ao contrário do que poderia parecer, o adjetivo "brasileira" envolve também problemas de extrema dificuldade. A formação social que se estrutura dentro das fronteiras do Estado nacional brasileiro possuirá tal especificidade para se poder pensar num tipo particular? Ou, ao contrário, aquilo que tem de comum com outras formações sociais é mais significativo do que os elementos diferenciadores? Nem sempre se levam em conta as implicações mais remotas de uma expressão tão simples como "sociedade brasileira". É bem de ver-se que o exame seguro desse problema nos levaria à história social comparada, o que alargaria ainda mais a área de indagações.

Ora, um dos traços marcantes dos trabalhos mais significativos sobre a formação social do Brasil tem sido exatamente a dificuldade de apreender a sua especificidade; apercebidos, como não podia deixar de ser, com o aparato conceitual e metodológico dos vários domínios das Ciências Sociais, esses estudos se desenvolvem, tanto quanto somos capazes de assimilá-los em conjunto, numa tensão entre a tendência de apreender nosso processo histórico-social nas linhas mestras explicativas das análises clássicas e a percepção das peculiaridades que o afastam daqueles modelos. O esforço para superar o impasse tem sido muitas vezes expressado em formulações sempre matizadas pelos prefixos "pré", "semi", "sub" etc. Os avanços nesse sentido têm-se desenvolvido num paulatino e recorrente entrelaçamento entre os estudos gerais e as investigações monográficas, cujos resultados aos poucos se vão incorporando nesses estudos.

De qualquer modo, esse inter-relacionamento, em que ora as monografias infirmam os esquemas gerais, ora os embasam, e em que os esquemas mais amplos trazem a problemática para as investigações empíricas, não exclui as divergências de visão da sociedade que se vai formando no Brasil, a que acima nos referimos. E aqui tocamos num último, mas não menos importante, desses problemas preliminares. A consciência que uma sociedade tem de si mesma faz parte dessa formação social; tal autoconsciência expressa-se de alguma maneira em toda a produção cultural engendrada pelos agentes que a compõem, e também, portanto, na reflexão sociológica produzida no seu interior. Noutros termos, as várias linhas de explicação de nossa formação social, ou as várias visões da sociedade brasileira, teriam que ser pensadas e compreendidas como produtos de nossa vida social, ao mesmo tempo em que colocam a problemática para a sua análise. Esse, parece-nos, o mais seguro caminho para ultrapassar os impasses a que fizemos referência, e fazer avançar os estudos sobre nossa história social. Mas, naturalmente, também aqui não será preciso dizer das dificuldades da abordagem desse aspecto do tema.

Sumariamente esboçada, esta parece-nos a problemática fundamental do tema proposto. Diante das dificuldades apresentadas, como situar-nos? Excluída a hipótese da reconstituição sintética, ficaria o caminho do balanço bibliográfico, o qual deveria ser exaustivo, ou explicitar os critérios de seleção, e marcar as linhas de tendência. As dificuldades inerentes aos dois enfoques nos levaram a procurar uma terceira postura, isto é, escolher — com base por certo na bibliografia mais representativa, geral e monográfica — alguns temas que nos pareçam mais relevantes, discuti-los procurando articulá-los entre si, e, ao mesmo tempo, situá-los no processo histórico. As páginas que seguem, portanto, tentarão ser críticas, sem pretender ser exaustivas.

Se há divergências fundamentais quanto à natureza da sociedade brasileira, às características das camadas e dos grupos sociais etc., isto não impede evidentemente o reconhecimento de um ponto de partida comum: a formação "colonial". Cremos mesmo poder afirmar que este será talvez um dos poucos ou o único ponto de concordância unânime: todos estamos de acordo em que as feições hoje apresentadas pela sociedade no Brasil resultam de um processo de transformação, em cuja base subjaz algo um tanto vagamente descrito como "formação colonial". Tanto maior seja a ênfase dada no processo histórico imanente às configurações atuais para compreendê-las, tanto maior será a importância da compreensão do ponto de partida. É mesmo um dos exercícios mais presentes nos estudos econômicos e sociais dos países subdesenvolvidos, a anotação das "persistências" dos "traços coloniais".

Mas as concordâncias ficam por aí. Quando se procura verificar o que se está entendendo por "formação colonial", o que se observa é que o mais das vezes isto é um dado simplesmente cronológico: o que se passou entre o "descobrimento" e a independência. Em raros trabalhos — em Florestan Fernandes, por exemplo — se procura a especificidade da "sociedade colonial".

O que, substantivamente, se retém das considerações sobre o período colonial é a escravidão. A escravatura, diz-se, é o "legado" da colonização, e o trabalho escravo é a marca decisiva de nossa formação social. Assim, imperceptivelmente, de "colonial" a ênfase se desloca para o "escravista": a ideia de legado, de herança, sem nada explicar, lança como que uma mácula sobre a colonização portuguesa. Ora, isso conflita com o fato de se ter mantido e mesmo acentuado o escravismo depois da ruptura do pacto colonial. Aceitando, pois, que o regime escravista de trabalho é o elemento que marca de cima a baixo o perfil da sociedade brasileira na sua primeira fase — isto é, a sociedade escravista como matriz —, importa questionar de início as relações entre escravismo e colonização.

Efetivamente, nos quadros da colonização da Época Moderna (séculos XVI, XVII e XVIII), o Brasil, como as Antilhas e o Old South, tipifica a *plantation*: grande propriedade, produção altamente especializada em produtos agrícolas tropicais e escravidão africana. Dada a importância, antes assinalada, da escravatura na estruturação da sociedade colonial, explicar a gênese do escravismo colonial moderno assume grande relevância, pois só assim se pode compreender a natureza do fenômeno.

Para tanto, em nosso entender, a primeira *démarche* deve ser encarar a colonização da Época Moderna na América (rigorosamente, só na América se pode falar de colonização nesse período) em conjunto; ora, já vimos que o Brasil se insere na larga faixa de domínio da escravidão africana. No polo oposto, as colônias inglesas setentrionais — a Nova Inglaterra — formam um núcleo excepcional, em que predomina o trabalho livre, de produtores independentes. Entre um e outro medeiam largas áreas em que dominam formas de trabalho servil e semisservil: *encomienda, mita, cuatequil, indentured* etc. Com exceção das colônias de povoamento, portanto, pode dizer-se que na América colonial dos Tempos Modernos predominam largas formas de trabalho compulsório — a compulsão do trabalho é o traço dominante, e o escravismo, a sua forma-limite. Há, pois, três dimensões do problema: o predomínio do trabalho compulsório (ou antes, a necessidade de compulsão do trabalho), a extensão da forma-limite (isto é, o escravismo) e a "preferência" pelo escravo africano. As três dimensões do mesmo problema estão evidentemente inter-relacionadas, mas a sua distinção analítica é essencial para uma compreensão mais abrangente do fenômeno — e isto nem sempre se tem levado em conta.

De fato, na imensa bibliografia sobre o tema da escravidão nas Américas — o escravismo é uma autêntica obsessão dos historiadores do Novo Mundo —, a maior parte dos trabalhos tem-se dedicado aos efeitos da instituição, sem questionar a sua gênese. Nos Estados Unidos, por exemplo, na esteira da obra de Tannenbaum, desenvolveu-se uma vigorosa corrente de história comparada da escravidão. Sem discutir as conclusões a que se tem chegado (ainda que alguns problemas tenham que ser retomados adiante), digamos que ela se concentra de preferência na forma que o fenômeno assumiu no século XIX, o que de certo modo se compreende, uma vez que é da desagregação do escravismo que resulta o perfil atual da sociedade. Ora, parece-nos que rediscutir a gênese permite reequacionar o problema dos desdobramentos posteriores, daí insistirmos nesse ponto.

Nesses trabalhos, quando muito, considera-se o escravismo colonial uma continuidade, uma ampliação do fenômeno já preexistente. Ao contrário, parece-nos que o escravismo na América colonial assume qualidades que lhe são próprias: não só é ampliado extraordinariamente, como também domina o sistema produtivo e dá forma à organização social. Mais ainda, a expansão do escravismo colonial coincide com o declínio, na Europa, das formas de trabalho compulsório e da emergência do trabalho livre: transita-se da servidão feudal para o salariato, passando-se pela predominância do produtor independente.

Nesse sentido, e procurando a conexão entre as tendências opostas do regime de trabalho no Velho e no Novo Mundo, Eric Williams, num livro clássico (*Capitalism & Slavery*, 1944), procurou a explicação do escravismo colonial como produto da formação do capitalismo. Sua análise, contudo, embora um marco decisivo nesses estudos, não ficou imune a algumas críticas procedentes. Em última instância (talvez por centrar sua análise nas Antilhas inglesas) sua explicação se fixa nas condições de abundância de terras e escassez de mão de obra para a produção mercantil nas colônias. Ora, o esquema explicativo pode ser recuperado se o inserirmos num quadro de mediações entre os elementos de determinação estrutural apontados pelo historiador antilhano. De um lado, o capitalismo, mas na sua fase de formação, isto é, quando ainda não está implantado como forma dominante de produção; contudo a acumulação se dá na órbita da circulação — trata-se de acumulação de capital comercial, uma das formas primitivas de acumulação. De outro lado, a produção colonial instalando-se para promover e fomentar essa forma de acumulação. Noutros termos, entre a produção colonial e a formação do capitalismo que a engendra, desenvolve-se um quadro estrutural de relações que articula as duas partes, qual seja, o Antigo Sistema Colonial do mercantilismo. Sistema colonial aparece, pois, como a mediação necessária.

Pensando nesses termos, isto é, dentro dos quadros do Sistema Colonial mercantilista, a análise de Williams readquire toda sua força explicativa: escassez de mão de obra e abundância de terras deixam de ser dados absolutos, relativizam-se; as condições dos "fatores" terra e mão de obra definem-se nos mecanismos do sistema, cujo sentido era organizar uma produção mercantil que promovesse a acumulação primitiva de capitais no conjunto das economias europeias. Se a dominação política da metrópole sobre a colônia era o pré-requisito, o "exclusivo" metropolitano era o mecanismo direto (por meio do comportamento dos preços) da acumulação de capital colonial: neste quadro, só a compulsão do trabalho poderia permitir o funcionamento do sistema. Na fase do pré-capitalismo europeu — também chamado, por alguns autores, capitalismo comercial —, os mecanismos de acumulação de capital comercial exigiam, nas áreas periféricas atingidas pelas relações mercantis, a acentuação das formas de trabalho compulsório. Nem é por outro motivo que se assiste, contemporaneamente, a essa mesma acentuação na Europa oriental: a chamada "segunda servidão feudal", como recentemente acentuou Wallerstein. Na realidade não foi uma revivescência do feudalismo, mas antes deve ser entendida nos mecanismos de acumulação do capital comercial dos centros dinâmicos do desenvolvimento, os países da Europa ocidental.

Assim entendido, ainda que muito esquematicamente, o trabalho compulsório no mundo colonial, a compreensão da incidência maior na sua forma-limite, o escravismo, e especialmente a escravização dos africanos apresentam ainda problemas extremamente difíceis: digamos apenas que o funcionamento do Sistema Colonial — voltado para a acumulação externa — requeria, simultaneamente, além da compulsão do trabalho um grau muito elevado de concentração da renda e que, das formas compulsórias de regime de trabalho, o escravismo é evidentemente a mais concentracionista. A escravização dos africanos, por outra parte, abria para os mercadores metropolitanos europeus a larga faixa de atividades mercantis do tráfico negreiro, o que ampliava a acumulação, ao mesmo tempo em que reforçava o controle da colônia pela metrópole.

A escravidão africana e o tráfico negreiro, portanto, somente podem-se entender gerados nas determinações do Sistema Colonial, isto é, nos mecanismos de acumulação do capital comercial prevalecente na Europa durante a transição para o capitalismo moderno. São, a nosso ver, de suma importância as implicações desta constatação. Basicamente, significa que a economia escravista colonial forma um todo integrado no sistema de colonização, ou seja, o escravismo é parte desse conjunto, e só se explicita nele. Como decorrência, o escravismo posterior ao período colonial articula-se num outro esquema, mudando de sentido e função: daí não se poder analisar com as mesmas categorias os dois momentos do escravismo moderno, e esta tem sido uma das fraquezas dos melhores estudos sobre o assunto.

Economia colonial, assim, assume uma especificidade decisiva: *mercantil, escravista* e *com acumulação externa* — os três componentes estruturais se interdependem, são igualmente importantes, e é a dinâmica do todo que se tem de apreender. A alteração de qualquer dos componentes redefine necessariamente o conjunto, que além disso deve ser pensado sempre como parte da estrutura mais global do capitalismo mercantil em transição para o industrial. Acumulação externa implica permanente carência de capitais, o que somado ao bloqueio que o trabalho escravo impõe ao desenvolvimento das técnicas produtivas, resulta no baixo nível tecnológico da vida econômica colonial. Daí o crescimento puramente extensivo, isto é, praticamente sem alteração da composição dos fatores produtivos, que a caracteriza. Por outro lado, o aspecto mercantil-escravista envolve uma contradição, pois ao mesmo tempo se expande a produção para o mercado externo e se amplia a faixa de produção fora do mercado, para subsistência dos escravos.

Essa mesma especificidade tinha de refletir-se na sociedade que se organizou no mundo escravista colonial. "Sociedade colonial" não deve pois entender-se como um dado meramente cronológico, mas como uma formação social específica. Se assumirmos, como assumimos no início dessas considerações, acompanhando o denominador comum dos estudos, que a escravidão é a marca fundamental da sociedade de que derivou a moderna sociedade brasileira, segue-se que aquela especificidade deve ser postulada. Examinemos mais de perto este ponto.

Retomemos o andamento dessas considerações. Assumimos, com a quase totalidade dos estudos nesse campo, a afirmação de que a escravidão forma a base da primeira formação social no Brasil, ponto de partida para os desenvolvimentos posteriores. Contudo, questionando a gênese e a natureza do escravismo moderno, tentamos avançar na configuração da especificidade da economia colonial nos quadros do sistema de colonização do mercantilismo. Daí a distinção entre as duas fases do escravismo, no âmbito do Sistema Colonial e fora dele, o que nos afasta de certo modo das análises correntes. Se retornarmos agora ao ponto de partida, poderemos também rediscutir a especificidade da formação social da colônia. Mas isso pressupõe a explicitação do enfoque, pelo menos em suas linhas mais gerais.

Quando falamos em "formação social" da colônia, já estamos optando por uma certa abordagem no estudo de uma "sociedade". Ainda que este se possa proceder de diversos modos, e a Sociologia moderna aí está para ilustrá-lo abundantemente, parece legítimo postular que o essencial se refere à forma de articulação das camadas e dos grupos sociais, e é a essa "forma de articulação" que se pode denominar "formação social". Isso porque é a articulação das partes ou antes a estruturação dos elementos que define a natureza desses mesmos elementos. Uma camada social só se define em relação a outra ou outras — é a relação que importa. Portanto, a maneira mais abrangente de estudar uma determinada sociedade, uma formação social concreta, parece ser detectar o princípio de estratificação das várias camadas sociais que a compõem; a maneira como se organizam os grupos, como se comportam os agentes etc., começa a se tornar compreensível a partir daí.

Torna-se, agora, clara a importância decisiva da escravidão: ela foi o princípio de estratificação na formação social da colônia. Não o único, já se vê, mas certamente o mais importante. Na medida mesma em que se forma, a sociedade colonial se cliva entre os possuidores (senhores) e os possuídos (escravos), e nenhuma confusão é possível entre os dois grupos, a mobilidade entre um e o outro é praticamente irrelevante. Não é difícil perceber que as decorrências desse elemento fundamental se fazem em todas as direções.

Exemplo dessas decorrências é a forma que assume a família nas condições da sociedade escravista colonial: à produção escravista mercantil associa-se a grande propriedade fundiária; daí a forma da grande família patriarcal de que se revestem as relações familiares na sociedade da colônia. A organização da família patriarcal entende-se, pois, nos quadros da sociedade escravista e não o contrário, isto é, pretender ver-se o escravismo a partir da família patriarcal: esta a perspectiva que informa, como se sabe, a análise tantas vezes celebrada de *Casa-grande & senzala*. Visto nesse enfoque, o escravismo foi descrito sobretudo na sua vertente doméstica, e o que se destacou nas relações senhor-escravo foram principalmente as "áreas de amaciamento", as formas de aproximação. Tais aspectos, tantas vezes enfatizados, não são de forma alguma irreais, nem mesmo irrelevantes, mas não são essenciais. Mais ainda, o prestígio da obra acabou por ter repercussões mais longínquas: na historiografia comparada da escravidão, tão em voga nos Estados Unidos, acabou por fixar-se uma imagem de um escravismo menos violento dos países ibéricos, contrapondo-se à escravidão do Old South. No Brasil, a imagem fixada parece ter alguma responsabilidade na ausência até há pouco tempo de estudos sobre a rebeldia negra, que só recentemente começam a rever o problema.

Fechado o parêntese, retomemos o perfil da formação social da colônia. Centrada na escravidão, a sociedade polariza-se em duas camadas básicas: os senhores e os escravos. Juridicamente separadas, parecem compor uma formação social que se aproxima do tipo estamental, pois a mobilidade é mínima entre as camadas básicas. É bem de ver-se que a camada dominante de colonos tendeu a representar-se a si própria como uma camada senhorial — seus valores são os da nobreza tradicional; o afidalgamento, seu objetivo. Isso reflete-se nos textos coevos, e muito da bibliografia que reconstitui a história da sociedade colonial incorpora essa visão: os colonos são, assim, considerados uma autêntica "aristocracia rural". Entretanto, uma análise que procure ultrapassar a letra da documentação não pode se limitar a esse autorretrato. Na realidade, o colono, como possuidor de escravos, assume uma feição senhorial, e, ao mesmo tempo, tem de permanentemente se defrontar com o mercado. Vive, ao contrário da autêntica nobreza senhorial, diretamente ligado ao mundo da produção; seu *status* depende da circulação de mercadorias — venda dos produtos coloniais, compra dos produtos metropolitanos. Flutuações dos preços, métodos de produção, nível de custos, tudo isso faz necessariamente parte de seu horizonte de vida. Trata-se, pois, também, de um empresário.

O importante a fixar é que o colono era, ao mesmo tempo, as duas coisas, ou tinha as duas faces: senhor e empresário. E aqui caberia observar que as análises correntes enfatizam ora uma, ora outra face do mesmo personagem. De um lado, na tradição de Gilberto Freyre e Oliveira Vianna, a sociedade é vista em conjunto como senhorial (patriarcal, estamental etc.), e a camada dominante, como uma nobreza; de outro, nas histórias econômicas, por exemplo, ou em certos estudos monográficos, ele (o colono) é visto como empresário, e a sociedade, como burguesa. Num e noutro caso defrontam-se dificuldades para entender empresários que não conseguem racionalizar o processo econômico, ou nobres tão vivamente empenhados no lucro. Sem pretender resolver o impasse, talvez não seja pequeno avanço insistir na articulação simultânea das duas faces: na própria aquisição das condições de estilo senhorial o colono já se defronta com o mercado; sendo o escravo uma mercadoria, a sua obtenção se dá na órbita da circulação. Assim, se a posse de escravos era critério de *status* e possibilidade de estilo senhorial de vida, a sua aquisição envolvia penetrar no mundo das relações mercantis: as duas faces são, pois, como o anverso e o reverso da mesma moeda, e esta nos parece uma peculiaridade da formação social da colônia.

Estudos recentes, com base na documentação inquisitorial, têm revelado uma grande mobilidade no interior da camada dominante de colonos, o que discrepa da versão de uma aristocracia rural. Ao contrário, no polo oposto, a camada escrava parece refletir a imagem da fixidez. Estudos estatísticos começam a revelar as flutuações das alforrias, mas parece-nos que ainda são insuficientes para alterar a visão da camada escrava. Aqui, mobilidade significava, de fato, negação radical da ordem colonial: a fuga, o quilombo, o aborto, o suicídio. São temas que agora começam a atrair a atenção dos estudiosos. Falamos em geral; é claro que em determinadas situações tais condições podiam se alterar: nas minas, por exemplo, pelo menos na fase inicial, parece que a mobilidade foi intensa, mas tendeu depois à estabilização.

Entre os dois polos, toda uma camada intermediária, pouco definida e sem unidade, desenvolvia-se. De qualquer modo, pode-se discriminar setores nesse conjunto: a população das áreas de economia de subsistência, onde dominava a pequena propriedade, ou a pequena posse; os lavradores agregados; e, com a urbanização, uma crescente plebe urbana. Direta ou indiretamente, essas camadas dependem das duas traves mestras do sistema social. Nas épocas de prosperidade da economia de exportação, elevava-se o nível de renda do setor de subsistência, que podia escoar seus produtos para o setor exportador; ao contrário, nas épocas de retração, tendiam a regredir a baixos níveis de atividade. Infelizmente, a análise dessas camadas intermediárias pouco atraíram a atenção dos estudiosos. Um setor, entretanto, desfrutava de um alto grau de autonomia em relação às camadas dominantes — a burocracia vinculada à dominação metropolitana. Agentes do Estado, encarnando a dominação, dependiam da Coroa; aqui contamos com estudos mais aprofundados, como os dos brasilianistas Daurill Alden e Stuart Schwartz. E com isto tocamos num ponto de suma importância: a preeminência do Estado na sociedade colonial, desde o início.

É preciso, com efeito, reter essa preeminência do Estado na ordem social da Colônia, já apontada desde 1958 num ensaio justamente famoso de Raymundo Faoro: a sociedade colonial se engendra, desde o povoamento inicial, sob a égide e dentro dos quadros preexistentes da monarquia absolutista portuguesa. E a importância desse fato se revela quando tentamos passar da análise da estrutura da sociedade colonial para a análise do processo de mudança que lhe é imanente, pois nesse nível toda mudança passa pelo político.

Apreender a dinâmica da sociedade colonial, efetivamente, implica retomar as conexões antes apontadas da parte com o todo, isto é, da expansão colonial com o capitalismo emergente. Noutros termos: a crise do Antigo Sistema Colonial. No seu nível mais profundo, e sinteticamente, a exploração das colônias, promovendo a acumulação de capitais nas metrópoles europeias, contribuía para a formação dos requisitos na passagem para o capitalismo industrial, mas, reversivamente, o industrialismo moderno envolvia um novo sistema, incompatível com o Antigo Sistema Colonial. O exclusivo do comércio, o tráfico e o escravismo, de alavancas da acumulação primitiva se metamorfoseiam em empecilhos da acumulação propriamente capitalista. Este o mecanismo de base das tensões que levaram, a partir da segunda metade do século XVIII em diante, ao movimento de independência das colônias americanas.

Mas, se quisermos, de algum modo, acompanhar o processo, não nos podemos restringir a esse mecanismo de base. Impossível explorar a colônia sem desenvolvê-la, ainda que de modo extensivo. O desenvolvimento da área da produção colonial se fazia acompanhar pela intensificação do aprovisionamento de escravos, com o perigo de desequilibrar demasiadamente a população em favor dos mancípios. Ao contrário da visão patriarcal e estável, a sociedade colonial convive com a permanente tensão senhor-escravo. Por outro lado, o próprio "desenvolvimento", a expansão da exploração colonial, tende a complicar o sistema social: os serviços portuários dão lugar a uma nascente urbanização, a administração torna-se mais complexa etc. Quando começam a operar as tensões mais profundas a que nos referimos anteriormente, as fricções tendem a assumir um caráter político, isto é, a questionar o esquema de poder. Neste plano, duas são as tensões básicas: uma opõe escravos a senhores, outra, a colônia à metrópole. A camada dominante, naturalmente, tende paulatinamente a assumir a segunda, que engloba a colônia como uma unidade, fazendo confundir seus interesses com os da população. Assim, no nível ideológico, começa a caminhar o projeto de nação independente. Notemos que a própria condição de senhores de escravos impede a camada dominante — enquanto classe — de assumir uma consciência política que negue sua base de sustentação, o escravismo.

Além disso, no quadro geral do Sistema Colonial em conjunto, ou seja, articulado com o capitalismo europeu emergente, a crise estrutural, na medida em que implica a impossibilidade de persistência da ordem colonial, abre a possibilidade do predomínio, no encaminhamento do processo, de uma das tensões indicadas, ou de composições entre elas. Não há deduzir-se, anacronicamente, da implantação final do projeto da camada dominante, que a sua vitória estava inscrita nas determinações do sistema. A história da crise e superação do Antigo Sistema Colonial, o encaminhamento político por intermédio da independência, apresenta um leque de alternativas, desde a revolução dos escravos em Santo Domingo até as formas em que se preserva o escravismo, como no Brasil e nos Estados Unidos.

Deixando de lado os aspectos conjunturais desse processo no Brasil — a vinda da corte bragantina para a América Portuguesa —, convém reter dois aspectos indicados anteriormente para fixar o essencial da transição em que se cria o Estado nacional: a preeminência do Estado na sociedade colonial e a posição da camada dominante, cuja consciência de classe precisa conciliar a ruptura do pacto colonial com a preservação do escravismo. Este o quadro em que se desenrola tortuosamente o encaminhamento do processo político, e que aqui, infelizmente, só podemos caracterizar na sua configuração terminal. De fato, o processo de independência que — como ficou estabelecido desde *Evolução política do Brasil*, de Caio Prado Jr. — se inicia com a abertura dos portos (1808) e só se encerra com a contenção dos movimentos revolucionários do período regencial, significou, no fundo, a ocupação do aparelho de Estado pela antiga camada dominante de colonos, o que não significou a constituição de um Estado tipicamente burguês; dadas as características estruturais e o horizonte político dessa mesma camada, a posição do Estado como elemento decisivo (e as peculiaridades da burocracia nesse contexto) ficam preservadas.

Analisados, pois, do ângulo da desagregação do Antigo Sistema Colonial, os anos 1808 (abertura dos portos), 1822 (Independência), 1850 (supressão do tráfico) e 1888 (abolição da escravidão) são os marcos fundamentais do processo. Mas, exatamente porque a configuração anterior tinha sido entendida como um sistema, isto é, como um todo estruturado e interdependente, a supressão de um componente já envolve a reestruturação dos demais num novo contexto. Basicamente, a formação social-escravista do Brasil insere-se agora nos movimentos do capitalismo industrial: a acomodação continua contraditória; a parte e o todo se opõem e ao mesmo tempo se compõem. O Estado nacional cria as primeiras condições para a tendência à internalização da acumulação. Numa primeira fase, intensifica-se o tráfico negreiro e, pois, o caráter escravista da sociedade. A acomodação das forças sociais encaminha o fortalecimento do poder central expresso no centralismo do Império e no poder Moderador do Imperador.

A expansão da economia exportadora — o café —, ao mesmo tempo que desloca o eixo geográfico do sistema, acentua as disparidades regionais. Por outro lado, crescem as "camadas médias", mas nada têm a ver com o que normalmente se entende por "classe média". Tratava-se de "homens livres e pobres" nos poros da sociedade, e submetidos às balizas da ordem escravista.

Essa caracterização dos "homens livres na ordem escravista" é fundamental para se entender a transição da "economia nacional escravista exportadora" para a "economia capitalista exportadora" (para usarmos as denominações e seguirmos a análise de João Manuel Cardoso de Melo), que constitui a mudança de estrutura fundamental do século XIX brasileiro. Efetivamente, o "esgotamento" do escravismo só pode ser solucionado com a imigração da mão de obra livre: apesar da existência de força de trabalho desprovida de meios de produção não se constituía em oferta de mão de obra assalariada.

Entre a economia e a sociedade inseridas no Antigo Sistema Colonial e a economia de tipo capitalista e a sociedade de tipo burguês (porque fundados no trabalho assalariado) medeia, na primeira parte do século XIX, essa segunda fase do escravismo, liberto das peias do Antigo Sistema Colonial e enquadrado nas linhas do capitalismo industrial. A internalização tendencial da acumulação, expressa por exemplo no domínio do tráfico de escravos, era, ao mesmo tempo, condição da nova configuração definida pelo capitalismo industrial (pois que não prescindia da superação do pacto colonial) e a ela se opõe, na medida em que abre caminho para uma certa autonomia nas decisões. Daí as tensões que se concentraram exatamente em torno do tráfico, suprimido, enfim, em 1850, por pressão da Inglaterra. Num plano mais geral, o impacto do capitalismo industrial desenvolve-se em todas as direções — a "modernização", na expressão de Richard Graham, que analisou o fenômeno —, no sentido de criar as condições de adequação dessa parte do sistema (economia e sociedade brasileira) ao todo do sistema: condições, em última instância, de realização do capital industrial em escala mundial.

A supressão do tráfico condenou o escravismo ao esgotamento, que se resolveu pela imigração da mão de obra europeia; mas, aqui, também esse encaminhamento significou a concretização de uma das possibilidades abertas pela crise da ordem escravista. O contraste da maneira pela qual se processou a destruição do escravismo no Brasil e nos Estados Unidos tem chamado a atenção dos estudiosos: Eugene Genovese apontou (cf. *The World the Slaveholders Made*, 1971) as diferenças de mentalidade entre o Brasil e o Old South: à defesa envergonhada da escravidão como um mal necessário se contrapõe a afirmação categórica das excelências da ordem escravista.

Mas, se procurarmos as razões dessas diferenças, isto é, qual a base dessas duas posturas mentais, encaminhamo-nos para o fato de que, no Old South, o sistema adquiriu o grau máximo da autonomia com a "criação de escravos", que o independizava do tráfico: daí a sua resistência férrea. Assim, será talvez sugestivo pensar três momentos do escravismo: no Sistema Colonial, e dependendo do abastecimento pela metrópole, no Estado independente, e promovendo o seu próprio tráfico, e finalmente criando seus escravos. Cada momento tem suas peculiaridades, nem sempre levadas em conta.

Com a difusão do trabalho assalariado penetramos efetivamente noutro período: a economia e a sociedade assumem a forma capitalista e burguesa. Mas, ainda uma vez, com feições peculiares: a classe assalariada constitui-se com base na imigração, o que (não se afetando a camada de posses livres preexistente) preserva as antigas formas de dominação e controle político. De qualquer modo, o núcleo de mercado gerado pelo trabalho assalariado abre caminho para a incipiente industrialização.

Também aqui é possível discriminar fases: primeiro momento, o setor produtor de meios de produção é ausente. Assim, o setor industrial depende do agrário exportador, à medida que dele depende a importação de bens de capital. Na segunda fase, implanta-se a indústria de base, mas é estatal. Na terceira, atual, desenvolve-se a indústria pesada, mas quase sempre associada às multinacionais.

O desenvolvimento do operariado foi marcado, na primeira fase, pelo imigrante, daí o movimento operário assumir formas radicais, com predominância do anarquismo. Como resposta, a partir de 1930, assistimos ao seu enquadramento no sindicalismo estatal.

Por outro lado, nas condições e nas fases da industrialização — o que se articula com a dinâmica do capitalismo mundial na etapa monopolista —, o empresariado nunca assumiu uma plena consciência burguesa, dependendo do setor agrário exportador, escorado no Estado e acoplado ao capital estrangeiro; a acumulação capitalista nunca teve autonomia dos movimentos do capitalismo central. Se a isto juntarmos a acentuação das disparidades regionais, fica compreensível o contínuo reforço do poder do Estado e a acentuação do autoritarismo político do Brasil contemporâneo.

Também aqui, como nos períodos anteriores, o movimento real de constituição da formação social — isto é, da estratificação e da articulação das classes — só se pode apreender na tensão entre o geral e o particular, que constantemente se negam e integram-se: a dinâmica do capitalismo moderno e monopolista, integrando as antigas áreas coloniais nos circuitos da acumulação e as nações em desenvolvimento, posicionando-se nesse contexto. Daí a forma específica que assume nesses países — como o Brasil — a vida social, econômica e política: nos termos de Fernando Henrique Cardoso (cujas análises estão presentes em vários passos desta exposição), capitalismo dependente-associado.

Forma que vem assumindo sem que seja uma necessidade "natural"; a História viva é sempre a concretização de uma das possibilidades abertas pelos movimentos das estruturas.

Anotações sobre a vida cultural na época do Antigo Regime[1]

I

Incorrendo num lugar-comum, a primeira observação a se fazer para esboçar um quadro da vida intelectual da época do Antigo Regime europeu é assinalar a sua extraordinária riqueza. As designações consagradas de "Renascimento", "Barroco" e "Ilustração" permitem compreender a dificuldade de se escapar a essa platitude. A vitalidade espiritual expressa nesses movimentos culturais tem dado lugar a uma tão ampla bibliografia que não é fácil encontrar uma linha diretriz de sintetização. Nem é preciso aduzir que essa enorme massa de estudos está longe de se caracterizar pelo consenso. Ao contrário, acompanhando a variedade e a excelência da produção cultural da Época Moderna europeia, a historiografia tende a enfatizar ora um, ora

---

[1] Publicado originariamente na revista *Discurso*, nº 10, maio de 1979, pp. 49-59. São estas notas produto de uma situação didática: encarregados, nos últimos anos, de ministrar, na graduação de História, o curso de História Moderna Geral, defrontamo-nos com a dificuldade, talvez insuperável, de apresentar, em umas poucas aulas, uma síntese ordenada do extraordinário movimento intelectual do período. Na tentativa de dar um mínimo de ordenação ao tema é que fomos tomando esses apontamentos: primeiro, as dificuldades metodológicas de toda história da cultura que se questione sobre seu objeto; segundo, observações sobre a bibliografia referente à cultura intelectual dos Tempos Modernos, tão rica e variada, e por isso mesmo de difícil arrumação. Entre uma e outra parte, o único elo comum é o período histórico visado; mas é claro que os problemas metodológicos são gerais, e apenas a exemplificação referiu-se à cultura moderna. Também a segunda parte não tem a mínima pretensão de realizar o projeto indicado na primeira. Não aspira pois este texto a ser mais que provisórias reflexões no andamento de estudos em curso. Assim encaradas, estas notas poderão, talvez, ter algum interesse para o leitor.

outro aspecto como dominante, bem como desenvolver linhas divergentes de interpretação.

Apenas para exemplificar, temos a discussão em torno do que se deve entender por "Renascimento", conjunto largamente heterogêneo de produções culturais, que marca a abertura da Época Moderna, ou antes a transição da Idade Média para a Época Moderna. Desde a clássica *A cultura do Renascimento na Itália* (1860) de Jacob Burckhardt ("clássica" em todos os sentidos, pois o autor, como se sabe, era um apaixonado pelo classicismo) até as mais recentes sínteses de um Jean Delumeau[2] há toda uma apaixonante trajetória historiográfica a se acompanhar.[3] A simples delimitação cronológica da arte propriamente renascentista já envolve problemas que têm desafiado os especialistas. Os estudos de Alexandre Koyré,[4] doutra parte, abalaram a visão do racionalismo como traço caracterizador da cultura renascentista, ao acentuar o desenvolvimento da magia e da alquimia no mesmo período. No final da Época Moderna, as dificuldades de uma visão unitária da "Cultura das Luzes" foram indicadas recentemente por Peter Gay.[5]

Por outro lado, a sucessão — "Renascimento", "Barroco", "Ilustração" — simplifica enormemente a evolução cultural da Europa Moderna, quando consideramos as assincronias que se manifestam de uma para outra região, nos vários períodos; basta pensar nas dificuldades de um Arnold Hauser para enquadrar o classicismo francês do século XVII dentro dos parâmetros da época barroca.[6] Centros de irradiação e polos de recepção das formas de sensibilidade, persistências e recorrências de estilos, coexistências de formas tidas como contrastantes — tudo conduz a uma complexidade raramente igualada na história da cultura. Os vários setores da vida do espírito, além do

---

[2] Desde 1860, a obra de Burckhardt vem tendo inúmeras edições e traduções em todas as línguas cultas, inclusive o português. Jean Delumeau, *La Civilisation de la Renaissance*, Paris, Arthaud, 1967.

[3] Wallace K. Ferguson, *La Renaissance dans la Pensée Historique*, Paris, Payot, 1950.

[4] Alexandre Koyré, *Mystiques, Spirituels, Alchimistes du XVIe Siècle Allemand*, Paris, Armand Colin, 1955.

[5] Peter Gay, *The Enlightenment: an Interpretation*, Nova York, Alfred A. Knopf, 1966.

[6] Arnold Hauser, *Historia Social de la Literatura y del Arte*, Madri, Guadarrama, 1974, vol. 2, pp. 97 ss.

mais — artes plásticas, literatura, música, pensamento científico e filosófico, o conhecimento enfim —, não se desenvolvem no mesmo ritmo, acentuando as disparidades e dificultando a procura de coerência e inteligibilidade.

Se tentarmos, ainda, ultrapassar o nível da caracterização formal e da periodização, para procurar as conexões entre a vida da cultura e o movimento da sociedade, os problemas atingirão o seu ápice. Bastaria, como exemplo, nos domínios das artes plásticas, confrontar as formulações do já citado Hauser com as de Pierre Francastel:[7] ambos preocupados com as conexões entre arte e sociedade, buscando uma história social ou uma sociologia da arte, chegaram a cortes e articulações muito diferentes. Enquanto Hauser, apoiado na caracterização formal de Wölfflin, vê na arte barroca uma espécie de compensação da mentalidade cientificista triunfante no século XVII, para Francastel toda a pintura dos pré-renascentistas aos impressionistas forma uma unidade correspondente à visão racionalista do mundo, necessária à constituição da sociedade burguesa. Onde, pois, um vê corte significativo, outro não distingue senão flutuação conjuntural.

Tais observações preliminares são apresentadas não só para não escamotear as dificuldades, mas também, e sobretudo, para marcar claramente as limitações de toda tentativa nesse terreno. Em face delas, e para um primeiro "desmatamento", uma boa estratégia parece ser o esforço de organização, ainda que muito elementar, da bibliografia. Dispõe-se, em primeiro lugar, de uma ampla bibliografia que se poderia chamar setorial. Nas histórias das literaturas dos diversos países, por exemplo, o período em questão é quase sempre muito destacado: basta tomar qualquer história da literatura portuguesa, espanhola, francesa, italiana, inglesa etc. e verificar o destaque dado ao período renascentista. O mesmo em obras de cunho mais amplo, como nas histórias da literatura no Ocidente, ou nas histórias da pintura e das artes plásticas. Igualmente, as histórias da Filosofia, do pensamento político, ou econômico[8] caem normalmente nesta classificação. Setorial, porque to-

---

[7] Pierre Francastel, *Peinture et Société*, Paris, Gallimard, 1965.

[8] Exemplos: Émile Bréhier, *Historia de la Filosofía*, Buenos Aires, Sudamericana, 1956; Jean Touchard, *Historia de las Ideas Políticas*, Madri, Tecnos, 1972; George H. Sabine, *A History of Political Theory*, Nova York, Holt, Rinehart & Winston, 1961 (há traduções em espanhol e em português); René Gonnard, *Historia de Las Doctrinas Económicas*, Madri, Aguilar, 1968; Gide e Rist,

mam apenas um setor da produção cultural, podendo ser mais particular (num país, numa época) ou menos (no conjunto do Ocidente). Sem entrar na avaliação do mérito (às vezes excepcional) dessas obras, interessa-nos fixar aqui dois pontos de referência a respeito delas: primeiro, o formalismo que domina a maior parte (não, evidentemente, todas); segundo, o pressuposto de que se pode legitimamente (do ponto de vista metodológico) isolar um setor. Não é preciso dizer que os dois aspectos são interdependentes.

Vejamos: formalismo, porque domina a caracterização das formas e dos estilos na sua sucessão. Em alguns casos (em Wölfflin, desde logo) teoriza-se que as variações formais procedem de uma dialética que lhes é imanente, de tal arte que o "esgotamento" de um estilo dá lugar ao seu contrário: são os famosos cinco pares conceituais, opostos, que configurariam a forma clássica (linear, superficial, clara, fechada, vária) e a forma barroca (pictórica, profunda, obscura, aberta, unitária), em suma os *kunstgeschichtliche Grundbegriffe* wölfflinianos. É claro que muitas vezes não se pensa assim, e mesmo às vezes se tem posição claramente firmada de que o movimento dos estilos se liga a motivos extra-artísticos. Mas, ainda aí, o que se nota são no máximo algumas incursões para "situar" um conjunto de obras, selecionadas pelo critério formal. O exemplo mais claro é a organização das histórias da literatura: procede-se a uma periodização, de base estilística; dentro de cada período, há uma divisão em prosa de ficção, poesia, teatro; dentro de cada parte, os autores e suas obras; e um autor que escreveu nos vários gêneros aparece diversas vezes, como se se tratasse de uma personalidade dividida. Assim sendo, importa pouco que nas "introduções" de cada período se façam maiores ou menores referências à época, à situação histórica. Pode também ocorrer, e de fato ocorre, que na análise especial da produção de um autor específico, ou de uma de suas obras, depararemos com análises que extrapolem o formalismo. Este dominará sempre o conjunto, vinculado ao pressuposto da legitimidade da setorização. Atente-se bem: ao fazer uma história da literatura europeia (ou de um país) desde a Idade Média, o que se admite (consciente ou inconscientemente, queira-se ou não) é que a literatura se relaciona mais com ela

---

P. Hugon, E. Heimann, W. Barber (manuais). De maior interesse, indicamos Joseph Schumpeter, *History of Economic Analysis*, Londres, Oxford University Press, 1959; Eric Roll, *A History of Economic Thought*, Londres, Faber & Faber, 1938 (ambas traduzidas para o vernáculo).

própria nas várias épocas do que com as demais produções culturais no interior de uma mesma época. Não importa que poucos tenham a coerência de um Wölfflin para levar até o limite as implicações dessa postura.

Este ponto nos parece de tal modo decisivo que ainda vamos insistir. A mesma observação que exemplificamos com as histórias da literatura se pode estender aos demais setores. A quase totalidade das obras de história das artes plásticas tem o objetivo de caracterizar os estilos, e não mais. E o que é uma boa história da Filosofia, senão uma coleção de monografias sobre os grandes filósofos? Quais pensadores (deixemos de lado a distinção entre "filósofos" e "pensadores") entram, ou não, depende em suma das dimensões da obra, e até mesmo de problemas editoriais. Mais uma vez: não entra em jogo a excelência das análises internas de cada filósofo, nem mesmo se nessas análises particulares se tentam conexões e articulações de outra ordem, porque o que se discute nesse âmbito é o pressuposto geral. Também não questionemos a designação de "estruturalista" que Goldschmidt, um dos corifeus dessa historiografia filosófica *en France et a l'étranger*, dá a esse método de análise interna dos sistemas.[9] Nem será preciso repetir as mesmas observações e exemplos com histórias das teorias políticas, das doutrinas econômicas etc. É preciso ficar claro que tais obras prestam excelente serviço, são mesmo indispensáveis, na medida em que dão acesso a autores e teorias cuja complexidade extrema dificulta um contato direto e inicial com as grandes obras. Para além disso, e no mais das vezes — deixando de lado as já referidas "introduções históricas" (*sic*) —, o que domina é a ideia de que as doutrinas mudam à medida que uns autores discutem e contrariam, e refutam, os antecessores; daí a importância de se conhecer, para cada autor, suas influências, formação, idiossincrasias etc. Assim, criticando a ideia metalista, os economistas clássicos ingleses formularam a teoria do valor-trabalho, sobre cuja crítica se formulou a teoria marginalista, e assim por diante. É claro que há sempre uns recalcitrantes que teimam em destoar dessa linearidade, mas "as exceções confirmam a regra" como se diz em bom e pedestre empirismo. Note-se a correspondência entre essa maneira de ver (em história do conhecimento) e

---

[9] Victor Goldschmidt, "Tempo histórico e tempo lógico na interpretação dos sistemas filosóficos" (1953), in *A religião de Platão*, São Paulo, Difel, 1963, pp. 139-47.

a teoria de Wölfflin (em história da arte): a única diferença é que a teoria wölffliniana é mais sofisticada.

O essencial é o pressuposto da setorização legítima. Isto implica, reiteremos, que cada setor do mundo da cultura se relaciona mais consigo mesmo nas várias épocas sucessivas do que com os demais setores dentro de uma mesma época. Assim, a literatura clássica do Renascimento teria mais que ver com os cancioneiros medievais que a antecedem e com a prosa e poesia barroca que se lhe segue do que com o pensamento político de Maquiavel, que lhe é contemporâneo. E se poderiam multiplicar os exemplos. Sem entrar numa análise crítica dessa posição, basta-nos fixar as limitações a que ela própria se condena, e no limite o seu a-historicismo. É sabido que as limitações foram profundamente examinadas em *L'Archéologie du Savoir* (1969), de Michel Foucault, que propõe exatamente o contrário, isto é, a estruturação de todas (mediante, naturalmente, exemplos) as manifestações culturais nos vários setores, numa mesma época, para fazer avançar a história da cultura. Pouco nos importa também que esse autor insista em rejeitar o epíteto de "estruturalista", se as configurações culturais que concretamente estuda, centradas na categoria de *epistemé*, explicam-se nas suas articulações internas, e só nelas ganham inteligibilidade; e a passagem de uma para outra é puramente descritiva.

Pareceria, portanto, que à perspectiva setorizadora se associa a visão do processo histórico, enquanto a segunda postura implicaria a impossibilidade de entender as transformações da vida cultural. Entretanto, não é assim; basta observar que a *periodização*, no primeiro caso (chamemo-lo, por comodidade, historiografia tradicional da cultura, por setores), se funda em critérios formais (os estilos, em literatura; os sistemas, na filosofia etc.). Basta notar também que, no caso da história do pensamento científico nos diversos setores (por exemplo, as histórias do pensamento econômico) domina difusa porém fortemente a ideia de um progresso cumulativo do conhecimento, sendo as últimas teorias as mais próximas da verdade, o que contraria frontalmente a noção de unidade dos períodos históricos. Efetivamente, o que é um "período", uma "época"? Aqui reside o problema fundamental.

Fundamental, porque recoloca, no seu limite, a questão da setorização legítima. Pois as dificuldades nascem do fato de que, setorizando, é de certo modo possível (ou pelo menos aparentemente possível) encontrar critérios de periodização; mas os ritmos variam, e os períodos de um setor não acompanham os de outros. Não setorizando, isto é, tentando apanhar o conjunto — que é como se dá o curso dos acontecimentos na história —, parece impossível fixar critérios para os cortes temporais, critérios que atendam ao mesmo tempo a todos os setores. Ademais, as dificuldades, já de si enormes quando nos cingimos aos vários setores da vida cultural, tornam-se ainda muito maiores quando ultrapassamos esses limites, em busca de critérios periodizadores que permitam integrar o conjunto da realidade histórica, nas suas várias dimensões.

Mas, ao mesmo tempo em que as dificuldades crescem, paradoxalmente parecem despontar pistas para um possível reequacionamento. Retenhamos os pontos até aqui discutidos: os homens vivem, no curso da história, todas as dimensões da realidade, que a análise separa para tentar explicar. Na realidade objetiva, portanto, todas essas dimensões estão interligadas, e são interdependentes. Ao fixar determinada dimensão — a vida econômica, por exemplo, é até certo ponto possível, sob certas condições, estabelecer determinadas configurações (sistemas econômicos, tipos de economia etc.), que abrem caminho para uma periodização. O mesmo quando tratamos da vida social, política, ou das produções culturais. As várias periodizações, entretanto, não coincidem, uma vez que parecem obedecer a ritmos diferentes. Ficam justapostas, e não articuladas. Ora, sendo assim, o critério de *periodização global* não se poderia mesmo encontrar numa inexistente coincidência, mas exatamente na *forma de articulação*[10] que, em determinado tempo, integrasse os vários níveis, aparentemente desencontrados. Dessa forma, a persistência de determinada configuração setorial quando mudam os demais setores deixa de ser um problema insolúvel, na medida em que a mesma configuração muda de natureza quando se articula com novas configurações. A articulação, isto é, a totalidade, sobreleva e define as partes que a compõem. A contemporaneidade, isto é, a coincidência num mesmo tempo, marcaria a sim-

---

[10] Ver a proposta metodológica de Lucien Goldmann (*Le Dieu Caché*, 1955): do texto para a visão do mundo; da visão do mundo para a camada ou grupo social. É claro que, como todo esquema, simplifica a complexidade das articulações: cada um dos três elementos — texto, visão do mundo, camada social — deve ser matizado por novas mediações.

ples temporalidade; a articulação definiria a historicidade de qualquer segmento estudado.

Esse reequacionamento — entendido como um roteiro para indagações —, entretanto, é mais fácil de formular teoricamente do que realizar na prática do conhecimento. Em primeiro lugar, pressupõe estudos realizados nos vários setores, com a respectiva periodização; em segundo, as articulações parciais, para permitir a tentativa de globalização. Ainda aqui, e retomando a problemática inicial, a maior dificuldade parece sempre residir nas dimensões culturais da vida social. Nem seria de estranhar, dada a *função articuladora da inteligência* no conjunto.[11] Não admira, pois, que a tentativa de descrever de maneira compreensiva as manifestações principais das várias dimensões da realidade histórica na Época Moderna, na Europa e na Colônia portuguesa, que vimos apresentando, encontre neste ponto suas maiores resistências.

De qualquer modo, retomemos, para sintetizar, as considerações bibliográficas: 1) os estudos setoriais, com vários recortes, e maior ou menor formalismo; 2) monografias tópicas, com maiores ou menores indicações para marcar conexões com outros setores; 3) trabalhos especiais que já como tema se propõem o estabelecimento de uma outra conexão intersetorial; 4) tentativas de estruturação; 5) finalmente, análises que procuram compreender a vida espiritual como e enquanto produção ideológica.[12]

Rigorosamente, a análise do discurso ideológico pressupõe a ultrapassagem da setorização. Tratar a produção cultural como ideológica significa precisamente negar a legitimidade da setorização. O problema é que, no mais das vezes, as pretensas e afoitas análises ideológicas tentam articular determinada produção cultural particular e singular diretamente com os movi-

---

[11] Antonio Gramsci, *Gli Intellettuali e l'Organizzazione della Cultura*, Turim, Einaudi, 1966; Hughes Portelli, *Gramsci y el Bloque Historico*, México, Siglo XXI, 1974.

[12] No primeiro caso, as histórias da filosofia do pensamento econômico, do pensamento político, da literatura etc., já indicadas. No segundo, monografias como as de Henri Lefebvre (sobre Descartes) ou o livro de Ernst Cassirer sobre a Ilustração. No terceiro, trabalhos como o famoso ensaio de Weber sobre a ética protestante; Mandrou, sobre os processos de feitiçaria etc. No quarto, Michel Foucault, *Les Mots et les Choses* (1966). No quinto, desde *A ideologia alemã*, passando pelas obras de Lukács, Goldmann, até a densa produção da Escola de Frankfurt.

mentos da sociedade, quando não com os interesses de uma classe: os resultados costumam ser desastrosos. Na realidade, a estruturação deve preceder por alargamentos sucessivos,[13] nem se pode abandonar nenhuma mediação, mas aí precisamente enxameiam as dificuldades.

Embora, pois, a vida cultural dos séculos XVI, XVII e XVIII tenha dado lugar à extensa e rica bibliografia, tudo quanto se pode fazer são indicações no sentido de caracterizar as principais configurações, e apontar possíveis articulações.

II

A unidade do período parece confirmada pelas flutuações da vida espiritual. "Renascimento", na abertura, e "Ilustração", no encerramento, são dois movimentos culturais de cunho marcadamente crítico que estariam a indicar a contemporaneidade de fases de transição significativa. Entre um e outro, a consolidação ou a afirmação da cultura moderna: período aliás mais difícil de caracterizar, dada a multiplicidade de tendências. De um para outro, certas linhas de força que persistem, e marcam a continuidade, mas se articulando com os elementos de diferenciação, que atestam as rupturas.

No plano da continuidade, a laicização do pensamento, ou mais amplamente a dessacralização da mentalidade: o progressivo abandono da categoria de transcendência pela de imanência. Fixado esse núcleo como o nervo característico da vida cultural da Europa Moderna, poder-se-ia alargar o exame de vários setores a partir dessa problemática.

Assim, o cientificismo: desde as manifestações renascentistas, vinculadas por exemplo às descobertas marítimas, ou ligadas à pesquisa da anatomia para a pintura etc., até a consolidação no século XVII, com Galileu e Newton, já na passagem para o Setecentos. Poder-se-ia, doutra parte, alargando o âmbito das indagações, projetar a emergência e a consolidação da ciência moderna no quadro mais geral do racionalismo cientificista: passando-se da evolução das ciências, pelos problemas metodológicos que suscita, ao pensamen-

---

[13] Ver L. Goldmann, *Le Dieu Caché*, Paris, Gallimard, 1955; e *Recherches dialectiques*, Paris, Gallimard, 1959.

to filosófico, e com desdobramento no terreno das crenças religiosas e das práticas judiciárias. Uma série dos mais brilhantes trabalhos sobre a história cultural da modernidade entraria então em linha de apoio: aqueles que procuraram as conexões do racionalismo moderno com as necessidades práticas da burguesia na montagem do capitalismo. Mandrou,[14] por exemplo, na análise dos processos de feitiçaria na França no século XVII, que vai paulatinamente deixando de ser vista como crime; ou as indagações de Foucault sobre as relações entre a teoria do erro e a necessidade da "prova", no início do pensamento moderno, em suas relações com as práticas judiciárias.[15] No plano religioso entrariam em linha de conta os estudos sobre as adaptações da teologia católica às necessidades de aceitação do lucro e do juro,[16] ou, ainda mais, as conexões definitivamente estabelecidas por Weber entre a ética calvinista e o "espírito capitalista". Nesta pauta, poderia ser repensada a tormentosa história do jansenismo;[17] a tensão permanece e é recorrente na soteriologia cristã, entre a "graça" e as "obras". Para não falar nas configurações delimitadas por Foucault na *Histoire de la Folie à l'Âge Classique* (1961): o grande confinamento dos loucos, como o gesto da razão identificar-se consigo mesma, separando-se da não-razão. Num outro nível de mediação, as observações de um Mannheim, em certas passagens de *Ideologia e utopia* (1956), quando aponta, no início da Época Moderna, a perda de exclusividade intelectual do clero e a emergência do intelectual leigo (em ligação, entre outros fatores, com o desenvolvimento da imprensa como empresa) como base da laicização do pensamento.

É claro que, para integrarem-se no conjunto que se está buscando, esses trabalhos teriam de ser relidos na pauta da problemática acima esboçada; e

---

[14] Robert Mandrou, *Magistrats et Sorciers en France au XVIIe Siècle*, Paris, Plon, 1968.

[15] Michel Foucault, *A verdade e as formas jurídicas*, Rio de Janeiro, série Cadernos da PUC--RJ, nº 16, 1974.

[16] Richard H. Tawney, *Religion and the Rise of Capitalism*, Nova York, Harcourt, Brace & Co., 1926 (numerosas edições e traduções, inclusive para o português). Para obra mais geral a respeito, ver Bernard Groethuysen, *Los Orígenes del Espíritu Burgués en Francia*, trad. esp., Madri, Revista de Occidente, 1949.

[17] Para uma boa síntese, ver Jean Delumeau, *Le Catholicisme entre Luther et Voltaire*, Paris, PUF, 1971.

na medida em que muitos deles (sobretudo Weber, Foucault, Mannheim) desenvolvem, ao mesmo tempo, investigações particulares, e, à base delas, perspectivas metodológicas próprias, as dificuldades crescem. Mas, que fazer, se a história da cultura e da mentalidade não é domínio para quantitativismos singelos...

Pierre Deyon assinalou o papel do mercantilismo na laicização do pensamento econômico, desvinculando-o dos problemas éticos.[18] São raríssimas as histórias das ideias econômicas (como a de Eric Roll) em que não se apontem os "erros" mercantilistas; um bom trabalho seria criticar essa postura simplória, e indagar as razões de tais "erros". O livro, um pouco truculento, de Heckscher,[19] ajuda a dar uma certa ordem na literatura mercantilista. Essa desvinculação em relação à ética e à teologia, operou-a, no campo da política, Maquiavel; como nota Lefort,[20] nisso reside a fonte das duas linhas permanentes de indagações sobre o autor de *O príncipe*: de um lado, a literatura sobre o "maquiavelismo", pró ou contra; de outro, a constituição da ciência política, com objeto próprio.

A evolução das ideias políticas na Época Moderna, aliás, dá lugar a problemas peculiares: nenhum setor da produção cultural revela mais claramente sua natureza ideológica que o pensamento político, *ça va de soi*; difícil, sim, é demarcar o elemento comum na oposição contínua que os teóricos mantêm entre si. Talvez se pudesse acompanhar as vicissitudes da "teoria do contrato", desde os jesuítas espanhóis e os polemistas protestantes franceses no século XVI, passando pelos clássicos da revolução inglesa (Locke, especialmente), até Rousseau. A ideia do "contrato social" seria o terreno comum de entrecruzamento e oposições entre os vários teóricos.[21]

---

[18] Pierre Deyon, *Le Mercantilisme*, Paris, Flammarion, 1969 (há tradução para o português).

[19] Eli F. Heckscher, *La Época Mercantilista: Historia de la Organización y las Ideas Económicas desde el Final de la Edad Media hasta la Sociedad Liberal*, México, Fondo de Cultura Económica, 1943.

[20] Claude Lefort, *Le Travail de l'Oeuvre Machiavel*, Paris, Gallimard, 1972.

[21] Louis Althusser, *Montesquieu, la Politique et l'Histoire*, Paris, PUF, 1969, pp. 17-38. Vico e Montesquieu extrapolam esse terreno comum.

O terreno mais tumultuado, naturalmente, é o das artes: seria preciso partir de um levantamento ao mesmo tempo geográfico e cronológico dos estilos, para o que a bibliografia existente é exaustiva. Esse levantamento colocaria problemas, abrindo caminho para possíveis conexões, por exemplo entre o classicismo renascentista (valorização do equilíbrio e da norma) e a emergência do racionalismo moderno, em sua fase heroica. Mais difícil compreender a irrupção barroca — convivendo, aliás, com o classicismo, no século XVII — exatamente quando o empirismo se torna triunfante. Assim posto o problema, fica insatisfatória a correlação sugerida por Weisbach e retomada por Émile Mâle: o barroco como a arte pedagógica da Contrarreforma,[22] ou antes da Reforma Católica. Na literatura, um dos fios condutores poderia ser a emergência do romance, que explode no século XIX, mas que se vem lentamente gestando no período anterior: a decantação progressiva do herói solitário expressaria o nascimento e a consolidação do individualismo burguês. Mas não deixa de ser verdade que até certo ponto a suprema narrativa do período é um antirromance de um anti-herói: D. Quixote. Quanto mais geniais, as grandes obras resistem ao enquadramento analítico.

---

[22] Émile Mâle, *L'Art Religieux après le Concile de Trente: Étude sur l'Iconographie de la Fin du XVIe, du XVIIe et du XVIIIe Siècles en Italie, en France, en Espagne et en Flandre* [1932], Paris, Armand Colin, 1951.

O reformismo ilustrado luso-brasileiro: alguns aspectos[1]

Se examinarmos a posição dos países ibéricos, e especialmente Portugal, no quadro geral da Ilustração europeia, o que desde logo ressalta é o descompasso entre a "teoria" e a "prática", isto é, entre a elaboração do pensamento e sua aplicação. Portugal, efetivamente, foi um dos primeiros países a iniciar as reformas (1750, marquês de Pombal), entretanto não foi um dos principais centros geradores do pensamento ilustrado. Nesse sentido, faz curioso contraponto com a França, centro por excelência gerador das Luzes, e onde só tardiamente (com Luís XVI, 1774) se encetaram as reformas. Por outro lado, outro traço característico da ilustração portuguesa é o seu caráter de importação; introduzida de fora para dentro, assinala este fenômeno tão característico do século XVIII na cultura lusitana — o estrangeirado, isto é, o intelectual que, saindo para o exterior e respirando os ares da modernidade, se propunha de uma ou outra maneira a "arejar" a pátria. Encontravam muita resistência: um deles (Antonio Nunes Ribeiro Sanches) escreveria um texto cujo título é toda uma síntese — *Dificuldades que tem um reino velho para emendar-se*.

Para entendermos essas duas características (precocidade das reformas, importação das ideias) da Ilustração portuguesa, torna-se necessário considerarmos um dos aspectos mais decisivos da história de Portugal na Época Moderna: o atraso econômico e o isolamento cultural. É em função dessa situação que se pode entender os rumos do pensamento crítico, a profundidade das reformas e os desdobramentos posteriores na Metrópole e na Colônia. Tendo iniciado os Tempos Modernos em posição de vanguarda, os paí-

---

[1] Publicado originariamente na *Revista Brasileira de História*, nº 7, 1984, pp. 105-18.

ses ibéricos, a partir do século XVII, iriam sendo cada vez mais ultrapassados pela França, pela Holanda e pela Inglaterra. Paralelamente, a reflexão em torno do problema procurava descobrir as suas causas e indicar as soluções. No século XVII, Sancho de Moncada, na Espanha, e Duarte Ribeiro de Macedo, em Portugal, analisaram em profundidade o fenômeno da decadência, procurando remédios; e essa preocupação, essa temática, dos escritores da época barroca, é recolhida pelos pensadores ilustrados. No centro das preocupações dos iluministas portugueses, por exemplo os memorialistas da Academia das Ciências, manter-se-á o problema do atraso em relação à Europa "moderna".

Na medida em que o "atraso" era visto em relação à Europa de além-Pireneus, é claro que se entendia que, para explicá-lo, se impunha a mobilização da nova Filosofia dos países adiantados — daí o caráter de importação das ideias, de atualização. Por outro lado, as reformas eram vistas não apenas como a "promoção das Luzes", mas também como uma maneira de superar o atraso, tirar a diferença, e portanto mais urgentes, donde a precocidade com que são atacadas. Dadas essas particularidades, compreende-se também o caráter moderado da Ilustração portuguesa, seja no plano das ideias, seja na sua implementação política. O meio era resistente, havia que caminhar com cuidado, ainda que com firmeza. Encarada no conjunto da Europa, a Ilustração portuguesa parece situar-se naquela faixa que recentemente o historiador francês Bernard Plongeron denominou "*Aufklärung* católica", isto é, o esforço por harmonizar as inovações com a tradição. Assim, no plano econômico, o marquês de Pombal havia de manter-se fiel a um estrito mercantilismo.

Maiores aberturas nesse campo da política econômica haviam de ocorrer no período que se seguiu imediatamente ao pombalismo, no reinado de D. Maria I e na regência do príncipe D. João. E, de fato, o estudo mais acurado dessa época tem revelado mais continuidade do que ruptura com a fase anterior; a queda do marquês de Pombal, que ocorreu em seguida à morte de José I, sua perseguição, a libertação dos presos políticos, enfim, a "viradeira", não passaram de fenômenos conjunturais. A equipe dirigente, de índole ilustrada, continuou basicamente a mesma, com novos acréscimos. Ainda mais: as reformas ensejando os primeiros frutos, as iniciativas foram avante, ampliando o raio de ação. O final do século, longe de um retrocesso, marca um avanço, aparece como um desdobramento: o ponto mais alto da Ilustração em Portugal.

Nada é mais indicativo dessa caracterização que a criação, em 1779, da Academia Real das Ciências de Lisboa. Sob proteção régia, foram seus fundadores dois estrangeirados — o duque de Lafões e o abade Correia da Serra. Essa academia procurou relacionar a Universidade com a investigação científica e econômica; organizou um museu e uma biblioteca (incluindo livros estrangeiros); entrou em contato com numerosas instituições congêneres, no Velho e no Novo Mundo. Mas, sobretudo estimulou e promoveu a produção intelectual nos vários campos, publicando as séries das *memórias*. No "Discurso preliminar" das *Memórias econômicas* (1789), de autoria de Correia da Serra, pode ler-se todo o ideário ilustrado:

> O desejo da pública prosperidade pode ser igual a todos; basta para isso um coração leal e bem-intencionado. Não é o mesmo, porém enquanto ao modo de concorrer para tão nobre fim, porque as circunstâncias, e obrigações de cada indivíduo, ou corporação, lho fixão, e limitam. Dar providências, remover obstáculos, extirpar abusos, compete somente aos ministros do poder soberano; influir com grandes exemplos, intentar grandes estabelecimentos cabe só aos ricos proprietários; propagar as luzes, que para este fim lhe subministram a natureza de seus estudos, é o quanto podem, e devem fazer as corporações literárias.

Note-se, desde logo, essa integração entre o saber e o fazer, tão característica das Luzes; como alguns memorialistas eram também ministros, a integração era perfeita. Aos intelectuais — os "filósofos" — cumpria investigar a realidade, com as luzes da Razão; aos agentes do poder (os ministros escudados no poder soberano), implantar as reformas: assim se dominaria a natureza e regeneraria a sociedade, voltando à Idade de Ouro.

Procedeu-se, então, a um autêntico *survey* do reino e das colônias. Das memórias (muitas permaneceram inéditas), várias podem considerar-se "regionais", isto é, dizem respeito a uma província, região, capitania, ou um simples conselho. Exemplo desse último caso, a famosa *Memória agronômica relativa ao conselho de Chaves* (vol. 1 das *Memórias econômicas*), de José Inácio da Costa, em que se procede a uma crítica contundente das persistências feudais, ou senhoriais, a barrar o progresso da agricultura. Henrique da Silveira estudou o Algarve, Rebelo da Fonseca tratou do Alto Douro, Bacelar Chichorro cuidou da Extremadura; Ribeiro de Castro dissertou sobre Trás-os-Montes, Custódio J. G. Vilas Boas descreveu o Minho; Minas Gerais foi objeto de vários estudos, de Vieira Couto, José Joaquim da Rocha, Eloi Otoni; São Paulo atraiu as atenções de Marcelino Pereira Cleto; sobre o Rio Grande do Sul escreveu Gouveia de Almeida; bem assim a Bahia, Mato Grosso etc. Nesses trabalhos, quase sempre se procede à descrição geográfica ("física") e as condições socioeconômicas ("morais"), indicando-se problemas, fazendo-se sugestões.

Mais específicas, as memórias sobre a agricultura revelam a incidência da fisiocracia. O título de uma delas é ilustrativo: *Memorial sobre a preferência que em Portugal se deve à agricultura*, de Domingos Vandelli; mas a de Francisco Antonio Ribeiro de Paiva (*Memória sobre a necessidade de fomentar a agricultura e as artes*) indica-nos que a influência fisiocrática não era absoluta. Não apenas a agricultura em geral preocupava os acadêmicos ilustrados, vários estudos setoriais foram realizados, como sobre a oliveira (Vandelli), o algodão (Loureiro, Arruda Câmara), a vinha (Lacerda Lobo), as castanheiras (Fragoso de Siqueira), as azinheiras, os sobreiros, os carvalhos. Tomás Antonio Vilanova Portugal tratou dos terrenos baldios, para cuja cultura Álvares da Silva propunha se organizar uma companhia. Vários trabalhos discutiam as técnicas agrícolas.

Ao lado da agricultura, a mineração era outro tema de grande interesse para os ilustrados luso-brasileiros. Deixando de lado a tradicional preocupação com os descaminhos, procuraram outras razões para o declínio da exploração do ouro. Suas análises incidiram sobretudo nas técnicas da lavra. José Vieira Couto, Rodrigo de Sousa Coutinho, J. J. da Cunha de Azeredo Coutinho e Pontes Leme foram os principais autores de memórias sobre esse tema. A indústria não ficava fora de suas cogitações: há uma grande preocupação com as matérias-primas (Baltazar Silva Lisboa e José Bonifácio de Andrade e Silva, ambos brasileiros, tratam dos bosques e do uso das madeiras). As indústrias do sal, do anil, da tinturaria são também objetos de estudos. A siderurgia cada vez mais é discutida (trabalhos de Ferreira da Câmara).

Esses exemplos poderiam ser facilmente multiplicados, mas já são suficientes para indicar o clima geral do movimento ilustrado. Importa-nos fixar, agora, as dominantes teóricas, para compreendermos a forma como equacionaram os problemas coloniais, e a política que levaram a efeito em relação ao Brasil. Já indicamos o cientificismo subjacente a todo pensamento ilustrado e aqui fortemente manifesto — a crença de que a natureza e mesmo a sociedade são moldáveis pela força da Razão, donde o otimismo característico das Luzes. No plano econômico, porém, que é por onde os problemas coloniais se apresentavam, a situação concreta que se enfrentava em Portugal — a pequena Metrópole defasada e a imensa Colônia potencialmente rica — fazia com que os pensadores e os estadistas moderassem a adoção das novas ideias. Assim, a penetração das ideias fisiocráticas, bem como a economia clássica inglesa misturam-se com o *mercantilismo tradicional*, dando lugar a um mercantilismo ilustrado. Abandona-se a ortodoxia mercantilista, mas se mantêm certas linhas de política econômica tradicional. É este o esquema teórico que orientaria a política colonial da última fase do Antigo Regime.

Efetivamente, se procurarmos uma caracterização mais geral para a forma de pensamento da Ilustração portuguesa, é a um ecletismo que nos devemos referir.

> Com a descoberta das terras do Oriente e da América, cresceram em Portugal as riquezas de convenção, porém as reais diminuíram. O ouro e a prata são sinais, e o preço das cousas, e assim como os demais gêneros, na abundancia tem menos valor, e maior na raridade. Os Estados, porem, são felizes não pelo aumento do preço das cousas, mas sim pela abundancia das mesmas.

Assim se expressava José Veríssimo Álvares da Silva, numa memória de 1782. Aqui nos deparamos com uma crítica muito clara ao princípio fundamental do mercantilismo, ou seja, a ideia metalista. Se este trecho leva-nos a pensar na influência fisiocrática (como a memória já citada de Domingos Vandelli), outros apontam para a presença da economia clássica. Veja-se, por exemplo, a afirmação de José de Abreu Bacelar Chichorro (*Memória econômico-política da Província da Extremadura*, 1795), segundo a qual "a terra, posto que frutífera de sua natureza, e capaz de reprodução, não é por si só bastante para formar a felicidade e riqueza pública", concluindo que "a industria do homem é somente quem forma a força, a grandeza, a felicidade e a riqueza de uma nação". A influência do classicismo, aliás, iria crescendo até tornar-se dominante em José da Silva Lisboa, cujos *Princípios de economia política* datam de 1804.

Em Domingos Vandelli encontramos esse ecletismo formulado teoricamente. Na sua memória de 1789, sobre a agricultura, lembrava que "todos os ramos da Economia Civil, para que seja útil ao Reino, devem ser regulados por princípios deduzidos de uma boa Aritmética Política, assim *não se devem seguir sistemas*, sem antes examiná-los e confrontá-los com as atuais circunstâncias da nação" (grifo nosso). É esse pragmatismo que o faria justificar Pombal, que "seguiu o sistema de Colbert", dado o "estado no qual se achava o reino, necessitando de total reforma". Aqui encontramos o período de D. Maria I, na pena de um de seus expoentes, visto como um desdobramento, não como a negação, do pombalismo. Tratava-se, como se vê, de ajustar os esquemas teóricos à conjuntura específica, num ecletismo pragmático revelador de grande argúcia política.

E, mais uma vez, se quisermos compreender as razões dessa postura mental, é para o problema do atraso que temos de nos voltar. Já nos referimos ao fato de que essa questão — a decadência —, discutida desde o século XVII, fora retomada pelos memorialistas da Academia. De vários modos, a própria instituição propunha "discursos" sobre o tema, sugerindo uma apresentação de como promover o progresso para superar o atraso em relação à Europa das Luzes. O próprio discurso preliminar das *Memórias econômicas*, citado anteriormente, em que se programam os estudos "para o adiantamento da agricultura, das artes e da industria, em Portugal e suas conquistas", chamava a atenção para "a triste experiência do passado", em que "a substancia da Nação, e sua riqueza, vimos por largo tempo passar aos estranhos em troco de gêneros que ou de si cresciam em nossas terras, ou pouca industria se precisava para naturaliza-los". Tratava-se de promover o conhecimento "do que a Nação é, e do que pode ser, pelo que já tem sido". Nesse trecho fundamental, pode-se observar, de um lado, a importância dada ao conhecimento do passado, de outro, o fato de não se limitar à constatação da decadência, mas ainda apontar que ela se deu em benefício de outros. Nessa mesma linha aprofundaram suas análises José Manuel Ribeiro (*Discurso político sobre as causas da pobreza de Portugal*) e Francisco Antonio Ribeiro de Paiva (*Memória sobre a necessidade de fomentar a agricultura e as artes, causas de sua deca-*

dência, e meios de as fazer florescer em Portugal), cujos trabalhos, entretanto, permaneceram inéditos.

Em muitos desses textos — a memórias de Álvares da Silva, Vandelli, Soares de Barros, José Manuel Ribeiro —, os acadêmicos sustentam a ideia de que a decadência decorreu precisamente do excesso das conquistas; ideia já expressa por Camões na famosa fala do "velho do Restelo" (canto IV d'*Os Lusíadas*), e depois retomada por Antonio Sérgio no ensaio sobre "política de transporte" e de "fixação". Para nossos objetivos, aqui, contudo, o que importa não é a explicação da decadência, mas as implicações que a sua constatação tinha na formulação de uma política colonial na época da Ilustração. Ora, essa constatação fundava o ecletismo e o pragmatismo. Pequena Metrópole, defasada em relação às potências avançadas da Europa, detentora de extensos domínios ultramarinos, não podia, dada a situação peculiar, aplicar a mesma política, seguir os mesmos ditames, ou, como diria Vandelli, ater-se a "sistemas". Tampouco podia cruzar os braços, pois o atraso se aprofundava; a concorrência colonial se avolumava, o contrabando forçava o exclusivo, os colonos começavam a inquietar-se. Na quadra final do Antigo Regime, a emergência do industrialismo redefinia as tensões, obrigando a ajustamentos. Ajustar-se, precisamente, mobilizando o pensamento ilustrado, moderando--o, aplicando-o à conjuntura específica — eis o que procuravam teóricos e estadistas da Ilustração luso-brasileira. Foram longe na análise da situação. Rodrigo de Sousa Coutinho, analisando a situação da mineração, refutava as versões mais vulgares da fisiocracia que condenavam sem mais as atividades mineiras; indicava que a utilidade das lavras dependia do grau de desenvolvimento manufatureiro da Metrópole; noutros termos, a ausência de manufaturas tornava perniciosas as minas, que, integradas numa economia mais desenvolvida, seriam sempre benéficas (*Discurso sobre a verdadeira influencia das minas de metais preciosos na industria das nações*, 1789). Assim se apreendiam as conexões profundas da crise: a exploração da Colônia era condição de desenvolvimento da Metrópole e ao mesmo tempo pressupunha esse desenvolvimento. Apenas um progresso simultâneo das duas partes (Colônia/Metrópole) poderia romper o círculo vicioso.

É ainda o mesmo Rodrigo de Sousa Coutinho, ao mesmo tempo teórico da Academia e ministro de Estado, quem, fundado naquelas análises, formularia os princípios da ideologia colonial da Ilustração portuguesa. Na *Me-*

mória sobre os melhoramentos dos domínios na América (1797), insiste na peculiaridade, para transfigurá-la, ideologicamente, numa vantagem:

> Os domínios de S. M. na Europa não formam senão a Capital e o Centro de suas Vastas possessões. Portugal, reduzido a si só, seria dentro de um breve período uma provincia de Espanha, enquanto servindo de ponto de reunião e de assento à monarquia que se estende ao que possui nas ilhas de Europa e África e ao Brasil, às costas Orientais e Ocidentais da África, e ao que ainda a nossa Real Coroa possui na Ásia, é sem contradição uma das Potências que tem dentro de si todos os meios de figurar conspícua e brilhantemente entre as primeiras potências da Europa.

Aqui, a dependência da Metrópole em relação às colônias, e em especial à Colônia ("os mais essenciais de nossos Dominios ultramarinos, [...] as províncias da América, que se denominam com o genérico nome de Brasil") aparece sob a forma de comunidade de interesses, que era precisamente o que naufragava na crise do Sistema Colonial; esta, na realidade, revelava o antagonismo entre os dois polos do sistema. Exatamente, essa preocupação com a crise, que já se manifestara na Independência dos Estados Unidos, conduz o discurso do colonialismo ilustrado:

> A feliz posição de Portugal na Europa que serve de centro ao comercio do norte e Meio Dia do mesmo continente, e do melhor entreposto para o comercio da Europa com as outras três partes do Mundo, faz que este enlace dos Domínios ultramarinos portugueses com a sua Metropole seja tão natural, quanto pouco o era o de outras colonias que se separaram da sua mãe-patria [...].

Logo, para o ideólogo ilustrado, o vínculo colonial, no caso português (Portugal-Brasil), é natural e os dos outros, obviamente, artificiais, tanto que se estavam rompendo. E essa condição feliz e "natural" parece derivar da posição geográfica, quando na realidade era produto da história, a história da colonização. Importa notar que toda essa mistificação ideológica derivava da análise acima referida: efetivamente, tendo apreendido as relações recíprocas de atraso e interdependência Metrópole-Colônia, só restava pressupor a possibilidade do "bem comum" de ambos, para evitar a alternativa da separação.

A passagem dos princípios gerais para a formulação prática da política econômica colonial caberia a um brasileiro particularmente engajado no movimento reformista ilustrado: o bispo economista José Joaquim da Cunha de Azeredo Coutinho. O ponto crucial de seu *Ensaio econômico sobre o comércio de Portugal e suas colônias*[2] (publicado em 1794 e, em 1807, traduzido em inglês) é indiscutivelmente aquele em que, invertendo o princípio mercantilista, preconiza a diretriz segundo a qual a Metrópole pode, e mesmo deve, ter um comércio deficitário com a Colônia, para tê-lo superavitário com as demais nações. Nas suas próprias palavras:

> A métropole, ainda que em tal caso seja devedora às Colonias, necessariamente há de ser em dobro credora aos Estrangeiros; ela precisamente há de fazer para com uns e outros duplicados lucros; ganhará nas vendas, ganhará nos fretes, e nos transportes para todas as partes, pela extensão de sua marinha, e do seu comercio. Que importa pois que a mãe deva às suas filhas, quando ela é em dobro credora aos Estranhos?

Ou, noutros termos:

> Em uma palavra, quanto os interesses, e as utilidades da patria-mãe se enlaçarem mais com os das colonias suas filhas, tanto ela será mais rica; e quanto ela dever mais às colonias, tanto ela será mais feliz, e viverá mais segura. O credor sempre olha para o seu devedor como para sua fazenda; ele concorre para seu aumento, e não o quer jamais arruinar, nem perder de vista: o devedor porem não quer nem ver o seu credor, e quanto ele se faz menos solúvel, tanto mais procura a ocasião de lhe fugir.

Também aqui, evidentemente, procura-se uma forma de contornar a tensão entre a Colônia e a Metrópole, que se ia agravando na crise. Formal-

---

[2] José J. da Cunha Azeredo Coutinho, *Ensaio econômico sobre o comércio de Portugal e suas colônias*, in Sérgio Buarque de Holanda (org.), *Obras econômicas de J. J. da Cunha de Azeredo Coutinho*, São Paulo, Editora Nacional, 1966.

mente, o argumento é fraco, pois se poderia lembrar que, então, seria a Metrópole que tenderia a fugir da Colônia. Na realidade, essa formulação levava à prática as análises anteriores: seria possível a vantagem de ambos os lados (Colônia e Metrópole, Brasil e Portugal), desenvolvendo-se simultaneamente; com os produtos coloniais, a Metrópole teria um comércio vantajoso com as demais nações. A posição de "entreposto" da Metrópole, mencionada claramente por Rodrigo de Sousa Coutinho, aparece como algo natural; oblitera-se a possibilidade, igualmente vantajosa, de a Colônia comerciar diretamente com as nações.

Os estudos sobre o comércio colonial desta última fase do Antigo Regime, minuciosamente conduzidos em investigações recentes baseadas nas balanças de comércio,[3] mostram claramente como essa política foi levada a efeito, com resultados palpáveis. No final do século XVIII e início do século XIX a balança comercial portuguesa assinala saldos crescentes em seu comércio com as nações estrangeiras ao mesmo tempo que déficits no comércio com o Brasil. O cômputo global, entretanto, era claramente favorável a Portugal. Por outro lado, pode-se constatar serem os produtos coloniais — reexportados — que garantiam as vantagens portuguesas no comércio internacional; igualmente, o mercado colonial ia garantindo o escoamento para as manufaturas metropolitanas, que assim se consolidam, diminuindo as importações. Mais ainda: as balanças de 1776, 1777 e 1787 (as séries contínuas começam em 1793) indicam uma situação oposta, isto é, uma balança superavitária com as colônias e deficitária com as nações estrangeiras, e desvantajosa no cômputo geral. Pode-se constatar que a inversão das tendências deu-se entre 1787 e 1796. Se nos lembrarmos que o *Ensaio econômico*, de Azeredo Coutinho, foi publicado em 1794, fica claro que a implementação da política foi simultânea à sua formulação. Pode-se, portanto, dizer que a política econômica colonial da Ilustração portuguesa não ficou letra morta, antes transformou-se numa prática efetiva; e que o último período do Antigo Regime configura uma conjuntura de indiscutível prosperidade. Na Metrópole e na Colônia, somente as invasões napoleônicas viriam alterar essa tendência.

---

[3] Fernando A. Novais, *Portugal e Brasil na crise do Antigo Sistema Colonial (1777-1808)*, São Paulo, Hucitec, 1981, pp. 287-94; José Jobson de Andrade Arruda, *O Brasil no comércio colonial, 1796-1808*, São Paulo, Ática, 1980.

Para a obtenção desses resultados, reformas e fomento foram implementados simultaneamente na Metrópole e na Colônia, em Portugal e no Brasil. Se as reformas propriamente sociais encontravam grande resistência, de toda maneira os alvarás de 17/12/1789 e 4/4/1795 promoviam a supressão do "maneio", antigo tributo. Mais ainda: extinguia-se definitivamente a justiça senhorial.[4] Mantinham-se, porém, as companhias privilegiadas das vinhas e da pesca. Onde os êxitos foram maiores, persistindo uma política vinda do consulado pombalino, foi no esforço de industrialização. Em 1788 (5 de junho) a antiga Junta do Comércio (de 1755) passava a denominar-se Real Junta do Comércio, Agricultura, Fábricas, e Navegação destes Reinos, e seus Domínios — ampliando-se, como o nome indica, suas atribuições: a carta de lei indica que se sentia a necessidade da criação de

> [...] um Tribunal Supremo, no qual se examinem, se combinem e se promovam as matérias concernentes à conservação, e aumento do comercio da agricultura, das fabricas, e da navegação, cujos objetos, sendo entre si intimamente ligados, e dependentes, devem portanto ser regidos debaixo de um só único, certo e invariável sistema.

Entre os deputados do novo órgão, nomeavam-se Vandelli e Jácome Ratton, este último empresário e autor, depois, de um notável livro de *Recordações* (1810).[5] Tratava-se, como se vê, de uma maior integração na gestão da economia, englobando também a exploração colonial, o que vai na linha da política anteriormente descrita.

O esforço pelo desenvolvimento manufatureiro continua, e se amplia. Isenções são concedidas, e renovadas, para a entrada de matérias-primas; dificultava-se, ao contrário, sua saída. Barreiras tarifárias dificultavam a entrada de manufaturas: um alvará de 1778 taxa a entrada de pólvora estrangeira, explicitando que se visava a proteger a fábrica nacional. Louças, meias de seda, fitas tinham a importação proibida ou dificultada. Isenções estimulavam,

---

[4] Albert Silbert, *Le Portugal Méditerranéen à la Fin de l'Ancien Regime, XVIIIe Début du XIXe Siècle: Contribution a l'Histoire Agraire Comparée*, Paris, SEVPEN, 1966, 2 vols.

[5] Jácome Ratton, *Recordações de Jácome Ratton sobre as ocorrências de seu tempo*, 2ª ed., Coimbra, Imprensa da Universidade, 1920.

por outro lado, as exportações, como no caso de louças e chapéus. Concessões de privilégios exclusivos são dadas ou renovadas constantemente para as manufaturas nacionais. Um alvará de 30/6/1788 protege as fábricas de lanifício "erigidas ou por erigir". Fiação e tecelagem de algodão são agraciadas com vantagens, assim como as fábricas de vidro. Numerosos são os casos de privatização de manufaturas estatais (reais) no período de D. Maria I e do regente D. João. Um parecer da época (cujo manuscrito se encontra na biblioteca da Academia das Ciências) discute o problema, preconizando enfaticamente a privatização.

Paralelamente, punha-se em andamento a política colonial, para a qual se chegou, às vezes, a solicitar o parecer dos colonos; é o caso do conde da Ponte, governador da Bahia, que, em 1807, solicita à câmara municipal opinião sobre a existência de "alguma causa opressiva contra a lavoura". As respostas deram lugar às conhecidas *Cartas econômico-políticas*, de João Rodrigues de Brito, publicadas em 1824. No setor comercial — no caso essencial, pois era pelo comércio que se estabelecia a conexão Metrópole-Colônia — nota-se, na legislação, uma permanente e insistente luta contra o contrabando, ao longo de todo o período. A peça mais importante neste capítulo foi o alvará de 5 de janeiro de 1785, da mesma data daquele que proibia as manufaturas têxteis na Colônia. As determinações descem em minúcia e se agravam em severidade. Se a insistência é indicativa da impotência em face da pressão externa, ela não é menos significativa para a definição do perfil da política colonial ilustrada. A nosso ver, o combate ao contrabando marca os limites, a fronteira das aberturas liberalizantes; era, pois, dentro do sistema, nos quadros do exclusivo mais geral, que se procediam aos incentivos. O que mais uma vez remete para a análise que se fizera da situação. Dentro desses limites, a política procedeu a mudanças de grande importância. Em primeiro lugar, o abandono da política das companhias privilegiadas de comércio, vindas da época pombalina. Tanto a companhia do Grão-Pará e Maranhão, como a de Pernambuco e Paraíba, não têm renovados seus privilégios. Isto significava, basicamente, reduzir os mecanismos do comércio exclusivo à sua expressão mínima dentro do sistema, permitindo algum desafogo para os colonos, que sempre reclamavam das companhias. Na mesma linha suprimem-se os principais "estancos", isto é, monopólios específicos: são removidos o estanco do sal e o do contrato da pesca da baleia. Motivo de permanentes reclamações dos colonos, os estancos foram objeto da análise crítica dos teóricos ilustrados. Azeredo Coutinho, no *Ensaio econômico*, indicava os efeitos negativos não só para a Colônia, mas para o conjunto luso-brasileiro: "O sal, este gênero da primeira necessidade, para a conservação das carnes, e dos pescados, é naqueles sertões de uma carestia suma. O sal com que naqueles sertões se salga um boi custa duas e três vezes mais do que vale o mesmo boi; da mesma sorte o peixe". E logo adiante:

> Alem dos muitos contos de reis, que se tiram todos os anos do Brasil para se enriquecer um homem, que remata o contrato do sal; perdem, ou deixam de lucrar os colonos, e todo o comercio de Portugal os interesses incalculáveis, que, aliás, poderiam tirar da grande abundancia dos pescados, e das carnes salgadas, etc.: e o erário régio, só por 48.000$000 reis, que recebe todos os anos, se priva dos muitos 48 contos; que necessariamente deveriam produzir os direitos destes generos nas alfandegas, se a carestia do sal os não fizesse impraticáveis.

Na mesma linha de ideias, José Bonifácio de Andrada e Silva — o futuro "patriarca da Independência" — na sua *Memória sobre a pesca das baleias* (1790), analisando os efeitos técnicos na exploração, atribui grande responsabilidade ao contrato exclusivo, pois "o aumento e perfeição desta pesca necessita do aguilhão da emulação e da concorrência". Grandes interesses, parece, opunham-se entretanto à supressão dos estancos. Procederam-se a consultas às câmaras da Colônia, que obviamente clamavam pela liberalização. A correspondência do visconde de Rezende com o ministro Rodrigo de Sousa Coutinho, em 1798, mostra o processo em andamento. Apenas em 1801, entretanto, o alvará de 24 de abril abole definitivamente os dois estancos. Na justificativa invoca-se a prática das "nações mais industriosas da Europa".

O mesmo diploma legal (alvará de 24/4/1801), curiosamente, toma medidas para a promoção da siderurgia:

> E querendo beneficiar por todos os meios possíveis os meus fieis vassalos dos Dominios ultramarinos, promovendo o adiantamento da agricultura, e facilitando os progressos da mineração do ouro, de que tiram a sua subsistência, e de que lhes resultam as maiores utilidades; hei

por bem conceder-lhes a graça não só de isentar de Direitos todo o ferro, que das minas de Angola se exporta para os portos do Brasil; mas mandar criar um estabelecimento para a escavação das minas de Sorocaba na Capitania de São Paulo; e animar todos os descobrimentos, que em outras quaisquer partes se possam fazer deste metal; e também permitir se estabeleçam fabricas reais, para com "o salitre do país se fabricar pólvora por conta de minha real fazenda".

Este incentivo à siderurgia e à indústria da pólvora mostra como não se procurou impedir indiscriminadamente a indústria na Colônia. A proibição de 1785 diz respeito exclusivamente às manufaturas têxteis, não a toda indústria; e liga-se ao esforço de desenvolvimento, na Metrópole, da indústria de tecidos, à qual nos referimos anteriormente. Os documentos relativos ao desmonte e à apreensão dos teares instalados mostram a sua insignificância: treze teares de tecidos de ouro e prata. A justificativa da medida é um exemplo de manipulação ideológica: apela-se para o princípio fisiocrático segundo o qual a "verdadeira e sólida riqueza" são "os frutos e produções da terra". Isto quando se procurava por todos os modos incrementar as manufaturas metropolitanas. Esse pragmatismo que tocava a incoerência é que permitia, também, em determinadas condições, estimular a indústria na Colônia. E é o caso da siderurgia; aqui, o fundamento parece ligar-se à mineração, isto é, à tentativa de melhorar as técnicas mineiras dotando-as de uma infraestrutura de manufaturas de ferro, como parece indicar o texto do alvará citado. Já em 1780 o governador das Minas — Rodrigo José de Menezes — apresentava uma "exposição" ao Ministro do Ultramar Martinho de Mello e Castro, em que propunha "um novo estabelecimento, que à primeira vista parece oposto ao espírito e sistema da administração dessa capitania, mas que bem examinado se conhece pelas razões, quanto a mim, as mais sólidas, e convincentes a sua utilidade". Tratava-se, já se vê, da fábrica de ferro; e argumentava: "se em toda parte do mundo é este metal necessário, em nenhuma o é mais que nestas minas; qualquer falta que dele se experimente cessa toda a qualidade do trabalho [...]". Por um lado, o governador reconhece que na estrita ortodoxia mercantilista não caberia um estabelecimento desse tipo na Colônia, mas a sua proposição indica, por outro lado, o clima de inovações dessa última fase do Antigo Sistema Colonial. Além disso, havia a preocupação com a produtividade — a "qualidade do trabalho", ligada à técnica de produção. Num outro documento coevo (a *Instrução para o governador da capitania de Minas Gerais*, 1780, pelo desembargador Teixeira Coelho) também se enfatiza a necessidade de melhoria nas técnicas de produção, para a retomada da mineração. As memórias de José Bonifácio, Manuel Ferreira da Câmara, José Vieira Couto, Eloi Ottoni, mostram a preocupação do movimento ilustrado com a mineração; as pesquisas diziam também respeito à mineração e à siderurgia em Portugal, como a de José Martins da Cunha sobre as fábricas de ferro de Figueiró, ou a de Vandelli sobre o carvão. Dos esforços do brasileiro Manuel Ferreira da Câmara parecem ter resultado as instruções de 1795 aos governadores das capitanias do Brasil, em que se enfatiza a necessidade de desenvolver a fabricação do ferro na Colônia. Trata-se de um notável documento, em que se faz como que um balanço da nova política colonial:

> Sua Majestade tem observado com desgosto que umas colonias tão extensas e férteis, como as do Brasil, não tenham prosperado proporcionalmente em povoação, agricultura, industria, e devendo persuadir-se, que alguns defeitos politicos e restrições fiscais se tem oposto até agora aos progressos [...].

É verdade que todo esse esforço pouco resultou na prática, pois não se conseguiu implantar a siderurgia; o esforço seria retomado pelo príncipe regente D. João, já no Brasil. Mas, de todo modo, é particularmente importante para caracterizar a política colonial.

Essa preocupação com as técnicas não se limitou à mineração. Houve todo um esforço no sentido de melhorar a produção açucareira, pondo-a ao nível dos melhores métodos. Isso se liga à tentativa de introdução (num engenho do Recôncavo Baiano) do emprego do bagaço da cana como combustível, ou de uma nova máquina de moer "feita por dois franceses". Inventores são estimulados, apresentando-se, por exemplo, um certo Jerônimo Viera de Abreu, que se dirige ao ministro Rodrigo de Sousa Coutinho em 1798 para descrever "inventos úteis" sobre açúcar, anil, arroz, algodão e mineralogia. Esta mesma preocupação aparece na remessa de livros, para a Colônia, versando os mais variados temas de técnica agrícola. O ponto de convergência era a Oficina Literária do Arco do Cego em Lisboa, dirigida pelo brasileiro José Mariano da Conceição Veloso, que divulgava obras sobre agricultura, como os cinco volumes d'*O fazendeiro do Brasil*.

Procurava-se diversificar a produção, a introdução de novos produtos. Ao mesmo tempo, estimulava-se a retomada dos cultivos tradicionais. No caso do açúcar, procurou-se — e se conseguiu — aproveitar a conjuntura altamente favorável do mercado internacional do fim do século XVIII, segundo as recomendações de Azeredo Coutinho (*Memória sobre o preço do açúcar*, 1791).

Portugueses e brasileiros participaram dessa formulação e implementação da política reformista. A Ilustração luso-brasileira promoveu reformas no sentido de um abrandamento do sistema de exploração (dentro dos limites do Sistema Colonial), tentando fomentar o progresso de ambas as peças do sistema, num esforço por desviar as tensões crescentes. Estas, entretanto, vinham de movimentos estruturais, advindos da emergência do capitalismo industrial, e dificilmente poderiam ser contidas pelo reformismo. É extremamente significativo que toda essa política, que resultou num período de efetiva prosperidade, não tenha abrandado, antes estimulado, as tensões; e as inconfidências foram assinalando o inconformismo dos colonos. "Não é das menores desgraças o viver em colonias" diria um deles (Vilhena, 1802). Já Tocqueville lembrava que "o regime que uma revolução destrói vale quase sempre mais que aquele que imediatamente o antecede".

Passagens para o Novo Mundo[1]

A revolução retrocedeu pela passagem de Sua Majestade Fidelíssima para o Brasil, e a guerra do Rio da Prata reuniu de novo os elementos. [...] A revolução de Espanha e suas colônias, sendo da mesma origem, variou contudo nos resultados. Portugal, sem o poder real, o mais concentrado possível, não pode conservar suas colônias, e por consequência sua independência.[2]

São expressões de um panfleto famoso, contemporâneo do movimento de emancipação política. Duas implicações são para reter desses passos do doutrinário coevo: escrevendo pouco depois da proclamação da Independência (7 de setembro de 1822), ele a via no contexto de um processo revolucionário mais amplo, que se iniciara muito antes, e cujo curso fora retardado pela migração da corte portuguesa para a América; e, caso único na história, a antiga Colônia passando a cabeça do Império, o conflito da separação assumia caráter peculiar. São, ainda hoje, questões preliminares a qualquer estudo que vise a uma síntese compreensiva da emancipação política da América Portuguesa: situar o processo político da separação Colônia-Metrópole no contexto global de que faz parte, e que lhe dá sentido; acompanhar, só então, o encaminhamento das forças em jogo, marcando sua peculiaridade.

Assumindo esta postura, pode o historiador enfrentar o problema do recorte cronológico, ou antes, da periodização de seu objeto de análise. Pois

---

[1] Publicado originariamente em *Novos Estudos CEBRAP*, n° 9, julho de 1984.

[2] Francisco de Sierra y Mariscal, "Ideias sobre a Revolução do Brasil e suas consequências" (1823), *Anais da Biblioteca Nacional*, vol. 43, 1920, pp. 52, 59.

é claro que a delimitação temporal flutua, alargando-se ou se contraindo segundo a concepção que se encampe do fenômeno a ser estudado. E de fato, como indica a mais recente e alentada obra de conjunto sobre a história da Independência do Brasil,[3] a historiografia, desde o início, apresentou essa variação, seja na datação da abertura do processo, seja na de seu encerramento; ora englobando todo o período de "D. João VI no Brasil" e levando o estudo até os limites do período regencial, ora restringindo-se aos acontecimentos entre 1821 (volta do rei para a Europa) e 1825 (tratado de reconhecimento). Mais ainda, preferindo a segunda alternativa (período restrito), o autor da importante obra lembra que, na historiografia, os autores que preferem uma periodização mais longa se vinculam a uma perspectiva conservadora que acentua a continuidade, enquanto a perspectiva liberal, por isso mesmo preferida, explicitaria a ruptura. Ora, colocada a questão nessa dicotomia, fica de fora um terceiro caminho, que precisamente nos parece o mais acertado: encarar a Independência como *momento* de um longo *processo de ruptura*, ou seja, a desagregação do Sistema Colonial e a montagem do Estado nacional.

Cumpre portanto explicitar, ainda que sinteticamente, a estrutura que se desagrega e a nova configuração que se vai formando, para situar e tentar compreender o processo de passagem, isto é, o *movimento da independência*. Examinar isoladamente e em si mesmos os eventos que levaram à separação entre a Colônia e a Metrópole, sem enquadrá-los no contexto maior de que fazem parte, tem dado lugar a uma visão do processo em que o acaso ganha importância, ou os "erros" ou "acertos" dos governantes passam a ser elementos decisivos na compreensão.

Tangida pela invasão das tropas napoleônicas, a corte portuguesa (protegida pela esquadra inglesa) migrou em fins de 1807 e inícios de 1808 para a Colônia americana; ocupada a Metrópole pelo invasor estrangeiro, não havia senão que montar, na nova sede, todo o aparato do Estado, e abrir os portos da Colônia ao comércio internacional (isto é, das "nações amigas"). Mas a expulsão do invasor na Metrópole (1814), coincidindo com a elevação do Brasil à categoria de Reino-Unido (1815), punha à luz uma situação esdrú-

---

[3] José Honório Rodrigues, *Independência: revolução e contrarrevolução*, Rio de Janeiro, Francisco Alves, 1975. Cf. especialmente, a discussão historiográfica (vol. 5, pp. 253-66).

xula, em que se invertiam as posições. A insistência em mantê-la, por parte de D. João VI, levaria à revolução liberal de 1820 em Portugal, pressionado por uma opção. Para fugir a ela, teria o mesmo D. João VI, ao regressar à Europa, aconselhado seu filho, o príncipe regente D. Pedro, a cingir a coroa do Brasil "antes que algum aventureiro lance[çasse] mão dela"; como o mesmo D. Pedro era herdeiro da coroa portuguesa, o esquema dinástico estaria a salvo, recompondo-se, com o tempo, a unidade. Mas a solução "dinástica" não resolvia os problemas do Estado: em que condições se manteria a unidade? Ora, nas Cortes de Lisboa, emanadas da revolução liberal, o problema não era apenas dinástico, mas político: assim, o que se intenta, uma vez imposta ao rei a volta à Metrópole, é efetivamente a recolonização do Brasil; daí a reação das elites brasileiras, que conseguem envolver no seu movimento o príncipe D. Pedro, que guardara no espírito os conselhos do pai — e proclamou a Independência. Mas os problemas persistiam, nas suas dimensões dinástica e política, e a possibilidade da reunião das coroas acaba paulatinamente por incompatibilizar o príncipe com a nação recém-criada, ao mesmo tempo em que abre, em Portugal, o caminho para a reação absolutista de 1828. Enfim, o desenlace: abdicando em 1831, D. Pedro I (IV em Portugal) volta a Portugal para disputar o trono com seu irmão, o rei absolutista D. Miguel; a guerra prolonga-se até a vitória liberal em 1834. Pouco depois morre, aos 36 anos, esse quixotesco D. Pedro, proclamador da Independência do Brasil e implantador do liberalismo em Portugal, desamado em sua pátria de origem, que o acolheu, e herói na sua pátria de adoção, que o expulsou.

 O afeto dos brasileiros e o desamor dos portugueses pelo mesmo personagem, envolvido nessa dramática sequência de acontecimentos, indica a precariedade dessa visão do processo, que se cristalizou na mentalidade coletiva dos dois povos, daí extravasando para a historiografia. Os descaminhos ideológicos da memória social são às vezes insólitos, e a vertente conservadora da historiografia tendeu sempre a enfatizar a importância da participação "portuguesa" na Independência do Brasil. Esta a sua peculiaridade: foi uma iniciativa da Metrópole, uma realização de seu príncipe. Daí a supor, e depois afirmar, que a colonização portuguesa fora na realidade a criadora da nação, o passo é curto; assim, a história da Colônia começa a ser lida como algo desde o início destinado a desaguar na Independência nacional, num curioso exercício de profecia do passado. A colonização não envolvia exploração (até porque a Metrópole não se desenvolvera), mas o semear da futura nação que, como uma fruta, num dado momento, amadurece para a secessão.

Dessa forma, os conflitos desaparecem, as tensões se esfumam, a ruptura se apaga; tudo se aplana na harmonia da continuidade. Mas, infelizmente, o curso da história envolve sempre, e ao mesmo tempo, continuidade (no nível dos acontecimentos) e ruptura (no nível das estruturas) e a sua compreensão pressupõe articular os dois níveis da realidade. Para tentar essa difícil articulação, é bom ter sempre presente que o movimento das estruturas cria o quadro de possibilidades dentro do qual se produzem os acontecimentos, pois se os homens fazem a história, não a fazem como querem. Dar sentido à série de eventos acima narrados implica, pois, situá-los nos movimentos de fundo, de que são a expressão superficial.

Atentemos, preliminarmente, para o ponto inicial e final do processo. No início, a extensa Colônia da pequena Metrópole, absolutista; no fim a nova nação politicamente independente e a implantação do liberalismo na antiga Metrópole. Há, portanto, certa ligação entre o vínculo colonial e o absolutismo, da mesma forma que entre independência e liberalismo, tanto que, ao se romper aquele vínculo, entra em colapso a monarquia absolutista na Metrópole. E o movimento de independência foi precisamente o encaminhamento da passagem de uma para a outra situação. Cumpre pois examinar, na sua estruturação interna, o contexto inicial do processo, e depois analisar os mecanismos da passagem.

Colonialismo e absolutismo articulam-se, na medida em que a colonização do Novo Mundo na Época Moderna se desenvolveu predominantemente sob o patrocínio dos Estados absolutistas em formação na Europa. A rigor, a expansão ultramarina, que depois se desdobraria em colonização, ocorre paralela e contemporaneamente à formação dos Estados nacionais, no regime de monarquias absolutistas; e ambos os processos — expansão ultramarina e formação das monarquias — reportam-se ao mesmo substrato comum, qual seja, a crise do feudalismo, e são formas de superação dessa crise. A superação da crise do mundo feudal envolveu, como se sabe, um alargamento de mercados em escala mundial, tendo por centro a Europa, mas uma Europa dividida em Estados nacionais em franca competição. A centralização política, na medida em que se desenvolve, restabelece a ordem social estamental afetada pela crise e implementa a saída econômica em direção ao

Oriente, à África e ao Novo Mundo. Na nova estrutura que se vai conformando, a circulação do capital comercial comanda o processo econômico, mas não domina a produção, depende do apoio do Estado para manter o ritmo da acumulação. O Estado absolutista, porque centralizado, tem condições e precisa realizar essa política de expansão, porque se forma em competição com os outros Estados. A política mercantilista estabelece, portanto, a conexão entre Estado centralizado e acumulação de capital comercial. Neste contexto a colonização vai assumindo sua forma mercantilista, isto é, vai se constituindo em ferramenta (entre outras) para a aceleração da acumulação primitiva de capital comercial nas áreas cêntricas. O mecanismo pelo qual se processava a acumulação originária da colônia para a metrópole era o regime do comércio exclusivo, o qual, para ser garantido, exigia a dominação política da metrópole sobre a colônia. Como decorrência, para engendrar, nas colônias, uma produção mercantil que propiciasse a acumulação na metrópole, o trabalho é organizado em vários graus de compulsão, tendendo para o escravismo.

Tais as peças do Antigo Sistema Colonial: dominação política, comércio exclusivo, trabalho compulsório; assim se promovia a acumulação de capital no centro do sistema. Mas, ao promovê-la, ao mesmo tempo, se criam as condições para a emergência final do capitalismo, isto é, para a eclosão da Revolução Industrial. Dessa forma, o sistema de exploração colonial engendrava sua própria crise, pois o desenvolvimento do industrialismo se torna pouco a pouco incompatível com o comércio exclusivo, a escravidão, enfim com a dominação política, ou seja, com o Antigo Sistema Colonial. Tal o movimento contraditório do sistema: ao se desenvolver, desemboca em sua crise, encaminhando-se sua superação, a qual não ocorre sem a superação, *pari passu*, do absolutismo, que lhe servia de base.

Crise do Antigo Sistema Colonial[4] parece, portanto, ser o *mecanismo de base*, que antes buscávamos, que lastreia o fenômeno de separação das colônias, de que aqueles acontecimentos são uma manifestação específica. É dela que se tem de partir, se se quiser compreender a Independência do Brasil de forma a ultrapassar uma visão superficial dos eventos. O mecanismo de fun-

---

[4] Fernando A. Novais, *Estrutura e dinâmica do Antigo Sistema Colonial*, São Paulo, Cadernos CEBRAP, nº 17, 1974.

do oferece-nos o quadro estrutural e, por aproximações sucessivas, podemos focalizar outra vez os acontecimentos, da separação entre a Metrópole e a Colônia. Tentemos, portanto, o caminho dessa reaproximação.

Trata-se, antes de tudo, de inserir o movimento de independência no quadro qual da crise do colonialismo mercantilista; e, num plano mais largo, da desintegração do Antigo Regime como um todo. Pois que o Sistema Colonial era parte integrante e articulada nessa estrutura global — a que Wallerstein chamou "Modern World System" — a sua crise e superação correram paralelas à desintegração do absolutismo. Os mecanismos de base, antes explicitados, operam no conjunto, mas expressam-se diversamente nos vários segmentos particulares. Assim, é o conjunto da exploração colonial que estimula o conjunto das economias cêntricas, mas, na assimilação desses estímulos, competem vigorosamente os vários Estados europeus. As vantagens da exploração de uma colônia necessariamente não se localizam na respectiva metrópole, podendo ser transferidos para outros polos. E este é precisamente o caso dos países ibéricos, pioneiros na colonização, mas declinantes a partir do século XVII, e especialmente de Portugal. Seria ocioso retomar aqui os estudos sobre o "colonialismo informal" das relações anglo-portuguesas a partir dos tratados de 1641 e seguintes. Igualmente, a maneira pela qual a crise se manifesta no caso luso-brasileiro tinha de assumir forma peculiar — aparece como que induzida de fora para dentro, quando na realidade se processa do todo para a parte.

Mas essa posição de Portugal (e de suas colônias) no contexto do "Modern World System" é já o primeiro passo em nossa análise. Em declínio desde o século XVII, a preservação da extensa Colônia ia-se tornando cada vez mais imprescindível à manutenção do Estado metropolitano na Europa; a cessão de vantagens no comércio colonial era sua moeda nas negociações de alianças, sobretudo a aliança inglesa. Mas na medida em que o sistema se desenvolve e se encaminha para a constituição do capitalismo industrial, metrópole e colônia portuguesa não poderão ficar à margem: serão necessariamente afetadas, de um lado pelos influxos do industrialismo nascente, de outro pelo pensamento crítico do absolutismo, isto é, pelas incidências da Ilustração. A pressão do industrialismo inglês, a presença da Ilustração francesa (mediante os "estrangeirados"), enfim as hostes de Junot, nos desdobramentos da Revolução em curso no Ocidente — assim Portugal vai sendo envolvido no torvelinho da crise do absolutismo e do colonialismo mercantilista. Não só Portugal, mas também o Brasil; o desenvolvimento econômico da Colônia, ainda que dentro dos moldes de uma economia colonial típica, acaba por desencadear tensões, agravadas com a emergência do moderno industrialismo. Os colonos começam a se sentir mais "brasileiros" do que portugueses na Colônia — "não é das piores desgraças o viver em colônias",[5] diria um deles em 1802. O mesmo pensamento ilustrado que inspira reformas na Metrópole estimula rebeldia e insurreições na Colônia, que a mesma forma de pensar pode sofrer várias leituras, até mesmo contrastantes. Nada mais típico dessa ambiguidade do que as leituras metropolitana e colonial da obra entre todas famosa de Raynal.

Os mecanismos de fundo — a transição para o capitalismo —, no seu processo essencialmente contraditório, engendravam pois tensões que, a partir de um certo momento (segunda metade do século XVIII), desencadeiam conflitos obrigando a reajustamentos no todo e nas partes. O fato de a transição se completar primeiro num ponto do sistema — a Inglaterra — complica inextricavelmente a trama de tensões e conflitos. A Independência dos Estados Unidos (1776, que é quando se publica *A riqueza das nações*, matriz da nova economia política) marca a abertura da crise do Antigo Regime e do Antigo Sistema Colonial; na Europa e na América, no Velho e no Novo Mundo, desenvolvem-se paralelamente as reformas e desencadeiam-se as insurreições.

Reforma e revolução aparecem, assim, como vertentes do mesmo processo de reajustamento e ruptura na passagem para o capitalismo moderno, na segunda metade do Setecentos e primeira do Oitocentos. Com efeito, o chamado "despotismo esclarecido" esforçava-se para promover, ao mesmo tempo, a modernização do absolutismo metropolitano e as aberturas no Sistema Colonial. Portugal enveredou muito cedo por esse caminho, no "consulado" pombalino (1750), mas é sobretudo a partir de 1777 (queda do marquês de Pombal, com a morte de D. José) que se estimula mais claramente a nova política colonial do reformismo ilustrado. Tal reformismo, entretanto, não lograva abrandar, antes acentuava as tensões, e as "inconfidências"

---

[5] Luiz dos Santos Vilhena, *Recopilação de notícias soteropolitanas e brasílicas*, Salvador, Imprensa Oficial do Estado, 1921, p. 289.

marcam o contraponto revolucionário do processo.⁶ Essas as linhas de força que se desenlaçam com a vinda da corte, em 1807, para o Brasil.

Pode-se agora, ainda que sinteticamente, delinear as forças em presença na abertura do processo de independentização da Colônia. Os mecanismos de fundo, como se procurou indicar, acentuavam a tensão entre a Colônia e a Metrópole, que em determinadas condições podia chegar ao conflito; mas essa tensão básica se desdobra em outras. Efetivamente, no Antigo Sistema Colonial, entre a "Metrópole", isto é, os colonizadores, e a "Colônia", isto é, os colonizados, situavam-se os *colonos*, ou seja, a camada dominante na colônia. Esta camada social é que encarnava (como projeto político) os interesses da "Colônia", e se contrapunha à massa escrava, esta sim "colonizada". A tensão Colônia-Metrópole se desdobrava, pois, em tensão entre senhores e escravos. Por outro lado, na Metrópole, aos interesses ligados ao comércio colonial, empenhados na manutenção do pacto, associavam-se ou opunham-se interesses de outros estratos sociais (campesinato, produtores independentes, plebe urbana etc.). O Estado reformista ilustrado procurava mediar e equilibrar esse feixe de interesses conflitantes. No caso de Portugal, a situação se complica, pois a essas forças se somam os interesses do industrialismo inglês em ascensão. No Brasil, entre a massa escrava e o senhoriato, toda uma heterogênea e flutuante camada de funcionários, profissionais liberais, plebe urbana etc., tende a tornar mais complexo o quadro de tensões no encaminhamento do processo.

Observado em conjunto, o complexo processo de desatamento dos laços coloniais da América, que se desenrola a partir da segunda metade do século XVIII até as três primeiras décadas do XIX, apresenta várias vias de passagem, que correspondem às diversas maneiras como se compuseram aquelas forças em jogo, qual das várias tensões predominou no conflito e, portanto, qual grupo ou classe social logrou a hegemonia. Tentemos fixar essas variações: a situação-limite, sem dúvida, é aquela em que a tensão entre senhores e escravos se sobrepõe a todas as outras, e o processo radicaliza-se e aprofunda-se numa convulsão social; tal o caminho da revolução negra de Santo Do-

---

⁶ Kenneth R. Maxwell, *Conflicts and Conspiracies: Brazil & Portugal (1750-1808)*, Nova York, Cambridge University Press, 1973; Fernando A. Novais, *Portugal e Brasil na crise do Antigo Sistema Colonial (1777-1808)*, São Paulo, Hucitec, 1981.

mingo, liderada por Toussaint-Louverture e, depois, por Dessalines. O levante dos escravos varreu a dominação dos colonos, resistiu à invasão inglesa e expulsou o exército enviado por Napoleão para a reconquista da ilha. No polo oposto, a tensão entre Metrópole e Colônia ganha a preeminência, mas é a Metrópole que vence a contenda: este é o caso das colônias inglesas das Antilhas, em que a Metrópole — por ser o centro das transformações, em pleno curso da Revolução Industrial e predomínio econômico — consegue comandar o processo, abandonando o exclusivo, suprimindo o tráfico negreiro e depois a escravidão, e ainda podendo se dar ao luxo de manter o estatuto político das colônias. Entre as duas situações-limite, alinham-se aquelas em que a tensão Metrópole-Colônia foi a preponderante sobre as demais questões, mas são as colônias que levam a palma, e este é o caso das colônias espanholas e portuguesas, como anteriormente já tinha sido o das treze colônias inglesas da América Setentrional. Deixemos de lado certas situações residuais, em que a metrópole, ainda que não hegemônica no conjunto, logra manter os laços coloniais: é o caso de Cuba e Porto Rico, que se mantêm presas à Espanha.

Vale fixar, nessa medida, para uma aproximação maior do modelo luso-brasileiro, aquela terceira via a que nos referimos: a tensão Metrópole-Colônia sobreleva todas as demais, e a Colônia se independentiza, isto é, a camada social de colonos consegue assumir a hegemonia na condução do processo de passagem. Aqui, três possibilidades se abrem: primeira, a emancipação se dá sob a forma republicana de governo e se abole a escravidão, e é o caso das colônias espanholas; segunda, sob a forma republicana, mantém-se a escravidão, e fora o caso dos Estados Unidos da América; terceira, a libertação da colônia mantém a monarquia e preserva a escravidão, e este é o caso do Brasil. A composição de forças que pôde ir se articulando no curso do processo para chegar a tal resultado é o que podemos agora analisar.

Na segunda metade do século XVIII, impulsionadas pelos mecanismos estruturais da formação do capitalismo moderno, as tensões sociais agravam-se na Europa e nas colônias do Novo Mundo, e o encaminhamento político dessas tensões levou, de um lado, ao reformismo da Ilustração e, de outro, às tentativas revolucionárias. A partir da independência dos Estados Unidos, agudizam-se as tensões e acelera-se o processo, para atingir na Revolução Francesa o seu ponto mais fundo de radicalização; ao mesmo tempo, estabilizando-se no Consulado, o movimento revolucionário tornar-se-ia expansionista, atingindo Portugal (aliado da Inglaterra, que procurava conter esse expansionismo) em 1807. Reformas, insurreições, guerras internacionais pertencem pois ao mesmo e complexo processo de ruptura do Antigo Regime e de nascimento da sociedade burguesa contemporânea. Portugal e Brasil inserem-se nesse processo. O reformismo ilustrado, vigorosamente iniciado a partir de 1750 pelo marquês de Pombal, não se atenua — antes acentua-se — após sua queda em 1777: sobretudo no que respeita à política colonial, inicia-se uma fase de maior flexibilidade, com o abandono das companhias privilegiadas de comércio e supressão dos estancos, ao mesmo tempo em que se combate o contrabando e se estimula a diversificação da produção e a melhoria tecnológica etc. Correlatamente, em Portugal, prossegue-se no esforço industrialista (proibindo-se em 1785 as manufaturas têxteis na Colônia) com vistas a superar o atraso, ao mesmo tempo em que se procura, com inspiração nas memórias da Academia das Ciências de Lisboa, modernizar o país, removendo-se os arcaísmos. Todo esse esforço de recuperação, conduzido com persistência ao longo de anos, vinha obtendo êxito quando da invasão das tropas napoleônicas — o que altera substancialmente a situação, inviabilizando o esquema reformista e obrigando a duras opções.

Paralelamente, na Colônia, a política reformista não conseguia distender as tensões; até certo ponto, pode-se dizer que, ao contrário, o surto de relativo progresso ainda mais aguçava a tomada de consciência da exploração colonial, redobrando as inquietações. Estas tendem a se expressar em conflitos, como na América Espanhola da mesma época: são as inconfidências. Se no Rio de Janeiro, em 1794, e em Pernambuco, em 1801, as tentativas são abortadas no nascedouro, em Minas Gerais (1789) e na Bahia (1798) o movimento vem à luz, sendo reprimido com rigor crescente. Se a inconfidência de Minas se inspirara, mais especificamente, na insurreição dos americanos do Norte, a revolução baiana "dos alfaiates" (depois chamada "primeira revolução social brasileira"), mais popular, mais radical, já traz fundas marcas da Revolução Francesa. De uma insurreição para outra, nota-se um aprofundamento no processo: o projeto dos revolucionários baianos envolvia nada menos que a libertação dos escravos. É por aí que se pode compreender que, se a política do reformismo colonialista português não atenuava as tensões, o aprofundamento do processo revolucionário, este sim, terá assustado a camada dominante da Colônia, de proprietários de terras e senhores de escravos, levando-a como que imperceptivelmente a se aproximar das posições reformistas do Estado metropolitano.

Assim, os anos de 1807 e 1808 marcam efetivamente um ponto de confluência. Para o príncipe regente D. João, migrar para a América, ante a invasão francesa, significava preservar a dinastia à espera de melhores dias; à Inglaterra interessava não só proteger o aliado valioso na pugna com Napoleão, mas ainda aproveitar a oportunidade de penetrar nos mercados brasileiros mais abertamente, pois, ocupada a Metrópole, tornava-se imperioso suspender o exclusivo do comércio da Colônia. Além disso, na decisão da transferência da corte, aparentemente desconcertante, pesavam imperativos mais profundos de situação. É que, dada a posição que Portugal fora assumindo a partir da Restauração de 1640, a sua existência dependia mais e mais da Colônia; era com esta que jogava, ou melhor, com as vantagens da exploração colonial, no sistema de alianças das relações internacionais. Cada vez mais, aproximar-se da França, contra a Inglaterra, significaria pôr em risco a Colônia, dada a supremacia naval inglesa; aliar-se à Inglaterra punha em risco a Metrópole, dada a supremacia continental francesa, aliada à Espanha depois de 1715. A diplomacia portuguesa procura continuamente a neutralidade, hesita, para finalmente aliar-se à Inglaterra, potência ascendente; e, em 1807, essa opção chega ao limite, com a migração da corte e a "inversão colonial".

Do ponto de vista da classe dominante dos colonos — os proprietários de terras e de escravos —, nessa conjuntura, tal opção vinha ao encontro de seus interesses e, a pouco e pouco, dessa convergência se vai delineando um projeto de "império" com sede na América. A política do Príncipe Regente, depois D. João VI, no Brasil, pôs em andamento esse projeto; mal chegado, ainda na Bahia, edita o famoso alvará da abertura dos portos às nações amigas (janeiro de 1808). Não foi, como se poderia pensar, uma concessão à Inglaterra;[7] esta sentia-se no direito de reivindicar a abertura apenas para si, substituindo-se à velha Metrópole, pois fora a esquadra inglesa que garantira a vinda da corte; nem se pense que a Velha Albion era a única "nação amiga". No mesmo ano já estaria no Brasil o americano Henri Hill, para exa-

---

[7] Wanderley Pinho, *A abertura dos portos*, Salvador, Publicações da Universidade da Bahia, 1961.

minar as possibilidades do novo mercado.[8] Das pressões inglesas resultaria, sim, o tratado de 1810, no qual o comércio inglês se torna efetivamente privilegiado no mercado brasileiro, mesmo em relação aos portugueses metropolitanos. O ano de 1810 aparece, assim, como a contrapartida de 1808.

Ao longo de toda uma década, ou seja, até a eclosão da revolução liberal portuguesa em 1820, implementa-se essa linha política, em que se casam os interesses do senhoriato brasileiro com a perspectiva do Estado metropolitano, agora assimilado e instalado na Colônia. À abertura dos portos, segue-se o levantamento das proibições às manufaturas; mais do que isso, passa-se a uma política de incentivo direto às indústrias, e toda uma série de medidas de política econômica se decretam nesse sentido.[9] Ao mesmo tempo, a corte se instalava, centralizando um complexo aparelho de Estado numa espécie de "naturalização" do governo português no Brasil. Ao lado dos vários departamentos da administração organizam-se as forças armadas, criam-se as primeiras escolas superiores. A política externa orientava-se na mesma linha, com a expedição à Guiana Francesa e reivindicações no Prata. Assim, em 1815 eleva-se a antiga Colônia à condição de Reino Unido.

Não podia haver dúvida: a corte viera para ficar. Por tudo isso, "o que é de admirar é que só em 1820 tenha havido em Portugal uma revolução".[10]

---

[8] Henry Hill, *A View of the Commerce of Brazil (1808)*, edição bilíngue, Salvador, Banco da Bahia, 1964.

[9] Emilia Viotti da Costa, "Introdução ao estudo da emancipação política do Brasil", in Carlos Guilherme Mota (org.), *Brasil em perspectiva*, São Paulo, Difel, 1978.

[10] Pedro Octávio Carneiro da Cunha, "A fundação de um Império liberal", in Sérgio Buarque de Holanda (dir.), *História geral da civilização brasileira*, t. II, vol. 1, São Paulo, Difel, 1962, p. 146.

As dimensões da Independência[1]

Neste breve estudo, procuraremos apenas apontar as conexões mais importantes que vinculam o movimento de independência de nosso país ao processo mais amplo e profundo da crise geral do Antigo Sistema Colonial da época mercantilista. Efetivamente, do mesmo modo que é impossível uma compreensão verdadeira da forma que assumiu a colonização portuguesa nas terras americanas sem relacioná-la continuamente às coordenadas estruturais daquele sistema, como procuramos indicar em trabalhos anteriores, pela mesma razão não se pode entender a separação e a autonomização da Colônia sem inserir esses eventos nos mecanismos de superação do antigo colonialismo. É contudo evidente que não se pode pretender dominar, num rápido ensaio de dimensões reduzidas, todos os componentes de um processo tão vasto e complexo; tudo quanto pretendemos são considerações gerais, demarcando as principais linhas de força desse decisivo ponto de inflexão da história do Ocidente, com vistas a um equacionamento fecundo do problema, que abra caminho a novas indagações.

Por outro lado, somente esta perspectiva possibilita superar certas distorções ou mesmo falácias a que não têm escapado os estudos correntes sobre a Independência do Brasil. Por exemplo, os estudos de história econômica, talvez por enfocarem uma única dimensão da realidade histórica, tendem muitas vezes a minimizar o significado da emancipação política. Segundo essa perspectiva, a Independência teria sido quase que simplesmente uma transferência de tutela, da portuguesa para a inglesa, a Inglaterra seria como

---

[1] Publicado originariamente em Carlos Guilherme Mota (org.), *1822: dimensões*, São Paulo, Perspectiva, 1972, pp. 15-26.

uma nova "Metrópole"; na realidade nenhuma modificação fundamental teria ocorrido. Uma repercussão danosa dessa maneira de ver esse momento de nossa história é que os estudos de história econômica não se constituem, assim, em base para uma crítica das teorias do desenvolvimento, com as quais se procura equacionar a situação latino-americana contemporânea. Para o historiador, o pecado capital dessas teorias é justamente igualizar em categorias genéricas as mais díspares situações históricas (por exemplo, a noção de "sociedade tradicional" nas etapas de Rostow). A fim de que os estudos históricos, a nosso ver, possam servir de base para a revisão crítica das teorias de desenvolvimento e subdesenvolvimento, devem eles orientar-se para a identificação da peculiaridade de cada situação histórica específica.

No polo oposto, os estudos tradicionais, mais antigos, de história geral do Brasil, por se aterem quase que exclusivamente aos aspectos políticos, acabam por conferir à emancipação política uma dimensão que não teve, nem poderia ter. A análise por vezes minuciosa dos acontecimentos políticos, centrada nos debates parlamentares do primeiro Império, dão por vezes a impressão de que o centro de decisões de nossos destinos, em todos os níveis, se transferira realmente para dentro de nossas fronteiras, como se estivéssemos desvinculados do resto do mundo. Assim, a persistente dependência econômica acaba por parecer um resultado da inépcia da geração que promoveu a independência, sem se levar em conta os parâmetros que balizavam a ação daqueles estadistas. A virtude necessariamente não está no meio, mas a procura de compreensão do passado tem de integrar (ou pelo menos tentar combinar) os vários níveis da realidade: os problemas econômico-sociais, o processo político, os quadros mentais disponíveis, a partir dos quais os atores do drama podiam apreender os problemas emergentes. O enfoque a partir da análise do Sistema Colonial e da sua crise talvez se possa constituir num caminho para essa compreensão.

Mas há ainda uma terceira distorção que importa caracterizar. Alguns autores portugueses e brasileiros assumem, ao estudar a formação brasileira, uma postura fundamentalmente inversa da perspectiva aqui assumida — o Brasil nunca teria sido colônia, o Sistema Colonial seria um fantasma. Tal visão prende-se, por um lado, à identificação de certas peculiaridades da colonização portuguesa (em confronto com a de outras metrópoles europeias), que são reais, mas não anulam as linhas mestras do Antigo Sistema Colonial (estrutura global, subjacente ao processo conjunto da colonização europeia da Época Moderna), e antes devem ser compreendidas a partir dessas linhas. Por outro lado, sobretudo em autores portugueses de linhagem tradicionalista, esse enfoque resulta da constatação de que Portugal não acompanhou, na época mercantilista, o ritmo de desenvolvimento econômico das principais potências europeias: em suma, posto que detentor de extensas colônias, não assimilou os estímulos econômicos para desencadear no fim do período um processo de industrialização. Ora, este é efetivamente um dos problemas capitais da história portuguesa: identificar os fatores pelos quais, apesar da exploração colonial, retrasou-se a Metrópole em relação ao conjunto da economia europeia. Mas a historiografia conservadora prefere sair do problema negando-o: é que Portugal não explorava as colônias, ou mesmo quiçá nem tinha colônias. E porém evidente que com essa atitude valorativa (colonização boa, colonização má) não se caminha no conhecimento do passado histórico.

Todavia, atente-se bem: se o Brasil nunca foi colônia, então a independência torna-se um fenômeno incrivelmente nebuloso. Independência em relação a que, ou a quem, se não havia "dependência"? De fato, o afã de negar o Sistema Colonial leva necessariamente a caracterizar a independência como uma secessão pura e simples. Mas os problemas continuam. Por que a parte, a maior parte, se separa do todo? Talvez por culpa de malignas *ideias francesas* que contagiaram ingratos súditos da protetora mãe-pátria; ou por causa dos *erros* dos governantes dessa fase conturbada, que não conseguiram timonear satisfatoriamente o barco do Estado. Mas é claro que com juízos de valor não se explicam fenômenos históricos. Os problemas persistem: por que tais ideias encontravam receptividade? Quais as alternativas concretas que se ofereciam aos estadistas que se debatiam com a crise? Positivamente, o maniqueísmo não é um bom método para interpretar a História.

No melhor dos casos, essa perspectiva distorcida nos afirma que o Brasil se separou porque amadurecera para a emancipação. Se nos aprofundarmos porém na análise desse *amadurecimento*, iremos esbarrar inapelavelmente nos mecanismos profundos da crise do Sistema Colonial.

O que se deve pois entender por crise do Sistema Colonial?

Em primeiro lugar, não se pode pensar em crise de um sistema que não derive do próprio funcionamento desse mesmo sistema; noutros termos, o desarranjo não pode vir induzido de fora, pois nesse caso não se poderia falar em crise do sistema. Por esse motivo, o Sistema Colonial do Antigo Regime tem de ser apreendido como uma estrutura global subjacente a todo o processo de colonização da Época Moderna como já indicamos, não apenas nas relações de cada metrópole com as respectivas colônias. Nessas relações particulares — ou, como se diz, nos sistemas coloniais português, espanhol, francês etc. — a crise dá sempre impressão de vir de fora, porque na realidade procede do desequilíbrio do todo. Assim, é para os mecanismos profundos de estrutura que devemos nos voltar primeiramente, para depois irmos nos aproximando com segurança dos casos particulares.

Ora, encarada no conjunto, a colonização dos séculos XVI, XVII e XVIII (e o movimento colonizador foi certamente um dos aspectos mais salientes da Época Moderna) apresenta-se-nos essencialmente marcada por sua dimensão mercantilista; quer dizer, a ocupação e a valorização econômica das novas áreas pelos europeus — a chamada europeização do mundo — assume a forma mercantilista nesse período. Isto não decorre apenas da contemporaneidade dos dois fenômenos (expansão colonial e política mercantilista), já de si muito significativa, senão que se revela seja na análise genética (como a colonização se engendrou), seja estrutural (qual a posição e quais as relações com os demais componentes do Antigo Regime) da própria colonização europeia.

Examinada nas suas origens, a colonização mercantilista aparece como um desdobramento da expansão comercial; isto significa que não se confunde com o seu ponto de partida: e de fato, com a colonização a ação econômica ultramarina dos europeus ultrapassa a órbita da circulação de mercadorias para a da sua produção (o que envolvia povoamento etc.); mas significa também que se mantinham aspectos essenciais do primeiro movimento: e de fato, o sentido básico mantém-se, as mercadorias são produzidas para o mercado europeu. Logo, a função no conjunto continua a mesma, que vinha da exploração puramente comercial, que fora o grande movimento dos Descobrimentos, por meio do qual se superara a crise da economia mercantil europeia no fim da Idade Média e início da Era Moderna. Por intermédio da expansão (séculos XV e XVI), superara-se a depressão monetária europeia e se reativara a acumulação de capital por parte da burguesia mercantil. Ao se desdobrar em colonização, o movimento expansionista apenas aprofunda ou, antes, amplia este mecanismo: desenvolve-se para ativar a acumulação de capital comercial na Europa, isto é, acumulação por parte da burguesia mercantil, que é uma forma de acumulação originária.

Analisada nas suas conexões com os demais componentes essenciais do mesmo conjunto (Antigo Regime), a mesma natureza da colonização se revela. Quais são, primeiramente, esses outros componentes? No plano político, a Época Moderna assiste ao predomínio do absolutismo, que foi a forma política preponderante nesta fase de formação dos Estados nacionais modernos; no nível econômico, a economia europeia assume a forma do chamado capitalismo comercial, fase intermediária e de formação do capitalismo, na qual as relações de mercado não dominam o conjunto da vida econômica, mas já o setor mercantil se constitui no setor dinâmico da economia; no âmbito da vida social, a sociedade estamental persiste, isto é, a estruturação a partir dos princípios do privilégio jurídico, comportando já porém numa das ordens (o terceiro Estado) uma crescente diferenciação de classes: não é uma sociedade de classes, mas contém classes no seu bojo.

As inter-relações entre esses vários componentes do Antigo Regime não são difíceis de perceber. A "sociedade de ordens", já não feudal, ainda não burguesa, prende-se, de um lado, à forma ultracentralizada que assume o poder absolutista nos Estados monárquicos, de outro, aos limites do desenvolvimento da economia de mercado ou à persistência de amplos setores pré-mercantis. A centralização absolutista e a teorização da origem extrassocial do poder (direito divino) aparecem como a única possibilidade de manter-se a coesão numa sociedade tão essencialmente heterogênea, porque estruturada a partir de princípios distintos; a monarquia de direito divino absolutista funda-se exatamente nesse relativo equilíbrio político de forças sociais, e o pressupõe. Com isto (persistência da nobreza, restos de relações servis, consumo suntuário não reprodutivo de parte do excedente etc.) ficam limitadas necessariamente as possibilidades de expansão do setor mercantil da economia, e pois de ascensão da camada burguesa da sociedade; efetivamente, nesta primeira fase do capitalismo em formação, pelo fato de o lucro se realizar predominantemente na circulação sob a forma de capital comercial e, pois, a camada empresária não deter o domínio do parque produtor, o processo e o ritmo da acumulação encontram-se de certo modo bloqueados, quer dizer, o setor de mercado da economia do Antigo Regime tem poucas condições de um intenso e rápido desenvolvimento autossustentado. Para manter-se crescendo, necessita de apoio extraeconômico, do Estado; ora, exatamente, o Estado absolutista pode exercer essa função, dada a extrema centralização do poder; e mais: precisa exercê-la para fortalecer-se, em relação aos outros Estados, pois nessa fase de formação os Estados se desenvolvem uns contra os outros. Daí a política econômica mercantilista, que no fundo visa essencialmente a enriquecer o Estado para torná-lo forte, mas ao fazê-lo desenvolve a economia mercantil e acelera, então, a acumulação de capital de forma primitiva. Assim se fecha o circuito das inter-relações.

Nesse contexto, a colonização aparece claramente como um elemento da política mercantilista, e pois visando aos mesmos fins. Aos elementos internos (toda a política de privilégios, monopólios etc.) da política econômica somam-se os externos — colonização e política colonial: a aceleração no ritmo da acumulação de capital é o objetivo de todo o movimento. Daí a extensão quase diríamos surpreendente que o fenômeno assumiu na Época Moderna. Os mecanismos pelos quais a colonização se ajusta às funções que exerce no conjunto maior é que se devem denominar Sistema Colonial; e são basicamente o regime do exclusivo metropolitano do comércio colonial, o escravismo africano e o tráfico negreiro. Por meio desses componentes estruturais básicos, a colonização se desenvolve dentro dos quadros de possibilidades do sistema, e, ao desenvolver-se, promove a aceleração de capital comercial na Europa.

Até aqui, as condições de equilíbrio. Mas o nosso problema é compreender a crise.

Retomemos, portanto, à noção de crise engendrada no próprio sistema. É que a contradição é inerente à sua natureza, quer dizer, ao funcionar desencadeia tensões que, acumulando-se, acabam por extravasar seu quadro de possibilidades. Não é possível explorar a colônia sem desenvolvê-la; isto significa ampliar a área ocupada, aumentar o povoamento, fazer crescer a produção. É certo que a produção se organiza de forma específica, dando lugar a uma economia tipicamente dependente, o que repercute também na formação social da colônia. Mas, de qualquer modo, o simples crescimento extensivo já complica o esquema; a ampliação das tarefas administrativas vai promovendo o aparecimento de novas camadas sociais, dando lugar aos núcleos urbanos etc. Assim, a pouco e pouco se vão revelando oposições de interesse entre Colônia e Metrópole, e quanto mais o sistema funciona, mais o fosso se aprofunda. Por outro lado, a exploração colonial, quanto mais opera, mais estimula a economia central, que é o seu centro dinâmico. A industrialização é a espinha dorsal desse desenvolvimento e, quando atinge o nível de uma mecanização da indústria (Revolução Industrial), todo o conjunto começa a se comprometer porque o capitalismo industrial não se acomoda nem com as barreiras do regime de exclusivo colonial nem com o regime escravista de trabalho.

Tal é o mecanismo básico e estrutural da crise, no seu nível mais profundo, e ele não decorre de nenhum "erro" ou malevolência dos autores do drama, antes procede do próprio funcionamento necessário do sistema. É claro que não se pode nem de longe pretender explicar as ações humanas no curso dos acontecimentos direta e imediatamente por esses mecanismos de fundo. Mas, por outro lado e igualmente, não se pode prescindir deles numa compreensão global; eles são o ponto de partida, delimitam os marcos estruturais, que condicionam imediata e indiretamente o curso da história. Em outras palavras: a tarefa, verdadeiramente fascinante, do historiador, será procurar as mediações que articulam os processos estruturais com a superfície flutuante dos acontecimentos.

Considerado o Antigo Regime como um todo interdependente, bastariam esses mecanismos de crise no setor colonial para comprometer o conjunto. Mas nas próprias metrópoles, isto é, no centro dinâmico do sistema, as contradições emergem de seu próprio funcionamento. Aplicada a política mercantilista pelos vários Estados, as relações internacionais tendem para um belicismo crônico, que só pode ser resolvido pela hegemonia final de um deles. Internamente, nos vários Estados, e em função dessa mesma desenfreada competição, a política de fomento econômico vai-se tornando condição de sobrevivência; ora, essa política não se pode implementar sem promover o progresso burguês, rompendo assim o equilíbrio de forças sobre que se fundava o Estado absolutista: o estatismo econômico vai, assim, deixando de ser visto como uma alavanca para o desenvolvimento, pela camada burguesa em vias de dominar todo o processo de produção — o intervencionismo do Estado absolutista começa a ser considerado um entrave. A burguesia começa a tomar consciência de si mesma, e se incompatibilizar com o Antigo Regime. No centro dinâmico e na periferia complementar, a velha estrutura, aparentemente tão sólida, se compromete e começa a vacilar nos seus alicerces. Abre-se a fase de reformas, alternativa para a revolução.

Nunca será demais insistir que esse esquema interpretativo não se propõe como sucedâneo dos estudos monográficos que devem iluminar cada processo específico, nem como modelo adaptável a toda e qualquer circunstância. Antes se apresenta como marco para as reflexões, ponto de partida e não de chegada. A tarefa decisiva, já o indicamos, consiste no estabelecimento das mediações que articulam a estrutura fundamental com a flutuação dos eventos. Para ser assim entendido, três observações parecem-nos indispensáveis.

Em primeiro lugar, o arcabouço básico não pode conter nem mesmo moldar todas as manifestações do fenômeno, sendo a realidade histórica sempre muito mais rica, quase diríamos infinita nas suas possibilidades. Assim, na colonização da Época Moderna, nem todas as colônias se conformam segundo as linhas do sistema; é o caso das chamadas colônias de povoamento, que discrepam da tendência geral. Mesmo nas colônias de exploração, que são as típicas, nem todas as manifestações da vida econômica, política, religiosa etc. exprimem-se segundo as linhas de força do colonialismo mercantilista. Basta pensar em certos aspectos da colonização dos países ibéricos, como, por exemplo, a catequese. De qualquer modo, o que sustentamos é que a partir do sentido mais profundo do fenômeno, que o esquema interpretativo procura descrever, é que se pode analisar e compreender as variações, e não o contrário.

Também é indispensável ter presente, em segundo lugar, que os mecanismos do sistema, por serem globais, só funcionam naturalmente no conjunto, isto é, encarando-se de um lado as economias coloniais periféricas e, de outro, as centrais europeias. As primeiras estimulavam o desenvolvimento econômico das segundas, dentro do Sistema Colonial do mercantilismo. Como, entretanto, a colonização se processou dentro de um quadro de aguda competição internacional, a assimilação dos estímulos advindos da exploração do Ultramar caía na arena das competições econômicas e políticas, podendo os estímulos transferirem-se de umas para as outras das metrópoles colonizadoras. Os exemplos de Portugal e Espanha vêm logo à mente.

Finalmente, a terceira observação: ela é a mais importante para entendermos a crise, e nela inserirmos os movimentos de independência. É que o sistema, por assim dizer, não precisa esgotar suas possibilidades para entrar em crise, e se transformar. O que chamamos Sistema Colonial, na realidade, é subsistema de um conjunto maior, o Antigo Regime (capitalismo comercial, absolutismo, sociedade de *ordens*, colonialismo), e se movimenta segundo os ritmos do conjunto, ao mesmo tempo que o impulsiona. Assim, não foi indispensável que se completasse a industrialização (no sentido de Revolução Industrial) de toda a economia central para que o sistema se desagregasse; bastou que o processo de passagem para o capitalismo industrial se iniciasse numa das metrópoles para que as tensões se agravassem de forma insuportável. É que, na realidade, o Antigo Sistema Colonial se articula funcionalmente com o capitalismo comercial e, quando este se supera, as peças do todo já não são as mesmas. Mais rigorosamente, ainda, a competição entre as metrópoles europeias (inerente ao sistema, como indicamos) resolveu-se na segunda metade do século XVIII pela hegemonia inglesa; daí ser a Inglaterra a que primeiro abriu caminho no industrialismo moderno. Daí também, e contemporaneamente, esta nação ficar em posição de ajustar todo o sistema a seus interesses, a começar pelo enquadramento das colônias da Nova Inglaterra, até então bafejadas pela tolerância metropolitana. É sabido que esse esforço por enquadrar essas colônias de povoamento nas linhas da política mercantilista engendrou as tensões que resultaram na Independência dos Estados Unidos da América.

A partir de então pode-se falar que a crise estava aberta — uma colônia que se torna nação independente ultrapassa totalmente o quadro de possibilidades do sistema. O último quartel do século XVIII e o primeiro do XIX foram efetivamente um longo período de reajuste do conjunto, com alternativas de movimentos reformistas e rupturas revolucionárias: a penosa superação, enfim, da dominação colonial, nas Américas, e do absolutismo político, na Europa. Este, a nosso ver, o quadro de fundo, a partir do qual se pode analisar o movimento de nossa independência, para lhe dimensionar o verdadeiro significado histórico.

Condições da privacidade na Colônia[1]

> Notava as coisas e via que mandava comprar um frangão, quatro ovos e um peixe para comer, e nada lhe traziam, porque não se achava na praça, nem no açougue, e, se mandava pedir as ditas coisas e outras mais às casas particulares, lhas mandavam. Então disse o bispo: verdadeiramente que nesta terra andam as coisas trocadas, porque toda ela não é república, sendo-o cada casa.
>
> Frei Vicente do Salvador, *História do Brasil (1500-1627)*[2]

Emblemático, o trecho de nosso primeiro historiador parece-nos simplesmente perfeito como ponto de partida de nossas indagações. Trata-se de tentar nada menos que uma como que arqueologia (no sentido de "condições de possibilidade") das manifestações da vida privada nos quadros da colonização portuguesa no Novo Mundo; noutros termos, tentaremos desbravar aquelas sendas de mediações entre as estruturas mais gerais do universo colonial e as expressões do privado no seu cotidiano. Ora, escrevendo na terceira década do século XVII, esse incrível frei Vicente do Salvador já nos aponta suas características essenciais: em primeiro lugar, a profunda imbricação das duas esferas da existência, aqui na Colônia; e isto, que já não seria pouco, ainda não é tudo. Pois, em segundo lugar, o arguto cronista deixa claro que os níveis do público e do privado, para além de inextricavelmente ligados, apresentavam-se da mesma forma curiosamente invertidos. Pois, co-

---

[1] Publicado originariamente em Fernando A. Novais (coord.), *História da vida privada no Brasil*, vol. I, *Cotidiano e vida privada na América portuguesa*, organizado por Laura de Mello e Souza (São Paulo, Companhia das Letras, 1997, pp. 13-39).

[2] Frei Vicente do Salvador, *História do Brasil (1500-1627)*, São Paulo, Melhoramentos, 1954, livro I, cap. 2, pp. 42-3.

mo terá de imediato notado o atento leitor, a inversão é também uma forma de articulação.

Atentemos, portanto, por um momento, e como ponto de partida, para esses passos do cronista coevo. Eles nos remetem, como indicamos anteriormente, para dois aspectos essenciais de nosso objeto: de um lado, sua inserção nos quadros da civilização ocidental; de outro, a sua maneira peculiar de integrar-se naquele universo. No primeiro aspecto (isto é, a imbricação das esferas), revela-se o que a Colônia tinha de comum com o mundo metropolitano; no segundo (isto é, a sua inversão), talvez resida a sua peculiaridade, pois o referencial de nosso frade, que provocava sua estranheza, era, naturalmente, o mundo europeu.

E, de fato, a imbricação das esferas do público e do privado é uma das características marcantes da Época Moderna, do Renascimento às Luzes, como transparece praticamente em todo o volume organizado por Roger Chartier.[3] Entre a Idade Média feudal, quando no Ocidente cristão se configura propriamente uma "sociedade sagrada", e o mundo contemporâneo burguês e racionalista que se expressa na laicização do Estado, estende-se essa zona incerta e por isso mesmo fascinante, já não feudal, ainda não capitalista, não por acaso denominada de "transição". Encarado em conjunto, esse período da nossa história — a história do Ocidente — revela sempre essa posição intermediária; em todas as instâncias, de todos os ângulos, é sempre essa a sua característica definidora. No plano econômico, por exemplo, defrontamo-nos com uma produção dominantemente mercantil (pelo menos, é o setor mercantil que imprime a dinâmica ao conjunto), e portanto não mais a economia "natural" dominante no feudalismo; mas, ainda não capitalista, pois a força do trabalho ainda não se mercantilizara, ou, noutros termos, o salariato não é o regime de trabalho dominante (nem a servidão, em franco declínio; o que parece dominar é o produtor independente). Se nos voltarmos para o nível político, o poder não se encontra mais diluído na teia das relações vassálicas, como na sociedade feudal, mas a monarquia absolutista, primeira fase do Estado moderno em formação, ainda vai abrindo caminho, co-

---

[3] Philippe Ariès e Georges Duby (dir.), *Histoire de la Vie Privée*, vol. 3, *De la Renaissance aux Lumières*, organizado por Roger Chartier, Paris, Seuil, 1986.

mo mostrou Eli F. Heckscher em análise clássica, entre as forças universalistas e particularistas. Se já não vige mais a fusão do espiritual com o temporal (fusão, aliás, dificílima, que deu lugar, na Idade Média, às lutas entre o Sacerdócio e o Império), o monarca de direito divino não pode prescindir da "religião de Estado", que se expressa na fórmula famosa: *Cujus regio, ejus religio*. Assim, aos conflitos entre os papas e os imperadores (do "Sacro Império") sucedem as guerras de religião ou a permanente tensão entre o poder real e o papado romano.

Se dirigimos, agora, o olhar para as formas de intimidade, a paisagem com que deparamos não é mais a de quase total indistinção, na Alta Idade Média, que Michel Rouche pôde descrever como a conquista, pela vida privada, do Estado e da sociedade; mas também não podemos vislumbrar aquela clara e distinta separação das esferas, que Jürgen Habermas analisa para o nosso tempo.[4] Entre a indistinção feudal da Primeira Idade Média e a separação formal que se instaura com as revoluções liberais, abre-se, portanto, um período em que as esferas do público e do privado já não estão indistintas, mas ainda não estão separadas — estão imbricadas. Reconstituir as manifestações da intimidade nesse período trata-se de tarefa difícil: há que apanhar tais práticas *in fieri*, isto é, no próprio processo de definição de espaço do privado, o qual corre paralelo ao da constituição do Estado moderno, que delimita o território do público. E isso não escapou ao nosso historiador seiscentista.

Mas, como frisamos antes, ele não se detém aí. Ao acentuar a inversão das esferas, frei Vicente parece indicar que, além de conectadas, as duas faces do público e do privado surgem-nos como invertidas, e isso é apresentado como específico "desta terra", isto é, da Colônia. Fixemos, portanto, nossa atenção na observação do cronista: no mundo colonial, as coisas aparecem "trocadas" e isso causa estranheza; e se causam estranheza, é porque não "deviam" aparecer desse modo. E assim vamos tocando, nas pegadas do cronista,

---

[4] Michel Rouche, "Haut Moyen Âge occidental", in Philippe Ariès e Georges Duby (dir.), *Histoire de la Vie Privée*, vol. 1, *De l'Empire Romain à l'An Mil*, organizado por Paul Veyne, Paris, Seuil, 1985; Jürgen Habermas, *Mudança estrutural da esfera pública*, Rio de Janeiro, Tempo Brasileiro, 1984.

numa das dimensões mais essenciais da colonização moderna. Isso nos lembra os versos em que Gregório de Matos desvelava "a ilusão ideológica que transforma a colônia numa perfeita réplica da metrópole":[5]

> Do que passeia farfante
> mui prezado de amante,
> por fora, luvas, galões,
> insígnias, armas, bastões,
> por dentro pão bolorento:
> Anjo Bento.[6]

Para explicitar as condições da vida privada na América Portuguesa, numa tentativa de procurar as articulações do sistema com as manifestações da intimidade que ocorrem no seu interior, a fim de esboçar o que seriam como que as estruturas do cotidiano na Colônia, levemos em linha de conta, sempre, essa ambiguidade básica da situação, tão vivamente apanhada por dois protagonistas particularmente sensíveis, o poeta e o cronista. Havemos de retornar a esse ponto no final de nossa trajetória, mas por ora convém adiantar que, se na Europa da Época Moderna as manifestações da intimidade vão se definindo em relação à formação dos Estados, na Colônia (no mesmo período) elas estão associadas ainda mais à passagem da colônia para a nação, ou melhor, à própria gestação da nação no interior da colônia. E isso talvez tenha algo a ver com aquela peculiaridade configurada na inversão do público e do privado.

Reconstruir, portanto, a "história da vida privada no Brasil-colônia" implica tentar surpreender um processo em gestação, na sua própria constituição e especificidade. O título que se preferiu para este volume — *Cotidiano e vida privada na América portuguesa* — não é, pois, apenas uma questão de modéstia ou de prudência. É que desejamos, desde logo, patentear nossa

---

[5] Luis Koshiba, *A divina colônia: contribuição à história social da literatura*, tese de doutorado, FFLCH-USP, 1981, p. 25.

[6] Gregório de Matos, *Obras completas*, organizadas por James Amado, Salvador, Janaína, 1968, vol. 2, p. 443.

preocupação de evitar o anacronismo subjacente a expressões como "Brasil-
-colônia", "período colonial da história do Brasil" etc. Pois não podemos fazer a história desse período como se os protagonistas que a viveram soubes-
sem que a Colônia iria se constituir, no século XIX, num Estado nacional.
Nesse sentido, se procuramos reconstituir as manifestações da intimidade articuladas num quadro mais geral, a definição, ou melhor, o recorte desse quadro não pode ser "Brasil" e sim a colonização moderna em geral, situando-se
a colonização portuguesa no Novo Mundo nesse contexto. Em suma, o Antigo Sistema Colonial; no contexto da colonização, portanto, a privacidade
vai abrindo caminho não só em contraponto com a formação do Estado, mas
ainda com a gestação da nacionalidade.

Fixado este ponto básico, tentemos um primeiro passo nessa aproximação, na busca das correlações entre as estruturas da colonização e as manifestações da intimidade. Na esteira de Fernand Braudel, comecemos pela base,
isto é, pelas gentes — a demografia. A colonização moderna não foi um fenômeno essencialmente demográfico, mas por certo tinha uma dimensão demográfica muito importante. Não foi essencialmente demográfico no sentido de que o movimento colonizador não foi impulsionado por pressões de-
mográficas (como, na Antiguidade, a colonização grega), mas tem dimensão
demográfica no sentido de que envolve amplos deslocamentos populacionais.
Fora a colonização moderna um fenômeno essencialmente demográfico, os
países mais densamente populosos teriam montado as maiores colônias. Ora,
é quase o oposto que se dá. Portugal, pioneiro da expansão, contava no século XVI com no máximo 1 milhão de almas; a França dispunha à mesma época de 15 milhões de habitantes, e só mais tarde constituiu pequenas colônias,
e os populosos Estados alemães e italianos não participaram do processo de
expansão colonial. A colonização moderna foi um fenômeno global, no sentido de envolver todas as esferas da existência, mas seu eixo propulsor situa-se
nos planos político e econômico. Quer dizer, a colonização do Novo Mundo
articula-se de maneira direta aos processos correlatos de formação dos Estados e de expansão do comércio que marcam a abertura da modernidade europeia. É fácil observar que a sequência dos países colonizadores (Portugal,
Espanha, Inglaterra, França, Províncias Unidas dos Países Baixos) é a mesma
da formação dos Estados e da expansão mercantil e marítima. O pioneirismo
de Portugal deve-se, assim, à precocidade da centralização política (acelerada

a partir dos Avis), e não, como é costume se dizer, à posição geográfica no extremo ocidental da Europa (o "jardim à beira-mar plantado"), pois sempre esteve lá e somente no século XV realiza as grandes navegações.

Encarada no conjunto, na dimensão demográfica, a colonização revela já aquela ambiguidade e contradição que é o seu traço distintivo, marcado com tanta acuidade por frei Vicente do Salvador no trecho com que iniciamos nossas reflexões, e ao qual voltaremos permanentemente. A colônia é vista como prolongamento, alargamento da metrópole (a mãe-pátria), mas é, ao mesmo tempo, a sua negação. Assim, a população da colônia na perspectiva metropolitana é equivalente à da metrópole, porém a metrópole é uma região de onde as pessoas saem (região de emigração) e a colônia é uma região para onde as pessoas vão (de imigração). Falamos de demografia na visão metropolitana porque, evidentemente, a mentalidade dos ameríndios não contemplava esse tipo de preocupação: o que, aliás, aponta a complexidade do fenômeno colonial, que envolvia um confronto de culturas. E esta é a primeira e importantíssima característica que elevemos ressaltar para iniciar a demarcação, no plano demográfico, das estruturas do cotidiano na colônia: a contínua chegada de novos contingentes populacionais. A intensa *mobilidade* aparece, portanto, como a mais geral característica da população no mundo colonial, em contraposição à relativa estabilidade característica do Velho Mundo. A primeira face dessa mobilidade é o crescimento rápido; no final do século XVIII a Colônia tem uma população semelhante à de Portugal, entre 3 milhões e 4 milhões de almas.[7] Para Portugal, estudos relativamente recentes de demografia histórica[8] indicam, para o início do século XIX, uma população semelhante à da Colônia (um pouco menor, na realidade: 2.931.000 em 1801). Em todo caso, é possível constatar, para o século XVIII português, uma taxa de crescimento demográfico que não discrepa da média europeia. É digno de nota, portanto, que, pequena metrópole de

---

[7] Dauril Alden, "The Population of Brazil in the Nighteenth Century: A Preliminary Survey", *The Hispanic American Historical Review*, nº 43, 1963, pp. 173-205.

[8] José Gentil da Silva, "Au Portugal: structure démographique et développement économique", separata de *Studi in Onore a Amintore Fanfani*, vol. II, Milão, Giufrè, 1962; Joel Serrão, *Fontes da demografia portuguesa*, Lisboa, Horizonte, 1973, pp. 67-90.

imensa colônia, Portugal, ao longo da época da "revolução vital", acompanhou no geral o crescimento populacional europeu médio.

Já se vê a importância decisiva dessa primeira caracterização para descrever e compreender as formas que foram assumindo aqui as relações íntimas — essa constante necessidade de integrar novas personagens nos círculos de intimidade por certo que imprimia uma grande fluidez em tais relações que, por assim dizer, não tinham tempo de se sedimentar. E isso é tanto mais decisivo quando lembramos que, para além do crescimento pela agregação de novas levas, a mobilidade se expressa também e intensamente de forma horizontal, isto é, nos contínuos deslocamentos no espaço. Basta olhar para os mapas das linhas de povoamento[9] para constatar essa permanente mobilidade; ou reler o capítulo "Correntes de povoamento", de *Formação do Brasil contemporâneo* de Caio Prado Jr., para experimentar a mesma sensação:[10] a movimentação tumultuária que devia permear a vida cotidiana, no universo da Colônia. Antonil, já em 1711, comparava os deslocamentos dos primeiros povoadores das Minas ao dos "filhos de Israel no deserto".[11]

Móbil, instável, e mais ainda dispersa, a população na Colônia devia provavelmente angustiar-se diante da dificuldade de sedimentar os laços primários. E note-se que essa *dispersão* decorre diretamente dos mecanismos básicos da colonização de tipo *plantation* que prevaleceu na América Portuguesa: da sua dimensão econômica (exploração para desenvolvimento da Metrópole) resulta a montagem de uma economia predatória que, esgotando a natureza, tende para a itinerância. A extraordinária fertilidade do massapé do Nordeste, garantindo a consolidação e a permanência multissecular da lavoura canavieira, é claramente uma exceção no mundo colonial, e mais adiante iremos indicar os desdobramentos desse padrão para o nosso tema. No geral, a economia colonial predatória, com seu baixo grau de reinvestimento, apre-

---

[9] Aroldo de Azevedo, "A marcha do povoamento e a urbanização", *Vilas e cidades do Brasil colonial*, FFCL-USP, 1956.

[10] Caio Prado Jr., *Formação do Brasil contemporâneo* [1942], São Paulo, Brasiliense, 1953, pp. 65-79.

[11] André João Antonil, *Cultura e opulência no Brasil por suas drogas e minas*, Lisboa, Officina Real Deslandesiana, 1711, p. 264.

senta uma forma de crescimento puramente extensivo, que tende para a itinerância, e isso é que lastreia a contínua dispersão das populações a que nos referimos. Por outro lado, da sua dimensão política (fortalecimento dos Estados), decorre um permanente esforço metropolitano no sentido de expandir o território da dominação colonial, para além das possibilidades de exploração econômica; é que os Estados modernos em gestação na Europa estão se formando uns contra os outros, daí essa furiosa competição para garantir espaços na exploração colonial. No caso português, esse processo é levado ao limite, e é o que explica a enorme desproporção entre a pequenez da Metrópole e a imensidão da Colônia. E é também daí que resulta a enorme dispersão e rarefação das populações coloniais; esse perfil devia aparecer aos olhos dos protagonistas da colonização como uma incômoda e mesmo angustiante sensação de *descontiguidade*, sensação tanto mais intensa se nos lembrarmos que a descontiguidade contrastava rudemente com a experiência de vida na Metrópole.

Mobilidade, dispersão, instabilidade enfim, são características da população nas colônias, que vão demarcando o quadro dentro do qual se engajaram os laços primários e se foi desenrolando a vida do dia a dia. Para compormos ainda mais explicitamente esse quadro é preciso agregar-lhe outra característica, que, aliás, vai na mesma direção: refiro-me à necessária diversidade das populações na Colônia. Por definição, as gentes na Colônia se dividem entre os colonizadores e os nativos: mas na colonização do Antigo Regime, nas áreas em que a compulsão do trabalho foi levada ao limite da escravidão, essa diversidade se acentuou com o tráfico negreiro, que carreou para o Novo Mundo os contingentes africanos. Se nos lembrarmos de que tanto ameríndios como africanos tinham também grande diversidade interna, começaremos a entender a complexidade do *melting-pot* colonial. Do convívio e das inter-relações desse caos foi emergindo, no cotidiano, essa categoria de colonos que, depois, foi se descobrindo como "brasileiros". "Brasileiros", como se sabe, no começo e durante muito tempo designava apenas os comerciantes de pau-brasil. A percepção de tal metamorfose, ou melhor, essa tomada de consciência — isto é, os colonos descobrindo-se como "paulistas", "pernambucanos", "mineiros" etc., para afinal identificarem-se como "brasileiros" — constitui, evidentemente, o que há de mais importante na história da Colônia, porque se situa no cerne da constituição de nossa identidade. Precisamente, isso decorre lentamente nos domínios da intimidade e do cotidiano, o que mostra, aliás, que, longe de ser uma história de migalhas e futilidades, estamos aqui no núcleo fundamental de nossa trajetória, visamos então ao ponto central de nossa constituição como povo e nação, abrimos a possibilidade de compreender algo do nosso modo de ser. Estudar, portanto, as manifestações da privacidade e do cotidiano, neste caso, significa sondar o processo mais íntimo de nossa emergência na história.

E já que vamos, a pouco e pouco, nos acercando do "caso Brasil" no quadro geral da colonização moderna, convém marcar que aquela diversidade aqui extremava-se na imensidão do território e na variedade de formas que o povoamento ia necessariamente assumindo; a essa variedade correspondiam, por certo, diferentes e mutáveis modos de convívio. Para descrever tal espectro, temos de partir dos extremos: de um lado o Nordeste açucareiro, a exceção a que antes aludimos — exceção muito especial porque forma o eixo mesmo da colonização portuguesa. Aqui, como vimos, o povoamento tendeu para a permanência, fixidez e uma certa estabilidade; e, em decorrência, formas de convívio mais sedimentadas e profundas — o patriarcado revivido por Gilberto Freyre em *Casa-grande & senzala*. No polo oposto, na periferia do sistema, uma paisagem social como a de São Paulo, com um povoamento rarefeito, em permanente mobilidade: as "bandeiras" já foram caracterizadas como uma "sociedade em movimento", e abriram os caminhos para atingir as fronteiras, no dizer de Sérgio Buarque de Holanda. E note-se o paradoxo: a sociedade mais estável, permanente, enraizada, está voltada para fora — a economia de subsistência (como a de São Paulo, ou a pecuária nordestina), que está voltada para dentro, dá lugar a uma formação social instável, móvel, sem implantação. De outro ângulo, o contraponto entre o caráter profundamente rural da sociedade litorânea, e marcadamente urbano das Minas, realça a diversidade até o paradoxo: o mais estável, permanente, é o setor litorâneo voltado para fora, nas bordas; o mais fluido e superficial é o setor interiorizado e urbano. Se nos lembrarmos agora das pequenas aglomerações estrategicamente implantadas nas fronteiras distantes, ou mesmo das populações das guarnições fortificadas, os "presídios" no antemural da Colônia, podemos imaginar o sentimento de isolamento e sobretudo de solidão que devia atravessar a vida no dia a dia nos confins do Novo Mundo. E somos tentados a falar em confinamento para caracterizar esse quadro. Podemos, então, entender como um observador arguto como Roger Bastide pode falar em "terra de contrastes",[12] para nos caracterizar.

É levando tudo isso em conta que podemos pressentir as dificuldades do processo de tomada de consciência da situação colonial por parte dos colonos — ou a tortuosidade das veredas de nosso percurso. Lento, dificultoso, penoso percurso de gestação dessa "comunidade imaginária" que, na definição de Benedict Anderson,[13] constitui a nação. Nas Índias de Castela, parece ter sido mais intensa essa tomada de consciência; lá, os colonos se nominavam *criollos*. Mazombo, que entre nós seria o termo correspondente, nunca teve a mesma difusão ou generalização. Na América Portuguesa, o mais comum era chamar *reinóis* aos nascidos na Metrópole. Quer dizer: os colonos hispanos identificavam-se positivamente pelo que eram ou acreditavam ser ("nós somos *criollos*"); os luso-brasileiros identificávamo-nos negativamente ("nós não somos reinóis"), pelo que sabíamos não ser. Nos tempos de frei Vicente, a percepção dessa diferença era apenas nascente; aflora nas entrelinhas dos *Diálogos das grandezas do Brasil* (1618) e o nosso cronista refere-se aos povoadores não só como "os que de lá vieram, mas ainda aos que cá nasceram". Distantes, portanto, estávamos ainda daquela clareza com que se expressava, em 1803, Luís dos Santos Vilhena: "Não é das menores desgraças o viver em colônia".[14]

Pois é, exatamente, esse "viver em colônias" que forma o objeto deste estudo. Os vários capítulos irão descrever, analisar, esmiuçar as várias faces e de diversos ângulos esse fugidio objeto. Neste capítulo, procuramos apenas indicar os nexos que articulam tais manifestações da intimidade cotidiana com as estruturas básicas da formação social na Colônia. Diversidade, fluidez, dispersão, aparecem então como categorias intermediárias que enquadram as manifestações do privado e do cotidiano, modelando-lhe o perfil. Talvez, ainda mais relevante seja a clivagem das populações coloniais que im-

---

[12] Roger Bastide, *Brasil, Terra de contrastes*, São Paulo, Difel, 1959.

[13] Benedict Anderson, *Imagined Communities. Reflections on the Origins and Spread of Nationalism*, Londres, Verso, 1983.

[14] Luís dos Santos Vilhena, *Recopilação de notícias soteropolitanas e brasílicas*, Salvador, Imprensa Oficial do Estado, 1921, p. 289.

porta agora destacar na montagem desse quadro. A implantação da exploração colonial da Época Moderna, em função de seus determinantes políticos e econômicos, trazia no seu imo a compulsão do trabalho como um de seus componentes estruturais; e a América Portuguesa foi, como se sabe, uma daquelas áreas onde esse componente foi levado ao limite, configurando o escravismo. As populações aparecem, pois, clivadas em dois estratos: os que são compelidos ao trabalho e aqueles que os compelem, os dominadores e os dominados, os senhores e os escravos. Entre os dois polos, toda uma imensa gama de situações intermediárias. A *clivagem* intransponível entre as gentes é, pois, uma das categorias essenciais a definir o quadro no qual se desenrolam as vivências do dia a dia. A organização familial, por exemplo, bem como as formas de moradia são diretamente afetadas por essa clivagem fundamental; os tipos de família e as formas de moradia configuram-se diferentemente nas áreas e nas situações em que dominam os extremos (senhor/escravo) ou em que predominam as formas intermediárias de homens livres pobres, pequenos produtores etc. A criação de zonas intermediárias ou momentos de aproximação (amaciamento, diria Gilberto Freyre) passa a constituir um traço marcante da vida de relações na Colônia. A miscigenação foi o principal e mais importante desses espaços de encontro (as festas foram outros), e Gilberto Freyre insistiu, corretamente, nesse aspecto. Mas, ao mesmo tempo, era também uma forma de dominação, pois o intercurso era, evidentemente, entre o dominador branco e a negra escrava; e o mestiço resultante nascia escravo. Por aí se vê a complexidade das relações levada até o paradoxo. A miscigenação foi, assim, ao mesmo tempo, um canal de aproximação e uma forma de dominação, um espaço de amaciamento e um território de enrijecimento do sistema.

Do fundo das estruturas básicas da colonização emergem, portanto, situações de vida muito características, e que enquadram as manifestações do cotidiano e da intimidade das populações coloniais; como que uma camada intermediária, pela qual se articulavam aquelas estruturas fundantes e a recorrência dos acontecimentos. Delineava-se, assim, uma *camada intermediária de sensações* — distanciamento, descontinuidade, clivagem etc. — que iam balizando as manifestações do cotidiano, em meio às quais ia se formando algo que poderíamos pensar como uma mentalidade colonial, esboço de uma fugidia identidade nacional em gestação.

Aqui, o ponto fundamental: a escravidão como relação social dominante (embora não exclusiva) repercute na esfera do cotidiano e da intimidade de maneira decisiva; delineiam-se três tipos básicos no sistema de relações primárias (cotidianidade, intimidade, individualidade, vida familial etc.) — as relações intraclasse senhorial, as relações internas ao universo de vida dos escravos, as relações intermediárias entre senhores e escravos. No curso dos acontecimentos cotidianos, essas esferas, permanente e recorrentemente, interpenetravam-se criando situações e momentos de aproximação, distanciamento e conflito. Mas a *clivagem*, básica, permanecia irredutível. É, evidentemente, difícil determinar na reconstituição desta história os dois momentos de interpenetração e de manutenção das distâncias. Para dar um exemplo: a atitude em face do trabalho, decisiva em qualquer formação social, fica marcada pelo estigma insuperável que identifica trabalho com servidão, lazer com dominação. Por mais que os espaços de "amaciamento" e os momentos de aproximação possam atenuar os polos dessa clivagem, ela remanesce irredutível.

Se aproximarmos, agora, as duas observações sobre as condições da intimidade e do cotidiano na Colônia, tal como emanam das estruturas da colonização, podemos começar a vislumbrar o perfil dessa esfera da existência colonial, na sua maior complexidade. De um lado, notamos que o tipo de exploração econômica que se desenvolvia no Novo Mundo impunha uma constante e grande mobilidade às populações; de outro, a compulsão do trabalho, exigida pela mesma exploração da Colônia, levava à clivagem radical entre os dois estratos básicos da sociedade. De fato, gestando-se no processo de expansão mercantil da época dos descobrimentos e articulando-se ao não menos importante processo de formação dos Estados, a faina colonizadora tendeu sempre a ampliar a área de dominação (competição entre os Estados) e a montar uma empresa de exploração predatória, itinerante, compelindo o trabalho para intensificar a acumulação de capital nos centros metropolitanos. Disso resultava, como vimos, ao mesmo tempo, uma permanente mobilidade das populações e uma clivagem entre os vários estratos sociais. E aqui reside, precisamente, o ponto essencial: é que as sociedades de estamentos, em geral, apresentam uma mobilidade mínima, tanto horizontal como vertical. A sociedade colonial, ao contrário, configura uma sociedade estamental com grande mobilidade, e é essa conjunção surpreendente e mesmo paradoxal de clivagem com movimentação que marca a sua originalidade. E isso precisa ser levado em conta para se desenhar o quadro das condições em que se manifestava a vida privada colonial: a sociedade da Colônia, ao mesmo tempo, estratificava-se de forma estamental e apresentava intensa mobilidade, o que, provavelmente, criava uma sensação de *ambiguidade*, pois a junção dessas duas características envolvia, simultaneamente, tendência de aproximação e distanciamento das pessoas. Essa mesma ambiguidade, aliás, aparece quando consideramos em particular o estrato superior dos colonos, os senhores de terra e de escravos: a dominação direta sobre os homens (escravidão) e a posse de terras (ainda mais recebidas por doação) imprimiam--lhes na mentalidade uma configuração fortemente senhorial; mas, agentes de uma produção mercantilizada em extremo, defrontavam-se no dia a dia com o mercado, o que lhes exigia um comportamento fundamentalmente burguês. Mais ainda: era por intermédio do mercado que obtinham os escravos, isto é, a condição senhorial. Essa inextricável ambiguidade está por certo na base do padrão de relacionamento que tendiam a praticar no cotidiano de sua intimidade.

Esse conjunto de sensações contraditórias, advindas diretamente das estruturas básicas da colonização, formavam como que a camada intermediária de enquadramento do cotidiano e do íntimo do "viver em colônias". Mas eram todas elas — as sensações — dominadas pela mais abrangente de todas, que dimanava do próprio sentido mais geral da colonização. Referimo-nos, evidentemente, ao caráter da extroversão da economia colonial, montada para acumular externamente. A partir das análises clássicas de Caio Prado Jr. ("Sentido da colonização"), procuramos, em trabalho anterior,[15] articular a exploração das colônias ao processo de formação do capitalismo; disso resultava que a colonização tinha um caráter essencialmente comercial, voltada para fora, mas, para além disso, compunha um mecanismo de estímulo à acumulação primitiva de capital mercantil autônomo no centro do sistema.[16] A externalidade da acumulação aparece, pois, nesta análise, como a

---

[15] Fernando A. Novais, *Estrutura e dinâmica do Antigo Sistema Colonial*, São Paulo, Cadernos CEBRAP, nº 17, 1974.

[16] Este não é, obviamente, o *locus* apropriado para polemizar com os críticos deste esquema interpretativo. Mas, como estou reiterando-o no texto (aliás, estas reflexões mostram, quanto a

estrutura básica, no plano econômico, definidora da colonização. Ora, ao mesmo tempo, é essa estrutura fundante que lastreia o por assim dizer sentimento dominante do viver em colônias, ou seja, essa sensação intensa e permanente de instabilidade, precariedade, provisoriedade, que se expressa por todos os poros de nossa vida de relações. É tal sensação profunda e duradoura que, ao que parece, integra e articula as demais que vimos até aqui descrevendo; e quando nos lembramos de que a outra face da externalidade da acumulação era, como mostrou Luiz Felipe de Alencastro,[17] a extraterritorialidade do aprovisionamento da mão de obra, começamos a perceber os fun-

---

mim, a fecundidade do esquema), não posso me furtar a algumas observações muito sucintas a respeito das críticas. Quando falamos da exploração, estamos deslindando mecanismos de conjunto do Sistema Colonial, isto é, das relações entre a totalidade do mundo colonial e o mundo metropolitano em seu conjunto; o fato de que uma determinada metrópole não tenha assimilado as vantagens da exploração colonial em seu desenvolvimento não prova a inexistência dessa exploração, quer dizer apenas que perdeu a competição intermetropolitana. Acumulação para fora, externa, refere-se à tendência dominante do processo de acumulação, não evidentemente à sua exclusividade; é claro que alguma porção do excedente devia permanecer ("capital residente") na colônia, do contrário não haveria reprodução do sistema. Não se trata, desde logo, de uma formação social capitalista que se elabora sem acumulação originária, mas com um nível baixo dessa acumulação. Externalidade de acumulação originária de capital comercial autônomo refere-se à área de produção (as colônias) em direção às metrópoles; nada tem que ver com um processo externo ao sistema, que envolve por definição metrópoles e colônias. Não cabe, portanto, a increpação de obsessão com as relações externas (porque não estamos falando de nada externo ao sistema), nem de desprezo pelas articulações internas, pois estas não são incompatíveis com aquelas; trata-se, simplesmente, de enfatizar um ou outro lado, de acordo com os objetivos da análise. Nesta mesma linha, os trabalhos recentes e de grande mérito sobre o mercado interno no fim do período colonial não refutam (como seus autores se inclinam a acreditar) de maneira nenhuma aquele esquema que gostam de apodar de "tradicional"; o crescimento do mercado interno é, pelo contrário, uma decorrência do funcionamento do sistema, ou, se quiserem, a sua dialética negadora estrutural. Uma questão que sempre me ocorre diante desses argumentos é a seguinte: se não são essas as características (extroversão, externalidade da acumulação etc.) fundamentais e definidoras de uma economia colonial, o que, então, as define? Ou será que se não definem? Será que nada de essencial as distingue das demais formações econômicas? Não creio que seja esse o objetivo dos revisionistas.

[17] Luiz Felipe de Alencastro, "O aprendizado da colonização", *Economia e Sociedade*, nº 1, agosto de 1992.

damentos daquele sentimento de "desterro" tão bem assinalado por Sérgio Buarque de Holanda na primeira página de *Raízes do Brasil*. E, mais uma vez, vão pouco a pouco revelando-se os nexos entre as estruturas fundantes e o nosso modo de vida íntimo e cotidiano.

Curioso ainda notar que, se nós, os historiadores, levamos muito tempo para assinalar esse "sentido" profundo da colonização e analisar seus mecanismos estruturais, e alguns ainda recalcitram em admiti-lo, não assim nosso insuperável cronista-historiador pioneiro; implacável na sua capacidade de penetração da realidade histórica, escreveu frei Vicente do Salvador (livro I, capítulo II):

> E deste modo se hão os povoadores, os quais, por mais arraigados que na terra estejam, e mais ricos que sejam, tudo pretendem levar a Portugal, e, se as fazendas e bens que possuem souberam falar, também lhes houveram de ensinar a dizer como os papagaios, aos quais a primeira coisa que ensinam é: papagaio real pera Portugal, porque tudo querem para lá. E isto não tem só os que de lá vieram, mas ainda os que cá nasceram, que uns e outros usam da terra, não como senhores, mas como usufrutuários, só para a desfrutarem e a deixarem destruída.

Realmente, não podemos evitar uma certa melancolia ao constatar que, depois de muito meditar e analisar, tudo quanto logramos foi caracterizar a "externalidade da acumulação primitiva de capital comercial autônomo" no mundo colonial da Época Moderna; quanto a frei Vicente, dizia, na terceira década do século XVII simplesmente: "tudo querem para lá". É claro que essa frase, límpida e direta, contém todo o conceito longamente elaborado. Mais ainda: liga este fundamento geral com os comportamentos, as práticas, esse "modo" com que "se hão" os colonizadores; e não só os reinóis, como também os nativos. E isso sem comentar a última frase, para não nos distanciarmos muito do assunto, em que se contrapõem a posse senhorial da terra (o senhorio feudal produtor de valores de uso), que era o seu referencial, ao uso mercantil, destrutivo, que se implantava no Novo Mundo. E depois vieram alguns historiadores a falar no caráter feudal da colonização...

Instabilidade, precariedade, provisoriedade parecem pois formar o núcleo dessa "camada de sensações" que, provindo das estruturas mais profundas da colonização, enquadram as demais, dando o tom de conjunto na vida de relações nessa parte do Novo Mundo na Época Moderna; mas, para irmos até o fim nessa tentativa de descrever e analisar as condições da intimidade e do cotidiano colonial, temos de voltar-nos para a sensação de ambiguidade e desconforto que atravessa a vida social da Colônia de lés a lés, e que derivava, também ela, das condições básicas da colonização. Já nos referimos anteriormente a que as colônias eram vistas como o prolongamento das metrópoles, o Novo Mundo só se distinguindo do Velho pela sua recentidade; daí a toponímia: Nova Inglaterra, Nova Espanha, Nova Granada, Nova Lusitânia... Ora, a tal visão contrapunha-se a realidade da colonização, que ia configurando formas sociais muito diferentes e em certos sentidos negadoras da Europa moderna. De fato, a colônia é tão diversa da metrópole, quanto a região dependente o é da dominadora; contrastemos, por exemplo, a evolução da organização do trabalho num e noutro polo do sistema: enquanto na Europa se transitava da servidão feudal para o salariato através do trabalho independente de camponeses e artesãos, no mundo colonial acentuava-se a dominância do trabalho compulsório e, no limite, a escravidão. O núcleo desse descompasso situa-se, com certeza, na contradição, no plano mais geral da colonização do Antigo Regime, entre a ideologia (catequese) e a prática (exploração) dos colonizadores. Nem poderia ser de outra forma: a religião (por meio da catequese do gentio) aparece desde o início como o discurso legitimador da expansão que era vista, assim, como "conquista espiritual"; é junto ao papado que os reinos ibéricos, pioneiros da colonização e da expansão, buscam autoridade para dirimir as disputas pela partilha dos mundos a descobrir; e, a partir daí, a legitimação da conquista pela catequese. Na própria gênese do processo, já deparamos, portanto, com o discurso legitimador da catequese cristã; ele acompanha toda a colonização moderna, variando evidentemente de intensidade de um momento para outro, e de uma região para outra. Mas nos países ibéricos pioneiros a sua presença é levada ao máximo, e isso nos afeta diretamente, muito de perto.

Mais uma vez, aqui, deparamos, portanto, com as colônias exacerbando os traços da metrópole. Na Europa moderna, efetivamente, a religião mantinha-se imprescindível à ordem social hierárquica e ao Estado absolutista, ambos fundados no privilégio. Esse peso da religião acentuava-se nas colônias como legitimação da conquista. Para bem entender essas conexões será preciso ter sempre em conta que, se distinguimos analiticamente, para melhor compreendê-los, os vários processos da transição para a modernidade — formação dos Estados, expansão mercantil, reformas religiosas, mutação cultural etc. —, eles, na realidade, ocorrem contemporânea e inextricavelmente interligados. A colonização acontece nesse contexto, movida ao mesmo tempo por "fatores" político-econômicos e religiosos, radicalizando suas tensões, mostrando suas entranhas. Com efeito, a formação dos Estados relaciona-se com a crise religiosa na medida em que a ruptura da hierarquia feudal encimada pela suserania dupla do Sacerdócio e do Império envolvia em certa medida a "nacionalização" das Igrejas, ou uma certa autonomia em relação ao papado; em sentido contrário, o poder absoluto de direito divino não podia prescindir da legitimação religiosa: o Estado absolutista precisa controlar a Igreja, e ao mesmo tempo depende de sua legitimação. Todo o movimento, aliás, associa-se a uma relativa laicização da cultura, que cruza com a quebra da unidade da cristandade medieval, com o advento das Igrejas reformadas; o luteranismo foi a primeira heresia triunfante no compasso da ruptura das hierarquias do feudalismo. As transformações religiosas, nas suas duas vertentes — a Reforma heterodoxa protestante e a Reforma ortodoxa católica —, encaminham conflituosamente o processo, confluindo no princípio do "*cujus regio, ejus religio*", pelo qual se expressa a insuperável necessidade de o Estado absolutista manter a unidade religiosa. É nesse contexto que se pode entender o estabelecimento da Inquisição nos países ibéricos, precoces na centralização e pioneiros na expansão colonial. Portugal foi, aliás, o primeiro país a homologar de maneira integral as decisões do Concílio Tridentino. O Santo Ofício que, como se sabe, atuaria rigidamente na perseguição dos mouriscos e marranos (cristãos-novos) estenderia seus tentáculos para o Novo Mundo.

Extremavam-se, no mundo colonial, as tensões do mundo metropolitano; assim, nas colônias ibéricas, será na dimensão de Contrarreforma que a Reforma Católica marcará sua presença. O empenho da Igreja concentra-se na "conquista" do gentio para o seio da cristandade e na manutenção dos colonos na mais estrita ortodoxia. Missionação e Inquisição, em suma, cifram o processo de colonização das almas; em contrapartida, em toda parte e por todo o tempo, uns e outros opunham desesperada resistência a essa forma de dominação. Ainda que, sob esse último aspecto, tenha havido certa diferença entre a América Portuguesa e as Índias de Castela, pois nestas instalaram-se os Tribunais da Fé, enquanto na América Portuguesa tivemos apenas as famosas visitações, pode-se dizer que a presença da Inquisição era constante (por meio da rede de "familiares" que penetrava por todos os desvãos da sociedade colonial, no seu afã de engendrar delações e apresentar denúncias) o suficiente para criar esse ambiente de *insegurança, apreensão* e *temor*, que por sua vez encontrava, reforçando-o, aquele sentimento de *instabilidade* e *precariedade* que vimos analisando até aqui.[18] A famigerada instituição (o Santo Ofício) comparecerá, assim, nos capítulos sequentes como uma das principais fontes da documentação que permite devassar a intimidade e o cotidiano da Colônia.

E assim cruzavam-se as duas vertentes estruturais da colonização, os seus móveis político-econômico e religioso. Mas esse entrelaçamento não se expressava apenas na confluência apontada; num nível mais estrutural, as duas vertentes contrastavam fortemente nas suas práticas, tensionando os comportamentos, engendrando conflitos — e, mais uma vez, reiterando a sensação de *desconforto* e *desterro* que domina a ambiência do cotidiano e do privado em nossa América. Pois foi essa contradição básica da formação colonial que nosso cronista frei Vicente do Salvador apreendeu claramente na abertura desse notável segundo capítulo do livro primeiro de sua *História*:

> O dia que o capitão-mor Pedro Álvares Cabral levantou a cruz, que no capítulo atrás dissemos, era a 3 de maio, quando se celebra a invenção da santa cruz em que Cristo Nosso Redentor morreu por nós, e por esta causa pôs nome à terra que havia descoberto de Santa Cruz e por esse nome foi conhecida muitos anos. Porém, como o demônio com o sinal

---

[18] Na abundante bibliografia sobre o assunto destaquemos, para a Europa, o estudo recente de Francisco Bethencourt, *História das inquisições*, Lisboa, Círculo de Leitores, 1994. Para o Brasil, Sônia A. Siqueira, *A inquisição portuguesa e a sociedade colonial*, São Paulo, Ática, 1978; José Gonçalves Salvador, *Cristãos-novos, jesuítas e inquisição. Aspectos de sua atuação nas capitanias do sul, 1530-1680*, São Paulo, Pioneira, 1969; Anita Novinsky, *Cristãos-novos na Bahia*, São Paulo, Perspectiva, 1972; Ronaldo Vainfas, *A heresia dos índios*, São Paulo, Companhia das Letras, 1995. Para uma visão das tendências mais recentes destes estudos, ver Anita Novinsky e Maria Luiza T. Carneiro (orgs.), *Inquisição: ensaios sobre mentalidades, heresias e artes*, Rio de Janeiro/São Paulo, Expressão & Cultura/Edusp, 1992.

da cruz perdeu todo o domínio que tinha sobre os homens, receando perder também o muito que tinha em os desta terra, trabalhou que se esquecesse o primeiro nome e lhe ficasse o de Brasil, por causa de um pau assim chamado de cor abrasada e vermelha com que tingem os panos, que o daquele divino pau, que deu tinta e virtude a todos os sacramentos da Igreja, e sobre que ela foi edificada e ficou tão firme e bem fundada como sabemos. E porventura por isso, ainda que ao nome de Brasil ajuntaram de estado e lhe chamam estado do Brasil, ficou ele tão pouco estável que, com não haver hoje cem anos, quando isto escrevo, que se começou a povoar, já se hão despovoados alguns lugares, e sendo a terra tão grande e fértil como ao diante veremos nem por isso vai em aumento, antes em diminuição.

Realmente, nesse capítulo que vimos glosando desde o início, frei Vicente do Salvador, na esteira de Zurara, João de Barros e Gandavo,[19] aponta de maneira iluminada para as estruturas básicas da colonização moderna em geral e da colonização portuguesa em especial; e ao mesmo tempo remete para as práticas, os comportamentos, ao dia a dia do viver em colônias... Neste último passo, com que vamos também encerrando nosso capítulo, por meio da metáfora religiosa do combate entre Deus e o diabo no Intertrópico, o que ressalta é o contraste e mesmo o conflito entre as duas vertentes básicas: o impulso salvífico (os móveis religiosos, a catequese) e os mecanismos de produção mercantil (exploração) do Novo Mundo; sendo que a primeira dimensão (a catequese do gentio) dominava o universo ideológico, configurando o projeto, e a segunda (dominação política, exploração econômica) definia as necessidades de riqueza e poder. Ao lamentar a vitória do demônio nestas terras de perdição, o que o cronista está apontando, na realidade, é para as imposições da vida material em detrimento do universo espiritual, isto é, do mundo da cultura. As duas vertentes coexistiam e inextricavelmente se articulavam de forma conflituosa, pois o conflito é também uma forma de articulação. De um lado (ideológico), pensava-se a exploração para a cristianização, isto é, a exploração como uma necessidade para chegar à evangeliza-

---

[19] Laura de Mello e Souza, *Inferno atlântico, demonologia e colonização, séculos XVI-XVIII*, São Paulo, Companhia das Letras, 1993, pp. 21-46.

ção, que era o objetivo; doutro lado, nas práticas sociais, o que transparece é o inverso, isto é, a exploração instrumentalizando a missionação para garantir o domínio. E essa ambiguidade, que se espalha por toda parte e atravessa todo o período, expressa-se de forma candente na questão da compulsão do trabalho: sem compelir os nativos ao trabalho produtivo (isto é, produtor de mercadorias), a Colônia não se mantém nem floresce, mas a compulsão do trabalho (no limite, a escravidão) pode levar ao seu deperecimento, isto é, dos nativos. A tortuosa procura de um meio-termo nesse dilema levou ao longo debate que Lewis Hanke chamaria de "luta pela justiça";[20] mas é o mesmo conflito e debate que se desenrola também na América Portuguesa, nos atritos recorrentes entre jesuítas e colonos, e nos debates intensos, no Velho e Novo Mundo, em torno da legitimidade da servidão ou da escravidão não só dos aborígines americanos como dos negros africanos. Expressão contundente de tal dilema é a consciência dilacerada de um padre Antônio Vieira. E é essa mesma *ambiguidade* que envolve o ambiente de *descontiguidade, desconforto, instabilidade, provisoriedade, desterro* enfim, que vai configurando o clima de nossa vida de relações, marcando o específico da cotidianidade e da intimidade no viver colonial. Por causa dessa mesma obsessão pela especificidade, este primeiro volume, que trata da vida privada na América Portuguesa, onde e quando se gestou nossa formação social, inicia-se com o estudo da solidão dos colonos na imensidão do território, e se encerra com o da dimensão "privada" da percepção dessa nossa fugidia identidade de colonos imersos na exploração — tomada de consciência que se exprimiu nas inconfidências. Se esta primeira aproximação, ainda que sucintamente, pôde delimitar os percursos, no espaço e no tempo, podemos agora iniciar a travessia.

---

[20] Lewis Hanke, *The Spanish Struggle for Justice in the Conquest of America*, Philadelphia, University of Pennsylvania Press, 1949.

O "Brasil" de Hans Staden[1]

Rigorosamente falando, o Brasil de Hans Staden não existia; como nação e como Estado, foi-se gestando muito lentamente, muito tardiamente, no imo da colonização portuguesa nesta parte do Novo Mundo, bem chamado de América. Este processo de transformação, extraordinariamente complexo, que parte da percepção da nova paisagem e vai delineando aos poucos a diferente situação de vida, para finalmente tomar consciência da condição colonial, isto é, da *diferentia specifica* com relação à Metrópole, foi comum a todos os povos de igual formação nesta parte do mundo. Mas, entre nós, isto é, na América Portuguesa, foi não apenas lento e sobretudo tardio, mas também frágil, diluído, superficial. Basta lembrar, em comparação com os outros hispanos: enquanto nas Índias de Castela, os colonos foram desde cedo chamando-se a si próprios de "*criollos*" para marcar a distância com os espanhóis metropolitanos, aqui entre nós tudo o que se fazia era chamar "reinóis" aos nascidos em Portugal. Quer dizer: os hispano-americanos identificavam-se positivamente, orgulhosamente, por aquilo que eram ou julgavam ser ("nós somos *criollos*"); os luso-americanos, negativamente, opacamente, por aquilo que julgavam não ser ("não somos reinóis").

É claro que isto muito tem a ver com a forma radical que assumiu a emancipação política na América Espanhola, em contraposição à revolução conservadora de nossa Independência. Da mesma forma, tem desdobramen-

---

[1] Publicado originariamente em Mary Lou Paris e Ricardo Ohtakc (orgs.), *Hans Staden: primeiros registros escritos e ilustrados sobre o Brasil e seus habitantes*, São Paulo, Terceiro Nome, 1999, pp. 19-25. Posteriormente, este texto foi publicado em francês no livro organizado por Eddy Stols, Bart De Prins e Johan Verberckmoes, *Brésil: Cultures et Economies des Quatre Continents*, Leuven, Acco, 2001, pp. 13-24.

tos decisivos no percurso dificultoso com que vamos constituindo nossa identidade nacional. Pois, desse ângulo de análise, o que é fundamental destacar na colonização da Época Moderna (séculos XVI, XVII e XVIII) é a formação, entre colonizadores e colonizados, de uma camada intermediária de colonos, que se vai enraizando, crescendo, tomando consciência de sua condição, para finalmente, separando-se da mãe-pátria, organizar o Estado ao mesmo tempo em que engendra a nação, num processo de condicionamentos recíprocos.

Há enormes variações dentro desse processo, nas várias partes da América, mas o dilema básico, talvez quase insolúvel, é sempre o mesmo: realizada a emancipação sob o comando desse senhoriato colonial (senhores das terras e das gentes, ameríndios servilizados ou africanos escravizados), a nação assim criada não se pode identificar com os colonizadores (porque a separação perderia sentido), nem com os colonizados (ameríndios, africanos) porque continua a explorá-los, isto é, a colonizá-los. Ficamos, assim, povo de macunaímas, como que perdidos nos labirintos de nossa solidão, oscilando de um para outro lado ("Tupi or not Tupi", Oswald de Andrade; "um tupi tangendo um alaúde", Mário de Andrade) numa permanente busca de uma identidade fugidia. Daí essa estranha sensação de que estamos desterrados em nossa própria terra, ou de que, aqui, as ideias estão fora do lugar. Se fosse um consolo, caberia lembrar que isto talvez nos torne atraentes aos olhos dos estrangeiros, que em levas sucessivas (os viajantes no século passado, os brasilianistas no atual) vêm partilhar as nossas perplexidades.

O "Brasil" de Hans Staden, portanto, só poderia existir em estado de latência; e pela mesma razão não poderia ter sido, meio século antes, descoberto pela viagem "fundadora", de Pedro Álvares Cabral. Mas, se o "Brasil" de Hans Staden não existia, é perfeitamente legítimo perguntar em que medida ele (Staden) contribuiu para que viesse a existir. E aqui começamos a nos defrontar com o jovem artilheiro do Hessen (Alemanha) que, em 1548, dirigindo-se a Lisboa para tentar uma viagem à Índia, acabou engajado no navio mercante de um certo capitão Penteado. Este iria em busca do comércio do pau-brasil, mas devia também combater o contrabando com mouros na costa africana, apreender navios franceses que disputavam o comércio da madeira de tinta nas costas da terra de Santa Cruz, bem como transportar alguns degredados.

Depois de uma viagem tormentosa, em que aproaram e abasteceram-se na Madeira, combateram o comércio com os infiéis na costa do Marrocos ("Barbaria"), empreenderam a travessia marcada por calmarias e tempestades, até divisar em janeiro de 1549 o Cabo Santo Agostinho, nas costas de Pernambuco. Mal chegados, Duarte Coelho, o valoroso donatário que se empenhava arduamente em implantar os primeiros núcleos de colonização, veio solicitar-lhes ajuda para acudir à vila de Igaraçu, pouco mais ao norte, assediada pelos selvagens; ele próprio não poderia fazê-lo, por estar às voltas com indígenas insubmissos na região portuária de sua vila de Olinda. Em pequenas embarcações, rumaram para o norte cerca de quarenta recém-chegados, entre eles o soldado tedesco. Logo divisaram Igaraçu (podemos imaginar o que viram, contemplando as gravuras holandesas, sem a igrejinha de São Cosme e São Damião que talvez, então, estivesse nos alicerces), mas se defrontaram com a firmeza guerreira dos silvícolas, exímios nas flechas, que impediam a saída dos sitiados, bem como a entrada dos novos europeus.

Dirigiram-se, então, mais ao norte, à ilha de Itamaracá, onde já se fixaram alguns portugueses, junto aos quais recolheram mantimentos suficientes para acudir aos de Igaraçu, no desespero do esgotamento de víveres. Acometendo ousadamente, conseguiram romper o cerco, penetrar na vila e reabastecê-la. Percebendo a nova situação, os indígenas sitiantes desistiram do ataque e levantaram o cerco. Entretanto, o navio do capitão Penteado aprovisionava sua matalotagem de farinha de mandioca, rumando todos em seguida para a costa dos potiguares (Paraíba), em busca de pau-brasil. Lá, porém, encontraram uma nau francesa carregada da valiosa madeira. Na tentativa de aprisioná-la, perderam o mastro principal, deixando escapar a presa, ainda mais com baixas (alguns mortos e feridos). Sem ventos favoráveis para aportar tiveram de rumar diretamente de volta a Portugal, sem se abastecerem. Viagem de sofrimentos, marcada pela fome e pela sede, em agosto atingiram os Açores; ali se reabasteceram e se refizeram, aguardando outros navios vindos da Índia e doutras partes, e em conjunto rumaram para Lisboa, onde ancoraram, enfim, em outubro, depois de dezesseis meses de peripécias.

Epírito aventureiro, não se deixou Hans Staden abater por esses infortúnios, e já em abril de 1550 encontramo-lo no navio São Miguel, capitaneado por João de Salazar, largando de San Lúcar de Barrameda, em busca do Rio da Prata. A expedição, composta pelo patacho São Miguel, mais duas pequenas caravelas e uma tripulação de cerca de trezentas pessoas, constituía a linha de frente de outra que se organizava por Diogo de Sanabria, governador indicado para a região platina. Essa segunda viagem foi uma sequência de infortúnios; no percurso até as Canárias, motim na capitânia, afinal serenado; seguindo, em junho de 1550, em direção à costa da Guiné, uma tempestade desgarrou a nau capitânia das duas caravelas; em julho foram atacados por corsários franceses, que levaram todos os bens, consentindo deixar as armas dos soldados e não tocar na honra das mulheres; empreenderam, então, dura travessia, penosa pela escassez de abastecimentos e pelos sobressaltos, até tocar a Ilha de Santa Catarina, já em dezembro; aí encontraram uma das caravelas desgarradas, tendo a outra se perdido na noite dos tempos ou no fundo dos mares. As dificuldades iam num crescendo: a paisagem belíssima, mas desconhecida; a falta de alimentos; os primeiros contatos com os silvícolas, que, afinal, não se mostraram hostis; enfim o encontro com os primeiros portugueses, que lhes deram as coordenadas e a distância para o sul (Rio da Prata) e para o norte (São Vicente) e informaram que os tupiniquins não eram inimigos.

Reorganiza-se, então, a expedição, deliberando-se que a maior parte dos salvados dirigir-se-ia por terra para o leste, em busca de Assunção no Paraguai, onde já havia um estabelecimento espanhol, refazendo o percurso de Alvar Nunez Cabeza de Vaca, alguns anos antes; enquanto os restantes, entre eles nosso artilheiro tedesco, tentariam navegar para o norte em direção a São Vicente. A viagem foi, também, acidentada; depois de uma arribada forçada por ventos contrários à altura de Paranaguá, um vagalhão medonho despedaçou a nau contra rochedos, provavelmente nas proximidades de Itanhaém; os sobreviventes encontraram, então, alguns portugueses, que os dirigiram, enfim, a São Vicente. Foram agasalhados, coincidindo esse momento com a visita de Tomé de Sousa às "capitanias de baixo": enviou-se um navio ao sul, em tentativa de resgatar os remanescentes da frustrada expedição que lá ainda estivessem, sendo Hans Staden engajado como bombardeiro no forte recém-construído de Bertioga, na ilha de Santo Amaro.

Este forte era a guarda para defender as primeiras povoações em face dos tupinambás, que hostilizavam portugueses e tupiniquins. Foi então que, durante uma caçada na ilha, Staden caiu prisioneiro dos tupinambás. Levado para uma aldeia de Ubatuba, depois para a de Ariró (talvez próxima de Angra dos Reis — a identificação dos lugares é problemática), onde estava o "chefe" Cunhambebe, vivenciou, por longos nove meses de cativeiro, a incrível experiência de convívio diuturno com os indígenas; presenciou, inclusive, cerimônias de antropofagia ritual, que visualizavam seu futuro sacrifício. Foi, afinal, salvo por um navio mercante francês (Catherine de Vatteville), cujo capitão consentiu em resgatá-lo — fato que Hans Staden, homem de profunda religiosidade, atribuiu, naturalmente, à providência divina. Em fevereiro de 1555 chegava, enfim, a Honfleur, na França.

Hans Staden protagoniza, portanto, no seu limite, essa autêntica aventura no intertrópico, que foi a implantação dos primeiros núcleos europeus nesta parte meridional do Novo Mundo. Do achamento da terra (1500) às últimas décadas do século (digamos, 1587, data do *Tratado descritivo do Brasil*, de Gabriel Soares de Souza) desenrola-se a árdua implantação da colônia portuguesa na América; o período intermediário (entre Martim Afonso de Sousa e os primeiros governadores gerais) foi o seu momento crítico e decisivo. Histórias trágicas de naufrágios e sobrevivências, fascínio pela paisagem radiosa, perplexidade diante da absoluta pureza humana estampada na nudez dos selvagens; os tratos mercantis e os primeiros contatos culturais mais duradouros, a construção das primeiras instalações para a fixação e o povoamento, encontros e desencontros de culturas, o conflito aberto levado ao extremo; a competição e o conflito com os outros europeus (franceses, ingleses) que disputavam a terra para realizar as mesmas façanhas: é em meio a essas vicissitudes que se vai implantando, pouco a pouco, a colonização portuguesa no Novo Mundo. E de todas elas participou intensamente nosso personagem, nos momentos cruciais e numa posição muito especial.

No momento decisivo: entre 1548 e 1555, efetivamente, joga-se o destino da implantação portuguesa; a criação do governo-geral (1549) e a ação dos primeiros governadores (Tomé de Sousa, Duarte da Costa) consolidam a posição lusitana na Bahia e no Rio de Janeiro (aqui, com a expulsão dos franceses, um pouco mais tarde, na gestão do terceiro governador, Mem de Sá, em 1567). Com isso, estabelecia-se uma relativa articulação dos núcleos até então implantados ao sul (São Vicente, desde 1532, por Martim Afonso de Sousa) e ao norte (Pernambuco, 1534, pelo donatário Duarte Coelho). Note-se, desde logo, que as "duas viagens" de Hans Staden incidem, precisamente, sobre esses dois núcleos. Entre um e outro (Pernambuco e São Vicente), efetivamente, muito pouco ou quase nada se conseguira de instalação duradoura.

Nos primeiros tempos, isto é, até a expedição de Martim Afonso, corretamente chamada "colonizadora", afora algumas poucas feitorias para garantir o comércio do pau-brasil (a mais importante foi a de Pernambuco, em frente da Ilha de Itamaracá), ocorrem as arribadas das naus do trato da madeira de tinta (como as fretadas por Fernão de Loronha, que arrendou a exploração por um decênio; depois, as de Jorge Lopes Bixorda ou a famosa Nau Bretoa, de 1511). Continuam, evidentemente, as navegações de reconhecimento: já em 1501, aquela cujo capitão não se conhece com certeza — Gonçalo Coelho ou André Gonçalves — e em que veio Américo Vespúcio; em 1513, João Dias de Solis, a serviço de Espanha; também a serviço de Espanha, Fernão Magalhães, em 1519. São apenas exemplos das navegações de que se tem notícia, fora as que não deixaram registro e de que não fala a História. As de reconhecimento eram, também, ao mesmo tempo, expedições militares de policiamento, empenhadas em combater o contrabando dos estrangeiros (franceses, sobretudo), bem como competir com os castelhanos na delimitação das respectivas áreas de domínio, pois a linha de Tordesilhas era imaginária. Também as clivagens nacionais não eram nítidas, e estamos vendo pilotos e navegadores portugueses a serviço de Espanha, e vice-versa, e italianos em toda parte. Os navios de comércio eram também financiados por associações de mercadores de várias partes, por exemplo aquela Nau Bretoa, cujo nome parece indicar que fora construída na Bretanha, ou sobretudo o navio descrito pela *Nova Gazeta da Terra do Brasil* (*Newen Zeitung aus Pressilig Landt*, 1514), em cuja armação entraram, além dos portugueses Fernão de Loronha e Francisco Martins, os italianos Bartolomeu Marchione e Benedito Morelli.

Nesses embates e combates, naufrágios e sobrevivências, derrotas e vitórias, é que se ia tecendo a história trágico-marítima das Índias do Ocidente. À medida que o reconhecimento da terra ia se fazendo e as delimitações se estabelecendo, as expedições vão se tornando mais especificamente "guarda-costa", como as de Cristóvão Jaques, em 1521 e 1526-1527. De Pernambuco ao Rio da Prata, defrontou-se Cristovão Jaques com franceses — corsários, piratas, contrabandistas, enfim —, com fortuna vária e grande violência. De fato, desde o início do século, desde pelo menos 1503, com a nau

L'Espoir, do capitão de Honfleur, Binot Paulmier de Gonneville, os franceses disputavam com os portugueses o trato com os índios para a obtenção do pau-brasil; e o contencioso vai num crescendo, na vertente diplomática das cortes europeias e arduamente bélica nas costas da terra do Brasil: ainda em 1547 vemos Hans Staden participando desses embates na altura de Itamaracá, para finalmente ser resgatado por franceses de seu cativeiro no sul, e levado para a mesma Honfleur de onde saíra Gonneville. A intensidade dessa ação levou Capistrano de Abreu a afirmar que "durante anos ficou indeciso se o Brasil ficaria pertencendo aos Peró (portugueses) ou aos Maïr (franceses)".

Nesta etapa, por assim dizer a pré-história da colonização, a figura que se destaca como um tipo ideal é a do aventureiro, pois todas essas atividades constituíam uma autêntica aventura nos trópicos: aventureiros, evidentemente, os piratas e corsários que disputavam o comércio do pau-brasil; aventureiros, também, os capitães e as tripulações portuguesas (estes, muitas vezes aventureiros forçados) das naus que tentavam impedir e expulsar os *estrangeiros*, reservando para os lusos a exclusividade da exploração e o domínio da terra; aventureiros, enfim, os missionários que se enterravam por esses confins, para engajar o diálogo da conversão do gentio. Dominação política, exploração econômica, missionação, as três vertentes básicas da colonização; três esferas da mesma aventura, porque absolutamente imprevisível. E a figura típica que encarna, aqui, este momento, é a do degredado, isto é, o aventureiro forçado; deles pouco se sabe, além do fato de que foram fundamentais para o destino dessa experiência.

Tomé de Sousa, o primeiro governador-geral, parece que trouxe, a par dos primeiros missionários jesuítas, cerca de seiscentos degredados e colonos, figuras inquietantes, sem origens e fins, cuja história é difícil, se não impossível, de rastrear, mas decisivos para os nossos destinos. Ficaram poucos registros, e a iconografia os ignora: em vez do ar compungido e solene dos portugueses, nas representações plásticas (a primeira missa, a fundação da primeira vila etc.) podemos imaginar o olhar angustiado, aflito ou melancólico com que deviam mirar as caravelas que, logo depois, deviam zarpar deixando-os em meio à imensidão da natureza e a incógnita dos selvagens gentios. Desde os primeiros, deixados por Cabral, e reencontrados, segundo consta, pela expedição de 1501 (aquela em que veio Vespúcio), até as figuras incríveis como a do misterioso bacharel de Cananeia (Francisco Chaves, parece, chamava-se, mas há também outros nomes referidos na documentação), encontradas nesta região ao sul de São Vicente pelos primeiros colonizadores, e os famosos *patriarcas* (não se sabe se, nas origens, degredados ou simplesmente aventureiros) Diogo Álvares, na Bahia, e João Ramalho, nas bordas dos campos no planalto de Piratininga. Aventureiro, esse João Dias de Solis, descobridor do Rio da Prata; parece que teve de bandear-se para o serviço de Castela por ter, em Portugal, cometido o uxoricídio. A respeito de João Ramalho, diria em 1553 o padre Manuel da Nóbrega: "Quando veio da terra [Portugal], haverá quarenta anos e mais, deixou a sua mulher lá, viva, e nunca mais soube dela [...]." Aventureiro, esse Hans Staden, de quem sabemos quase nada além do que nos diz seu texto, e que é muito pouco: apenas que resolveu, "sendo vontade de Deus", visitar a Índia, e que, armado dessa intenção, buscou Portugal, através da Holanda...

A partir dos anos 30 do Quinhentos, com a expedição de Martim Afonso de Sousa e o estabelecimento das capitanias, esse panorama vai muito lentamente se alterando. Pouco a pouco, com enormes esforços, transita-se do comércio para a produção (produção para o comércio, é certo — tratava-se da agroindústria do açúcar), que envolve fixação, povoamento, organização dessa nova forma de vida; navegante, mercante, combatente, vai se transformando em povoador, produtor, colonizador, enfim. O empreendimento continua dificultoso e arriscado, exigindo tenacidade e espírito de aventura, mas nessa transição, lentamente, esse espírito vai cedendo o passo à mentalidade da rotina. Em São Vicente, a vila matriz fundada por Martim Afonso de Sousa, as dificuldades começaram logo após a partida do donatário (que foi para a Índia, e não mais voltou); seus prepostos (como o padre Gonçalo Monteiro) logo enfrentaram a "guerra do Iguape", ataque de índios e espanhóis capitaneados pelo bacharel de Cananeia, desavindo com os colonizadores portugueses. Levou algum tempo para a vila recuperar-se desse saque de 1534. A partir da instalação da vila de Santos por Brás Cubas, em 1543, firmam-se as primeiras instalações de engenhos, como o de São Jorge dos Erasmos (em que entrou como associado o flamengo Erasmo Schetz), cujas ruínas ainda podem ser vistas na Baixada. De qualquer modo, por volta de 1548 (quando Hans Staden se aventurava pelo litoral do Nordeste), haveria, em São Vicente, cerca de seiscentos brancos e três mil escravos índios. Para o sul, nas terras lindeiras disputadas pelos castelhanos, o donatário Pero Lopes de Sousa (irmão de Martim Afonso) também se ausentara para o Oriente, e seus herdeiros não conseguiram mais que implantar uma pequena vila (a que chamaram Santo Amaro, nome do lote capitania), que não se manteve por muito tempo.

Em março de 1535 ancorava nos arrecifes Duarte Coelho com sua gente, que logo iniciou as implantações da Nova Lusitânia. Transferindo o primitivo povoado da linha da costa para uma colina à margem do rio Beberibe (Olinda), ali fortificou-se, como núcleo firme, a partir do qual se expandiram as ocupações e os trabalhos. Em meio a dificuldades sem fim, a pequena colônia vai abrindo caminho entre os ataques de fora (os franceses disputando o comércio da madeira de tinta) e os conflitos interiores com os aborígines. Pouco mais de um decênio depois, encontramos o donatário às voltas com a rebeldia do gentio, em sua vila fortaleza, e pedindo auxílio aos companheiros de Hans Staden para acudir Igaraçu (a outra povoação que tinham logrado estabelecer mais ao norte, esta sob forte assédio dos indígenas). O alívio da pressão, em que se empenharam Hans Staden e os recém-chegados, fez a capitania retomar a trilha do progresso; no meio do século, numerosos engenhos produzem em abundância (em 1570, 23 na capitania de Pernambuco, passando a 66 no fim do século). De Olinda e Igaraçu partem, nas últimas décadas do Quinhentos, a lenta e segura ocupação agrícola da faixa litorânea, para o Norte e para o Sul.

Em Itamaracá, os herdeiros e prepostos de Pero Lopes (que, como vimos, não retornara) tudo quanto lograram foi estabelecer a vila de Conceição, para dar continuidade ao trato do pau-brasil. A vila vegetava precariamente no fim do século. Mais para o norte, em direção ao Maranhão, os donatários João de Barros e Álvares de Andrade associaram-se a Aires da Cunha e organizaram uma expedição que, sob comando desse último, em 1535, atingiu a baía de São Marcos e fundou, na Ilha da Trindade, a povoação de Nazaré; de lá, intensificaram pesquisas minerais — em busca do Eldorado —, em que se exauriram. Em poucos anos, nada mais restava. Uma segunda tentativa, em 1551, não teve melhor destino. Daí a facilidade com que, no início do século XVII, os franceses de Daniel de La Touche, *sieur* de la Ravardière, instalaram-se no Maranhão, fundando São Luís.

Francisco Pereira Coutinho já não era muito jovem quando recebeu a capitania da Bahia e veio para cá em 1536. Tinha militado longamente no

Oriente, onde obtivera muita fama e alguma fortuna. Enterrou-a tentando em vão implantar a colônia portuguesa no Recôncavo: organizou a povoação — "Vila do Pereira" ou "Vila Velha" —, promoveu a distribuição das sesmarias, tentou iniciar a agricultura. Apesar do apoio de Caramuru, não logrou bom entendimento com os índios, mas sobretudo desentendeu-se com os próprios colonos, que se sublevaram, parece que assovelados por um padre mais empenhado na obtenção de fortuna do que na salvação das almas. Praticamente expulso, refugiou-se em Porto Seguro, donde tentou regressar (estimulado por Diogo Álvares), e naufragou nos baixos de Itaparica. O núcleo de povoamento regrediu, pouco restando para receber o primeiro governador (em 1549, pois El-rei resolvera chamar a si a empresa, passando a Bahia a capitania real). O donatário de Porto Seguro, Pero do Campo Tourinho, por sua vez, não recebeu de bom grado o colega infeliz; parece que não queria desavir-se com o tal padre (João Bezerra, seu nome), que pelo visto tinha grande capacidade de amotinar os colonos contra as autoridades. Isso porque, em Porto Seguro, já tinha o donatário boa dose de complicações com o clero local, que não primava pela santidade — havia, por exemplo, um frade que viera degredado... Fidalgo minhoto, vendera todos seus bens para montar a expedição que, de Viana do Castelo, navegou para Porto Seguro: tentou implantar as primeiras povoações, em meio a grandes dificuldades, mas soçobrou a intrigas internas, acusado perante o Santo Ofício e recambiado para o reino. Seus descendentes e herdeiros não conseguiram consolidar a empresa.

    Entre Bahia e Porto Seguro, a capitania de Ilhéus apresentava aspecto desolador: o donatário Jorge de Figueiredo Correia, escrivão da fazenda d'El-rei, desinteressando-se ou não podendo se empenhar diretamente, cometeu a tarefa ao castelhano Francisco Romeiro, que organizou uma expedição e instalou uns inícios de agricultura, mas teve igualmente problemas de mando sobre os colonos; estes, parece que se empenhavam sobretudo na procura de metais nobres e não na fixação colonial, como o também castelhano Felipe Guillén. Decadente, a capitania acabou tendo os direitos vendidos pelos descendentes de Jorge de Figueiredo a Lucas Giraldes, comerciante italiano radicado em Lisboa. As tentativas de Vasco Fernandes Coutinho, fidalgo donatário do Espírito Santo, para implantar os primeiros núcleos de colonização em sua capitania, foram uma sequência de desventuras; arruinou sua fortuna e terminou tão pobre que frei Vicente do Salvador diz não saber "se teve um lençol seu em que o amortalhassem".

Não teve maior êxito Pero de Gois, companheiro de Martim Afonso, na sua capitania de São Tomé, entre o Espírito Santo e o segundo quinhão de São Vicente; embora não tivesse o mesmo fim trágico: compensado em seus esforços foi nomeado capitão-mor da costa, vindo com o primeiro governador-geral. Esta faixa litorânea, bem como o segundo quinhão de Martim Afonso, com a baía de Guanabara, continuou a zona de eleição dos franceses, que exploravam o trato do pau-brasil; parece que conseguiram melhor relacionamento com os índios, provavelmente por não visarem à permanência e à fixação. De toda maneira, é essa situação que indica a escolha, na década seguinte, da localização da França Antártica, também ela de dramática história. Desde a Nova Lusitânia (Pernambuco) de Duarte Coelho, em direção ao sul, tudo o que se lograra no decênio que se segue à instalação das capitanias foram poucos núcleos dispersos e itinerantes, sem articulação nem consistência.

E aqui, ao cabo dessa tormentosa viagem, voltamos a São Vicente e reencontramos Hans Staden, engajado nos esforços dos portugueses em busca da implantação colonial e às voltas com os alienígenas franceses e os índios nativos. Repitamos: é muito significativo que o arcabuzeiro hessiano, nas duas viagens, tenha tocado nos dois únicos núcleos consistentes da colonização portuguesa, Pernambuco e São Vicente; e que, em ambos os casos, tenha enfrentado os mesmos problemas, vivido a mesma aventura. Contudo, entre a primeira (1548-1549) e a segunda viagem (1550-1555), instalara-se, na Bahia (1549), o Governo-Geral; e Tomé de Sousa, consolidando o núcleo português em Salvador dirige-se logo (1552) às "capitanias de baixo", chegando a São Vicente mais ou menos à mesma época em que lá arribava Hans Staden. Tem início, assim, o processo de recuperação dos núcleos dispersos entre Pernambuco e São Vicente, que só se completaria no terceiro Governo-Geral (Mem de Sá), com a expulsão dos franceses do Rio de Janeiro, quando então os quatro núcleos mais vigorosos de assentamento (Pernambuco, Bahia, Rio de Janeiro e São Vicente-São Paulo) articulam em conjunto a colonização portuguesa. Esse momento é, pois, o ponto de inflexão, em que se decidiu o destino da América Portuguesa. Nesse sentido, as viagens e a atuação de Hans Staden ocorrem em pontos-chave, nos momentos decisivos;

e, além disso, numa posição especialíssima, pois, sendo alemão, hessiano, atua, contudo, a serviço de Portugal.

Mais ainda: tendo protagonizado, em momentos cruciais, e intensamente, essa aventura que foi a implantação europeia nesta parte do Novo Mundo, Hans Staden deixou o registro desses acontecimentos na narrativa de sua "verdadeira história" (*Warhaftige Historia...*, publicada em Marburgo, em 1557), ilustrando-a ademais com notáveis xilogravuras. E aqui tocamos no ponto central do seu significado: com sua obra (o texto, as gravuras), Staden contribuiu amplamente para a formação da imagem do Novo Mundo na mentalidade europeia, nas suas duas dimensões, nas suas duas vertentes. Dimensões, isto é: como paisagem natural, na sua exuberância; e, sobretudo, como paisagem humana, essa inquietante humanidade gentílica, na sua pureza primitiva. Vertentes, isto é: o imaginário da edenização ou da infernalização do Novo Mundo. E esse imaginário foi parte fundamental na montagem da Colônia portuguesa, substrato de nossa posterior emergência na história, como nação e como Estado. Talvez por isso essas imagens nos fascinem até hoje.

Nota bibliográfica

Este texto não tem citações, mas muitas alusões. Assim, convém lembrar que "Novo Mundo, bem chamado [...]" evoca o título de Roberto Levillier *América, la Bien Llamada* (1948). As considerações sobre *criollos* e *reinóis* retomam o que dissemos em "Condições da privacidade na Colônia", em *Cotidiano e vida privada na América portuguesa* (org. Laura de Mello e Souza), 1997, volume I de *História da vida privada no Brasil* (dir. Fernando A. Novais). Não é preciso lembrar que "desterrados em nossa própria terra" é a genial formulação de Sérgio Buarque de Holanda para os problemas de nossa identidade (*Raízes do Brasil*, 1936); "ideias fora do lugar" remetem, imediatamente, ao nosso austro-marxista Roberto Schwarz. A reconstituição das peripécias de Hans Staden contou com as introduções de várias edições, bem como obras gerais de história do Brasil (por exemplo, Pedro Calmon) ou obras de referência (dicionários históricos, bibliografias anotadas). A afirmação de Capistrano de Abreu está em *Capítulos de história colonial* (1907). O *Tratado*, de Gabriel Soares, é citado como marco, porque tem dados que atestam de certo modo a consolidação da empresa colonizadora portuguesa. Na parte que se segue, além da bibliografia geral sobre o primeiro século, foram usados trabalhos como *Primeiros povoadores do Brasil*, de J. F. de Almeida Prado (1935), ou mais recentes, como *A construção do Brasil*, de Jorge Couto (1995). "História trágico-marítima" evoca, evidentemente, a coletânea de narrativas organizada em 1735 por Bernardo Gomes de Brito. A carta em que Nóbrega se refere a João Ramalho está em *Cartas dos primeiros jesuítas do Brasil* (Serafim Leite, S.I., (org.), São Paulo, Comissão do IV Centenário da Cidade de São Paulo, 1954, vol. 1, p. 524). A referência de frei Vicente do Salvador ao triste fim de Vasco Fernandes, donatário do Espírito Santo, está no capítulo IV do livro II, da *História do Brasil (1500-1627)*. Edenização e infernalização do Novo Mundo evocam várias obras, de *Visão do paraíso* (1959), de Sérgio Buarque de Holanda, a *Inferno atlântico* (1993), de Laura de Mello e Souza.

A "certidão de nascimento ou de batismo" do Brasil[1]

A releitura da famosa carta de Pero Vaz de Caminha faz-nos imediatamente pensar na inquietante personagem do escrivão da armada de Pedro Álvares Cabral. Infelizmente, é pouco o que se sabe sobre ele. Cidadão do Porto (talvez natural da antiga cidade), integrava aquela classe média letrada que se ia distinguindo mais e mais a partir da ascensão dos Avis. Prestando serviços à Coroa, foi feito cavaleiro das casas de Afonso V (o Africano), Dom João II (o Príncipe Perfeito) e Dom Manuel (o Venturoso). Em 1476, sucedeu ao pai como mestre da Balança da Moeda da cidade do Porto. Em 1497, a Câmara da mesma cidade encarregou-o de redigir os capítulos a serem discutidos nas cortes que no ano seguinte se reuniriam em Lisboa, encargo que atesta, evidentemente, o prestígio de que desfrutava.

É provável que tenha participado de alguma viagem à Guiné, pois seu texto sugere comparações entre os índios e os negros da África Ocidental. Em 1500, participou da viagem da grande armada de Cabral, vindo a falecer no mesmo ano na Índia, num confronto com os mouros na feitoria portuguesa. Sabe-se que era casado com Catarina Vaz de Caminha, de quem teve pelo menos uma filha, de nome Isabel. No Porto, onde residiu mais longamente, morava numa casa herdada do pai e possuía alguns bens. Talvez tenha participado, em 1476, da batalha de Toro, acompanhando Afonso V. Trata-se, como se vê, de uma carreira típica de funcionário do Antigo Regime nascente.

Pois esse burocrata-escrivão era ao mesmo tempo um excelente escritor. O estilo límpido de sua linguagem e a saborosa narrativa dos eventos mos-

---

[1] Publicado originariamente em Luis Donisete Benzi Grupioni (org.), *A carta de Pero Vaz de Caminha: documentos e ensaios sobre o achamento do Brasil* (São Paulo, DBA, 2000).

tram, já à primeira leitura, que estamos diante de alguém que, se era escrevente por profissão, por vocação era escritor, o que faz lamentar que não nos tenha legado outros escritos. E começamos, então, a vislumbrar o texto no seu contexto, isto é, na história de seu tempo.

Efetivamente, a carta de Pero Vaz de Caminha ao El-rei Dom Manuel, escrita na Terra de Vera Cruz a 1º de maio de 1500, integra com destaque um gênero muito característico das letras portuguesas nos séculos XV e XVI. Referimo-nos, evidentemente, à literatura de viagens ultramarinas ou, mais precisamente, à literatura portuguesa de viagens à época dos grandes descobrimentos. Pois esse tipo de literatura, fundamental para entender as transformações culturais nesse momento decisivo do amanhecer da modernidade, aparece em vários países da Europa, ligado precisamente à expansão europeia para o mundo. Como Portugal esteve sempre na vanguarda desse movimento — os chamados Descobrimentos —, é ali que se expressa mais intensamente essa produção intelectual, a ponto de constituir uma categoria à parte na sua literatura. Uma categoria que ultrapassa os limites propriamente literários para o plano mais geral da cultura, pois os textos incluem desde obras técnicas (os famosos roteiros, ou *derroteros*), outros mais propriamente científicos (como o famoso *Esmeraldo de Situ orbis*, de Duarte Pacheco Pereira), até diários de bordo ou narrativas de viagens (e de naufrágios), ou, ainda, relatórios informativos como a carta de Caminha. Pois bem, o nosso documento revela precisamente essa variedade de facetas a que nos referíamos no início. Trata-se, rigorosamente, de um relatório informativo do escrivão para o rei, isto é, do funcionário de confiança para o chefe do Estado — e esse caráter burocrático aparece inclusive no pedido final de mercês para o genro, que estava no momento para os lados da ilha de São Tomé, o que, supõe-se, fosse uma espécie de desterro. Mas o estilo vívido e a enorme capacidade de evocação de paisagens, acontecimentos, situações e pessoas imprimem ao texto um valor intrínseco, que lhe assegura uma vigência permanente não só como testemunho documental dos eventos, mas também como documento expressivo de toda uma mentalidade.

Mesmo os informes técnico-científicos (cf. f. 1), de náutica e marinharia, que estavam a cargo dos pilotos e cartógrafos, constam de algumas passagens, e parece que com precisão. A referência a outros informantes sugere que El-rei contava realmente com a diversidade de informações, das quais apenas duas remanesceram: a carta de Mestre João Faras e a relação do Piloto Anônimo, que, juntamente com o texto de Caminha, formam os três únicos testemunhos da viagem de Cabral. Se naqueles é dominante esse lado técnico e científico, em Caminha o discurso é fundamentalmente narrativo; se os primeiros devem classificar-se claramente como roteiros e relatórios, a carta de Pero Vaz participa das duas categorias, relatório e narrativa, e, como sua linguagem tem nível literário, o discurso caminiano envolve as duas dimensões de ciência e arte — como aliás todo discurso verdadeiramente historiográfico.

Pelos seus olhos, vamos assim reconstituindo no texto e revivendo na sensibilidade a aventurosa viagem, da largada no Restelo a 9 de março à visão do Novo Mundo a 22 de abril. Alonga-se, então, na descrição da paisagem e sobretudo na narrativa das fantásticas aventuras de convívio com os aborígines, ao longo de uma semana, terminando com a retomada do percurso, rumo ao Oriente distante — tudo isso permeado de observações constantes, que vão pontuando o discurso sem interrompê-lo, sugerindo reflexões para vários campos, solicitando a participação ativa do leitor.

A releitura da carta, portanto, remete-nos aos mais variados aspectos da história daquele momento decisivo do ocidente europeu: os inícios dos Tempos Modernos, isto é, a superação da crise do feudalismo, que se vinha agravando irreversivelmente nos séculos XIV e XV. Para além da reconstituição do evento — o que não é pouco, dado que se trata de uma das mais importantes viagens de "descobrimento", quer dizer, de reconhecimento do mundo pelos europeus, nomeadamente portugueses —, o que evidentemente mais tem atraído a atenção dos modernos intérpretes (historiadores e sobretudo antropólogos) é a narrativa dos contatos com os indígenas, isto é, a descoberta do gentio. Emocionante, para dizer o mínimo, acompanhar com Caminha o dramático desencontro de culturas, o impossível diálogo entre as normas da dádiva e a lógica da mercadoria, pois são esses passos que percorrem praticamente todo o texto (cf. f. 1v.-13v.), que nos abrem espaço para projetar o discurso na cultura do seu tempo.

Salvo algumas poucas rápidas passagens, o que se depreende do conjunto é a profunda empatia humana com que Pero Vaz defronta o selvagem; e, seguindo a brilhante análise de Margarida Barradas de Carvalho, isto se liga à visão da natureza que o autor tem em mente, pois é precisamente o seu estado natural (isto é, em harmonia com a natureza) que faz deles seres absolutamente puros, inocentes, verdadeiros, como só no Paraíso pudemos conhecê-los. Aí está a raiz da edenização do Novo Mundo, contraponto da infernalização que corria paralela. Agora, a carta aparece-nos no centro da problemática cultural do Renascimento, e Caminha, como lídima expressão do humanismo cristão, que era uma de suas dimensões mais significativas.

Assim, passo a passo, tentemos apreender o texto como expressão de sua época, ao mesmo tempo que atuava no seu interior. Efetivamente, por esse caminho, podemos conectar a carta com o humanismo renascentista e com as reformas religiosas que marcaram indelevelmente a passagem do medievo para a modernidade. Pois o humanismo cristão, de que Erasmo de Rotterdam foi o expoente máximo e que tanta incidência teve nos países ibéricos, esteve no centro da grande crise religiosa do período, a qual se resolveria pela implantação das Reformas heterodoxa (protestante) e ortodoxa (católica). E ainda mais: através do texto de Caminha podemos descortinar não só as conexões entre Renascimento e Reforma, senão ainda os nexos entre ambos os movimentos e a outra vertente da transição para a modernidade, ou seja, os chamados descobrimentos marítimos, que dariam a partida para a expansão europeia para o mundo.

Assim como Portugal esteve na vanguarda da expansão, é na sua literatura de viagens que se expressam com mais nitidez essas conexões. E o texto de Pero Vaz de Caminha, nesse sentido, é absolutamente exemplar. Entre o Renascimento e a Reforma (protestante), numa primeira aproximação, as relações são evidentes: os dois movimentos se viam como uma volta às origens, da cultura antiga, no primeiro caso, do cristianismo primitivo, no segundo. Mas essa primeira visão fica ainda num nível superficial. Se pensarmos, com a moderna historiografia, que ambas as reformas respondem à crise de religiosidade dos séculos finais da Idade Média (que consistia, na formulação de Lucien Febvre, na existência de um hiato entre a religiosidade crescente e o recuo institucional da Igreja), quer dizer, se pensarmos naquilo que uma e outra têm em comum, perceberemos a profunda conexão com a nova mentalidade renascentista emergente.

Aquele vácuo foi preenchido, na vertente heterodoxa, por uma nova doutrina — a justificação pela fé, luterana — que prescindia da intermediação da Igreja na salvação, e, na Reforma católica, por uma nova maneira de vivenciar a mesma doutrina, solenemente reafirmada ortodoxa no Concílio de Trento. A nova prática expressa-se na maior participação do laicato, canalizando a religiosidade dos leigos, e sobretudo na marcha resoluta das novas ordens (os jesuítas, o Oratório) em direção ao século. Nos dois casos, o mesmo processo de laicização, de individualização, que conflui com o individualismo renascentista (a descoberta do Homem) e leva a um novo equilíbrio entre razão e fé, entre filosofia e teologia — ponto central nessa transformação decisiva, o reconhecimento do outro, de que o encontro com o gentio (isto é, uma humanidade que não era composta de cristãos, nem de infiéis, nem de judeus) foi sem dúvida o momento fundamental.

E aqui encontramos os nexos de Renascimento cultural e reformas religiosas com os Descobrimentos — e voltamos ao texto de Caminha. Note-se a preocupação do missivista em observar que os índios não eram fanados, isto é, circuncisos (cf. f. 3). Descobrimentos e expansão ultramarina imbricam, pois, com Renascimento e Reformas, e Portugal está no centro do processo, e Pero Vaz o vivencia ativa e intensamente. Por meio dos Descobrimentos, processava-se a descoberta do Mundo e do Homem (para retomarmos as expressões de Burckhardt); quer dizer, dos novos *mundos nunca dantes* navegados, mas sobretudo da nova humanidade, na sua pureza originária, estampada na sua nudez. Observe-se a recorrência obsessiva do tema no texto caminiano. A nudez das indígenas sensibiliza-o a tal ponto que afirma ser a inocência delas tão intensa que elas não somente não se envergonhavam de expor suas vergonhas, mas também faziam com que os portugueses não se envergonhassem de observá-las (cf. f. 7).

Também por outras vias podemos penetrar nesse complexo envolvimento dos vários fenômenos que demarcam a abertura dos tempos modernos. Os descobrimentos geográficos e a revelação de novos mundos impunham problemas à visão do mundo que se ia engendrando na Europa renascentista, aguçando o espírito crítico e fortalecendo a observação empírica e a experimentação como o método de conhecimento da realidade. Se ainda remanesciam gentios como no Paraíso, se a conformação do mundo não coincidia com a descrição dos antigos, então esses mesmos sábios tinham que ser questionados. Depois de conhecê-los no original (não mediante comentários, ou em traduções) era preciso discuti-los no seu interior. Então o Renascimento começa a superar-se a si mesmo e ultrapassar a ilusão de que fosse apenas o novo nascimento da cultura antiga. Também aqui, mais uma vez, o texto da carta integra e expressa as dimensões mais fortes do Renascimento europeu em geral e o português em especial.

Mas há ainda outro aspecto a considerar, nesses nexos do texto para o contexto. Entre a Renascença e as reformas, de um lado; e os Descobrimentos e a expansão mercantil, de outro, situa-se uma transformação estrutural decisiva nessa passagem para a modernidade, ou seja, o processo de formação dos Estados. Envolve, ao longo dos séculos XV e XVI (o processo, a rigor, começa antes e avança depois, mas tem entre 1450 e 1550 o seu momento crítico), uma lenta e penosa transferência das atribuições de poder — judiciárias, fiscais, militares — das instituições universais, sacerdócio e império, e locais, cidades e feudos, para a realeza. Essa centralização política implica, por sua vez, uma delimitação territorial, isto é, a marcação das fronteiras. Ora, também aqui, como se sabe, Portugal foi claramente pioneiro, a partir da Revolução de Avis — pioneirismo, aliás, ligado à posição de vanguarda europeia nos Descobrimentos e na expansão, pois os dois processos correm paralela e contemporaneamente: um certo grau de centralização era necessário para o empreendimento marítimo no Mar Oceano, ao mesmo tempo em que, uma vez engajada a expansão, fica reforçado o poder centralizador do Estado e sua posição ante os outros Estados.

Os descobrimentos marítimos e a expansão econômica dos tempos modernos foram, na sua fase heroica, um empreendimento do Estado moderno nascente, e mais uma vez defrontamos a posição eminente de Portugal no conjunto; como somente os momentos heroicos da história podem engendrar epopeias autênticas, entende-se que *Os Lusíadas*, o poema épico das navegações, seja ao mesmo tempo um cântico de louvor à fé e ao império, isto é, ao Estado. Se relermos agora a carta nesse contexto, verificaremos que essa dimensão básica da história que está sendo vivenciada atravessa todo o texto: a carta é, efetivamente, um documento oficial; o escrivão dirige-se ao rei, isto é, o funcionário ao Estado, dando conta do desempenho da missão por ele determinada. E, mais uma vez, a peculiaridade portuguesa transparece: exatamente por ser antecedente, em relação ao ocidente europeu no conjunto, a formação do Estado moderno em Portugal mantém ainda evidentes algumas marcas da tradição. Veja-se, por exemplo, a naturalidade e o informalismo com que o súdito dirige-se ao monarca, iniciando a missiva com um simples

"Senhor", e ao longo do texto o tratamento é sempre Alteza e ainda não Majestade, como seria obrigatório no absolutismo do Antigo Regime.

Mas há ainda uma dimensão estrutural nesse processo, a ser vislumbrada no texto caminiano. Efetivamente, as grandes navegações foram mais percebidas na época pelo seu lado heroico — os descobrimentos marítimos —, mas comportavam desde o início um componente material, de expansão mercantil. Nesse sentido, os Descobrimentos significaram a superação da crise do feudalismo na sua dimensão econômica, a qual envolvia estagnação ou, em certos momentos, retração do setor mercantil que se vinha formando na esteira da economia natural do feudalismo desde o século XI, e os descobrimentos marítimos, ao alargarem os mercados em escala mundial, promoveram precisamente a reversão desse processo, retomando o desenvolvimento comercial em escala superior. Isto porque a saída pelo Mar Oceano, até então desconhecido, impulsionada pelo Estado, estendendo rotas e estabelecendo entrepostos nos vários continentes, alargava os mercados (no espaço mundial) e ao mesmo tempo aprofundava o processo de mercantilização, pois os antigos produtos eram comercializados em maior volume e novos produtos entravam na circulação de mercadorias. Como salientamos antes, é por intermédio do Estado nascente que se implantam essas transformações econômicas; e assim, via Estado monárquico, articulam-se os vários processos de transformação em curso, nos planos cultural, religioso, econômico e global. E tudo incide e se depura no acontecimento, a viagem de descobrimento e primeiro contato; por isso, a narrativa da aventura aponta para todos esses aspectos.

A fórmula genial de Camões para sintetizar o sentido da expansão, como o engrandecimento da fé e do império (isto é, a catequese do gentio e o fortalecimento do Estado mediante o domínio de novos territórios e sua exploração econômica), está claramente presente no conjunto da carta de Pero Vaz, mas esta última dimensão — a econômica — aparece mais explicitamente nos trechos em que se refere diretamente às potencialidades da agricultura (cf. f. 13v.) e sobretudo quando indica de modo contundente a verdadeira *aurea sacra fames* dos portugueses na abordagem dos novos mundos. Num desses passos, aliás (cf. f. 3), Caminha revela toda a sua acuidade ao desvendar os mecanismos do *wishful thinking* —, como os índios, a quem se mostrara o belíssimo colar de ouro ostentado por Cabral, apontassem para a terra firme, concluíram imediatamente os portugueses que eles queriam indicar a existência do metal nobre nas terras descobertas; contudo, acrescenta Caminha, "isto tomávamos nós assim por assim o desejarmos". Definitivamente, trata-se de um texto poderoso, tanto no seu conjunto como nos detalhes. E com isto vamos encerrando nosso percurso.

Lida no seu contexto, isto é, dentro da história, a carta de Pero Vaz de Caminha revela toda a sua grandeza, simultaneamente produto e produtora de seu tempo. É isso que explica a sua vigência atual, todo o interesse que nos desperta. Para continuar um dos mais vivos documentos desse remoto passado, ela prescinde absolutamente das denominações "carta de nascimento" ou "certidão de batismo" do Brasil, com que tantas vezes se procurou enaltecê-la. Ainda que tenham sido empregadas por alguns grandes historiadores, essas expressões — bem como a designação da viagem de Cabral como "descobrimento do Brasil" — implicam um evidente anacronismo, o qual, como se sabe, é o pecado mortal do historiador. Pois, para reconstituir no discurso um fragmento de vida no passado, o historiador deve esquecer (ou pelo menos tentar esquecer, pondo entre parênteses) o que aconteceu depois, e que ele sabe, mas que os protagonistas que viveram o evento não podiam saber; do contrário, corre o risco de imputar aos atores esse conhecimento, transformando o discurso historiográfico numa verdadeira profecia do passado.

Ora, nenhum gênero de história é mais vulnerável ao pecado mortal do anacronismo que a história nacional, isto é, quando a nação é o objeto do discurso historiográfico. Assim, se começamos designando a viagem de Pedro Álvares Cabral de "descobrimento do Brasil" e a carta de Pero Vaz de Caminha de "certidão de nascimento ou de batismo", acabamos por fazer a história da colonização portuguesa nesta parte do Novo Mundo como algo destinado a se transformar numa nação e organizar-se como Estado no século XIX, com o que matamos precisamente a história, que consiste em tentar compreender como e por que se deu essa transformação (da Colônia na nação). A carta de Caminha, bem como a viagem de Cabral, prescinde dessas consagrações. É recuperando sua historicidade que podemos revelar seu pleno significado. Foi o que tentamos ao longo destas páginas.

Nota bibliográfica

A releitura do texto de Caminha foi feita na clássica edição crítica de Jaime Cortesão e nas mais recentes de Manuel Viegas Guerreiro e de Paulo Roberto Pereira. As obras nas quais nos baseamos para análises e interpretações ou colhemos os dados e informações estão integralmente citadas na bibliografia ao final do volume.

Victoria, vitoriana[1]

Na madrugada de 20 de junho de 1837, o camareiro-mor da corte britânica e o arcebispo anglicano da Cantuária faziam despertar, no palácio de Kensington, em Londres, a jovem princesa Alexandrina Vitória, de 18 anos, para comunicar-lhe o falecimento de seu tio, o rei Guilherme IV; a cena, minuciosamente descrita pelos biógrafos (entre os quais o famoso Lytton Strachey), marcava o início de um dos mais longos e significativos reinados da história da Inglaterra. Até a sua morte, em 1901, ela reinaria numa Grã-Bretanha que, neste período, atingira o ápice de seu poderio hegemônico, bem como sentiria os primeiros sinais de declínio inevitável: daí a designação de "era vitoriana" com que a tradição fixou a memória dessa etapa da história do mundo. Era a indicação da preponderância inglesa e da irradiação de sua influência em todas as direções; a essa imagem associava-se a personalidade e o estilo da soberana que lhe presidia os destinos.

Presidia os destinos, mas obviamente não governava, pois a Inglaterra já era uma monarquia constitucional consolidada, com governo parlamentarista, isto é, ministério responsável perante o Parlamento. Ainda, além da crescente supremacia econômica, era pelas suas instituições políticas que a Inglaterra do século XIX se tornara o "modelo político da Europa", como assinalou, contemporaneamente, Charles Seignobos. Não só da Europa, pois bem sabemos do fascínio que as instituições políticas inglesas exercem sobre a elite dirigente do Império brasileiro, mesmo em espíritos de escol como Joaquim Nabuco; nem era de estranhar que os procedimentos de nossa Câ-

---

[1] Publicado originariamente com o título "No tempo da rainha Vitória", *Jornal da Tarde*, Caderno de Sábado, 24/1/1981.

mara dos Deputados imitassem um tanto ridiculamente os da Câmara dos Comuns.

Seria, contudo, um grave engano supor que esse modelo, tão ardorosamente imitado ao longo do século, se apresentasse desde seu início de forma pronta e acabada: ao contrário, remontando às revoluções do século XVII, o seu processo de implantação é longo, por vezes penoso, penetrando fundo no decorrer de século XIX. Precisamente, o que mais feria o espírito dos coevos e continua desafiando a atenção dos historiadores é que, sem se sistematizar num texto constitucional, o quadro de instituições que se elaborara nas revoluções seiscentistas, especialmente na assim chamada Revolução Gloriosa de 1688, consegue atravessar incólume as grandes transformações que se seguiram. Era tal a flexibilidade dessas instituições, que a monarquia inglesa pôde, ao longo dos séculos seguintes, ir absorvendo, sem grandes traumas revolucionários, tão frequentes na história dos outros países, as profundas mudanças sociais ligadas à emergência do capitalismo industrial e do imperialismo. Mudanças, sem revolução: não pode haver ideal mais desejável para as classes dominantes e grupos dirigentes ilustrados — daí a Inglaterra tornar-se cada vez mais o "modelo". De difícil imitação, aliás, como se haveria de verificar duramente na prática, pois as condições inglesas de centro de formação do capitalismo não se podem transpor pelo simples desejo das elites.

Entende-se, desse modo, que Élie Halévy, o clássico historiador francês da Inglaterra do século XIX (*Histoire du Peuple Anglais au XIXe Siècle*, 1912-1932, 5 volumes), anotando essa perpetuação do parlamentarismo aristocrático — obra-prima da política inglesa do século — indicasse que isso se fez "com a condição de adaptar incessantemente essa política às necessidades de uma sociedade que se industrializa e se democratiza". Mais explícito, e na mesma linha, George Macaulay Trevelyan fala na adaptação do sistema de governo de gabinete aos "novos fatos sociais criados pela Revolução Industrial", o que envolvia "a admissão, primeiro, da classe média e, em seguida, da classe trabalhadora, ao controle da máquina política". Notável façanha, ao fim e ao cabo atribuída ao "bom gênio da política inglesa", que faz com que a última revolução da Inglaterra continue sendo a de 1688.

Tratava-se, portanto, de um processo; e importa, agora, indicar o momento em que, nesse processo, inicia o reinado da rainha Vitória, já que a abertura da era vitoriana é menos fácil de precisar. O Parlamento fora-se tornando, ao longo do século XVIII, o centro da vida política e o governo vinculado à maioria, isto é, iam-se afastando as tentativas, que não deixavam de ocorrer, de a realeza se impor à representação. Ainda no século XIX essas escaramuças se repetem; é precisamente com Vitória que o sistema se torna irreversível. Esse longo processo, em que a representação se impõe ao poder hereditário, não tinha sido, contudo, acompanhado de uma correspondente purificação da representatividade. Queremos dizer: a representatividade do Parlamento era muito limitada e restrita, pois a sociedade não se democratizara. Esse Parlamento, que se apresenta como intérprete da Nação e se impõe aos monarcas, na realidade expressa a dominação de uma camada privilegiada, a aristocracia inglesa. De fato, ao abrir-se o século XIX, o clero anglicano e a aristocracia, incluindo a *gentry* (isto é, nobreza rural com vinculações no mundo dos negócios), desfrutavam de amplos privilégios em relação ao conjunto da sociedade; no polo oposto, os *indigentes* (a lista era numerosa), os desempregados, ficavam praticamente fora da ordem jurídica, não podendo recusar qualquer trabalho que se lhes impusesse. Essa tendência ao reforço das antigas características estamentais tinha-se mesmo acentuado no fim do século XVIII e início do XIX; primeiro em função da Revolução Francesa que repercutira na ilha radicalizando as tensões sociais e apavorando as camadas dominantes, depois graças à polarização nacional das guerras contra Napoleão, até 1815. Arthur Wellesley, duque de Wellington, herói nacional contra Bonaparte, é ao mesmo tempo exemplar acabado de conservadorismo britânico.

O regime eleitoral consagrava essa situação social. Para a Câmara dos Comuns elegiam-se deputados, representantes nos condados e nos burgos (isto é, núcleos urbanos), mas em ambos os casos o critério era pesadamente censitário; sem contar que a distribuição das cadeiras pelos burgos remontava ao século XVII: assim, as novas cidades industriais de Oeste (como Manchester ou Liverpool, com mais de cem mil habitantes) não tinham representação, enquanto minúsculos "burgos podres" da "velha Inglaterra" tinham direito, às vezes, a mais de um deputado. Assim, numa população de cerca de doze milhões de habitantes, havia apenas 430 mil eleitores.

Ora, ao longo de século XVIII, especialmente na sua segunda metade, transformações estruturais tinham alterado substancialmente a face da sociedade inglesa. Sinteticamente, basta lembrar que este é o período da primeira

Revolução Industrial — a mecanização da produção secundária, iniciada pela indústria têxtil, penetrara no ramo energético e na siderurgia, com o que se ia constituindo o setor produtor e os meios de produção, em moldes fabris. Isso significava a implantação definitiva e irreversível do modo de produção capitalista, com todas as suas decorrências, no sentido de transformar a antiga sociedade. Apenas para exemplificar, lembre-se que em função dos estímulos do novo industrialismo se retomava o processo de transformação no meio rural; a expansão da grande propriedade agrária, explorada por arrendatários capitalistas, que remontava ao movimento dos *enclosures* na época da Reforma religiosa e que nunca se completara, torna-se agora dominante. Essas profundas transformações iam tornando, pois, insuportável a defasagem entre a nação e sua representação no parlamento, exatamente enquanto este se ia impondo ao poder real. "Se a representação dos burgos tivesse sido ajustada às mudanças na distribuição da riqueza, interesses, e população, desde o século XVII, o clamor pela reforma parlamentar teria sido menos urgente", constata, circunspecto, o historiador Sir Llewellyn Woodward, f.b.a., no tomo XIII da erudita *Oxford History of England*, dirigida por Sir George Clark.

Efetivamente, mal estabelecida a paz em 1815, começava a agitação radical, reivindicando o sufrágio universal, ou pelo menos para todos os contribuintes. Bentham, Cobbet e Place encabeçam o movimento com petições, passeatas, *meetings*, que vão num crescendo. A agitação pela reforma era reforçada e radicalizada pelas reivindicações irlandesas, capitaneada por Daniel O'Connell, pois o governo parlamentar, dominante desde a Revolução Gloriosa, se, de um lado, consolidara a integração da Escócia (Ato de União, 1707), alienara, de outro, definitivamente a Irlanda, mantida com mão férrea sob uma dominação colonial: os irlandeses, católicos, ficavam excluídos das funções públicas (*Test Act*, 1673), não eram elegíveis, pagavam dízimos à Igreja Anglicana e renda aos ingleses que se tinham apossado de suas terras. Assim tratados, pode alguém em sã consciência admirar-se de que tenham desenvolvido ao longo do tempo uma certa preferência pela ação direta no tratamento dos problemas políticos com a pátria do liberalismo?

Intensificada a campanha, o governo, dominado pelos *tories* desde 1783, respondeu com leis de exceção, os Seis Atos: reuniões políticas interditas; libelos sediciosos apreendíveis e seus autores expulsáveis; escritos políticos sujeitos à verificação etc. Em 1819, um confronto em Manchester, numa praça chamada St. Peter's Field, terminou em massacre de manifestantes pela força armada; a oposição, fazendo contraponto com Waterloo, chamou o conflito batalha de "Peterloo", nome por que ficou conhecido. De qualquer maneira, se o movimento radical estava paralisado, o governo tinha de absorver a pressão; a morte de Castlereagh (suicidou-se em agosto de 1822) permitia a ascensão, com Canning, do torismo reformista, na tradição de Pitt. As reformas começam a ser encaminhadas: a lei dos Cereais foi abrandada pela "escala móvel" (os direitos de entrada do trigo estrangeiro variando de acordo com os preços no mercado interno); com restrições, permitiram-se aos operários (1825) a associação e a greve; e finalmente, em 1829 (já sob o ministério Peel, que tomou a "amarga decisão"), são abolidas as leis de exceção contra os católicos, para atenuar o ímpeto do protesto irlandês.

Com isso, a questão da reforma eleitoral vinha à tona. Os líderes radicais, os irlandeses, alguns *whigs* (como John Russel) e mesmo alguns *tories* concentram-se na reivindicação do sufrágio universal, mas chocam-se com a intransigência de Wellington, agora primeiro-ministro. Foi mérito dos *whigs*, nota o já citado Llewellyn Woodward, perceber a necessidade da reforma, para evitar a revolução, mas o mérito no caso parece residir em estarem eles na oposição, pois uns e outros (*tories* e *whigs*) antes expressavam facções das camadas dominantes aristocráticas. Ambas as designações remontam, como se sabe, ao século XVII, mais especificamente ao *Bill of Exclusion* de 1679, com que o Parlamento tentou excluir o duque de York, por ser católico, da sucessão de Carlos II. Os que, por fidelidade à realeza legítima, não admitiam a exclusão, eram chamados pelos adversários de *tories*, nome dos "bandidos" católicos da Irlanda; por sua vez, os que defendiam o *bill* eram apodados de *whigs*, que é como se chamavam os intransigentes presbiterianos da Escócia. A clivagem ainda refletia, em plena Restauração, o conflito entre os Cavaleiros, partidários das "prerrogativas" reais, e os "Cabeças Redondas", defensores dos "privilégios" do Parlamento; no plano religioso, anglicanos e dissidentes. Ainda no século XIX, essa era a base do antagonismo partidário, o que permitia a uns e outros assimilar e encaminhar reformas, e mesmo aos políticos circularem de uma para outra posição. Ou bem, como nas primeiras reformas, o partido no poder se fraciona e promove a reforma, ou, mantendo-se intransigente, o projeto passa ao programa do opositor.

Assim, as eleições de 1831 deram maioria aos *whigs*, e Lord Grey formou o gabinete que encaminharia o *Reform Bill* (1832): tudo muito moderado, a grande reforma consistiu numa repartição das cadeiras dos Comuns e numa extensão das franquias eleitorais (isto é, baixava-se a renda exigida para o eleitor). O número de eleitores subia para 650 mil numa população agora de dezesseis milhões, incorporavam-se ao processo político certos setores das camadas médias, a Inglaterra industrial penetrava enfim no Parlamento; as classes populares continuavam excluídas.

As decorrências dessas reformas não se fizeram esperar. Vitoriosos, os *whigs* passaram a dominar, até 1841, as malhas do poder; consolida-se o regime parlamentar. O movimento irlandês volta-se para a reivindicação do término do Ato de União, isto é, pela independência. A agitação popular vai se concentrando no operariado e adquirindo uma coloração socialista. E finalmente a burguesia industrial põe em andamento o movimento livre-cambista para destruir o que restava do antigo protecionismo mercantilista.

É neste contexto que se inicia o reinado de Vitória. A jovem rainha desmentiria temores e frustraria expectativas. Que o dissessem sua própria mãe, a duquesa de Kent, e seu tio, o rei Leopoldo da Bélgica, que esperavam exercer influência por meio de sua juventude; ou o próprio Lord Melbourne, que preferiria mais futilidade e menos interesse pelos assuntos do Estado. Quando de sua coroação na abadia de Westminster, um dos espectadores, o grande historiador Thomas Carlyle, exclamara: "Pobre rainha jovem!", pois a tarefa lhe parecia assaz pesada para ombros tão frágeis. Não havia razão para preocupar-se tanto, pois desde os primeiros momentos ela demonstraria clareza quanto ao seu papel, firmeza e determinação em exercê-lo. Tinha em alta conta seu ofício, e não desconhecia as restrições do regime constitucional; seu espaço, porém, havia de preenchê-lo até o fim: exigia ser previamente informada, e se permitia estimular certas medidas, bem como desaconselhar outras. Assim participava, moderando, do exercício do poder. Não era particularmente bela, nem acentuadamente inteligente, mas possuía aquele "robusto bom senso" tão característico dos saxônicos. No consorte, seu primo Alberto de Coburgo Gotha, com quem parece ter realizado o casamento a um tempo de amor e razão, encontraria apoio e estímulo; sua morte em 1861 a deixara inconsolável. A formação protestante rígida, em que a educara a mãe, havia de voltar-se contra a própria: a futura rainha nunca lhe perdoaria as fraquezas com o secretário John Conroy. Esse moralismo, que tão bem calhava numa pessoa que se distinguia pelas virtudes medianas, expressava, por outro lado, com rara precisão, as tendências profundas de uma época de ascensão das "camadas médias", e pois de predomínio do farisaísmo burguês. Ainda uma vez, Vitória encarnava o seu tempo.

Esse tempo — a "era vitoriana" — caracterizar-se-ia pela dominação burguesa na Inglaterra e pelo predomínio da Inglaterra no mundo. Uma primeira fase, que vai até meados do século, assiste à montagem dessa hegemonia social; a classe empresária se apodera do Estado, e vai moldando a sociedade segundo seus valores. A segunda fase — que corresponde ao período livre-cambista propriamente dito — marca o exercício e o desfrute dessa posição hegemônica. A terceira, a partir de cerca de 1880, corresponde ao afloramento das primeiras contradições.

E efetivamente, das três tendências que marcaram indelevelmente a política inglesa no início do reinado, apenas uma se implementaria, aquela que correspondia aos interesses e expressava os anseios da burguesia industrial: o movimento livre-cambista. O movimento reivindicatório irlandês, conduzido novamente por O'Connell, por meio da Associação pela ab-rogação do Ato de União, em prol da convocação de um Parlamento em Dublin, foi num crescendo até chocar-se com a repressão: a prisão do líder enfraqueceu a agitação, deportações em 1848 paralisaram o movimento. A sinistra fome de 1845-1846, impulsionando a emigração de cerca de um milhão de irlandeses, encerrava essa etapa das lutas. Paralelamente, de entendimentos entre antigos radicais e militantes socialistas, o movimento operário organizava-se em torno da reivindicação da Carta do Povo: sufrágio universal, escrutínio secreto, parlamento anual, imunidade parlamentar. A agitação *cartista* prolongar-se-ia por dez anos, até 1848, adquirindo, em certos momentos, extrema violência, para enfim declinar sem obter suas reivindicações.

Já o movimento livre-cambista, capitaneado pelo industrial Richard Cobden, e centrado nos grandes centros de indústrias têxteis, como Manchester, onde sediava a Liga contra as *Corn Laws*, levaria, em 1846, à sua supressão. Entre 1849 e 1852, finalmente, completava-se a supressão ou o rebaixamento de todos os direitos aduaneiros. Era o império do livre-câmbio, da nova Inglaterra industrial que se impunha. A abolição das Leis dos Cereais, permitindo importação mais barata de trigo, tornava a vida menos cara, melhorando o nível de vida dos trabalhadores; por outro lado, o melhor acesso à importação de matérias-primas estimulava ainda mais a indústria, ampliando a mecanização, estendendo os mercados, fazendo crescer o emprego. Com isso se entrava num período de declínio dos movimentos reivindicatórios, a ampliação do imperialismo britânico.

De fato, teatro da Revolução Industrial e das transformações dela decorrentes, a Inglaterra preserva, reajustando-o às novas circunstâncias, seu antigo império colonial. Ao contrário das outras potências, cujas colônias, estimuladas pela Inglaterra, se tornariam independentes. Abolindo a escravidão, suprimindo o tráfico de suas próprias colônias, pressionando, em seguida, pela abolição geral do tráfico negreiro, a potência hegemônica ia conformando a nova situação aos seus interesses. Com efeito, nesse período áureo do primeiro industrialismo, livre-câmbio e interesses ingleses coincidiam perfeitamente. Nunca uma ideologia serviu de modo tão adequado a uma classe e a nação como o "imperialismo do comércio livre".

Assim sendo, ao longo da primeira metade do século XIX pôde o Império inglês expandir-se, ao mesmo tempo em que desaparecia progressivamente o pacto colonial. Iniciada no fim do século XVIII, a conquista territorial da Índia completa-se por volta de 1849, ano em que são abolidos os Atos de Navegação; entrementes, para garantir o rico filão, expandem-se os tentáculos até a Birmânia e, ao norte, para o Afeganistão, onde aliás sofre um dos raros reveses. A "guerra do ópio" (1840-1842) garante a abertura comercial da China e o entreposto de Hong Kong. Entre 1829 e 1850, vai-se processando a ocupação da Austrália. Na África do Sul, veem-se os ingleses obrigados a reconhecer a independência das repúblicas Boers de Orange e Transwaal, enquanto, na América, o Canadá se encaminha para a autonomia.

O período que vai de meados do século até os anos 1880 marca pois o apogeu do livre-câmbio, da dominação burguesa, do imperialismo inglês. Os partidos, agora também chamados conservador e liberal, alternam-se no poder, e encaminham as reformas. Entre 1846 e 1866 os liberais (isto é, os *whigs*) estiveram quase sempre no poder, e Palmerston no Foreign Office, onde praticou um agressivo nacionalismo, envolvendo a Inglaterra na Guerra da Crimeia, opondo-se à política de Napoleão III na Itália, e favorecendo o Sul na Guerra de Secessão americana.

Nesses anos de prosperidade econômica, o movimento operário volta-se para o sindicalismo (*trade unionism*), e por intermédio de suas organizações volta a pressionar o alargamento do sistema eleitoral. Após a morte de Palmerston (1865), Gladstone apresentou um projeto de alargamento das "franquias", isto é, do corpo eleitoral, mas não logrou aprovação. Com isso, os conservadores, com Derby e Disraeli, ascendem ao Ministério, enquanto a agitação se avolumava. Disraeli ousou dar o passo, apresentando um projeto ainda mais amplo que o de Gladstone. Como a lei de 1832, tratava-se em 1867 de redistribuir de novo as cadeiras nos Comuns e estender o direito de voto: o número de eleitores atingia agora 2,5 milhões. Os operários penetravam, enfim, nos quadros institucionais da vida política. A questão irlandesa, entretanto, agravava-se, dando lugar aos atentados "fenianos". A recusa dos conservadores a qualquer abertura nesse terreno levou à sua derrota nas eleições de 1868; com a volta dos liberais, a questão se repropunha, e por vinte anos se arrastaria. Nesses tempos de prosperidade, reformas e inquietações, a velha Universidade de Oxford assistiria a essa curiosa renascença católica, que teve em Newman, depois cardeal, sua mais forte expressão, e que seria depois retratada em certos passos de *Judas, o obscuro*, de Thomas Hardy.

Entre 1868 e 1886, liberais e conservadores alternaram-se no poder — Gladstone formando o Ministério de 1868 a 1874, depois de 1880 a 1886; Disraeli dirigindo o gabinete de 1874 a 1880. Em 1886, a coligação *unionista*, dirigida por Joseph Chamberlain, somando aos conservadores dissidentes liberais, assume o poder, em que se mantém, com exceção de uma interrupção de três anos, até 1906. O movimento unionista, rompendo a dualidade partidária tradicional e preconizando a volta ao protecionismo ("comércio dentro do Império"), marca a inflexão para nova etapa.

Se, ao longo de todo o período, o *Home Rule* (isto é, a autonomia) irlandês não se implantou, apesar das lutas de Parnell e dos esforços de Gladstone para fazer passar concessões, no plano da política interna, as novas leis de 1884 a 1885 alargavam a representação e a redistribuição das cadeiras, de modo a estabelecer a proporção de um deputado para cada cinquenta mil habitantes. A Inglaterra aproximava-se, assim, de uma democracia. Reconhecia-se a existência legal das *Trade Unions*, bem como o direito de greve. O movimento operário, por meio dos sindicatos, tendia para um socialismo reformista, expresso na Sociedade Fabiana, de onde sairia, em 1903, o Partido Trabalhista.

Coincidindo com o envelhecimento da rainha, o sistema, entretanto, começava a mostrar rachaduras. A extensão do industrialismo ia revelando, cada vez mais, competidores à altura; a Alemanha e os Estados Unidos punham em xeque, no fim do século, a supremacia britânica. Assim, liberalismo e livre-câmbio não mais coincidiam com os interesses da Inglaterra, por não mais expressarem os interesses da burguesia. E a política inglesa no mundo não mais podia manter a coerência do liberalismo em todos os campos. Quando muito, devia ser para o uso interno. A era do neoprotecionismo e do imperialismo colonial despontava, mediante o unionismo de Joseph Chamberlain. E com ele ia-se apagando o reinado da rainha Vitória.

Entretanto, e apesar de todas as suas contradições, essa "era vitoriana" fora, em certo sentido, um *momento privilegiado* da História. Fora, no seu núcleo central, o momento do capitalismo concorrencial, em que os mecanismos reais do sistema estiveram mais à mostra, em que o sistema, por assim dizer, existira quase em estado puro. Nem era por acaso que Karl Marx, fugindo à repressão às revoluções de 1848 no continente, das quais participara, havia de se refugiar na Inglaterra, e lá, participando dos impasses de seu movimento operário, e estudando na biblioteca do Museu Britânico, havia de investigar as leis de movimento da economia capitalista e da sociedade burguesa.

Segunda parte:
HISTORIOGRAFIA

O marquês de Pombal
e os historiadores[1]

As diversas nações têm, quase sempre, em sua história, certos momentos que atraem mais intensamente a atenção dos historiadores, ou por serem considerados "gloriosos" ou por envolverem pontos de inflexão, viragens significativas no passado. Assim, na França, o período da Grande Revolução, nos Estados Unidos, esse *ordeal* que foi a Guerra de Secessão; em Portugal, a era dos descobrimentos marítimos, ou em menor grau, a "época pombalina". O que singulariza esta última é sua identificação com o personagem, a tal ponto que a interpretação do período acaba muitas vezes se confundindo com o juízo sobre o homem. "Pombalinos" e "antipombalinos", os estudos vão-se sucedendo de tal modo que já se pode tentar uma síntese da polêmica (Alfredo Duarte Rodrigues, *O marquês da Pombal e seus biógrafos*, 1947); de então para cá o número de obras tem aumentado cada vez mais e ainda há pouco um membro da Academia Portuguesa da História, o senhor José Timóteo Montalvão Machado, dedicou cerca de quatrocentas páginas para dizer *Quem livrou Pombal da pena de morte* (Lisboa, Academia Portuguesa de História, 1979), o que não revela um acentuado gosto pela síntese. Não é tarefa das mais fáceis situar-se em meio a essa selva bibliográfica para que contribuem, além dos historiadores portugueses e brasileiros, brasilianistas e lusitanizantes de aquém e além-mar. Muito ajudaria, ao não iniciado, começar pela tese notável defendida pelo professor Francisco José Calazans Falcon na Universidade Federal Fluminense (*Política econômica e Monarquia ilustrada: a época pombalina (1750-1777)*, 1975), na qual se procede a um seguríssimo *state of arts*; infelizmente, há vários anos preparada a edição, sua publicação vem sendo anunciada, mas não concretizada!

---

[1] Publicado originariamente com o título "Pombal", *Jornal da Tarde*, 8/5/1982.

Vale reter, contudo, nesta fortuna historiográfica do poderoso ministro do absolutismo, que são os historiadores da linhagem liberal que lhe fizeram a apologia, ficando a detração por conta da historiografia tradicionalista; e a polêmica, acesa no século passado, estende sequelas até hoje, apesar dos esforços de neutralidade dos pesquisadores, sobretudo a partir da obra de João Lúcio de Azevedo (*O marquês de Pombal e sua época*, 1909). Este, aliás, é um caso típico: historiador de amplos méritos, conhecedor do ofício, não logrou contudo superar sua antipatia por assim dizer "pessoal" do personagem. Seu livro, de toda maneira, representa um marco nesses estudos, e talvez ainda seja a melhor biografia de que dispomos. Dos meados do século para cá, a partir dos trabalhos de Jorge Borges de Macedo (*A situação econômica no tempo de Pombal*, 1951) pode-se dizer que entramos numa nova etapa das pesquisas, em que a investigação da "época" sobreleva as preocupações com o "herói". Mesmo assim, insidiosa e tenaz, a reminiscência dos confrontos ainda reponta aqui e ali, perturbando a objetividade do saber.

Tamanha persistência da paixão, impondo-se à serenidade dos eruditos, dá o que pensar; pois, como observa Francisco Falcon, "a simples existência do debate já representa um dado importante para o historiador". E de fato, se meditarmos um pouco sobre esse paradoxal alinhamento dos historiadores, em que o estadista do Antigo Regime é exaltado pelos liberais e denegrido pelos conservadores, talvez possamos nos aproximar do enfoque mais adequado para rever o homem e a época, ou melhor, o homem na época. É que Pombal foi, sem dúvida, um protótipo do que se havia de chamar "déspota esclarecido"; denominação acertada, pois se "despotismo" e "esclarecimento" lógica e até eticamente se excluem, politicamente podem juntar-se no momento da história.

Assim se percebe que foi a sua vertente "esclarecida", modernizadora, a destacada e valorizada pela historiografia progressista, enquanto os historiadores reacionários haviam de incidir sobre seu lado "despótico", autoritário. Uns e outros, consciente ou inconscientemente, expressavam certas dimensões da prática política em que estavam direta ou indiretamente envolvidos, durante a monarquia constitucional ou a república, ou ainda sob o fascismo salazarista. Ele, Sebastião José de Carvalho e Melo, o marquês de Pombal, foi evidentemente, ao mesmo tempo, as duas personagens, e o problema de saber se teria sido possível o passo modernizador de outra forma, referindo-se ao que não aconteceu, levar-nos-ia para dentro da ucronia, e, pois, para fora da História; o que, sim, percebiam, digamos, instintivamente, os liberais é que, sem aquele passo, não teria havido espaço para o liberalismo, e assim passaram a ver, corretamente, no reformador absolutista, um precursor da modernidade. Em síntese, um dos expoentes da historiografia liberal (Pinheiro Chagas, 1875) afirma: "Apesar de seu despotismo ferrenho, [Pombal] abriu o mais largo caminho às conquistas da liberdade". Em contrapartida, os conservadores farejaram no ministro prepotente uma espécie de traidor do mundo, que desejavam preservar ou fazer renascer; consequentemente passaram a minimizar suas realizações, acentuar seus malogros, enfim a procurar razões escusas para suas ações. Vejamos o estilo: "[Pombal] querendo ser o primeiro entre todos, não tolerou que houvesse outros que, por nascimento ou posição, lhe tomassem a direita"; "ensopou as mãos em sangue inocente e saboreou as delícias da taça inebriante da vingança, originada da inveja insofrida" (Francisco d'Azevedo Teixeira d'Aguilar, conde de Samodães, 1882). E o quadro é ainda mais complexo, se nos lembrarmos de que, para algumas vertentes do liberalismo — nomeadamente, Alexandre Herculano —, o regime das liberdades devia significar, na realidade, uma volta à primitiva monarquia dos "concelhos" mais ou menos autônomos, anterior à centralização absolutista. Herculano como se sabe foi o historiador da Idade Média portuguesa, e ensaísta do século XIX, pouco ou nada cuidando do período intermediário (o paralelo com Michelet vem imediatamente à tona). Esta postura poderia servir de ponte de ligação entre os extremos, mas não viria a prevalecer, dada a dimensão política e não meramente intelectual do confronto, retirando-se o "solitário de Val-de-Lobos". E as posições irreconciliáveis vão tendo desdobramentos: os tradicionalistas haviam de exaltar o período que se seguiu ao "consulado" pombalino, no qual o detestado ministro foi, enfim, perseguido (escapando, porém, da pena máxima, como já se viu); reversivamente, os modernizadores descreveram o reinado de Maria I como uma certa idade das trevas.

Eis-nos, portanto, em meio a essa trama inextricável, em que a história se faz e se refaz continuamente, na prática social e na escritura do discurso. Aqui, parece, os mortos comandam os vivos, mas não comandam a seu talante; pois não são os mortos tal como foram enterrados que contam, mas como vão sendo ressuscitados a cada passo, atendendo aos clarins das novas batalhas. De nada adiantaria, entretanto, pensar que, sendo assim impossível o conhecimento absoluto do passado, melhor seria esquecê-lo — porque isto é impossível; para tanto, teríamos de deixar de existir, pois só podemos viver na história — "el hombre no tiene naturaleza, tiene historia" (Ortega y Gasset). Inútil, por isso, fugir do problema, imaginando que Pombal nunca existiu; sua estátua continua a nos observar do alto do pedestal. Retornemos, pois, ao campo, conscientes das limitações e dificuldades, e por isso mesmo mais capacitados para ver a linha do horizonte.

Déspota e esclarecido, Pombal não foi o único na Europa de seu tempo. Longe disso, integra toda uma constelação extremamente ativa de ministros reformadores e reis "filósofos" (estes, quase sempre, uns pedantes), que atravessam toda a segunda metade do século XVIII, afetando a Europa de lés a lés. De Catarina II da Rússia a José I de Portugal, passando por Frederico II da Prússia, José II da Áustria, Carlos III da Espanha e o próprio Luís XVI da França (este, que aliás não era pedante, sendo um tanto simplório, teve triste destino): todos mais ou menos convencidos de que podiam regenerar o mundo pela Razão, para tanto cultivando os *Philosophes*, que pensavam exercer influência, quando o mais das vezes estavam simplesmente sendo usados. Esclarecidos pela Razão, isto é, pelo ensinamento dos filósofos, monarcas e ministros se entendiam em condições de usar seu poder absoluto para iluminar os súditos, acendendo as Luzes da Idade de Ouro. Nem havia de pensar em resistências, pois a Razão, uma vez revelada, impunha-se por si. Resistência só podia ser ignorância, naturalmente merecedora de corretivo. Assim, em 1781, José II da Áustria, ao decretar o edito de tolerância ("a Razão manda respeitar o pensamento, as crenças e a maneira de orar de cada um"), obtemperava que, se campônios ignaros pretendessem se registrar como "deístas", deviam ser bastonados, porque — textual — "pretendem ser algo que não compreendem". A Razão, esta, não podia ser assim ofendida. Esse culto ingênuo da Razão — terminou mesmo num culto em Notre-Dame, durante a Revolução — remete-nos ao juízo de um historiador (Carl Becker), para quem "os filósofos derrubaram a Cidade de Deus de Santo Agostinho apenas para reconstruí-la com materiais mais modernos".

Nesse quadro europeu, a Ibéria destaca-se notavelmente; mas enquanto na Espanha se fala nos "ministros de Carlos III", em Portugal a referência é ao "consulado pombalino". O que já indica a personalidade absorvente do ministro, que foi ocupando todos os espaços, desalojando *a posteriori* o próprio monarca. Destaca-se, efetivamente, o reformador português naquela constelação pelo arrojo e pela multiplicidade das iniciativas, pela pertinácia na sua implementação, pelo estilo autoritário e por atuar num meio particularmente adverso. E aqui vamos tocando num ponto em que convergem a personagem e seu país, o que certamente muito tem a ver com os caminhos depois tomados pela historiografia. Portugal destaca-se, também, no quadro geral da Ilustração europeia: não tendo sido um país produtor do pensamento ilustrado, antes seu consumidor, foi dos primeiros a iniciar as reformas, isto é, a aplicação do ideário iluminista. O contraste com a França é flagrante: aqui, no centro gerador das Luzes, as reformas tardaram (são os ministros de Luís XVI, e particularmente Turgot, os marcos do reformismo francês), acabando por desembocar na Revolução. Em Portugal, no canto ocidental da Europa, ao contrário, as reformas madrugam, vão longe e fundo, procrastinando a Revolução, que não apresentaria aliás o mesmo grau de radicalização que a caracterizara na França. Nenhum rei seria executado em Lisboa, embora se diga que Maria I teria finalmente ensandecido com as notícias da guilhotina, em Paris, decepando cabeças reais. Reforma e revolução, de qualquer modo, percorrem todo o período, como alternativas de mudanças inevitáveis, por exprimirem ajustamentos estruturais. Nesse sentido, o processo atingia o conjunto do Ocidente (envolvendo também o mundo colonial), variando na forma e no ritmo.

Atraso econômico e remora cultural, em relação aos centros mais avançados da Europa, individualizavam o reino lusitano; daí o movimento da Ilustração assumir, ali, um caráter de modernização, atualização. Característica, nesse sentido, a presença, na cultura portuguesa de Setecentos, desses estrangeirados, isto é, daqueles que, tendo respirado os ares de além-Pireneus, tentaram arejar a velha casa lusitana. Com grandes dificuldades, aliás: *Dificuldades que tem um reino velho para emendar-se*, escreveu um deles (Antônio Nunes Ribeiro Sanches), e esse título é toda uma síntese. Característico, também, dos métodos de Pombal, o ter de certo modo executado o programa dos estrangeirados, mas à moda da casa, quer dizer, reduzindo-as às dimensões do possível; igualmente, o utilizar-se deles estrangeirados, mantendo-os à distância. O mesmo Ribeiro Sanches (*Cartas sobre a educação da mocidade*, 1760), que foi praticamente o programador das reformas do ensino, não regressaria à pátria, findando-se no exílio.

Estrangeirado, Sebastião José de Carvalho e Melo também o foi, mas a meio-termo. Nascido, em 1699, de uma família da pequena nobreza, só em 1738 conheceria o mundo exterior, enviado a Londres como diplomata. Nesta primeira e longa fase de sua vida, como fidalgote de pequeno porte, em nada se destacou — frequentou, como todos, Leis em Coimbra, e casou-se com uma viúva dez anos mais velha e de alta nobreza. Foi o único lance digno de nota nesse período, pois o casamento envolvera nada menos que um rapto, em bom estilo. Se fora paixão ou o interesse o móvel da audácia, não consta da história, mas de toda maneira não lhe rendeu vantagens, nem abriu as rodas das altas camadas ou os núcleos do poder. Melhora, só com a morte de um tio poderoso de quem herdaria o morgadio. Daí à enviatura para Londres seria um passo; e, em Londres, a abertura para o mundo. Sua correspondência, contudo, se revela interesse, não indica deslumbramento. Fosse como fosse, estabelecera uma janela, medira as diferenças, conhecera emigrados, estrangeirados. Como diplomata não tivera sucesso; e de Londres vai para Viena, onde sua diplomacia não se revelaria melhor. Mas, já viúvo, havia de, às margens do Danúbio, contrair segundas núpcias com a filha de um general famoso, o conde Daun. Leonor Daun não lhe traria apenas, segundo consta, felicidade pessoal; de volta a Lisboa, diz-nos Lúcio de Azevedo, por intermédio da esposa teria acesso à rainha, também austríaca: e se abriria aos poucos à roda do poder. Indicado nominalmente no famoso *Testamento político* (1749) que Dom Luis da Cunha, o mais célebre dos estrangeirados, dirigira ao herdeiro do trono, Sebastião José chegaria ao ministério com a ascensão de José I (1750); e a partir de então sua carreira seria fulminante. Se desde o início se destacava entre os pares, foi sobretudo a partir do sinistro terremoto (1755) que sua ascendência se consolidou definitivamente. Até o final do reinado (1777), feito conde de Oeiras, depois marquês de Pombal, imprimiria indelevelmente sua marca na história.

    Escudado no poder absoluto da realeza, foi atacando sucessivamente os vários setores da vida do reino e das colônias, suprimindo arcaísmos, modificando os quadros, estimulando mudanças, impondo reformas. Para tanto, e permanentemente, reforçou o próprio poder em que se baseava; e o absolutismo monárquico chegaria, então, em Portugal ao seu ápice: isto levaria necessariamente a um confronto com a nobreza e o clero, os estamentos privilegiados do Antigo Regime. Aproveitando-se, sem medir esforços nem escolher os meios, do atentado de 1758 (contra El-rei), aterrorizou a nobreza com o processo e o suplício dos Távoras; e já foi envolvendo os jesuítas nessa questão, na pessoa do padre Malagrida, já visado antes por causa de seus sermões sobre o terremoto. O ministro pretendia atingir a Igreja, num de seus pilares mais sólidos, na medida em que o reforço regaliano passava por maior independência em relação à Sé Apostólica, e, pois, conflito com o clero. A questão dos limites na América envolvia de novo os inacianos, bem como a reforma do ensino teria de contar com a oposição desses religiosos. Acumulavam-se, pois, sobre os jesuítas, os motivos de confronto com o programa ilustrado em Portugal; daí a tenacidade com que Pombal levou até o fim a contenda, não se restringindo a expulsá-los de Portugal, levando a pressão aos outros reinos (Espanha, França), até a extinção final da ordem, enfim arrancada ao papa Clemente XIV. Tanta perseverança levaria ao juízo de Lúcio de Azevedo: "Toda a ação pombalina é consequência de seu ódio antijesuítico".

Paralela ou sucessivamente, procedia-se à reforma da Inquisição, que perdia toda veleidade de autonomia, tornando-se um tribunal régio; anulava-se a diferença entre cristãos-novos e velhos, retirando ao tribunal a clientela potencial, que ele permanentemente vinha alimentando. Terminava a perseguição secular aos descendentes dos judeus; com isso removia-se um dos óbices à mobilização de capitais para o esforço de modernização econômica. A ativação da produção colonial, incentivando as velhas culturas, introduzindo novas; a acentuação da exploração das colônias, por meio das companhias de comércio (com o que se visava também a aliviar a dependência econômica da Inglaterra), e sobretudo a política industrialista conduzida com indiscutível vigor — são os aspectos mais salientes da política econômica do "consulado". Política, já se vê, de cunho eminentemente mercantilista, pois, como mostrou exaustivamente Francisco Falcon, o "pombalismo" foi esta simbiose de mercantilismo com ilustração. Na articulação de um e outro — mercantilismo e ilustração —, situam-se as reformas racionalizadoras da administração em geral, mas especialmente da gestão econômica, com o Erário Régio, e a iniciativa absolutamente pioneira da Aula do Comércio. Completavam o quadro, apenas nos seus pontos cimeiros, as reformas do ensino em todos os níveis, culminando com a reforma da Universidade.

Toda essa fúria reformadora, que atravessa os 27 anos do "consulado", coincidindo com o reinado de José I, contrariava interesses, criava outros, provocava resistências, que eram sufocadas no estilo da época, isto é, consideradas escárnios à Razão — à Boa Razão, como dizia uma lei de reforma judiciária. Um cronista panegirista, Ferraz Gramoza, registraria para a posteridade (*Sucessos de Portugal*, 1804) o caso de um membro do conselho despedido por ser considerado literalmente insano, uma vez que costumava dissentir das opiniões do ministro. Como se vê, tem tradição histórica esse método de povoar de dissidentes os manicômios. Locupletadas as prisões, agravadas as tensões, tudo havia de explodir ao ser retirado o escudo do poder, isto é, com a morte do rei. Abertas as masmorras, foi "uma espécie de ressurreição dos mortos", narra o embaixador espanhol, conde de Almodovar. Era a "viradeira", a vindita; alijado, processado, perseguido, o velho ministro, octogenário, terminaria seus dias longe da corte, redigindo intermináveis defesas, quem sabe, dando graças a Deus por ter escapado à pena de morte.

Terminava o "consulado" e começavam as polêmicas, pois se a personagem — Pombal — saía de cena, o pombalismo mantinha-se na ribalta. As reformas eram, na sua dimensão mais profunda, irreversíveis. E se olharmos para além dessas mudanças conjunturais ("viradeira") — pequenos retoques, alguns recuos, a que tanto se apegaram muitos historiadores —, o período que se seguiu apresenta-se, antes, como um desdobramento do que uma negação do reinado de José I e da administração do marquês de Pombal. Assim, as polêmicas eram inevitáveis; o próprio Pombal encarregara-se de, em várias ocasiões, promover sua versão do presente e do passado (exemplo típico, a famosa *Dedução cronológica*, 1768), e proibira versões divergentes. Levantadas as censuras, instalava-se o debate; e prolongar-se-ia tempos afora na obra dos historiadores.

Revisitando os intérpretes do Brasil[1]

Em um ensaio clássico,[2] Antonio Candido grifou, indelevelmente, o significado de Sérgio Buarque de Holanda, Gilberto Freyre e Caio Prado Jr. como marcos definidores da geração de 1930, revelada nessa aventura obstinada de interpretação do Brasil. Ao mesmo tempo em que recupera o significado dos anos 1930, inquestionável ponto de inflexão — quando tendências recentes na historiografia enfatizavam a continuidade —, delimita as vertentes inovadoras que diferenciam cada um dos autores e circunscreve as orientações comuns, evidentes na perspectiva histórica como centro de análise. Bastaria essa observação para justificar o presente dossiê da *Revista USP*, nucleado em estudos sobre os três intérpretes referidos.

Efetivamente, nos dias que correm e pelo menos desde o texto de Antonio Candido, cientistas sociais têm se debruçado sobre a obra desses mestres, exibindo-a em múltiplos ângulos, em variadas perspectivas, a exemplo do instigante estudo de Ricardo Benzaquen de Araújo[3] sobre Gilberto Freyre. Alguns desses intelectuais comparecem no presente número, voltado à continuidade do diálogo que se adensa, orientado pela procura do nosso autoconhecimento e, nunca é ocioso lembrar, recortando uma tendência estrutural à nossa própria formação. Propensão, aliás, há pouco desvelada por

---

[1] Texto em coautoria de Maria Arminda do Nascimento Arruda publicado originariamente como "Apresentação" ao "Dossiê Intérpretes do Brasil — anos 30", *Revista USP*, nº 38, junho-agosto de 1998, pp. 7-9.

[2] Prefácio à 5ª edição, in Sérgio Buarque de Holanda, *Raízes do Brasil*, Rio de Janeiro, José Olympio, 1969.

[3] Ricardo Benzaquen de Araújo, *Guerra e paz:* Casa-grande & senzala *e a obra de Gilberto Freyre nos anos 30*, Rio de Janeiro, Editora 34, 1994.

Paulo e Otília Arantes numa análise sobre o pensamento brasileiro contemporâneo, oriundo dos quadros universitários. Nesse contexto, os autores assinalam a obsessiva preocupação dos intelectuais no Brasil com as dimensões formativas nas diversas esferas da nossa existência como povo, como nação, como Estado.[4]

Mesmo um sociólogo do porte de Florestan Fernandes, perfil acabado de intelectual acadêmico, persegue, nas suas análises, as ideias de fundamento e de formação histórica no entendimento das nossas particularidades e dos impasses do processo de mudança social. Apesar de seu estilo de reflexão afastar-se da forma ensaística, característica dos intérpretes de 1930, a noção de gênese da sociedade desdobra-se na referência ao caráter próprio da nossa identidade. Segundo os seus termos, a construção de uma "moderna sociedade nos trópicos" pressupõe a superação do persistente legado do passado.[5]

Efetivamente, se olharmos o conjunto da nossa trajetória, principalmente nos momentos decisivos, manifesta-se o "eterno retorno" à mesma temática, a recorrência às questões identitárias. Os intelectuais brasileiros dirigem-se, não por acaso, à busca incessante das nossas raízes, rastreando os contornos da nossa vida social. Como disse Mannheim, "é, geralmente, sabido que, apesar do livre fluir das ideias sobre as fronteiras políticas, determinados temas reaparecem só no pensamento organizado de cada país".[6]

Problemática dessa natureza conferiu o ritmo do pensamento das diferentes gerações. Assim, no período que se estende da Independência à Regência, os textos do Patriarca José Bonifácio são exemplares dessa inquietação. Durante a Belle Époque, são expressivas as figuras de Lima Barreto, Manuel Bonfim e, sobretudo, Euclides da Cunha, cujas palavras lapidares sobre a constituição do Brasil ainda ressoam: "uma nacionalidade feita por uma teoria política".[7] Com o modernismo emerge a criação genial de Mário de

---

[4] Otília B. F. Arantes e Paulo E. Arantes, *Sentido da formação. Três estudos sobre Antonio Candido, Gilda de Melloe Souza e Lucio Costa*, São Paulo, Paz e Terra, 1997.

[5] Maria Arminda do Nascimento Arruda, "Florestan Fernandes e a Escola Paulista", in Sergio Miceli (org.), *História das ciências sociais no Brasil*, vol. 2, São Paulo, Sumaré/Fapesp, 1995.

[6] Karl Mannheim, *Ensayos de sociologia de la cultura*, Madri, Aguilar, 1963.

[7] Euclides da Cunha, *À margem da história do Brasil*, 3ª ed., Porto, Livraria Chardron, 1922.

Andrade na personagem Macunaíma — "O herói sem nenhum caráter". Nos anos 1930, estreiam os chamados intérpretes, tão bem distinguidos por Antonio Candido. Segue-se a produção acadêmica urdida na ambiência universitária.

O "sentido de formação" enlaça os vários momentos. Essa tendência comum de imersão no passado, o perquirir as raízes, a eleição da História como caminho iluminador da compreensão. Neste diapasão, são exatamente os autores contemplados nesta publicação que se estabelecem como referências da viragem, pois formulam, definem e enquadram os procedimentos essenciais ao tratamento da identidade.

A publicação, no entanto, não se constitui em *mise-au-point*, como se poderá depreender da leitura das páginas que se seguem. Pretendemos explicitar tendências por meio das quais se arquitetam compreensões atuais, encerradas em textos de estilos diferenciados e de índoles diversas. O que os unifica, sem sombra de dúvida, é esse referencial inescapável do pensamento social no Brasil. Com este número, portanto, a *Revista USP* revisita uma questão clássica da nossa cultura.

Um livro de Henri Pirenne[1]

O surto de expansão do movimento editorial brasileiro, a que ora assistimos, tem bafejado o setor da historiografia, e rapidamente começam a aparecer traduções de obras de Burckhardt, Runciman, Rostovtzeff, Toynbee, Albert Soboul etc., ou mesmo, numa empresa de maior vulto, os dezessete volumes de *História geral das civilizações*, dirigida na França por Maurice Crouzet. Neste ambiente, publica-se, agora, a *História econômica e social da Idade Média*, de Henri Pirenne.

Trata-se de um livro ao qual se pode, sem dúvida, chamar de clássico. Denominado inicialmente *Le Mouvement Économique et Social au Moyen Âge, du XIe au Milieu du XVe Siècle*, o texto foi elaborado como parte integrante do tomo VIII (*La Civilisation occidentale au Moyen Âge*) da seção de *Histoire du Moyen Âge* da coleção de "Histoire Générale" dirigida por Gustave Glotz. Publicado em 1933, o trabalho do grande historiador belga teve extraordinária fortuna. Precedido de uma introdução em que se resumem os principais aspectos e se colocam os mais importantes problemas do período anterior ao século XI, o conjunto resultou numa admirável síntese da evolução econômica e social da Idade Média europeia. Traduzida para o inglês (1936), espanhol (1939), alemão (1946), holandês (1948) e finalmente traduzida e editada na Iugoslávia (1958), a obra ampliou notavelmente seu campo de influência. Em francês, o texto foi publicado, junto com outros trabalhos de Pirenne (artigos famosos, colaboração em obras coletivas etc.) numa coletânea organizada por Émile Coornaert, e publicada em 1951; recentemente (1963), a Presses Universitaires editou o texto de Pirenne como

---

[1] Resenha do livro de Henri Pirenne, *História econômica e social da Idade Média* (São Paulo, Mestre Jou, 1963), publicada no "Suplemento Literário" de *O Estado de S. Paulo*, 16/5/1964.

obra autônoma e com o título já consagrado nas traduções: *Histoire Économique et Sociale du Moyen Âge*. A originalidade do enfoque e a riqueza de ideias apresentadas ao longo da extensa obra do autor da *Histoire de Belgique*, e meridianamente sintetizadas no livro que agora se edita entre nós, têm sido objeto de reflexões, críticas e reformulações — sinal aliás distintivo das grandes obras.

Não faria sentido resenhar uma obra desta natureza, que vem sendo amplamente debatida, assimilada, ou mesmo superada pela historiografia contemporânea. O que nos propomos é comentar a edição brasileira, ou mais precisamente a tradução, pois esta apresenta, infelizmente, defeitos comprometedores.

Em primeiro lugar, traduziu-se da versão castelhana e não do original francês. Isto fica evidente quando notamos que se emprega "Amberes" (espanhol) em vez de "Antuérpia" (português) para designar o grande entreposto flamengo (p. 227); ou que se usa "todavia" no sentido de "ainda" (por exemplo, p. 127); ou no fato de se traduzir *corporation de métier* por "grêmio" etc. etc. Note-se ainda que a edição brasileira mantém os erros "técnicos" da tradução castelhana (erros de impressão). Por exemplo, onde está "Canuto o Grande (1017-1135)" percebe-se imediatamente que deveria ser 1017-1035 (p. 31); onde está século XIII devia ser século XII (p. 72); o contrário, onde está século XII deveria ser século XIII (p. 211). Todos esses defeitos passaram da versão espanhola para a portuguesa tranquilamente. Bem é verdade que, aos hauridos na edição mexicana, a brasileira acrescenta os seus próprios, como escrever "Kiel" onde deveria ser "Kiev" (p. 29), ou "anuência" no lugar de "ausência" (p. 98), ou ainda traduzir "origines" (francês), "origenes" (espanhol), por... "viagens"! De modo que o original: "si les origines premières du capitalisme commercial échappent en partie à nos regards", embora corretamente vertidos ao espanhol, acabou dando esta maravilha na edição brasileira: "embora as primeiras viagens do capitalismo mercantil se ocultassem [...]" (p. 54).

Mas não são apenas os defeitos "técnicos" que a edição brasileira recolheu da mexicana, por não se dar o trabalho de sequer controlar a tradução pelo original; também erros graves propriamente de tradução foram incorporados. E como a versão castelhana de S. Echavarria já não era nenhuma obra-prima e acrescendo que a tradução brasileira ajuntou aos erros legados outros peculiares, pode-se imaginar o resultado. Exemplificaremos, utilizando-nos, para confronto, do texto francês publicado juntamente com outros trabalhos de Pirenne, organizados por Coornaert e acima citado (*Histoire Économique de l'Occident Medieval*, Desclée de Brouwer, Bruges, 1951), do texto espanhol de Salvador Echavarria (México, Fondo de Cultura Económica, 1952, 5ª edição) e do português agora editado.

Pirenne escrevera, iniciando um item intitulado "Decadência da navegação bizantina":

> Devant cette expansion victorieuse, l'Islam 11e devait pas réagir avant le XVe siècle et l'Empire byzantin, incapable de la combatre, fut contraint de s'y soumettre. C'en est fait, à partir du XIIe siècle, de la suprématie qu'il exerçait encore dans la Méditerranée orientale. (p. 186)

É evidente que o pronome "il" da segunda frase ("suprématie qu'il") refere-se ao Império Bizantino. Mas o tradutor espanhol não o compreendeu, traduzindo: "A partir del siglo XII termina la supremacia que el Islam (!) ejercia aun [...]" (p. 35). A edição brasileira acompanha docilmente o erro da castelhana (cf. p. 38). Nenhum dos dois tradutores se dá conta de que o contexto fica sem sentido. Outro exemplo, no original lê-se "rentier du sol" (p. 232), em espanhol corretamente "rentista" (p. 78) foi traduzido em português por "arrendatário" (p. 88), o que, rigorosamente, inverte o sentido. À página 101, a tradução brasileira volta a acompanhar em erro a espanhola: o original "bénéfices" não se devia traduzir por "utilidades", mas sim por "ganhos" ou mesmo "lucros". Na mesma rica página 101: a propósito da hansa parisiense dos mercadores da água, diz o original "Dans la vallée de la Seine, la hanse parisienne des marchands de l'eau se consacre à la batellerie du fleuve jusqu'à Rouen" (p. 243), isto é, consagra-se à indústria do transporte fluvial ("batellerie"). A tradução brasileira, acompanhando a espanhola, diz imprecisamente: "a Hansa parisiense dos vendedores [sic] de água dedica-se aos trabalhos do rio até Ruão" (p. 101), o que pode provocar confusões... Ainda, no original (p. 253), Pirenne refere-se à economia natural: "une économie qui, privée de débouchés [...]". A tradução espanhola mantém o sentido (p. 96), mas a portuguesa o confunde: "uma economia que, por precisar de mercados [...]" (p. 112). Tendo-se afastado da tradução espanhola para piorá-la na página 112, já na 114 volta a nossa tradução à fidelidade, mas aqui no erro: "demi-deniers" do original (p. 255) foi vertido ao castelhano erradíssimamente por "demás denarios" (p. 98), e em português "demais denários" (p. 114). Igualmente na página 118: onde no original estava "royauté" (p. 259) traduziu-se ao espanhol (p. 102) e se acompanhou em português (p. 113) para "maioria"! Na página 325 do original, a frase "Contre les non-affiliés, elles ne pouvaient que recourir au boycottage [...]" foi traduzida pelo tradutor mexicano, por incrível que pareça, para "Contra aquellos que no estaban afiliados a dichas asociaciones, no podia recurrir al boycot [...]" (p. 159), o que foi seguido pelo brasileiro (p. 189).

São apenas exemplos; não vamos, é claro, elaborar uma errata completa. Muito haveria ainda a apontar, como traduzir "vaine pature" por "pastagem inútil" ou mesmo "viande" por "granos" etc. etc. Mas o melhor de tudo, autêntica pérola, é o seguinte: um dos capítulos mais importantes desta obra diz respeito à cidade medieval — assunto caro a Pirenne, que o tratou em várias obras e sobretudo na luminosa *Les Villes du Moyen Âge*; o referido capítulo intitula-se precisamente "Les Villes". Pois bem, na tradução espanhola, sabe Deus por quê, em vez de se usar o termo "ciudades", se preferiu erradamente "las villas". E a versão brasileira acompanhou cegamente o desacerto, não só no referido capítulo, mas em todo o livro. O francês "ville" é sistematicamente traduzido por "vila"...

E é tudo muita pena, pois a capa do livro é bonita, e sobretudo a obra de Pirenne bem merecia uma tradução à altura. Esperemos que numa possível reedição se corrijam os erros ou se faça tudo de novo, o que no caso parece mais curial.

Sobre Celso Furtado[1]

O presente livro do economista Celso Furtado, mais recente esforço de análise do processo histórico de formação da economia brasileira, está destinado a se tornar desde logo um grande clássico, dado o alto nível de seu esquema explicativo e a riqueza de suas sugestões. Nos limites desta resenha, tentaremos fixar somente a linha mestra da explicação, uma vez que a densidade das reflexões exigiria uma longa exposição para acompanhar todos os seus passos.

Examinando do ponto de vista do fluxo da renda as várias fases da história econômica do Brasil, o autor consegue configurar as diferentes "economias" que se constituíram no decorrer desse processo, assinalando suas diferenças e semelhanças. Desse modo, sua indagação se orienta para o mecanismo interno de funcionamento desses "sistemas", a fim de explicar a sua forma de evolução. Na "economia escravista de agricultura tropical", primeira forma estudada, a renda gerada no setor ligado ao mercado externo, centro dinâmico da economia colonial, expressa no valor das exportações, consome-se na importação dos produtos manufaturados dos centros metropolitanos. A economia açucareira, dado o alto grau de concentração da renda e sua impossibilidade de multiplicação interna, reage ao setor dinâmico (mercado externo), quando em expansão, crescendo extensivamente, e, quando em retração, regredindo para formas de economia de subsistência, preservando, contudo, a estrutura. Apesar de algumas diferenças mais ou menos importantes, no essencial a "economia escravista mineira" apresenta as mesmas características básicas da forma anteriormente estudada. Sua decadência importou,

---

[1] Resenha do livro de Celso Furtado, *Formação econômica do Brasil* (Rio de Janeiro, Fundo de Cultura, 1959), publicada na *Revista de História*, nº 47, 1961, pp. 277-9.

também, numa ampliação da economia de subsistência, cuja produção não se integra num sistema de trocas.

A implantação e o desenvolvimento da economia cafeeira promoveu a superação daquele mecanismo. Embora decorrente também do estímulo externo e apresentando de início as mesmas características que as formas anteriores quanto ao fluxo da renda, a transição para o trabalho assalariado, que lhe serve de base ao crescimento, implicou uma nova forma de repartição da renda e de sua multiplicação interna — um novo tipo de fluxo de renda —, abrindo caminho para a formação de um mercado interno, antes inexistente. Por isso, se a dinâmica do novo sistema ainda responde ao aumento da procura externa por um crescimento extensivo, a retração do mercado exterior provoca agora a reação dos mecanismos de defesa que, visando à manutenção do nível de emprego, iniciarão a passagem para um sistema industrial, cujo setor dinâmico é agora o mercado interno. Uma nova classe empresária, significativamente diversa das antigas aristocracias rurais, manipulando os instrumentos de poder, capitaneia esses mecanismos de defesa, que se consubstanciaram nas várias políticas de valorização do café. Das dificuldades de manutenção dessa defesa de interesses, empiricamente conduzida, nascerão as tentativas de constituição de um núcleo industrial com base no mercado interno em expansão. Os trâmites e os percalços deste processo são detidamente estudados na quinta e última parte do presente trabalho.

O problema do desenvolvimento do regime assalariado de trabalho é examinado em quatro capítulos de importância fundamental. Em primeiro lugar, procura-se demonstrar a impossibilidade de as populações ligadas à economia de subsistência se constituírem numa oferta eletiva de mão de obra para o setor cafeeiro em expansão, em vista da própria organização social do setor de subsistência (vinculação do camponês aos grupos chefiados pelos proprietários de latifúndios). Em seguida, explicita-se a solução encontrada, isto é, a formação da corrente imigratória para as grandes plantações, uma vez que a supressão do tráfico estancara a oferta de escravos. Sob a denominação talvez inexata de "transumância" amazônica explica-se a solução encontrada para o fornecimento de mão de obra à economia amazônica na época do apogeu da borracha. De fato, o efeito acumulativo da recorrência secular de fases de prosperidade e regressão econômica no Nordeste fez com que se manifestasse no fim do século passado um desequilíbrio estrutural na economia de subsistência nordestina, traduzido por uma pressão demográfica sobre o espaço utilizável — situação aliviada precisamente pelas necessidades de mão de obra da economia da borracha. Finalmente, o autor examina os efeitos da eliminação do trabalho escravo para a ampliação da oferta de mão de obra.

É óbvio que um resumo como este, que tenta revelar apenas o esqueleto da obra, importa num certo empobrecimento do seu conteúdo. Por isso, não iremos respigar, no decorrer de suas páginas, motivo para observações de detalhe. Limitar-nos-emos a dois comentários sobre o esquema geral acima sintetizado.

Em primeiro lugar, parece-nos legítimo indagar quais as bases estruturais que condicionam no curso da história as diferentes formas de fluxo da renda, nervo da explanação de Celso Furtado.[2] Afigura-se-nos insuficiente a simples vinculação do fenômeno ao aparecimento do trabalho assalariado; este processo, na realidade, resulta por sua vez de uma convergência de fatores, que serão, posteriormente, ativados pelo próprio trabalho livre em expansão. De fato, pressupondo um certo grau de divisão social do trabalho, a instauração do trabalho assalariado aciona o processo de mercantilização da produção e integração do sistema de trocas; em outras palavras, a mercantilização da força de trabalho, fruto da produção mercantil, é condição para a sua expansão e penetração em todo o organismo social. Ao mesmo tempo, o trabalho livre pressupõe o trabalhador desprovido de meios de produção, abrindo caminho para a constituição da produção capitalista — fundamento da nova forma de repartição e multiplicação da renda analisada no texto. Nesta perspectiva, a investigação, para aprofundar a análise até às determinações mais internas do processo histórico, deveria esboçar as etapas da instauração das condições capitalistas de produção no Brasil.

Ora, isso nos conduz à segunda observação: é impossível desvendar esse processo de constituição da economia capitalista no Brasil sem integrá-lo como um elemento do processo geral de formação e desenvolvimento do capitalismo moderno. Não resta dúvida de que este livro traz uma notável contribuição no sentido de explicar as relações da economia brasileira com o

---

[2] A esse respeito, ver Fernando Henrique Cardoso, "Condições sociais da industrialização de São Paulo", *Revista Brasiliense*, março-abril de 1960, pp. 31-46.

mercado mundial nas várias fases de sua história, mas as vinculações sistemáticas se inserem num outro nível. Assim, seria preciso analisar a posição das economias escravistas coloniais, e a do Brasil entre elas, geradas dentro do sistema capitalista numa fase de sua formação (a própria explicação da escravidão colonial somente nesta perspectiva adquire pleno sentido), e o modo pelo qual, numa etapa superior de desenvolvimento, o capitalismo industrial promoverá a superação dessas estruturas outrora necessárias e já agora obsoletas. Pensamos, por exemplo, na penetrante análise de Eric Williams sobre a realização desse processo nas Antilhas inglesas.

É claro que não pretendemos desenvolver esses problemas numa simples resenha. Não os apontamos com vistas a desvalorizar a obra em questão, mas, pelo contrário, para mostrar como ela sugere a discussão dos problemas básicos da história econômica do Brasil. A importância de sua contribuição, na realidade, é tal que ela poderá ser discutida, mas não ignorada por quantos doravante tiverem a envergadura necessária para atacar esses grandes problemas.

Sobre Caio Prado Jr.[1]

Esclareçamos, desde logo, nossos propósitos: apresentar introdutoriamente *Formação do Brasil contemporâneo* nesta antologia envolverá, para nós, uma dupla *démarche*. Em primeiro lugar, uma análise interna do discurso, tentando explicitar sua estrutura e andamento; em segundo, uma inserção do texto em vários contextos: no conjunto da obra de Caio Prado Jr.; na sequência-evolução da historiografia brasileira e, mais amplamente, no quadro de nossa cultura, dentre os "intérpretes" do Brasil; e, por fim, no panorama do pensamento marxista na América Latina. Tudo isso, é claro, de forma aproximativa, não só porque o tratamento exaustivo de todos esses aspectos romperia de longe os limites dessa introdução, mas sobretudo porque ultrapassaria muito nossas forças.

Será preciso, contudo, anteceder essas etapas com algumas palavras sobre o autor. Tarefa difícil, por certo, estabelecer os nexos entre a biografia e a obra; mas tarefa igualmente incontornável, uma vez que a vida de um autor é um dado radical para se compreender as criações do espírito. Esta análise pressupõe, é claro, uma boa biografia do autor; a de Caio Prado Jr. começa a ser esboçada.[2] Com a habitual clareza e lucidez, sintetiza-a Francisco Iglésias em ensaio que nos servirá de guia.

---

[1] "Introdução" ao livro de Caio Prado Jr., *Formação do Brasil contemporâneo*, na edição de Silviano Santiago (org.), *Intérpretes do Brasil* (Rio de Janeiro, Nova Aguilar, 2000, vol. 3, pp. 1105-1121).

[2] Francisco Iglésias, "Um historiador revolucionário", in F. Iglésias (org.), *Caio Prado Jr. História*, Coleção Grandes Cientistas Sociais, coord. Florestan Fernandes, São Paulo, Ática, 1982; Darrell E. Levi, *A família Prado*, São Paulo, Cultura 70, 1977; Paulo H. Martinez, *A dinâmica de*

Caio Prado Jr. nasce na cidade de São Paulo no dia 11 de fevereiro de 1907, filho de Caio da Silva Prado e Antonieta Penteado da Silva Prado. "De família abastada, que deu e continuaria a dar políticos, fazendeiros e homens de negócios, escritores", observa Iglésias no citado ensaio, Caio Prado "desconheceu dificuldades materiais e pôde levar uma vida de conforto e até luxo".[3] Fez os estudos primários em casa, com professores particulares, como era comum nessas famílias paulistas. O curso secundário foi feito no Colégio São Luís, dos jesuítas. Durante um ano estudou na Inglaterra, em Eastborn, no Colégio Chelmsford Hall. De volta ao Brasil, durante o período de 1924 a 1928, cursou a Faculdade de Direito de São Paulo, núcleo de muitas tradições. Continua Iglésias:

> São Paulo fora dominada politicamente pelo Partido Republicano Paulista — o famoso PRP —, uma vez que a República desconhecia partidos nacionais. Atribuíam-lhe, com fortes razões, os vícios da política clientelística e oligárquica, contra a qual a luta se acentuava desde 1922, pela participação do segmento militar dos tenentes. Contra esse partido criou-se o Partido Democrático, que reuniu os elementos dispersos de oposição à ordem vigente.

O jovem Caio inscreve-se no Partido Democrático em 1928 e nele será figura atuante. Eis a sua primeira experiência política. Militante ativo, colabora na organização da entidade nos bairros da capital e no interior do Estado, tanto em serviços de rotina como em comícios. Na época, o Partido participa da Campanha Liberal, apoiando a candidatura de Getúlio Vargas contra Júlio Prestes, imposto pela obstinação de Washington Luís. Caio entrega-se inteiramente à causa, não só servindo ao Partido Democrático con-

---

um pensamento crítico: Caio Prado Jr., 1928-1935, tese de doutorado, FFLCH-USP, 1998. O trabalho de Martinez trata exaustivamente do período de formação. Muito importantes são os depoimentos (Heitor Ferreira Lima, Antonio Candido, Florestan Fernandes, Danda Prado, Maria Cecília Naclério Homem, Jayme Wanderley Gasparoto) publicados em Maria D'Incao, *História e ideal: ensaios sobre Caio Prado Jr.*, São Paulo, Brasiliense, 1989, pp. 15-63.

[3] As diversas citações de Francisco Iglésias foram extraídas do estudo já citado e se encontram entre as páginas 13 e 21.

tra o Republicano Paulista, como também ajudando a organizar e arregimentar as massas. Está entre os que recebem o candidato oposicionista em São Paulo.

Iglésias destaca um episódio marcante na vida do jovem Caio Prado. Em determinada cerimônia organizada em favor da candidatura oficial — portanto na presença de Júlio Prestes e da nata do oficialismo federal e estadual —, Caio dá um viva a Getúlio Vargas. A ousadia, como se sabe, lhe vale a prisão, a primeira delas. Eleito Júlio Prestes, as forças oposicionistas organizam-se já em sentido revolucionário. Caio trabalha na entrosagem dos conspiradores, estimula os hesitantes, faz parte dos grupos que sabotam as vias de comunicação que seriam usadas por forças da situação. Estes freariam o avanço das forças revolucionárias que viriam do Sul. Vitoriosa a revolução que leva Getúlio Vargas ao poder, na qualidade de chefe do governo provisório, Caio trabalha no interior do Estado. Nas delegacias revolucionárias, abre inquéritos para apurar os erros e os desvios do passado. Durante três meses mora em Ribeirão Preto. Tanto trabalho para nada. Logo descobre que os inquéritos iriam engordar os arquivos.

Desilude-se mais quando se dá conta das dissensões entre os vitoriosos e da falta de um programa revolucionário. Em 1931, torna-se membro do Partido Comunista, força política sem grande expressão numérica, mas com um programa definido e radical. A escolha marcará a sua vida. No novo Partido, entrega-se ao trabalho de organização do proletariado. Não ocupa cargos expressivos; é militante comum; trabalha nas organizações de base. Nesses primeiros momentos de militância comunista, entra em contato com gente bem diversa da que convivera. O homem da alta burguesia mistura-se ao povo no que ele tem de mais modesto — o operariado. Na esquerda, fica contra os revoltosos da Revolução Constitucionalista de 1932. Vê no movimento o perigo da restauração da ordem antiga.

Dessa época é que data o seu primeiro livro sobre o Brasil, em que o povo ocupa lugar de relevo, fato inédito na historiografia brasileira. Faz uma visita à União Soviética, fato tão marcante na sua vida que resultará em livro. O intelectual e o militante coexistem desde os anos 1930. Dessa forma, é que Caio vai integrar o movimento da esquerda que caminha para a formação de um movimento amplo, que será a Aliança Nacional Libertadora, com atuação em 1935. A Aliança tem como presidente de honra Luís Carlos Prestes, que só em 1934 se integra ao Partido Comunista. Analisa Iglésias: "A Aliança Nacional Libertadora teve trajetória acidentada e cometeu sérios erros, pelas interpretações falsas de seus líderes, que, alienados da realidade, supunham o momento maduro para a revolução". Sem perspectiva de êxito, os levantes no Nordeste e no Rio de Janeiro são desmantelados, reforçando o ambiente já propício à reação e a levar ao golpe de 1937. Em momento de ascensão da direita por todo o Ocidente, o Brasil também tem a sua experiência fascista, o Estado Novo.

A Aliança tem também a sua expressão em São Paulo, embora os paulistas revolucionários não tenham chegado à luta armada. Neste estado, o presidente da Aliança é o general Miguel Costa, ex-comandante da Coluna Prestes, e o seu vice, Caio Prado Jr. É a primeira vez que ocupa posto de relevo, participando de dezenas de comícios no interior e até em outros estados. A perseguição direitista continua feroz. Caio, como outros chefes do movimento, é preso. Imputam-lhe pena de dois anos. Consegue a liberdade e vai para a França, onde se integra ao Partido Comunista Francês que, naquele momento, apoia os republicanos espanhóis. É a época da Guerra Civil Espanhola. Caio junta-se aos grupos que trabalham na fronteira entre a França e a Espanha, facilitando o trânsito dos estrangeiros que querem colaborar na luta antifascista e dos espanhóis que fogem da ditadura de Franco. Caio, brasileiro insuspeito, fala francês e inglês, compreende o espanhol e, por isso, é grande auxiliar na tarefa.

Caio regressa ao Brasil em 1939. Exerce certa militância, discreta, pois o partido a que se afiliou está na clandestinidade e o policiamento e a repressão são severos. Com a entrada do Brasil na Segunda Guerra Mundial, a repressão afrouxa-se. A União Soviética é aliada dos Estados Unidos, compõe o grupo dos Aliados. Nessa época de transição é que também cresce a oposição ao regime Vargas. Exigem-se eleições. Desmorona-se a ordem vigente. Vargas é forçado a sair do governo em 29 de outubro de 1945. O Partido Comunista disputará tanto as eleições para a Presidência da República como para a Assembleia Constituinte. O candidato à presidência não tem possibilidades de vitória, mas recebe votação expressiva. O Partido Comunista faz quinze deputados e um senador. Nas eleições suplementares de 1947, faz mais dois deputados. Em São Paulo, a bancada comunista é expressiva. Nela tem assento Caio Prado Jr., ao lado de seis companheiros.

Deputado estadual, Caio Prado dedica-se com afinco às funções. A presença atuante da bancada comunista assusta os conservadores. Como a lei dizia que os partidos antidemocráticos estavam impedidos, acusou-se o PC de antidemocrático e antinacional, obediente à orientação de Moscou. Um processo justicial declara o Partido fora da lei. Não se deve esquecer que já repercute no Brasil a Guerra Fria, orientadora da política internacional anticomunista. Os comunistas têm o seu mandato cassado; o voto popular é desrespeitado e os representantes expulsos das casas nas quais tinham assento legítimo.

Caio Prado não chega a ocupar outras posições de relevo no partido. Será que a origem na alta burguesia o tornava suspeito? Responde Iglésias:

> Impossível, pois seu procedimento foi sempre de máxima lisura. Na militância partidária, como em tudo o mais, não se pode questionar-lhe a integridade. Seu modo de ser, elegante e distinto, não o afastava dos companheiros, pois é reconhecida sua sociabilidade, o trato ameno, o sentido perfeito da igualdade. No partido foi um militante como os outros, embora se distinguisse na diligência e dedicação. O certo é que nunca teve postos de destaque, nem os reivindicou. Terá atuado, no caso, o complexo anti-intelectual do partido, a propalada meta de proletarização, a afastar os intelectuais como suspeitos. A hipertrofia desse rumo leva ao obreirismo, fato comum e episodicamente verificável em todos os partidos comunistas do mundo. Demais, deve ter contado o fato de Caio ser de família tradicional. Como gostava de dizer, o que o partido lhe deu foi exatamente o senso de igualdade. Na militância lidou com operários, em plano de absoluta igualdade.

Antes de ser eleito deputado, Caio abre as portas da Livraria Brasiliense, também editora de amplas atividades. A elas se acopla uma gráfica, a Urupês, também de grande êxito. A ideia dos negócios na área dos livros nasce da convivência com Monteiro Lobato. No fim da vida, este se torna muito ligado a Caio. Da tríplice iniciativa nasce também a ideia de uma revista. A *Revista Brasiliense* teve o seu primeiro número publicado em setembro-outubro de 1955, com manifesto de apresentação assinado por vários intelectuais. Bimestral, a revista tem como diretor responsável Elias Chaves Neto, mas Caio é seu verdadeiro centro. Em quase todos os números está presente, com artigos ou estudos longos, com comentários sobre a realidade do país e do mundo. O número 52 da revista, correspondente aos meses de março-abril de 1964, teve a sua composição destruída pelos agentes da repressão instaurada naquele mesmo ano.

A partir de 1964, recomeçam as visitas de Caio à prisão. Sempre vigiado, é também sempre convocado para depor. É preso algumas vezes. Pega uma pena que o detém por algum tempo. Obtém a liberdade, pois nada há de comprometedor contra ele.

Por duas vezes Caio Prado Jr. tenta a vida acadêmica. A primeira como candidato à cátedra de Economia Política na Faculdade de Direito da Universidade de São Paulo. Tudo indica que se matricula para o concurso mais pelo espírito de aventura do que pelo real desejo de ocupar a cátedra, talvez como resposta ao desafio proposto pelos colegas do Partido; talvez animado pelos colegas não-comunistas que desejam ver desafiada a intolerância da Escola. O certo é que Caio conhece bem o conservadorismo, e até mesmo o reacionarismo das faculdades de Direito, mais vivos na de São Paulo. É inconcebível para a congregação da Faculdade um comunista como professor de Economia Política. Para o concurso escreve a tese *Diretrizes para uma política econômica brasileira*. Não têm coragem de reprová-lo, mas não lhe dão o cargo de catedrático, e sim o de livre-docente. Título que lhe é cassado em 1968.

Anos mais tarde, durante a ditadura militar, Caio admite submeter-se a outro concurso. Desta feita, para a cátedra de História do Brasil do curso de História da Faculdade de Filosofia, em virtude do próximo afastamento do titular, Sérgio Buarque de Holanda, com a aposentadoria. Escreve a tese *História e desenvolvimento*, mas o concurso nem chega a ser realizado.

O escritor Caio Prado Jr. recolhe-se durante o período final da sua vida. Faz episódicas viagens pelo país e pelo exterior. Dá entrevistas quando solicitado; faz conferências ou pequenos cursos, a pedido de alunos. Dedica-se sobretudo a seus livros: reedita os antigos e prepara novos títulos. Entrega-se mais à Filosofia, sua paixão constante. Resume Iglésias:

> Caio Prado Jr. é um homem simples, vivendo para a obra de escritor e para a militância política no campo que lhe parece mais exato e jus-

to. Culto e de origem abastada, vive modestamente. As várias prisões — que não escolheu ou pediu — e a luta na guerra espanhola dão à sua biografia a nota romanesca e de fuga à rotina. No mais, tem-se o caso de quem trabalha incansavelmente e cumpre com lucidez e coerência o destino que se traçou. Um padrão de inteireza e dignidade.

Caio Prado Jr. vem a falecer em São Paulo no dia 23 de novembro de 1990. Trata-se, como se vê, de um percurso existencial centrado numa ruptura de classe: membro de um dos mais nítidos segmentos da elite aristocratizante da burguesia paulista (o clã Silva Prado, recentemente estudado pelo brasilianista Darrell Levi),[4] muito jovem Caio Prado Jr. tornou-se um pensador marxista e um comunista militante. Realiza, a partir de então, essa junção existencial de teoria e prática, com que raras vezes nos deparamos. Daí sua obra abrir-se para a História, a Filosofia, a Economia, a Política; não é um acadêmico, mas tem formação acadêmica. É claro que do ponto de vista marxista essa divisão do trabalho intelectual deve ser questionada, e mesmo negada, o que também explica a abertura da obra de Caio Prado. Não que essa crítica e superação da divisão estanque das atividades do espírito signifique (como às vezes parece crer-se) que desapareçam formações intelectuais e profissionais distintas, nem que deva se tratar amadoristicamente do que se não entende, mas que se deve, sempre, ter em vista as relações da parte com o todo. Isto significa como na análise da obra de Caio Prado Jr. será importante a visão do conjunto, integrando as várias partes. Aqui, insistimos, ficamos na parte preliminar de análise de um setor. Etapa posterior será o estudo das relações da produção historiográfica — *Evolução política do Brasil*, 1933; *Formação do Brasil contemporâneo*, 1942; *História econômica do Brasil*, 1945; *História e desenvolvimento*, 1968 — com a obra filosófica — sobretudo *Dialética do conhecimento*, 1952; *Notas introdutórias à lógica dialética*, 1959. Igualmente com as obras de economia — sobretudo *Esboço dos fundamentos da teoria econômica*, 1957 — e de cunho mais propriamente político, como *A revolução brasileira*, 1966, e *A questão agrária*, 1979.

Certas características do discurso parecem expressar mais diretamente o percurso da vida, estabelecendo a ponte entre o autor e a obra. A ruptura de

---

[4] D. E. Levi, *A família Prado*, op. cit.

classe, vimos, domina a trajetória, e talvez esteja na base da coerência que atravessa toda a produção intelectual. É que se trata de uma ruptura muito particular: não estamos diante da radicalização, normal em determinadas circunstâncias,[5] da intelectualidade pequeno-burguesa que atravessa o Rubicão. Aqui, o fosso é muito maior: o declínio do estilo aristocratizante de uma elite burguesa parece ter, em certos casos — a serem estudados —, efeito igualmente radicalizador, mas a travessia é evidentemente mais difícil — a outra margem está muito distante. Ao se propor um intelectual orgânico do movimento operário, Caio Prado parece ter efetivamente tentado essa mutação. Daí a profundidade e a onipresença da opção a marcar o conjunto da obra; a fidelidade e a constância às ideias, que expressam escolhas existenciais; daí até o estilo repetitivo e insistente, a recorrência dos temas e argumentos, que caracterizam a escritura.

A partir de 1933, com *Evolução política do Brasil*, vem Caio Prado Jr. construindo uma obra de reconstituição e análise da história da formação social no Brasil, a partir do esquema conceitual e metodológico marxista. Com ele, diz Carlos Guilherme Mota, "a luta de classes, como categoria analítica, penetra em nossa historiografia".[6] Essa avaliação consagradora indica o amplo prestígio de que desfruta a obra no seu conjunto, e que se foi formando ao longo de sua produção. Seu ponto mais alto — *Formação do Brasil contemporâneo*, 1942 — foi entusiasticamente recebido pela crítica. Em alentada resenha, depois recolhida em livro, José Honório Rodrigues afirmava que "este livro marca uma fase crítica na história de nossa história".[7] Permanentemente reeditados, alguns traduzidos para o inglês e para o espanhol, seus livros vêm sendo citados e discutidos, incorporando-se ao patrimônio de nossa cultura intelectual.

Retornando aos dois comentaristas citados, observamos que Carlos Guilherme se refere ao primeiro trabalho de Caio Prado — *Evolução política do Brasil* —, enquanto José Honório comenta sua principal obra de historia-

---

[5] Michel Löwy, *Para uma sociologia dos intelectuais revolucionários*, São Paulo, Livraria Ciências Humanas, 1979, pp. 1-9.

[6] Carlos Guilherme Mota, *Ideologia da cultura brasileira*, São Paulo, Ática, 1977, p. 28.

[7] José Honório Rodrigues, *Notícia de vária história*, Rio de Janeiro, Livraria São José Editora, 1951, p. 92.

dor. São livros de índole inteiramente diversa, mas ambos de grande penetração. O mais antigo é um ensaio de interpretação geral da história do Brasil, navegando nas suas grandes linhas; o segundo é uma pesquisa em profundidade, um corte num "momento significativo" de nossa história, o fim do século XVIII e o início do século XIX:

> Nele se contém o passado que nos fez; alcança-se aí o instante em que os elementos constitutivos da nossa nacionalidade — instituições fundamentais e energias — organizados e acumulados desde o início da colonização desabrocham e se completam.[8]

Assim, enquanto o primeiro livro funda-se na bibliografia antecedente, questionando suas visões, o segundo baseia-se essencialmente nas fontes coevas — correspondência de autoridades, viajantes, memórias etc. E o fato de o autor desempenhar-se excelentemente nos dois estilos de trabalho já nos ajuda a compreender seu êxito intelectual e o impacto da obra no conjunto. Isso nos remete para um outro traço característico dos seus trabalhos: eles se estruturaram sempre em torno de um eixo básico, e se desdobram por veredas laterais, sempre muito sugestivas de novos caminhos de pesquisa. Há, desse modo, no conjunto e em cada obra, esse núcleo recorrente de concentração, e os desdobramentos que se vão dispersando. Trata-se, desde logo, de perseguição permanente à mesma problemática básica (a identidade nacional, as possibilidades de mudança inscritas no processo histórico), e de sua retomada de vários ângulos e em várias direções.

Detenhamo-nos, portanto, nestes pontos centrais à procura de seus procedimentos metodológicos. A estrutura analítica de *Formação do Brasil contemporâneo*, ponto mais alto de sua obra historiográfica, oferece, a nosso ver, o caminho mais seguro de acesso a esse núcleo mais decisivo de sua contribuição, ou seja, os temas visados, a formulação da problemática, as categorias por meio das quais se procede à reconstrução da realidade. É curioso notar que, embora o livro tenha sido saudado desde o início, e venha sendo citado e estudado constantemente, não se tenha destacado essa articulação

---

[8] Caio Prado Jr., *Formação do Brasil contemporâneo*, 5ª ed., São Paulo, Brasiliense, 1953, p. 5.

mais geral que o caracteriza. Até certo ponto pode-se dizer que a sua utilização tem sido antes tópica, seja incorporando elementos de sua exposição, seja aprofundando temas laterais por ele suscitados. Não quero, evidentemente, dizer que o livro não tenha sido compreendido, mas que não se tomou como tema a discussão e o aprofundamento de sua linha de análise. Em certos casos, efetivamente, essa atitude empobreceu o aproveitamento da obra.

Procuremos, em seguida, fixar os passos da análise. À simples leitura, percebe-se a sequência: depois de indicar o tema e formular os problemas (Introdução), o autor procura definir o que chamou de "sentido da colonização" (capítulo I); segue-se a análise dos vários setores da realidade histórica, isto é, das várias esferas da existência num determinado período, agrupados em três conjuntos ("Povoamento", "Vida material" e "Vida social"), cada um deles subdividido em capítulos. Nota-se, na sequência, que as considerações iniciais ("sentido") voltam no final de cada capítulo, podendo então ser consideradas "chaves" para a compreensão do conjunto; por essa razão, este texto — o primeiro capítulo, "Sentido da colonização" — torna-se um clássico sempre citado. Uma indagação mais aprofundada vai, assim, revelando o movimento do discurso: recorte do objeto, apreensão de seu sentido, reconstrução da realidade a partir desse "sentido". E o seu travejamento dialético vai transparecendo: o "sentido", isto é, a essência do fenômeno, explica as suas manifestações, e ao mesmo tempo explica-se por elas. À cada capítulo, a categoria inicial e básica vai se enriquecendo, ao mesmo tempo que ilumina novos setores da realidade. Não se trata, portanto, na constante recorrência ao ponto inicial, de simples recursos de ênfase: uma vez fixada a essência do fenômeno, dispõe-se da categoria explicativa básica para a reconstrução da realidade, dando-lhe inteligibilidade — daí, a volta permanente ao ponto de partida. É, em suma, essa categoria que explica os vários segmentos (dá-lhes "sentido"), ao mesmo tempo que por eles se explica, isto é, a análise dos vários segmentos vai enriquecendo e comprovando a categoria fundamental. Recortado o objeto, a análise desdobra-se, portanto, em dois movimentos: da aparência para a essência, e da essência para a realidade. E o livro de Caio Prado Jr. começa a aparecer como um exemplo bem-sucedido na prática da dialética.

Esse andamento confere ao texto uma força de convicção extraordinária, pois caminha em direção a um movimento crescente de persuasão, em que cada capítulo se constitui numa nova maneira de convencer-nos de que a ideia geral está correta. Sua força decorre, na realidade, do procedimento dialético de apreensão do sentido, vale dizer, ao atingir a essência do fenômeno, explica-nos seus segmentos, os quais, por sua vez, o explicam. Em síntese, a apreensão da essência torna os segmentos inteligíveis ao captá-los, e aquela se explica por meio deles.

Esta leitura parece-nos a mais compreensiva e, se é correta, remete a vários problemas para a discussão e a avaliação da obra. Em primeiro lugar, a questão da relação entre método de investigação e método de exposição. No prefácio da segunda edição do primeiro volume de *O Capital*, Marx[9] acentua a distinção entre o método de investigação e o de exposição; e a abertura do livro ilustra essa inversão, pois a primeira frase já contém o pressuposto do regime capitalista de produção. Este problema de teoria marxista pode ser repensado à luz da produção historiográfica de Caio Prado Jr. Em vários de seus livros (*Evolução política do Brasil, História econômica do Brasil*) a exposição cronológica oblitera a percepção do procedimento analítico, que se revela em *Formação do Brasil contemporâneo*. Neste livro, como antes lembramos, há um corte num determinado momento da história, que diz respeito à passagem da Colônia para a nação, da estrutura colonial para a estrutura nacional. Essas duas categorias (colonial e nacional) derivam da ideia, que me parece presente no espírito do autor, de que o fim do século XVIII e o início do século XIX é um momento decisivo:

> De um lado, ele nos fornece, em balanço final, a obra realizada por três séculos de colonização e nos apresenta o que nela se encontra de mais característico e fundamental, eliminando do quadro ou pelo menos fazendo passar ao segundo plano o acidente e intercorrente daqueles trezentos anos de história. É uma síntese deles. Doutro lado, constitui uma chave, e chave preciosa e insubstituível para se acompanhar e interpretar o processo histórico posterior e a resultante dele que é o Brasil de hoje.[10]

---

[9] Karl Marx, *El Capital: crítica de la economía política*, vol. 1, México, Fondo de Cultura Económica, 1946, pp. 219-31.

[10] C. Prado Jr., *Formação do Brasil contemporâneo, op. cit.*, p. 5.

Se, pois, em *Evolução política do Brasil* e em *História econômica do Brasil*, a exposição cronológica leva a uma não coincidência entre método de investigação e de exposição, em *Formação do Brasil contemporâneo* a correspondência ocorre, configurando um tratamento dialético quase na forma pura. Isso, aliás, a nosso ver, levou os leitores a pouco atentarem para a questão. A mesma análise, contudo, quanto a nós, está presente nos vários livros, o que nos levaria a pensar que, se a investigação deve evidentemente preceder a exposição, esta não deve necessariamente seguir o caminho inverso daquela. O texto de Marx, entretanto, parece indicar o caminho contrário. Não temos a pretensão de resolver o problema, apenas estimular seu debate mediante a obra de Caio Prado Jr. Não obstante, caberia talvez aduzir que uma leitura atenta do texto de Marx possa levar à compreensão de que a distinção (entre investigação e exposição) resida não propriamente na inversão de seu andamento, mas em que a exposição (qualquer que seja a sequência) deve pressupor, ou mesmo conter, os resultados analíticos da investigação, pois somente assim poderá recompor o andamento da realidade.

Ainda que particularmente difícil, este não é o problema mais complexo. De fato, o procedimento metodológico que parte da aparência para a essência e desta para a realidade — o que permite a construção das categorias analíticas — envolve outras questões que, também, podem ser repensadas à luz das análises do historiador brasileiro.

Como se sabe, o posfácio da *Contribuição à crítica da economia política* formula a diretriz daqueles dois movimentos, mas não explicita os seus diversos passos. Sobretudo o primeiro movimento — do empírico-abstrato para as categorias explicativas — sempre ficou particularmente obscuro. Já *O Capital* parte da mercadoria como a essência do modo capitalista de produção, cuja complexa realidade vai sendo recomposta a partir daquela categoria, mas a maneira pela qual se chegou à mercadoria enquanto essência não se explicita. A leitura de *Formação do Brasil contemporâneo*, acima proposta, abriria a possibilidade de acompanhar aquele primeiro movimento: o "sentido da colonização", categoria analítica básica, é apreendido por meio da inserção do objeto (colonização europeia na América) num todo maior, ou seja, os mecanismos comerciais da expansão marítima europeia. Assim, a localização do fenômeno na totalidade de que faz parte, situando em seus nexos, permitiria a apreensão das categorias a partir das quais a reconstrução inteligível se torna uma possibilidade. Note-se, contudo, que o problema, ainda assim, persiste, pois, se a inserção num contexto mais amplo permite a formulação das categorias explicativas, quando é o próprio contexto mais amplo que está em questão, a dificuldade reaparece em toda sua força.

E aqui vamos nos aproximando das possíveis limitações, que mesmo as obras mais penetrantes acabam por revelar. Se buscamos uma integração crítica das contribuições de Caio Prado Jr. que assimile suas análises procurando ao mesmo tempo avançar no conhecimento de nossa história, temos que nos debruçar sobre esse núcleo de seu estudo, questioná-lo, e tentar ir além. Nesse sentido, talvez se possa arguir que, no movimento de inserção no conjunto, isto é, no esforço por apreender a categoria básica, sua análise se deteve ao meio do caminho. Trata-se de definir com precisão o que deve ser inserido, e em quê; e talvez o Brasil na expansão marítima europeia seja um recorte que apanhe apenas algumas dimensões da realidade, não levando o olhar até a linha do horizonte; "Brasil", é claro, não existia, senão como colônia, e é da colônia portuguesa que trata Caio Prado Jr.: a questão é saber se não seria preciso a consideração do conjunto do mundo colonial. Expansão comercial europeia é, na realidade, a face mercantil de um processo mais profundo, a formação do capitalismo moderno; a questão é saber se não seria preciso procurar as articulações da exploração colonial com esse processo de transição feudal-capitalista. Desse modo, a análise, embora centrada numa região, seria sempre a análise do movimento em seu conjunto, buscando permanentemente articular o geral e o particular. A colonização não apareceria apenas na sua feição comercial, mas como um canal de acumulação primitiva do capital mercantil no centro do sistema.[11] Ultrapassar-se-ia a visão da

---

[11] Ao contrário do que pensa Luiz Felipe de Alencastro ("A economia política dos descobrimentos", in Adauto Novaes [org.], *A descoberta do homem e do mundo*, São Paulo, Companhia das Letras, 1998, pp. 193-209) temos a convicção de que as categorias "colônia de exploração" e "colônia de povoamento" são rigorosamente adequadas para analisar a dimensão econômica do Antigo Sistema Colonial. O fato de ter sido elaborada esta conceituação na segunda metade do século XIX por Paul Leroy-Beaulieu, não implica, evidentemente, que a tipologia não possa ser empregada na análise da colonização dos séculos XVI, XVII e XVIII. Do contrário, não seria possível, por exemplo, analisar a sociedade da Grécia Antiga com os conceitos da Sociologia moderna; nem se poderia falar, também, em "economia política" (conceito do século XVIII) dos "Descobrimentos" (acontecimentos dos séculos XV e XVI). Note-se, *en passant*, que, depois de Caio Prado Jr. e

simples exploração da colônia pela metrópole, pois na metrópole há uma camada social específica que se beneficia do processo, a burguesia mercantil, a qual explora também seus compatriotas; bem como, na colônia, o senhoriato consegue descarregar o ônus sobre o trabalho compulsório de produtores servilizados ou escravizados. Assim se reformularia e aprofundaria a visão de conjunto. Contudo, insistimos, esta é uma crítica que parte da análise de Caio Prado Jr. e a incorpora.

Já a crítica do economicismo,[12] às vezes endereçada ao autor, parece-nos menos convincente. Ainda que algumas passagens menos felizes possam dar essa impressão, parece-nos que importa antes de tudo o movimento conjunto da análise. Retomando: entre a categoria central — sentido da colonização — e os vários segmentos analisados — povoamento, produção, comércio, classes sociais etc. —, o que existe não são relações causais, mas sim conexões de sentido. Diríamos mesmo que os vários segmentos — povoamento, vida material, vida social — poderiam ser descritos e analisados em qualquer sequência, pois guardam a mesma relação com a categoria explicativa. A segmentação visa a facilitar a exposição, notando-se a interpenetração das partes. É o tipo de análise que permite ultrapassar a visão segmentária e economicista.[13]

De toda maneira, a compreensão desse núcleo parece-nos indispensável para compreender a obra nos seus desdobramentos. Trata-se de compreender a nação a partir da colônia e por oposição a ela, e indagar as possibilidades de transformação inscritas nesse processo. Já em *Evolução política do Brasil* a problemática e as categorias básicas de análise estavam esboçadas, e o estudo incidiu particularmente sobre o processo de emancipação política; e não será

---

antes de mim, também Celso Furtado utilizou as mesmas categorias na primeira parte do clássico *Formação econômica do Brasil* (1959).

[12] Jayro Gonçalves de Melo, "O economicismo em Caio Prado Júnior", *Novos Estudos CEBRAP*, nº 18, 1987, pp. 42-8. O autor contesta nossa afirmação de que a sequência dos segmentos apresentada por Caio Prado não tem implicações causais, mas, nesse caso, não se deveria falar em economicismo, e sim em demografismo, pois Caio Prado inicia a reconstituição do universo colonial pela população e pelo povoamento.

[13] Quanto à balda de racismo, recentemente endereçada a Caio Prado Jr., parece-nos efetivamente atingir as raias do absurdo.

demais lembrar que o enfoque geral ali esboçado para a análise da independência como processo mais abrangente resiste até hoje como o que de melhor dispomos para o estudo do tema. Inserida no contexto da formação do Estado nacional, a emancipação política ganhou sentido e ultrapassou a visão dos lances mais pitorescos ou menos dramáticos. Assim, Caio Prado Jr. insistiu em levar a análise do processo até as lutas da Regência, sendo os capítulos dedicados a essas lutas um dos pontos altos do livro. Ele mesmo retomaria o tema, na introdução à edição de *O Tamoyo* e no estudo sobre Cipriano Barata.[14] São estudos particularmente sugestivos que chamaram a atenção para os temas e estimularam outros autores que depois aprofundaram os estudos.

Por outro lado, a análise das características e do funcionamento da economia colonial, esboçada no primeiro livro, assume no segundo seu pleno desenvolvimento. A discriminação de seus setores, sua forma de articulação e desenvolvimento permitiram caminhar para a configuração dos mecanismos que levariam à economia nacional, isto é, voltando para dentro, centrada no mercado interno, em processo de formação. Essa linha seria desenvolvida em *História econômica do Brasil* (1945), e retomada depois em *Diretrizes para uma política econômica* (1954) e *História e desenvolvimento* (1968). Aqui, para além da análise do processo histórico, mas a partir dele, transita-se para as potencialidades nele inscritas, caminhando-se para uma atuação política efetiva. Com o que se recompõe a coerência da obra no conjunto. É essa última dimensão que se enfatiza em *A revolução brasileira* (1966), e *A questão agrária* (1979).

Novamente aqui, portanto, é a coerência do conjunto da obra que ressalta. Colônia e nação, economia colonial (primário-exportadora, voltada para fora) e economia nacional (voltada para o mercado interno), tais são as categorias fundamentais que atravessam toda a reflexão. Daí resultam as posições fortemente nacionalistas que marcam a atuação de Caio Prado Jr., mesmo nos quadros do movimento comunista. Aqui situa-se a *Revista Brasiliense*, que fundou e por vários anos dirigiu. Os trabalhos de investigação histórica lastreiam os ensaios de intervenção política, ao mesmo tempo em que a visão e a atuação política iluminam a investigação do passado. É claro que

---

[14] Caio Prado Jr., "*O Tamoyo* e a política dos Andradas na independência do Brasil", in *Evolução política do Brasil e outros estudos*, São Paulo, Brasiliense, 1953, pp. 195-207.

uma e outra podem e devem ser discutidas e questionadas. A postura nacionalista foi e continua sendo discutida e criticada; sobretudo a publicação de *A revolução brasileira* deu lugar a vários debates. Não vamos reabri-los aqui, apenas queremos chamar a atenção para o fato de que, da mesma maneira que existe uma grande coerência entre a obra do historiador e suas posições públicas como procuramos demonstrar, assim também a discussão e a crítica de suas obras historiográficas e o questionamento de sua atuação política devem correlacionar-se. Assim, também, os comentários críticos que antes fizemos à sua historiografia levariam necessariamente a um questionamento do nacionalismo de seu pensamento político. A explicitação dessas relações e o aprofundamento dessa discussão parecem-nos o caminho para a avaliação da obra de Caio Prado Jr. Uma crítica, repetimos, que parte de sua interpretação e procura incorporar suas contribuições, pois que suscitar o debate é também uma das características das grandes obras.

Grande obra, no seu conjunto, tiveram razão os críticos ao considerá-la um marco em nossa história intelectual. Talvez valha a pena meditar ainda um pouco sobre o significado dessa afirmação. Pois, quando dizemos que uma obra é um "marco", convém explicitar em que "série". Nesse sentido, a nosso ver, pelo menos três ângulos de análise se abrem, altamente sugestivos para uma avaliação crítica da obra historiográfica de Caio Prado Jr. Ela deve, evidentemente, ser vista no quadro da historiografia brasileira, e é isto que vimos tentando com estas notas preliminares. Caio Prado Jr., historiador de formação e vocação, constitui nesse contexto, como vimos, um certo ponto de inflexão. Pensando nisto, vale lembrar que a geração de Caio Prado Jr., isto é, a geração que começa a publicar logo após 1930, revelou-se extremamente profícua na abordagem da realidade brasileira: "nunca se falou tanto em realidade brasileira", anota Wilson Martins na sua recente e alentada história de nossa vida intelectual.[15] Assim, a compreensão de sua obra passa também por esse momento histórico: o ano de 1930 parece ter criado condições para a transformação de todo um quadro de pensamento, formando-se uma nova ambiência intelectual. O próprio Caio Prado Jr., criticando como inconsistente a produção anterior, faz uma única e honrosa exceção a Oliveira Viana, e é de notar-se que um autor tão conservador como Oliveira

---

[15] Wilson Martins, *História da inteligência brasileira*, São Paulo, Cultrix, 1976, 7 vols.

Viana tenha sido o referencial para os intelectuais da geração de Caio Prado Jr., mesmo quando, como ele, portadores de agudo espírito crítico. De indagar-se, também, a ausência de uma perspectiva verdadeiramente crítica no período anterior. Em Euclides, por exemplo, que certamente encarna o que há de mais crítico e penetrante na Primeira República, deparamo-nos com uma concepção acentuadamente dualista: litoral e sertão envolvem dois mundos antagônicos, que só se tocam por uma relação de exterioridade, a guerra. A partir de 1930, no entanto, o universo começa a modificar-se e são diversas as tintas que matizam o quadro. Assim, vamos voltando ao nosso ponto de partida: a importância do estudo da geração intelectual de 1930 para a avaliação historiográfica de Caio Prado Jr.

Retomando, para não alongar mais esta introdução, pensamos que vale a pena situar Caio Prado Jr., historiador, em três dimensões: no interior da historiografia brasileira, nos parâmetros do pensamento marxista latino-americano e, finalmente, nos quadros de sua geração. Quando esboçamos a caracterização de seu contributo historiográfico e teórico e a riqueza expressa nas sugestões e nos desdobramentos de sua obra, cremos estar contribuindo para a primeira dimensão. A segunda será apenas referida de passagem, como sugestão para novos estudos. Parece claro que, nos últimos anos, na América Latina, vem ocorrendo um florescimento de um marxismo mais criativo e crítico, em contraposição ao esquematismo e dogmatismo tradicionais. Pensamos, assim, que uma futura história do marxismo na América Latina vai apontar essas duas fases, bem como o diálogo com a chamada "economia cepalina" como o ponto de renovação. A discussão e a crítica das formulações da CEPAL parecem ter levado a uma revitalização do marxismo, passando-se de uma concepção um tanto tosca para uma visão mais aberta e refinada. Nesse sentido, poder-se-ia sugerir que o "pensamento cepalino" se situa em face do marxismo latino-americano como, *mutatis mutandis*, a economia política clássica estava para a gênese do marxismo. Há, não obstante, exceções inquietantes, que se expressam na obra de José Carlos Mariátegui e, entre nós, de Caio Prado Jr., que são pensadores com as características da segunda fase, embora tenham escrito durante a vigência da primeira.

Sobre a terceira dimensão, talvez caibam algumas sugestões para uma comparação de Caio Prado Jr. com os dois outros membros eminentes da mesma geração. Dos três, Gilberto Freyre manteve-se mais unitariamente (deixando de lado pequenas fugas para a literatura) dentro de um campo específico, a Sociologia. A produção de Sérgio Buarque vai sempre assumindo os contornos da obra de historiador; partindo da crítica literária e da crítica cultural mais ampla para o ensaísmo sociológico e, daí, para a História, onde se expande de forma admirável. Caio Prado Jr., por seu lado, foi desde o início historiador, e sua obra vai se desdobrando na reflexão filosófica, na análise econômica e no ensaísmo político, mas, a nosso ver, mantendo sempre o primeiro referencial. Dá sempre a impressão de que se desvia para retornar, na procura de outras fontes para enriquecer a visão do historiador. No conjunto, esses autores, ainda que em direções diferentes e até contrastantes, legam-nos sugestões, análises e contribuições tão fecundas que suas obras se inscrevem indelevelmente no panorama da cultura brasileira. Contribuíram para que entendêssemos o Brasil, isto é, entendêssemos a nós mesmos, deixando de ser, como disse um deles, "estrangeiros em nossa própria terra".

Sérgio Buarque de Holanda, que assim formula mais explicitamente a questão da identidade nacional, é de mais difícil assédio; mas todos os três elaboraram em suas obras diferentes "interpretações" do mesmo problema. Caio Prado Jr. e Gilberto Freyre formam um curioso contraponto. Ambos se ligam às classes dominantes, de duas regiões que entretanto evoluem de forma divergente. Se, em São Paulo, pode-se pensar num declínio do estilo aristocratizante de uma elite da camada dominante, esta como um todo está em franca ascensão econômica; no Nordeste, ao contrário, a decadência econômica faz declinar inexoravelmente o peso de suas elites no conjunto da nação. Gilberto Freyre, talvez por isso, analisa sempre o Brasil a partir de seu passado, isto é, daquilo que deixou de ser; Caio Prado Jr., ao contrário, pensa sempre o país pelas suas potencialidades, isto é, pelo que ele pode vir a ser. Se esta visão pode considerar-se utópica, a primeira é certamente nostálgica.

A universidade e a pesquisa histórica: apontamentos[1]

Em primeiro lugar, farei algumas observações, tendo por base antes a minha experiência de longos anos de docência universitária do que propriamente um estudo direto do assunto, isto é, sobre a organização da pesquisa histórica em nossas universidades. O ponto de partida para discutir amplamente este tema diz respeito ao fato de que a pesquisa histórica não é exclusiva da universidade. Quer dizer, há uma historiografia universitária e uma historiografia não-universitária, e isto não só no Brasil. Observando o conjunto, poder-se-ia até tentar uma tipologia. Por exemplo, há uma historiografia muito diretamente ligada às solicitações do mercado, como a produção de biografias; biógrafos profissionais anualmente vitimam algumas personagens da História, com obras normalmente recheadas de ilustrações. A biografia é, como se sabe, um dos gêneros historiográficos mais difíceis. Já as teses universitárias, no mais das vezes, têm dificuldades para encontrar edição, dada a inelasticidade da demanda. Pensando noutro critério, e deslocando-nos da procura para a oferta, ou antes, da circulação para a produção, poderíamos dizer que há livros de História produzidos individualmente, isto é, não ligados a nenhuma instituição; outros, ligados a instituições não-universitárias (como academias, institutos históricos etc.); e, finalmente, a produção dos institutos universitários. Creio que devamos resistir à tentação de ver nessa trilogia o artesanato, a manufatura e a indústria da produção historiográfica, ou mesmo uma correspondência a uma historiografia fóssil, tradicional e moderna. Esta última classificação derivaria das características intrínse-

---

[1] Palestra proferida no I Encontro de Professores de História, promovido pelo Departamento de História, do Instituto de Filosofia e Ciências Sociais, da UFRJ, Rio de Janeiro. Publicado originariamente em *Estudos Avançados*, vol. 4, nº 8, janeiro-abril de 1990, pp. 108-15.

cas, mas está longe de ser rigorosa. Às vezes, o que se quer dizer com *tradicional* é que, simplesmente, tradicionais são os outros — não é assim que a questão aparece na introdução de muitos trabalhos, em que se acerta conta de saída com a bibliografia, para depois não mais voltar a ela? Usualmente, contudo, por *tradicional* entende-se *narrativo*, diz-se, impropriamente, *descritivo*, sendo o moderno *interpretativo*. Ora, isso envolve o equívoco de pensar que possa haver uma narração de acontecimentos que não seja, ao mesmo tempo, interpretação; como se fosse possível uma narração em estado de graça. A verdadeira distinção é entre uma interpretação explícita e outra implícita, sendo um excelente desafio, um ótimo exercício crítico precisamente *explicitar* a visão embutida numa obra *tradicional*. Mas, com isso, aquela classificação vai se comprometendo.

Múltipla, variegada, a História, como domínio do saber, como região do conhecimento, não só não se limita à universidade, mas é anterior a ela. Em seu sentido amplo, como constituição da memória social, a História é algo inerente à nossa civilização. Desde a Alta Idade Média, a partir das primitivas crônicas latinas dos mosteiros antigos, vivemos por assim dizer uma necessidade civilizacional da História. Anterior à universidade, a História, como um tipo de indagação, também antecede à emergência da ciência moderna, tanto que se pode estudar o impacto do nascimento das ciências, e especialmente das Ciências Sociais, sobre a História. Logo, a nossa disciplina tem características específicas, corresponde a outras demandas sociais e não carece das mesmas justificações. Se, por um lado, sentimos mais fortemente o peso da tradição, por outro não precisamos nos inquietar exageradamente com a pergunta com a qual Marc Bloch abre *Apologie pour l'Histoire. Ou Métier d'Historien* —, para que serve a História? A História *é* simplesmente, não vai deixar de ser. Mas essas questões nos levariam longe do assunto a ser tratado.

Essa primeira constatação — a historiografia não se resume na produção universitária — leva-nos a pensar nas características específicas da historiografia universitária, que é o nosso tema. Diz-se por vezes que a historiografia universitária é profissional, sendo a outra amadorística, o que tem o defeito de envolver um juízo de valor que nem sempre corresponde à realidade. Ora, diria que há um consenso de que as boas obras de História são produzidas fora da universidade, e sabemos que a produção acadêmica pode ser extremamente medíocre. Na realidade, há certas características de cunho técnico que distinguem no conjunto (há, evidentemente, exceções) as pesquisas universitárias — preocupação com problemas metodológicos, levantamento exaustivo das fontes, tratamento sistemático dos dados, indicação precisa da documentação, reconhecimento bibliográfico cuidadoso, citações corretas etc. Não deve ocorrer em pesquisas da universidade o que se observa em certos livros que a cada nova edição vão crescendo por agregação de novas fontes, antes não pesquisadas. Embora nunca se possa afirmar que um levantamento documental foi absolutamente exaustivo, há um mínimo de critério para se saber quando se pode passar à redação de um trabalho. Há também, por outro lado, um estilo de apresentação tipicamente acadêmico, das teses; do ponto de vista estético é muito ruim, nem se pode falar em estilo, antes, na ausência dele. Havia, por exemplo, o hábito da introdução teórica — isto mais em Ciências Sociais do que em História —; às vezes, a uma magnífica introdução metodológica seguia-se um mofino desempenho de pesquisa. Creio, contudo, que nos últimos anos a marca de estilo arrevesado e o emprego do jargão têm diminuído sensivelmente, ou seja, vamos progredindo.

Para situarmos a historiografia universitária em relação às outras que indicamos, convém ainda compará-la com a dos institutos não universitários. E aqui direi algo que vai soar como paradoxo. É que a produção dos institutos não universitários me parece mais engajada; a das universidades, mais pretensamente descompromissada. Apresso-me a lembrar que engajada não quer dizer necessariamente crítica, podendo antes ser ingênua; nem obrigatoriamente progressista, sendo às vezes conservadora. Da mesma forma, o ideal acadêmico do saber pode implicar engajamento, num outro plano. A produção dos Institutos Históricos — o brasileiro antes de tudo, mas também os estaduais — parece-nos hoje exclusivamente erudita — edição de fontes etc. — ou comemorativa. Se observarmos retrospectivamente, porém, veremos que a criação do Instituto Histórico em 1838 se insere no processo de consolidação do Estado Nacional; e por aí se percebe o caráter engajado dessa produção erudita: tratava-se de legitimar com o passado o presente em processo, ou dar passado à nação emergente. Daí um hipercrítico, o professor Pedro de Alcântara Figueira, dizer na sua tese ainda não publicada sobre a historiografia brasileira que a nossa História nascente, em vez de um compromisso com a ciência, preferiu um pacto com o trono. Fernandes Pinheiro, membro do Instituto, anotou a tradução de Southey, e outro, Francisco A. Varnhagen, criou por assim dizer o cânon fatual de nossa História. Assim também os estudiosos do Instituto procuraram criar, como mostra o professor Antonio Candido em *Formação da literatura brasileira* (1959), o elenco de nossa literatura; daí a publicação das antologias, dos parnasos, dos florilégios e, depois, das obras completas, tendo sobretudo o nacionalismo como critério crítico. Esse nacionalismo permitiria, ou sugeriria, um paralelo com o Instituto Superior de Estudos Brasileiros (ISEB) em nosso século. Ou melhor, o ISEB estaria para a independência econômica como o Instituto Histórico esteve para a emancipação política, a ideologia nacionalista marcando ambos os discursos.

A historiografia universitária pretende ser ao mesmo tempo erudita e crítica, pelo menos como ideal, o que não significa que não venha a ter também dimensões ideológicas. A expressão ideológica assume então formas mais diversificadas e sofisticadas, devendo a análise que pretenda explicitá-las atravessar múltiplas mediações. Não pretendemos aqui, é claro, realizar esse tipo de análise, mas apenas marcar algumas características e indicar algumas tendências. A começar pelo mais simples, num nível puramente quantitativo, é facilmente constatável que a produção de teses e livros de História em nossas universidades vem crescendo acentuadamente nos últimos anos. Agora, esse crescimento vegetativo — vegetativo, porque decorre da expansão do ensino superior — não se processou sempre com o mesmo ritmo; ao contrário, tornou-se muito mais acentuado a partir da implantação dos cursos de pós-graduação. Ou seja, a pós-graduação marca a passagem de uma fase de produção lenta para uma fase de produção mais regularmente organizada. Provavelmente, havia um potencial represado, a que os cursos de graduação serviram de canalização. Ao se observar a lista das teses defendidas na Faculdade de Filosofia da Universidade de São Paulo, desde a primeira, em 1939, até 1977, nota-se o salto, a partir do fim dos anos 1960, isto é, quando da institucionalização do pós-graduado. Não foi apenas uma mudança quantitativa, houve também uma mudança no perfil temático das pesquisas. É notório que elas se dirigem, agora, dominante e quase exclusivamente para a história do Brasil, o que é, a meu ver, uma mudança salutar, a qual tem relação com a extinção do sistema de cátedras. Neste sistema, os vários períodos da história ficavam enfeudados aos respectivos catedráticos e seus assistentes.

Assim, quem fosse professor de História Moderna não podia fazer História do Brasil ou da América — como se a história dessas regiões não fosse moderna; mas é que havia as respectivas "cadeiras". Como elas não poderiam funcionar no pós-graduado, houve uma concentração de pesquisas em História do Brasil. Na Universidade de São Paulo, dado o enorme prestígio do professor Eurípedes Simões de Paula, houve uma época em que as pesquisas de História Antiga e Medieval chegaram a predominar — o que se aproxima do absurdo. Veja-se bem: não estou querendo dizer que só devamos pesquisar a história de nosso país, o que seria uma estultícia. Acredito que as pesquisas devem ser o mais diversificadas possível. É mesmo um indício de desenvolvimento e maturidade essa abertura para os vários momentos da história. Entretanto, é também certo que ainda não temos o volume de recursos para essa ampliação. As pesquisas de História Antiga e Medieval envolvem enormes dificuldades de material, quase sempre com estágio no exterior, a não ser que se queira multiplicar compilações. Ora, dada a escassez de recursos, esse tipo de trabalho não deve de maneira nenhuma ser abandonado, mas dosado; isto é, não deve ser predominante. Em suma, creio que a situação tenderá a se normalizar.

Houve, portanto, no último decênio, um crescimento e uma diversificação na produção universitária brasileira de História. Examinemos um pouco mais de perto tal diversificação. Examinada no conjunto, a produção parece envolver um deslocamento de interesse no tempo — período colonial para o republicano — e na área — da história econômica para a história política. Todos os que orientam pós-graduandos em História sabem como é difícil atraí-los para temas do período colonial; a preferência recai no geral para o período republicano, e mesmo para os momentos mais recentes da República. Ora, há dez ou quinze anos ocorria nitidamente o contrário. Assim também, um pouco mais atrás no tempo, a preferência ia para história econômica; hoje, para história política, ou história das ideologias, que de certa forma é também história política. Amaral Lapa, em seu livro *História em questão: conjunto de estudos de historiografia brasileira*, já aponta essas tendências, inclusive com tabelas e gráficos — seus dados vão até 1973, mas estou certo de que a tendência de lá para cá se acentuou. Se meditarmos um pouco sobre essas constatações, veremos como esses deslocamentos temáticos expressam as pulsações mais significativas de nossa história recente. O golpe de

1964 e os desdobramentos do regime militar-autoritário levaram a uma espécie de exame de consciência da intelectualidade brasileira e dos historiadores — daí as constantes reavaliações, as variações dos focos de preocupação, por exemplo, o reestudo do significado do tenentismo; daí a preocupação com a história mais recente na sua dimensão política. Há outros aspectos que também podem ser relacionados com a nossa evolução política mais recente. Acentuou-se o interesse do centro hegemônico, isto é, dos Estados Unidos; avolumando-se, em consequência, os estudos dos *brazilianists* que, atualmente, configuram quase um alude, que nos vai afogando. Esta imagem, proposital, é para indicar a reação mais comum que nos provoca a "invasão" norte-americana. Mas é claro que temos que superar essa reação emocional; os estudos norte-americanos sobre o Brasil — de resto, sobre o mundo todo — são um dado de realidade com o qual temos que nos defrontar madura e racionalmente. Em outras palavras, não podemos cair nem na xenofobia (pretender ignorar, ou exorcizar o "brasilianismo"), nem no provincianismo (entrar em êxtase diante da maravilha); o que temos é que assimilar criticamente a produção dos brasilianistas, tornando-a instrumento de reflexão. Mas o brasilianismo norte-americano teve, a meu ver, certos desdobramentos ou antes subprodutos em nosso meio, que vale lembrar. O deslocamento de interesse para a história da República parece-me que, ao menos em parte, se deve a uma reação em face das pesquisas dos brasilianistas que se dirigiam dominantemente para o período mais recente de nossa história. Assim, ia-se configurando uma situação em que os brasileiros estudavam a colônia e os norte-americanos, a República. Contra essa *alienação* reagiram vários de nossos historiadores, e hoje já contamos com um número razoável de *republicanistas*. Vejam que os caminhos da pesquisa são muitas vezes curiosos e surpreendentes.

Ligada a essa diversificação e a esses deslocamentos temáticos, aparece uma outra tendência de nossa atual historiografia universitária. Refiro-me à multiplicação dos estudos de historiografia, isto é, de História da História. Há algum tempo, entre nós, José Honório Rodrigues era praticamente o único a se dedicar a esse gênero de estudos; e a ele continua se dedicando intensamente (em 1979, publicou o primeiro volume da *História da história do Brasil*, que envolverá pelo menos mais dois tomos), mas já agora com vários outros acompanhantes. Seu próprio trabalho já foi objeto da tese de Raquel

Glezer, da USP. Se acompanharmos, por exemplo, os anais dos sucessivos simpósios da Associação Nacional dos Professores Universitários de História, fica claro como o tema, pouco tratado nos primeiros, vai-se avolumando nos últimos anos. Nos encontros regionais quase sempre há mesas-redondas, debates, balanços de historiografia. No mais das vezes, tomam-se certos temas, ou certos períodos, para se proceder a uma avaliação. Já as teses têm se voltado para o estudo de autores, como Varnhagen (Nilo Odália), João Francisco Lisboa (Maria de Lourdes Janotti), Robert Southey (Maria Odila Silva Dias), Capistrano de Abreu (Jayro G. de Melo). Também aqui, mais uma vez, expressa-se esse exame de consciência a que a intelectualidade brasileira vem sendo levada, além de que, já o simples crescimento e diversificação tende a sugerir essa espécie de introspecção que são os estudos de História da História.

Se compararmos, agora, nossa historiografia universitária com a de outros países, creio que ressalta uma característica que a aproxima da dos países latino-americanos e a afasta da dos países centrais (Europa e Estados Unidos). Trata-se de um maior entrosamento, ou, se quiserem, melhor convivência com as outras Ciências Sociais — este parece ser um traço da historiografia universitária latino-americana. Na norte-americana, bem como na europeia, a separação é mais nítida e a especialização dos pesquisadores, mais acentuada. Não se trata de um fenômeno específico dos historiadores, mas dos cientistas sociais em geral, basta ver como nossos sociólogos, economistas e antropólogos interessam-se por história. Algumas obras muito importantes de nossa historiografia foram escritas por economistas e sociólogos. Nos Estados Unidos, um autor como Wallerstein — sociólogo, autor de obras fundamentais de História — faz figura de exceção. Há, entre nós, uma historicização das Ciências Sociais, assim como uma maior teorização da História, o que está vinculado, como é fácil perceber, à maior presença do marxismo em nosso meio intelectual. Aqui o marxismo não é — como no chamado Primeiro Mundo — uma doutrina entre outras; trata-se, por assim dizer, do referencial do debate das ideias. Não estou querendo dizer que todos, nem que a maioria seja marxista, nem que o marxismo que se faz aqui seja melhor que o dos países centrais. Há bons e medíocres trabalhos, cá e lá. A diferença que estou querendo marcar é de atitude — o marxismo está sempre presente em nosso horizonte intelectual; forma, por assim dizer, o caldo de cultura, o que não ocorre nos Estados Unidos e na Europa.

Esta última característica — maior integração com as Ciências Sociais e o menor grau de especialização — parece-me claramente uma vantagem a ser preservada. Em contraposição, a nossa historiografia atual, quando cotejada com a dos centros mais avançados (por exemplo, com a historiografia francesa), não apresenta a mesma riqueza temática. A abertura de novos temas (novas sendas na floresta da realidade, como diria Paul Veyne), sobretudo no campo da história das mentalidades, da sensibilidade, do cotidiano, que marcam hoje o perfil da historiografia francesa, não se manifesta de modo relevante em nossa atual produção. Basta pensar nos estudos sobre história da loucura, das atitudes em face da morte, da criança e da família, do medo e do sentimento de culpa, das práticas mágicas e da feitiçaria, da sexualidade, para sentirmos nosso distanciamento. Isto se prende, talvez, à tendência que indiquei de início de nos concentrarmos mais em nossa própria história. Tenho a impressão de que as gerações mais novas leem menos a historiografia estrangeira, sentindo menos seus influxos. Não creio que se deva partir para a imitação temática, e começar a procurar aqui os mesmos temas. O que um acompanhamento da bibliografia mais avançada deve proporcionar é uma atitude mais criativa, isto é, procurarmos a abertura de novos temas na nossa realidade.

Essas observações procuram dar uma visão equilibrada de nossa atual historiografia, evitando o otimismo comemorativo ou o negativismo doentio. Na realidade, creio que podemos dizer que a historiografia universitária brasileira tem progredido significativamente, mas está ainda aquém das suas potencialidades. E isto — a diferença entre a realidade e a possibilidade — deve-se não somente à falta de recursos, de apoio, embora essa seja a razão principal, mas também a problemas de organização dos estudos e das pesquisas, bem como à nossa baixa produtividade — temos hábitos intelectuais herdados da tradição que nos levam a viver as atividades do espírito mais como fruição do que como produção. À medida, porém, que avança a modernização, isto é, que o capitalismo se consolida, vamos nos enquadrando, e acabaremos todos altamente competitivos como nos grandes centros...

Em relação às limitações, creio que devamos lembrar, em primeiro lugar, da escassez das obras de apoio, isto é, os instrumentos de trabalho: guias de arquivos, repertórios documentais e bibliográficos etc. Aqui, também, tem havido progressos, mas ainda insuficientes; todos conhecem as publicações que têm surgido nos últimos anos, e que muito têm ajudado nas pesquisas, mas há ainda grandes lacunas. Apenas atualmente, por exemplo, há um "banco" de teses. Igualmente, nossos arquivos têm passado por um processo de modernização bem marcado, mas no conjunto ainda deixam a desejar. O de São Paulo, que é muito rico, não tem sede própria. Muita documentação tem se perdido por falta de uma política nacional definida em relação ao arquivamento. Contudo, nesse capítulo dos instrumentos de trabalho, a grande catástrofe são mesmo as bibliotecas. Aqui, os progressos, se existem, são tão ridículos que não dá para perceber. Dá-me um frio na espinha quando ouço dizer que a biblioteca de História da USP é a melhor do país, em termos de biblioteca departamental. De fato tem um grande acervo (longe do que deveria ser), mas há muitíssimos anos que não se consegue um mínimo de organização para fazê-la funcionar razoavelmente — é um problema que se arrasta. Conheço vários *campi* modernos de universidades federais que possuem excelentes prédios para bibliotecas centrais, mas sem livros.

A universidade brasileira não logrou ainda, por outro lado, encontrar uma fórmula equilibrada para a organização da pós-graduação. Na USP, por exemplo, o pós-graduado dá mais ênfase à pesquisa do que a cursos e está centrado desde o início no orientador. Há vantagens e desvantagens. Limita o número de vagas, o que resulta num autêntico bloqueio. Já o esquema das universidades federais, em que os alunos não têm orientador enquanto fazem os cursos, alivia a questão de vagas, pois permite que o número de pós-graduandos seja maior que o de orientandos. Se pensarmos que até há pouco a USP era o único doutorado na área de História, vê-se bem a distorção: os pesquisadores se mestravam nos vários cursos, e iam procurar doutorado na USP, onde não havia vagas. Isto em parte continua. O problema é conhecido, evidentemente, mas não se resolve, dada a imutabilidade burocrática. Uma vez instalado, mudar é dificílimo. Nem o Conselho Federal de Educação (CFE) permite ampliar as vagas por orientador, nem a USP muda o sistema de ingresso, embora todos digam que reconhecem o problema. Do ponto de vista das pesquisas, o sistema da USP, se tem maior flexibilidade (permitindo todo tipo de pesquisa), perde em coordenação; no outro esquema (das federais em geral, e também, em São Paulo, da Unicamp), se ganha em coordenação (dada a programação), perde em flexibilidade. Os programas, por seu turno, facilitam a obtenção de recursos, pois as agências financiadoras de pesquisas e patrocinadoras de bolsas dão preferência a trabalhos enquadrados em conjuntos programados, que é como se recomenda em ciências exatas.

O encaminhamento e a resolução desses problemas dependem de mudanças que transcendem a corporação dos historiadores, mas também de nossa capacidade de mobilização e pressão. Ninguém vai abrir espaço de graça para os outros. Temos que reivindicar firme e permanentemente o aumento dos recursos, promover debates e propor mudanças no sistema de organização dos programas de pós-graduação, como este que aqui se promove.

Historiografia, exame de consciência do historiador[1]

A publicação de *Memória, História, historiografia*, número duplo da *Revista Brasileira de História*, órgão de nossa principal associação de historiadores, oferece, evidentemente, oportunidade e mesmo impõe a necessidade de refletir sobre o "estado das artes" em nossa corporação. Aliás, pela temática escolhida na composição do volume, percebe-se claramente ter sido essa a intenção dos organizadores. Recentemente, outras publicações científicas (a *Revista USP*, a *Estudos Avançados*, do IEA) têm igualmente se interessado por balanços críticos, com vários recortes. Por outro lado, nos últimos congressos da ANPUH (Associação Nacional de História) aumenta significativamente o número de comunicações, e avolumam-se os debates, sobre historiografia. A primeira observação que se estabelece, portanto, é a de que a corporação dos historiadores passa entre nós por uma fase de exame de consciência. O que é, obviamente, muito salutar, pois atesta um certo *aggiornamento*.

Desse ponto de vista, os trabalhos agora publicados marcam o amadurecimento de uma tendência, e, a nosso ver, é nesse contexto que devem ser estudados. Efetivamente, desde o final dos anos 1960, a historiografia brasileira vem acentuando o pendor para os estudos de História da História, que por sua vez estimula as reflexões metodológicas e as discussões conceituais. Basta lembrar que, antes desse momento, entre nós, José Honório Rodrigues era figura praticamente solitária nesse campo de estudos, permanecendo fiel a esse largo projeto até o fim de seus dias. A partir dos anos 1970, lentamente, foi se formando entre os historiadores brasileiros um grupo crescente de

---

[1] Publicado originariamente com o título "Clio, a musa da História, entrou no cio", *O Estado de S. Paulo*, Caderno de Cultura, 1/4/1995. Posteriormente, foi publicado na revista *Economia e Sociedade*, do Instituto de Economia da Unicamp, nº 4, junho de 1995, pp. 179-82.

cultores desse campo, sendo que muitas vezes combinavam a atividade de pesquisa com os estudos propriamente historiográficos. O que também é muito positivo, pois os estudos historiográficos devem ser acima de tudo uma dimensão do ofício do historiador, e não uma especialização autônoma. Ao longo desses anos, adensaram-se entre nós os trabalhos de História da História, em teses universitárias, artigos, comunicações, debates etc. O que se poderia notar, contudo, é que esses trabalhos dirigiam-se quase sempre para um único tipo, ou seja, à avaliação da obra de um autor (Varnhagen, Capistrano de Abreu, Caio Prado Jr. etc.), raramente inclinando-se para outros recortes, e quase nunca enveredando para a discussão conceitual de seus pressupostos teóricos e metodológicos. É esse estágio que, parece, estamos alcançando com os trabalhos mais recentes, e a coletânea de artigos da *Revista Brasileira de História*, para que meditemos sobre o assunto, deve ser considerada uma boa amostragem.

Diria mesmo que, sob esse aspecto, a presente coletânea vai no sentido contrário, pois a ênfase é agora dada às discussões metodológicas da pesquisa e do ensino da História. Historiografia *stricto sensu*, isto é, análise de um *corpus* de textos de História num determinado recorte, forma o objetivo de apenas cinco dentre os dezoito artigos de *Memória, História, historiografia*, destes, apenas dois trabalham sobre a obra de um autor (ambos estrangeiros, Henri Berr e Carlo Ginzburg), enquanto os outros três recortam um momento (os primeiros passos do Instituto Histórico e Geográfico Brasileiro — IHGB), ou um tema (os núcleos coloniais no século passado), ou uma instituição (a produção do Departamento de História da Universidade Federal do Paraná). Note-se que os autores analisados são figuras altamente representativas das principais mutações da historiografia contemporânea: Henri Berr, como se sabe, foi um precursor do movimento dos *Annales*, isto é, está na raiz da principal renovação dos estudos históricos de nosso tempo; e Carlo Ginzburg é um dos mais criativos e originais expoentes da "história das mentalidades" ou da cultura, que por seu turno expressa a tendência dominante da atual fase da École. Os dois têm, portanto, não só imenso interesse pelas obras de pesquisa (Henri Berr aliás era mais filósofo do que historiador), mas também originalidade de conceitos e métodos que elaboraram, e é nessa vertente que são aqui analisados. O artigo sobre Ginzburg procura esviscerar os procedimentos de sua *bricolage de Clio*. Na mesma linha vai o artigo, muito sugestivo, sobre os primeiros passos do IHGB, que procura, apoiado em Hayden White, definir a forma discursiva dos inícios de nossa historiografia nacional, a tal ponto que seria desejável que ampliasse a parte da análise que procura articular os enunciados e sua forma com o momento da história em que se produzem — isto é, a Regência, em meio ao torvelinho das rebeliões provinciais.

Vários artigos visam à história oral, evidenciando o interesse crescente pela história imediata. Também aqui a ênfase está nas questões teórico-metodológicas, faltando um trabalho mais "instrumental" que elencasse os vários programas de levantamento das fontes já realizados ou em andamento entre nós, a fim de facilitar o trabalho de futuros pesquisadores. As questões levantadas são da maior importância e às vezes surpreendentes, como o artigo que insiste na especificidade da história oral num país de 60% de analfabetos; descontado o exagero, a questão remanesce, pois é claro que o sentido da história oral tem de se alterar num meio onde se avolumam os iletrados. No polo oposto, e num nível mais geral, vários textos discutem a própria noção de "história oral", devendo antes falar-se de "fontes orais" para a História. Ou então, radicalizando o princípio de que o historiador deve "deixar falar o documento", a fala dos agentes acabaria por se confundir com o discurso historiográfico, e os profissionais entraríamos nos perigosos caminhos da recessão e do desemprego. Mas não creio, francamente, que essa venha a ser a visão predominante e a tendência no futuro. A História, com efeito, é um muito antigo domínio do saber, e deve corresponder a necessidades profundas de gestação da memória social.

Essa a razão pela qual reflexões sobre a constituição da memória histórica não poderiam faltar num balanço como este. Elas comparecem, e por meio delas se engaja um fecundo diálogo interdisciplinar, seja com a arqueologia (a cultura material na constituição da memória), seja com a sociologia (sugestiva contraposição das visões de Maurice Halbwachs, um clássico da sociologia francesa, e Pierre Nora, expoente atual da *Nouvelle Histoire*). Essa interdisciplinaridade centrada na questão da memória, aliás, já repontava em vários números de *Estudos Históricos*, revista do CPDOC-FGV, como o nº 5 ("História e Ciências Sociais") ou o nº 3 ("Memória"), bem como no nº 23 da *Revista USP* (dossiê "Nova História"), nos quais intervêm numerosos filósofos, antropólogos, sociólogos etc., e até alguns historiadores, o que mostra que o interesse dos historiadores pelas Ciências Sociais é recíproco ao dos cientistas sociais pela História. O que, por sua vez, aponta para um amadurecimento geral dos frutos do saber da árvore da nossa academia.

A questão da memória é de tal modo central na reflexão sobre o ofício de historiador que reponta também nos estudos sobre o ensino da História. Pois é por intermédio do ensino que se transmite mais diretamente o cânon factual que o discurso historiográfico vai gestando nos seus vários estratos, desde a pesquisa de ponta até as obras de divulgação e os livros didáticos. Alguns dos trabalhos aqui reunidos são particularmente sugestivos porque fazem, também, história — e isso remete à questão de que a forma da transmissão da memória histórica também tem uma história. Ficamos esperando dos especialistas (o que é uma lacuna nesta coletânea) estudos sobre o ensino universitário de História, que deve formar ao mesmo tempo o professor (isto é, o transmissor da memória) e o pesquisador (seu elaborador). Um único artigo aborda, aqui, diretamente o tema, dando um balanço dos trabalhos correntes entre nós, e fazendo um diagnóstico sombrio da situação, o que evidentemente é um passo importante. Desejável será um desdobramento desses estudos centrados na especificidade da formação universitária no caso da História, porque mais que em qualquer outro campo a formação profissional do professor e a do pesquisador estão imbricadas de modo inexorável. E isso é tanto mais grave quanto, segundo me parece, em nossas principais universidades vem se desenvolvendo uma tendência a relegar a segundo plano o ensino pedagógico, na medida em que seus alunos visam quase que exclusivamente à carreira de pesquisador. Ocorre que as oportunidades de pesquisa em institutos de investigação científica são relativamente poucas; o normal é o pesquisador ser, ao mesmo tempo, professor universitário, o que repõe a questão do ensino, volvendo, mais uma vez, à questão da memória.

Talvez seja essa recorrência inelutável da memória no ofício de historiador que explique por que eles sempre foram muito relutantes em escrever autobiografias, sendo Edward Gibbon a ilustre exceção. É como se, à força de tanto "tergiversar alheias histórias" (Jorge Luis Borges), os historiadores acabassem por temer o enfrentamento da sua própria. É também isso que sugere o grande interesse das autobiografias recentes de dois grandes historiadores franceses, agora traduzidas no Brasil (*A história continua*, de Georges Duby, e *Um historiador diletante*, de Philippe Ariès). Ambos são altos expoentes do estado-maior da historiografia francesa atual, que é reconhecidamente a cimeira da historiografia mundial; decididamente, o *dernier cri* do Quartier Latin continua sendo o *nec plus ultra* nos domínios da História.

Mas este talvez seja o único ponto comum, pois ambos têm trajetórias muito diferentes e até divergentes, sendo precisamente o tipo de História, ou antes, o estilo de História que praticam o ponto de convergência. Se no balanço atual (não se pode dizer final, pois Duby continua em franca atividade, enquanto Ariès faleceu recentemente) a obra conjunta do medievalista (Duby) parece mais densa, completa e realizada, é o livro autobiográfico do "modernista" (Ariès) que oferece de longe maior interesse. *Par contre*, se a tradução de Duby parece-nos bem aceitável, infelizmente a de Ariès afigura-se descuidada. Não pude ter em mãos o original, mas tenho dúvidas de que em livro publicado em Paris pelas Éditions du Seuil apareça várias vezes menção ao historiador Lucien Lefebvre (*sic*); igualmente, desconfio que o jovem estudante Philippe Ariès não tenha feito, nos anos 1930, uma exposição "na casa" de Georges Lefebvre (este sim), pois o *chez* que se pode pressentir no original deveria traduzir-se por "no seminário de". Mas sobretudo a tradução do título é que é infeliz. *Un historien du dimanche* indica que o autor, por sobreviver de outro emprego, praticava o ofício nos fins de semana, ou nas horas vagas; já o "diletante" da tradução remete para o amadorismo, o não profissionalismo, o que não é evidentemente o caso de Ariès, de sólida formação *sorbonnarde*.

Deixemos porém de lado essas implicâncias e voltemos à comparação dos percursos dos dois historiadores, pois é aí que está, a nosso ver, a chave para compreender as diferenças de suas respectivas autobiografias. Duby é um típico *scholar* acadêmico francês, que ascende merecidamente da província (no caso, a Provence propriamente) para a Sorbonne, culminando no Collège de France. Ariès, sob esse aspecto, era rigorosamente um marginal: funcionário de um instituto de pesquisa aplicada à agricultura tropical (a cujas tarefas, aliás, como explica, era muito dedicado), praticava, como disse anteriormente, o ofício nas horas vagas; somente em 1978 é integrado (já reconhecido e consagrado) à Maison de Sciences de l'Homme, vindo contudo a falecer alguns anos depois. Coerentemente com essas trajetórias, Duby escreve uma autobiografia rigorosamente intelectual, começando pela escolha do tema de sua tese e encontro do orientador, analisando todos os passos de sua produção, para finalmente projetar ainda novos caminhos, pois a "história continua". Já Ariès parece precisar contar a sua história para poder explicar as histórias que escreveu; começa mesmo com a saga de seus antepassados, num meio conservador de monarquistas católicos tradicionalistas, e vem recompondo a sua formação, nesse sentido amplo de experiência de vida, desde menino. Apenas para dar um exemplo, é esse ambiente e são esses valores que estão na raiz de seu interesse e de sua sensibilidade para os temas da história da infância e da família, que viria depois a desenvolver em obras absolutamente notáveis. Inversamente, para se entender (o que muitas vezes causou estranheza) que um historiador trabalhasse como técnico em agricultura tropical, é preciso lembrar que quando cursou História na Sorbonne no entreguerras, o curso era acoplado com o de Geografia (como aliás ocorria também no Brasil). É exatamente essa profunda integração de atividade intelectual e vida pessoal que dá ao depoimento de Ariès (pois o livro resulta de uma longa entrevista a Michel Winock) um sabor e uma riqueza que faltam ao livro de Duby. Este nos revela um percurso e nos descreve um mundo que de certa forma já conhecíamos ou imaginávamos, e que soam finalmente como algo convencional; aquele, ao contrário, nos reserva revelações e a cada passo nos enche de surpresas. Surpreendente, entretanto, não deve ser esse confronto, se pensarmos que, talvez, sejam mesmo os "marginais" que escrevem as melhores memórias (como Rousseau, como Santo Agostinho), pois a autobiografia, isto é, a ego-história, sempre visa a apanhar o que a personagem tem de específico, intransferível, sem contar o distanciamento que a posição de marginalidade dá ao observador.

Com efeito, um dos encantos do livro de Ariès está exatamente em não revelar mágoa ou ressentimento por essa "marginalidade". Ao contrário, vai contando que, nos anos sombrios da guerra, acabou reprovado na parte final do exame de *agrégation*, tendo por isso somente chance de lecionar em liceu de província separando-se da família; daí a decisão de aproveitar a oportunidade surgida de emprego alternativo. Mas, historiador de vocação e profissão, foi trabalhando nas horas vagas, e lentamente construindo uma obra originalíssima, desde *Les Traditions Sociales dans le Pays de France*, de 1943, até *L'Homme devant la Mort*, de 1977, passando por *Histoire des Populations Françaises et de leurs Attitudes devant la Vie depuis le Dix-huitième Siècle*, de 1948 (aliás, ele queria que o título fosse *Devant la Vie et la Mort*, mas o editor não aceitou), *Le Temps de l'Histoire*, de 1951, *L'Enfant et la Vie Familiale sous l'Ancien Régime*, de 1960, e *Essai sur l'Histoire de la Mort en Occident*, de 1975 (indico os principais, a lista não é completa). Apesar dessa persistência, o reconhecimento foi lento: os convites universitários vieram dos Estados Unidos, onde começou a escrever seus trabalhos sobre a morte. Se esse ostracismo lhe dá uma certa melancolia, não há ressentimento ou animosidade contra seus pares; nem se pense que a marginalização vinha do fato de ser declaradamente reacionário e militar todo o tempo na imprensa de direita (*Paroles Françaises, Nation Française*), pois o primeiro convite para um seminário no CNRS veio de Henri Lefebvre (mais um), quando este ainda não tinha rompido com o Partido Comunista. Antes, o que se percebe dessas memórias é que Ariès tinha muito claro que não se consagrara porque não pertencia ao "grupo" em ascensão fulgurante. O que vem confirmar, muito significativamente, as análises de Hervé Coutau-Begarie (*Le Phénomène "Nouvelle Histoire": Stratégie et Idéologie des Nouveaux Historiens*, Paris, 1983) que estudou a École des Annales como grupo informal que, para renovar o discurso historiográfico, busca o poder cultural na França, ocupando os espaços acadêmicos, o meio editorial e finalmente a *media*. Coutau-Begarie cita precisamente o exemplo de Ariès na sua argumentação: *Histoire des Populations Françaises et de leurs Attitudes devant la Vie depuis le Dix-huitième Siècle* aparece quase ao mesmo tempo que *La Méditerranée* (1949) de Fernand Braudel; fez-se silêncio em torno de Ariès, enquanto o livro de Braudel já nascia um clássico. Não que a obra-prima braudeliana não merecesse consagração; o sintomático, no caso, é o isolamento do *outsider*. Curiosamente, essa dimensão da École reponta em vários passos das memórias de Duby.

Daí a sensação de "exilado interno" que perpassa a fala de Ariès, como outrora a dos jansenistas, pois ele é o primeiro a marcar a importância decisiva da obra de Braudel nos seus caminhos de historiador. E aqui tocamos um ponto fundamental para meditarmos sobre os caminhos da historiografia a partir do percurso de Ariès. O livro reconstitui um vívido panorama do percurso da *intelligentsia* de direita na França em nosso século; é fascinante constatar a semelhança com o mesmo meio ambiente na esquerda: os jornais, as divisões internas (tão numerosas como na esquerda, quem diria), as reuniões, a boêmia... Os extremos se tocam. Igualmente fascinante, e inquietante, notar como ele foi abrindo caminho para o tipo de História a que se dedicaria:

Nessa época, descobri, na Sorbonne, a filigrana de uma História que acabava de aparecer na universidade parisiense e que também parecia suspeita à ortodoxia maurrassiana: o que se chamou, mais tarde, de história social. A existência de uma sociedade fora do Estado, o fato de que essa sociedade mudava e de que essa mudança não era devida à boa ou má ação do Estado, eram ideias completamente novas e escandalosas na historiografia de direita.

Como a partir de então (quer dizer, desde estudante) Ariès cada vez mais se aprofunda na história social (do cotidiano, da sensibilidade), o seu depoimento vai marcando cada vez mais o desencontro com o meio intelectual no qual continuou sempre a atuar. Quer dizer, foi *contra* seu universo intelectual direitista que Ariès abriu caminho para a Nouvelle Histoire, que muitas vezes se apresenta ou é apresentada como oposição ao marxismo e à esquerda. Isso significa que a questão é muito mais complexa do que essas dicotomias, e que é preciso analisar mais de perto essa suposta incompatibilidade entre marxismo e a nova historiografia. Também aqui a comparação com o percurso de Duby é revelador, pois, neste, o percurso para a nova historiografia conflui com o seu clima intelectual (a referência, aqui, é o texto de Duby nos *Essais d'Ego-Histoire*, de 1987, organizados por Pierre Nora). É claro que Duby nunca foi nenhum marxista ortodoxo, e de certo modo pode-se pensar que em sua obra vai paulatinamente se distanciando do pensamento marxista. Mas o problema remanesce, e, que eu saiba, apenas Michel Vovelle (*Idéologies et Mentalités*, 1985) tenta abordá-lo diretamente. Seria o discurso historiográfico um território com autonomia para diluir as dimensões ideológicas? Seria o ofício do historiador (do cientista social, em geral) uma possibilidade para além do "fim das ideologias?" Haverá luz no fundo do túnel?

Capistrano de Abreu
na historiografia brasileira[1]

Quando, em 1876, o jovem Capistrano de Abreu chegava ao Rio de Janeiro, vindo de sua província nortenha Ceará (passando por Pernambuco), já se completara e se publicara a importante *História geral do Brasil* (1857), de Francisco Adolfo de Varnhagen. Esta obra por assim dizer condensava toda uma geração de pesquisas iniciadas com a fundação do Instituto Histórico e Geográfico Brasileiro (IHGB) em 1838. Um dos primeiros trabalhos de Capistrano na imprensa da Corte foi precisamente a sequência de artigos em que avalia e situa definitivamente a obra de Varnhagen, como o elaborador do cânon factual de nossa história. Este ponto de partida, por sua vez, é de extrema importância quando, de nossa parte, procuramos avaliar Capistrano na historiografia brasileira, e os *Capítulos de história colonial* (1907) no conjunto de sua obra. Efetivamente, a partir de então e até sua morte (1927), a intensa atividade do grande historiador dirigiu-se sempre, simultaneamente, para três direções: a crítica historiográfica, ou mais amplamente bibliográfica, em que ia submetendo à crítica, avaliando, integrando, a produção referente ao Brasil; a pesquisa documental, ampla, persistente, com descobertas importantíssimas e edições críticas de textos fundamentais; a produção propriamente histórica, isto é, do discurso historiográfico, seja em monografias, seja em obra de síntese. Na primeira vertente (reunidos depois em *Ensaios e estudos*, 3 volumes, 1931) destacam-se os estudos sobre Varnhagen, Eduardo Prado, Alfredo de Carvalho; entre os trabalhos de erudição, sobrelevam a localização e a edição anotada dos *Diálogos das grandezas do Brasil* (1618), a edição

---

[1] Este texto, em versão inglesa, constitui o "Preface" da edição do livro de J. Capistrano de Abreu, *Chapters of Brazil's Colonial History, 1500-1800* (Nova York, Oxford University Press, 1997).

crítica da notável *História* (1627), de Frei Vicente do Salvador, ou a sensacional identificação do autor de *Cultura e opulência do Brasil* (1711), o jesuíta João Antonio Andreoni. *Caminhos antigos e povoamento do Brasil* (1899) é uma obra-prima de pesquisa monográfica, sendo os *Capítulos de história colonial* (1907), precisamente, a principal tentativa de síntese.

Desse ponto de vista, o livro aparece numa posição cimeira no *corpus* capistraniano; na sequência cronológica de seus trabalhos, situa-se mais ou menos num ponto central: efetivamente é essa caracterização — ao mesmo tempo o "centro" e o "cume" — que nos permite apreender o significado mais profundo dos *Capítulos de história colonial* no conjunto da obra de Capistrano, bem como descrever o movimento de sua trajetória de historiador. O que importa acima de tudo destacar é a notável identificação do autor com o seu objeto de estudo. Partindo da avaliação crítica de Varnhagen, Capistrano desde logo percebeu o estágio incipiente de nossa historiografia, pois o levantamento documental não chegara ainda àquele ponto que permite o ensaio de síntese; mas, ao mesmo tempo, compreendia que a visão sintética é indispensável para orientar as prospecções tópicas. É essa situação paradoxal que se expressa, a nosso ver, na frase tantas vezes citada (da correspondência com João Lúcio de Azevedo) em que se refere à nossa história como uma "casa edificada na areia". Daí a permanente tensão entre os vários tipos de trabalho, atacados simultaneamente. Daí, igualmente, o caráter central desse livro fundamental no seu percurso e finalmente o seu traço de inacabado, como que um esqueleto de edifício. É quase irônico que Capistrano, que (juntamente com Rodolfo Garcia) anotou densamente toda a obra de Varnhagen, tenha deixado inconclusa a sua própria obra, a qual, por sua vez, foi mais tarde (1954) rigorosamente anotada por José Honório Rodrigues. *Capítulos de história colonial* revela, assim, ao mesmo tempo a sua grandeza e as suas limitações.

Da mesma forma que *Capítulos* tem uma posição central em sua obra, Capistrano tem uma posição central na História da história do Brasil. Estamos nos referindo, evidentemente, à "historiografia brasileira" no seu sentido mais estrito. De fato, nem sempre os estudos de História de nossa história têm levado em conta certos pressupostos indispensáveis à demarcação do *corpus*. Assim, quando consideramos "historiografia brasileira" no seu conjunto, dois critérios são possíveis para elencar as obras: se tomamos como ângulo o sujeito dos discursos (isto é, os historiadores brasileiros, autores das obras), listamos todas as obras de historiadores brasileiros, mesmo que se refiram à Idade Média europeia, ou ao Egito dos faraós; se, por outro lado, o referencial é o objeto de estudo (isto é, o Brasil), as obras de historiadores brasileiros sobre outros assuntos ficam necessariamente fora, entrando, em compensação, no elenco os estudos de estrangeiros sobre o nosso país. A densa produção dos historiadores "brasilianistas", por exemplo, integra o elenco no segundo caso, mas fica ausente no primeiro. Quando falamos "historiografia brasileira" *stricto sensu* queremos dizer o *corpus* das obras de historiadores brasileiros sobre o Brasil, e é neste percurso que Capistrano ocupa posição central. Isto porque estamos dando por resolvido um outro problema preliminar, que entretanto é extremamente dificultoso: saber se os cronistas dos tempos coloniais entram, ou não, no *corpus* de nossa historiografia. O Brasil como tal não existia então, e nesse sentido os cronistas devem ficar fora; mas o Brasil estava se constituindo, e nesse sentido seus cronistas antigos são a expressão dessa formação. Ainda que, propendamos para essa segunda visão, pensamos que, para os fins de fixarmos a posição de Capistrano, o mais estratégico é considerar a historiografia brasileira no mais estrito sentido, isto é, a produção dos historiadores brasileiros sobre o Brasil, a partir da constituição do Estado nacional.

Neste sentido estritíssimo, a historiografia brasileira inicia-se com a fundação, em 1838, do Instituto Histórico e Geográfico Brasileiro, veneranda instituição que agora começa a ser objeto de excelentes estudos. Não é preciso repetir que o IHGB foi criado em meio às revoltas do período regencial, isto é, no momento crucial da consolidação do Estado nacional; a sua função legitimadora já aparece no título: visava a construir o conhecimento da nação nos dois fundamentos, a geografia e a história, isto é, a "terra" e a "gente", para retomarmos a expressão dos "tratadistas" do século XVI. Como se sabe, o "pecado" do anacronismo é inerente a todo discurso historiográfico, mas nenhum recorte é mais suscetível à tentação anacrônica que o recorte nacional; há sempre a tendência de contar a história de um povo na sua "vontade de ser uma nação", para retomar o título célebre de Julien Benda. Isto nunca foi tão explícito como no caso do Brasil, pois o IHGB, órgão oficial, patrocinado pela Coroa, começou promovendo um concurso para se saber "como se deve escrever a história do Brasil". Concurso, aliás, vencido pelo naturalista alemão Karl F. Ph. von Martius, com resultados desastrosos: ele explicou que a nossa história devia ser elaborada como o resultado da contribuição dos brancos portugueses, dos índios americanos e dos negros africanos... Não é preciso muito espírito crítico para perceber que essa ideia de "contribuição" é absolutamente sinistra, visa a obliterar toda a trama de dominação, exploração e conflito que forma exatamente o contexto do nascimento da nação. É isto que levou um crítico um tanto rude (professor Pedro A. Figueira) a dizer que, com o IHGB, a historiografia brasileira nascente, em vez de um compromisso com a verdade, preferiu fazer um pacto com o Trono.

A grande obra de Varnhagen, como dissemos, depura e consolida toda a produção dessa primeira fase de nossa historiografia. Como não podia deixar de ser, sua história toda se passa nas classes dominantes e nas elites dirigentes, acentuando a esfera da vida política. Ao fazer-lhe a crítica e ao promover a sua superação, Capistrano encerra aquela fase, dando passagem para o que se poderia talvez chamar de historiografia brasileira moderna, a partir dos anos 1930. Nesse sentido, ocupa a posição central. Ficaram famosas as observações críticas de Capistrano, por exemplo, quando insiste em que, muitíssimo mais importante que as heroicas batalhas para a expulsão dos holandeses, foi a monótona expansão do gado pelo vale do rio São Francisco. Mas nem sempre se leva em consideração o significado mais transcendente da crítica, que se pode apreender no conjunto da obra: não se trata apenas de atentar para novos temas, mas efetivamente transcender uma história setorial para uma história global e ultrapassar uma história puramente narrativa para uma história que, sem deixar de ser narrativa, seja também explicativa, ou, ao menos, compreensiva.

História global, com diálogo integrativo com as Ciências Sociais, esta é evidentemente a marca da moderna historiografia que se inaugura entre nós com a "geração de 30" (Gilberto Freyre, Caio Prado Jr., Sérgio Buarque de Holanda) e com a implantação, em 1934, da Universidade. Entre a terceira fase (historiografia universitária) e a primeira (historiografia do IHGB), Capistrano estendeu a ponte de passagem, evitando a solução de continuidade. Este o significado de sua obra e de suas atividades, na sua grandeza e nas suas limitações.

Raízes da tristeza[1]

Naturalmente, não poderia faltar nesta mais recente coleção *brasiliana* a obra que lhe sugerira a denominação: eis-nos portanto diante da oitava edição desse *Retrato do Brasil* com que Paulo Prado, em 1928, havia impactado a *intelligentsia* brasileira. Nada mais justo, por se tratar de alguém que, já em 1919, juntamente com Capistrano de Abreu, começava a organizar a publicação da Série Eduardo Prado, "para melhor conhecer o Brasil", e que entre 1923 e 1925 dirigiu, com Monteiro Lobato, a *Revista do Brasil*, redigindo numerosos editoriais. A paixão pelo autoconhecimento (como brasileiro, como povo, como cultura) acompanhou todo o percurso desse refinado protagonista de nossa elite intelectual. Desde muito moço (nascera em São Paulo, em 1869), participa, já na década de 1890, em Paris, de nossa vida cultural; quer como inspirador, estimulador e mecenas, quer como autor, em todos os setores das atividades artísticas, literárias e de estudos brasileiros; e assim continuaria até os seus últimos dias, morrendo no Rio de Janeiro em 3 de outubro de 1943, sendo seu corpo trasladado para o cemitério da Consolação, na Pauliceia. Nessa sua persistente afeição pelo tema, expressa-se, na esfera individual, um dos traços mais incisivos de nossa cultura intelectual: a obsessiva procura de uma definição de nossa identidade, a busca pertinaz pela delimitação do perfil, a tentativa infinita de desenhar o retrato. Para vislumbrar o significado de *Retrato do Brasil* na história de nossa inteligência, devemos, portanto, voltar-nos para a época de sua produção (1927-1928) e para a personalidade de seu autor. Rebento de uma das mais ilustres e antigas famílias

---

[1] Resenha do livro *Retrato do Brasil. Ensaio sobre a tristeza brasileira*, de Paulo Prado (organização de Carlos Augusto Calil, Coleção Retratos do Brasil, São Paulo, Companhia das Letras, 1997), publicada em *Folha de S. Paulo*, "Jornal de Resenhas", nº 26, 10/5/1997, p. 1.

de São Paulo (a *gens* Silva Prado), Paulo tipifica no limite a ascensão dessa elite modernizante, caracterizada pelo *brazilianist* Darrell Levi, e integra, assim, a galeria de personagens de seu livro *A família Prado*;[2] mas encarna, também, na sua fase fenecente, esse estilo aristocratizante de vida que parece ter marcado, entre nós, o senhoriato paulista do café. É, quanto a nós, esse entrelaçamento contraditório e inquietante que molda sua personalidade e aguça sua sensibilidade para os problemas de nossa cultura. Diletante engajado, cosmopolita caboclo, Paulo Prado gostava mesmo de mergulhar na leitura dos documentos históricos (por exemplo, as visitações do Santo Ofício, denunciações e confissões) que lhe permitisse devassar a alma de nossa gente, mas tinha que se afogar na papelada da Casa Prado-Chaves (exportação de café), que geriu por muito tempo, parece que com grande proficiência.

Premido por essas inquietações e estimulado por tais impulsos, Paulo Prado participa intensamente de todo o movimento cultural da década de 1920, culminando com a publicação, em 1928, do livro que sintetiza suas reflexões; em rigoroso pararelismo, por sinal, com seu amigo Mário de Andrade que, na mesma data, publica *Macunaíma*. Mário, aliás, tivera acesso ao texto de Paulo antes da publicação, e dedicou ao amigo sua obra-prima. Por caminhos diversos, perseguiam o mesmo objeto, de difícil assédio, e há ressonâncias nos respectivos discursos: "No fundo do mato-virgem nasceu Macunaíma, herói de nossa gente" é a abertura do romance-rapsódia de Mário de Andrade; "Numa terra radiosa vive um povo triste" é o introito do ensaio de Paulo Prado.

E é assim que este agora ressurge, revestido numa bela edição crítica, que cremos pode-se considerar definitiva. Efetivamente, o trabalho de Carlos Augusto Calil destaca-se pelo estabelecimento rigoroso do texto, elenco exaustivo da fortuna crítica e da elaboração de uma sugestiva cronologia, sem contar a "Introdução", em que observa, *en passant*, que o ensaio de Paulo Prado pode ser visto como uma prática *avant la lettre* da moderna história das mentalidades — o que aponta para a sua atualidade. De nossa parte, diríamos mais: ele trabalha nessa difícil camada intermediária que medeia entre as "velhas estruturas", da história corrente, e os novos temas da *mentalité* —

---

[2] Darrell E. Levi, *A família Prado*, São Paulo, Cultura 70, 1977.

nessa esfera que, parafraseando Braudel, poderíamos chamar "estruturas do cotidiano". São observações que valorizam o texto, mas que não devem nos afastar da preocupação de situá-lo em seu contexto; no final da década de 1920, *Retrato do Brasil* aparece como um momento privilegiado dessa tomada de consciência de nós mesmos, desse afã de autoconhecimento, que é marca fundamental de toda a trajetória de nossa vida do espírito. E o seu significado aparece tanto mais amplo, quando observamos ser a primeira vez em que o problema se explicita diretamente como tal, sendo que anteriormente aparecia embutido e pressuposto nos vários discursos. Nesse sentido, o ensaio de Paulo Prado (bem como a rapsódia de Mário de Andrade) abre caminho, cria as condições para a "geração de 30" (Gilberto Freyre, Sérgio Buarque de Holanda, Caio Prado Jr.), que iria enveredar pelos desdobramentos mais ricos na análise da questão permanente e obsessiva. Note-se que, para isso (quer dizer, para que fossem possíveis esses desdobramentos), seria preciso enterrar definitivamente a visão ufanista até então dominante, e esta foi precisamente a sua grande realização, o que aliás fica claro na reação irada dos ufanistas, que tanto entristeceu Paulo Prado, confirmando sua visão. Pois, como bem lembrou Wilson Martins (cf. *História da inteligência brasileira*, vol. 5, São Paulo, Cultrix, pp. 147 ss.), ao contrário do que usualmente se diz, o ufanismo não é apanágio dos brasileiros, sendo antes marca característica das melhores famílias (franceses, americanos, russos ou búlgaros); o que sim é coisa nossa é a capacidade de perceber a falácia desse nosso ufanismo, e reagirmos masoquistamente afundando no pessimismo, com perigosa perda da autoestima, e passarmos a acreditar ingenuamente no ufanismo dos outros, o que tange o ridículo. Ora, o que justamente Paulo Prado quis ultrapassar com seu ensaio era essa dicotomia entre ufanismo *naïf* e pessimismo sinistro, para poder instaurar a fase analítica no tratamento do problema. Não foi entendido, sendo acoimado de pessimista, ficando muito triste, isto é, ainda mais brasileiro.

Em edição primorosa, lido à distância, *Retrato do Brasil* pode, portanto, ser apreciado em toda a sua importância, com toda a sua beleza, mas não deixa de expor também suas fragilidades. À frase luminosa de introito, antes citada, segue-se: "Legaram-lhe essa melancolia os descobridores que a revelaram ao mundo e a povoaram", com o que se oblitera o fato de que a terra radiosa estava muito bem habitada por robustos índios tupis, guaranis *et alii*, a respeito dos quais não se cogita saber se eram particularmente macambúzios ou excessivamente jucundos. Creio mesmo que essa exclusão deve ter irritado mortalmente Darcy Ribeiro que, no seu último livro, coroamento de toda uma obra que no limite discute o mesmo tema de nossa identidade, preferiu ignorar nosso ensaísta, nem o mencionando em sua alentada bibliografia. Com seu viés eurocêntrico, Paulo Prado paga o tributo de ser — quem não o é? — filho de seu tempo. As reações contemporâneas também não foram todas filhas do ufanismo patrioteiro. Veja-se, por exemplo, Eduardo Frieiro que, já em 1931, publicava em Belo Horizonte um opúsculo para nos convencer de que *O brasileiro não é triste*. Ali, à ideia central do ensaio de Paulo Prado, isto é, a de que o brasileiro é antes de tudo um triste, e que essa tristeza promana da luxúria e da cobiça, Frieiro contrapõe-se, comentando: "Típica explicação de moralista. Fragílima explicação para o caso, porque, a ser boa, se aplicaria a todos os povos da terra. Se a luxúria e a cobiça fossem causadoras de tristeza permanente, a humanidade inteira viveria sumida numa melancolia sem fim" (*O brasileiro não é triste*, Rio de Janeiro, Instituto Nacional do Livro, 1957, 2 ed., p. 39). Realmente, sendo a libido fonte de prazer, nunca poderia ser forjadora de tristeza, mas sempre de alegria. *Mais ça, c'est une autre histoire.*

De volta ao homem cordial[1]

Em sequência à edição completa das obras de Sérgio Buarque de Holanda, esta publicação de *Raízes do Brasil* incorpora o notável prefácio com que Antonio Candido enriqueceu esta obra clássica desde a 5ª edição (Rio de Janeiro, José Olympio, 1969), bem como o *post scriptum* do mesmo autor que a acompanha desde a 18ª edição (1986), agregando finalmente um posfácio de Evaldo Cabral de Mello. Na trilha daquele prefácio, é praticamente impossível comentar este livro sem situá-lo diante de dois outros clássicos: *Casa-grande & senzala* (1933), de Gilberto Freyre, e *Formação do Brasil contemporâneo* (1942), de Caio Prado Jr. (antecedido, em 1933, por *Evolução política do Brasil*). No conjunto, formam a trilogia das obras fundantes do "redescobrimento do Brasil" — marca distintiva e definidora da "geração de 30", naquilo em que se empenha na consecução do ideário do modernismo no Brasil. Na abertura do livro, a frase famosa — "somos ainda hoje uns desterrados em nossa terra" — expressa de forma lapidar a questão central da identidade fugidia que se tentava descrever; e o tema atravessa todo o texto, extravasando para o conjunto da obra do grande historiador.

Dessas três obras inaugurais da revisão do Brasil, talvez a de Sérgio Buarque de Holanda seja a mais rica e original. Gilberto Freyre, além de *insights* geniais, mobiliza o aparato conceitual da antropologia e da sociologia norte-americana; Caio Prado situa-se numa ótica marxista, ainda que heterodoxa; Sérgio inspira-se na tradição do historicismo — ou, como ele preferiria, historismo — alemão (cf. o ensaio sobre Leopold von Ranke em *Ranke*, seleção e tradução de Sérgio Buarque de Holanda, coleção Grandes Cientis-

---

[1] Resenha do livro de Sérgio Buarque de Holanda, *Raízes do Brasil* (São Paulo, Companhia das Letras, 1995), publicada em *Folha de S. Paulo*, "Jornal de Resenhas", 10/5/1995.

tas Sociais, dirigida por Florestan Fernandes, São Paulo, Ática, 1979), mas amplia ilimitadamente suas fontes de reflexão. Se Gilberto Freyre, dada a sua inserção social, pôde ser associado (de um modo um tanto reducionista, diga-se de passagem), sob certos aspectos, ao senhoriato da "açucarocracia", Caio Prado esforça-se permanentemente em apresentar-se como intelectual orgânico do mundo do trabalho. Fica insinuada a possibilidade de aproximar-se Sérgio Buarque dos extratos médios, e o *post scriptum* de Antonio Candido, por meio de mediações, aponta nessa linha, ao referir-se ao "radicalismo potencial das classes médias".

Claro que essas associações não podem ter a pretensão de "explicar" as formações discursivas em última instância, mas, quando conduzidas cuidadosamente por mediações (como no caso de Antonio Candido), ajudam a esclarecer as linhas e os percursos do pensamento analítico. Assim, não seria talvez despropositado ver no ecletismo amplo de Sérgio Buarque algumas marcas da indefinição e da labilidade da classe média exatamente nos momentos de radicalização. Isto, evidentemente, enriquece sua obra e, ao mesmo tempo, a torna de mais difícil assédio. De outro ângulo, Caio Prado e Gilberto Freyre formam um curioso contraponto. Ambos podem ser vistos, de algum modo, como expressões de duas regiões que, entretanto, evoluem (à época) de forma divergente: São Paulo em franca ascensão econômica, o Nordeste em acentuado declínio. Gilberto Freyre, talvez por isso, analisa sempre o Brasil a partir de seu passado, isto é, daquilo que deixou de ser; Caio Prado, ao contrário, pensa sempre o país pelas suas potencialidades, isto é, pelo que ele pode vir a ser. Esta visão é provavelmente utópica, aquela seguramente nostálgica. Sérgio Buarque, também aqui, é mais difícil, porque tenta fundir, ao mesmo tempo, as duas visões e descobrir no processo de formação as possibilidades de transformação.

A análise, de inspiração weberiana, mas, como mostrou Antonio Candido no prefácio, manejada com muita liberdade criativa, opera por tipos contrapostos: o ibérico e o saxônico, o espanhol e o português, o rural e o urbano, o semeador e o ladrilhador, o trabalho e a aventura. O procedimento dicotômico na reconstituição de nossa formação social vai se revelando, no decurso do texto (capítulos 1-4), uma estratégia particularmente eficaz para a montagem do perfil do "homem cordial", categoria que, com rara felicidade, procura apanhar as estruturas mais íntimas de nosso modo de ser. E por aí vemos como Sérgio Buarque de Holanda entrosa-se com a melhor tradição do pensamento social latino-americano, que sempre enfatizou os contrastes, a exemplo de Sarmiento e Euclides da Cunha; mas, ao mesmo tempo, avança na mesma senda, pois não se limita ao contraponto, mas ultrapassa o dilema, buscando dialeticamente a síntese dos contrários.

No andamento de sua análise, a configuração do "homem cordial" (capítulo 5) marca esse momento de superação e simultaneamente um ponto de inflexão no seu discurso: de uma análise do processo formativo, orienta-se agora para uma prospecção das possibilidades de mudança inscritas nesse mesmo processo. E os dois últimos capítulos (6 e 7) assumem outro andamento — não mais contrapontos para a definição de um tipo ideal, mas a sequência de indagações que vão se abrindo em leque, na medida em que cada resposta é, ao mesmo tempo, uma nova interrogação. Esses capítulos finais podem de fato realizar essa audaciosa prospecção, dada exatamente a reconstituição "compreensiva" efetuada na primeira parte: o "homem cordial" ficará sempre como referencial para indagar os caminhos ou os descaminhos de nossa modernização, criticar a vulgata liberal e ao mesmo tempo apontar os riscos de soluções extremadas à direita ou à esquerda. E a conclusão, que fica insinuada, mas não explicitamente formulada, não pode ser mais pessimista: ou nos modernizamos, e deixamos de ser o que somos; ou nos mantemos como somos, e não nos modernizamos.

Assim, podemos compreender finalmente a extraordinária fortuna crítica dessa obra clássica: sua atualidade decorre exatamente do fato de que esses processos estão em curso, e esses dilemas ainda persistem. Parece que o Homem Cordial ainda respira, apesar de Sérgio Buarque ter encerrado a polêmica com Cassiano Ricardo dizendo, melancolicamente, que receava já ter "gasto muita cera com esse pobre defunto".

Caminhos e fronteiras, direções e limites[1]

A escolha de *Caminhos e fronteiras* para iniciar a republicação das obras de Sérgio Buarque de Holanda é particularmente feliz, pois oferece ocasião para repensar o conjunto da obra do grande mestre a partir de um ângulo especialmente fecundo. Publicado em 1957, o livro reúne e consolida um conjunto de monografias, antes divulgadas em revistas nacionais e estrangeiras; algum estudos (como os constantes de *Monções*, 1945) são retomados e sintetizados, outros ampliados e desenvolvidos, todos versando sobre São Paulo nos tempos coloniais, na dimensão de sua vida material. No percurso do autor, a partir de *Raízes do Brasil*, esta obra é vista como a passagem da "sociologia" para a "história", e do "ensaísmo" para a "pesquisa". Isto porque sempre se enfatizou a variedade dos temas e dos momentos na obra do historiador. E esta maneira de ler o *corpus* buarquiano é muito boa porque destaca a extraordinária riqueza de sua contribuição. Mas talvez seja importante reler o conjunto do ponto de vista de sua unidade: a persistente e quase obsessiva indagação do mesmo objeto, genialmente fixado em *Raízes do Brasil* — entender por que nos sentimos "desterrados em nossa própria terra", isto é, sondar as estruturas mais profundas de nosso modo de ser, para visualizar as possibilidades de modernização que nos reserva o futuro. De vários ângulos, com vários recortes, em vários níveis, é sempre esse fugidio objeto que é assediado para se render à transparência da análise. Nesse sentido, uma vez fixadas as grandes linhas na obra inaugural, entendem-se os recortes nos passos seguintes que se desdobram. Trata-se agora de uma análise vertical, num segmento específico daquele imenso conjunto. A escolha de São Paulo não tem

---

[1] Prefácio ao livro *Caminhos e fronteiras*, de Sérgio Buarque de Holanda (São Paulo, Companhia das Letras, 1994).

nada que ver com tratar-se de historiador paulista aqui residente, nem com as sugestões advindas do IV Centenário. É que São Paulo é o polo modernizador do Brasil, e precisa por isso ser apanhado em sua especificidade; isto já aparece no trecho de *Monções* que é aqui retomado e alargado. Os tempos coloniais são privilegiados para descobrir as raízes mais fundas dessa peculiaridade. E a vida material é visada por ser nessa esfera da existência que se expressa mais claramente a originalidade do intercurso cultural dos adventícios com os ameríndios. É gratificante ver Sérgio Buarque praticando um estudo de civilização material em estilo braudeliano *avant la lettre*. Também aqui, portanto, não se trata de imersão na onda da história econômica, então avassaladora; pois, naqueles anos, quando todos procuravam os "fatores econômicos", Sérgio Buarque já indagava pelos "motivos edênicos" (*Visão do paraíso*, 1958) da colonização. E, finalmente, podemos visualizar melhor a sutileza polissêmica do belo título, pois o livro trata, ao mesmo tempo, das trilhas dos bandeirantes e raias da Colônia, mas sobretudo das direções e dos limites de nossa civilização.

A reedição de uma obra é sempre a oportunidade para a sua releitura, e a releitura é sempre um teste para as criações do espírito. Em se tratando de uma obra de Sérgio Buarque de Holanda, é um teste para o re-leitor. Espero, neste prefácio, ter passado pelo teste.

Prefácio: ao professor[1]

Difícil, se não impossível, expressar o que significa, para nós, apresentar nesta coleção, este "clássico inédito" do professor Eduardo d'Oliveira França. De um lado, o contentamento por termos vencido, afinal, a resistência tantas vezes irremovível do autor: obra realizada em função das contingências da época (tese de cátedra em História Moderna e Contemporânea da Faculdade de Filosofia, Ciências e Letras da Universidade de São Paulo), sem consulta e pesquisa em bibliotecas e arquivos europeus, nomeadamente portugueses; doutra parte, a preocupação em editar tal qual o texto de 1951, sem alterações ou atualizações. Expliquemo-nos: para a realização acadêmica, o livro teve a tiragem de cem exemplares exigida na época. Dadas as condições acima indicadas, e nunca o autor se decidindo a reescrevê-lo, mas em virtude da excelência de seu conteúdo, o texto foi se reproduzindo ou divulgando aqui e alhures como a famosa "tese secreta" do professor França, e, assim, suscitando ideias e reflexões sobre a Restauração portuguesa — Portugal e Brasil no século XVII. Para só ficarmos em citações cimeiras, lembremos as menções de Vitorino Magalhães Godinho (verbete "Restauração" do *Dicionário de história de Portugal*, dirigido por Joel Serrão, republicado em *Ensaios*, vol. 2, Lisboa, Sá da Costa, 1968) e a do livro definitivo de Luis Reis Torgal sobre a *Ideologia política e teoria do Estado na Restauração* (2 vols., Coimbra, Imprensa da Universidade, 1981). Daí o impasse: texto seminal, livro importantíssimo, porém praticamente inacessível.

Ei-lo agora, na sua inteireza, tal como foi concebido e realizado. O que primeiro nos ocorre é enquadrá-lo nas primeiras produções da nossa Univer-

---

[1] Apresentação do livro de Eduardo d'Oliveira França, *Portugal na época da Restauração* (Coleção Estudos Históricos, São Paulo, Hucitec, 1997).

sidade nascente; e, imediatamente, mencionar que faz parte de uma curiosa constelação de obras "perdidas", que se deviam "resgatar", visto que por um ou outro motivo nunca foram editadas. Há alguns anos, a Editora da Universidade de São Paulo resolveu exatamente "recuperar" esses trabalhos em edições específicas. Assim, tivemos finalmente editados o *Sílvio Romero* de Antonio Candido, o *Bergson* de Bento Prado; mas, exatamente, quando se programava a edição desta tese, eis que se desativa a coleção, com argumentos que temos dificuldade de alcançar. Saindo agora, em nossa coleção Estudos Históricos, engrandece o nosso elenco.

Descaminhos à parte, importa assinalar que este livro aparece-nos agora como exemplar da produção das primeiras gerações de nossa Universidade. Como se sabe, nos domínios da História, a implantação do ensino superior deu-se entre nós por intermédio dos mestres franceses ligados ao grupo dos *Annales*, entre eles o próprio Fernand Braudel. Pois é exatamente essa a marca distintiva que aparece no texto do professor França, mostrando que ele soube como poucos assimilar em alto grau a influência e as inspirações recebidas. E mais ainda: dentro desse quadro, o historiador brasileiro situava-se nas vertentes de vanguarda — este livro, sobretudo na sua primeira parte, é um belo exercício da *histoire des mentalités*, que como se sabe somente viria a se tornar dominante na terceira fase da "*École*". Sua mais direta inspiração era, aliás, Huizinga, cuja obra absolutamente genial despertava um certo ciúme entre os franceses. E aqui encontramos mais um traço característico do professor França: sua total fidelidade à escola francesa nunca obliterava a independência intelectual e a autonomia de espírito. A fidelidade à formação era levada ao nível do estilo, que lembra a escrita sincopada de Lucien Febvre — aliás, essa preocupação com a qualidade literária, sempre uma característica da historiografia francesa, acentuou-se ainda mais na escola dos *Annales*, atingindo o ponto culminante na "Nouvelle Histoire". No início do processo, o professor França captou como que intuitivamente essa correlação entre as novas temáticas e a formas de expressão, o que parece ter passado despercebido a alguns de nossos afoitos novíssimos historiadores... Mas essa fidelidade profunda não domava nunca uma certa rebeldia inata, que assume mesmo ares de uma certa dissidência.

Mais ainda, se observarmos atentamente o conjunto, esta animada descrição de mentalidades e sensibilidades que dominava a primeira e a segunda parte da obra não está, como na maior parte dos atuais estudos da Nova História, solta no espaço, desarticulada das outras esferas da existência. Longe disso, aqui, a montagem típica do "homem do Barroco" (o *honnêt-homme* francês, o *hidalgo* espanhol, para confluir no perfil do "português da Restauração") surge como base para a compreensão do processo político (precisamente, a *Restauração* portuguesa) amplamente analisado na terceira parte, nas suas dimensões ideológicas (atente-se para a notável análise do sebastianismo como ideologia), sociais e até mesmo econômicas. Para situarmos, portanto, esta tese do professor França na História da história somos tentados a dizer que ela se nos apresenta antes, no tempo, mas adiante, na concepção, das melhores vertentes da historiografia moderna.

E é tudo quanto pudemos expressar nessa estranha "apresentação" do mestre pelo discípulo, que espera, pelo menos, estar sendo um bom discípulo...

Prefácio: ao aluno[1]

O anacronismo, que, no dizer de Lucien Febvre, constitui pecado mortal do historiador, torna-se, no caso da história "nacional" — isto é, quando a nação é objeto do discurso historiográfico —, uma dificuldade quase insuperável. É que a tentação é por demais intensa de se fazer a história do povo na "sua vontade de ser nação", como no título consagrado de Julien Benda. No caso do Brasil, Estado-nação de passado colonial, esta dificuldade ainda sobe de ponto, e se consubstancia na ideia de que a nação estava já inscrita na viagem "fundadora" de Pedro Álvares Cabral, quer dizer, como se a colonização se realizasse *para* criar uma nação, e o chamado "período colonial" vai sendo reconstituído como algo tendente a forjar a independência, num curioso exercício de profecia do passado. Essa insidiosa tendência se reforça, entre nós, pela compreensível inclinação dos historiadores portugueses em acentuar as peculiaridades da colonização portuguesa (que aliás são de fato muito importantes) em detrimento do que ela tem de comum com toda colonização moderna, isto é, a exploração. Em decorrência, na passagem da colônia para a nação, acentua-se preferencialmente a continuidade (ainda mais com a vinda da Corte) e esfumam-se os conflitos. Nesta mesma linha pode-se entender o pouco relevo que a nossa historiografia sempre dedicou aos movimentos de contestação da ordem colonial, o que aliás já aparece nas designações consolidadas de "inconfidências", "conjuras" etc.

Dentre essas, nenhuma foi mais vítima desse enviesamento historiográfico que a contestação bahiana de 1798, chamada de "Conjuração" ou "Revolução dos Alfaiates", *et pour cause*. É que, na Bahia de 1798, a contestação

---

[1] Prefácio ao livro de István Jancsó, *Na Bahia, contra o Império. História do ensaio de sedição de 1798* (Coleção Estudos Históricos, São Paulo, Hucitec, 1996).

do colonialismo do Antigo Regime envolveu efetivamente os estratos mais subalternos da ordem social e radicalizou no limite as propostas de transformação política. Uma das qualidades do trabalho que o leitor tem em mãos, aliás, é apresentar, logo na introdução, um criterioso balanço crítico da "fortuna" desses eventos ao longo da historiografia. Por ali se percebe que a Independência, tendo sido ao mesmo tempo uma transformação revolucionária (uma colônia que se transforma numa nação), mas conservadora (comandada pelo senhoriato colonial para manter o *statu quo* do período joanino), gestou uma historiografia (gestou, com a criação do Instituto Histórico e Geográfico Brasileiro) que não podia incorporar e valorizar os movimentos contestatórios. Sabe-se que a Inconfidência Mineira só pôde atrair as atenções com a proclamação da República, pois os dois imperadores eram neto e bisneto de D. Maria I, a Louca, que mandara enforcar Tiradentes. Os heróis da Bahia, nem mesmo depois: enquanto o movimento de Minas, envolvido no charme de seus poetas, passava a ser visto como "precursor" da Independência e o "valeroso alferes" a integrar o Panteão Nacional, pouco sabemos de Lucas Dantas, Luís Gonzaga, João de Deus, Manuel Faustino, os mártires de 1799.

Assim, só muito recentemente os estudos pioneiros e altamente meritórios de Affonso Ruy, Luís Henrique Dias Tavares e Kátia Mattoso empreenderam o resgate do movimento bahiano de contestação do colonialismo mercantilista. Mas é curioso assinalar que o notável livro de Kenneth Maxwell, que exatamente procura enquadrar os "conflitos e conspirações", *em* Portugal e *no* Brasil (note-se: não *entre* Portugal e o Brasil), nas linhas gerais do fim do século XVIII e início do XIX, tendo analisado brilhantemente a Inconfidência Mineira, tão pouco relevo tenha dado à Conjuração Bahiana.

É aqui que podemos perceber a importância da contribuição de István Jancsó. Originariamente, seu livro era uma tese já defendida há tempos; o autor foi retrabalhando, aprofundando o texto, ao longo das vicissitudes e dos percalços de sua própria história. Húngaro-brasileiro-paulista-bahiano, tudo ao mesmo tempo, partindo dos trabalhos acima citados, e alargando a pesquisa, teve sensibilidade para recompor o conflito não só na sua dimensão regional, "nacional", mas no quadro da "era das revoluções", tal como delineada por Robert Palmer, Jacques Godechot e Eric Hobsbawm. E o que embeleza seu texto é que o movimento de análise acompanha a forma do discurso:

partindo de uma narração movimentada e minuciosa dos eventos vai alargando o quadro na procura das articulações estruturais, para terminar nesta brilhante "teoria e prática da constestação" na Colônia. Bem vindo nesta coleção de Estudos Históricos, ficamos aguardado as próximas aventuras.

Entre Portugal e o Brasil[1]

Difíceis, complexas, as relações culturais entre Brasil e Portugal, isto é, entre portugueses e brasileiros, no universo intelectual. E por isso mesmo fascinantes: mais profundas do que as de outros povos americanos com suas respectivas metrópoles. Como outras antigas colônias, em sua trajetória objetivando constituir-se como nações e organizar-se como Estados, fomos obrigados a negar a colonização e simultaneamente a reivindicá-la.

Negá-la, porque o processo de transformação não envolvia apenas separação, cissiparidade; a Independência significava a criação de algo novo, lastreado numa identidade própria. Mas, reivindicá-la: conduzido o processo pelas elites coloniais, isto é, pelas camadas sociais dominantes, era preciso reivindicar a herança colonial para garantir o território e manter o sistema de dominação. Daí as relações que se seguem entre os dois polos do Antigo Sistema Colonial: relações contraditórias, ambíguas, complexas. Hostilidade e envolvimento, aproximação e distanciamento, identificação e estranhamento.

Isto, que é comum aos povos do Novo Mundo, atinge em nosso caso o paroxismo. Para compreendê-lo, é à História que nos devemos reportar. Em primeiro lugar, o pioneirismo de Portugal na empresa colonial (e, antes, na formação do Estado); logo a seguir, a desproporção entre a pequena Metrópole e a imensa Colônia; finalmente, a conjuntura da crise, a vinda da corte para o Brasil (e a consequente Independência sob o regime monárquico, mantendo a dinastia), cria a ilusão de que não foi a Colônia que *saiu* da Metrópole, mas a Metrópole que *entrou* na Colônia... Por isso, cremos que aquele desencontro no diálogo é mais sensível precisamente entre os historiadores

---

[1] Texto para a "orelha" do livro de José Jobson Arruda e José Manuel Tengarrinha, *Historiografia luso-brasileira contemporânea* (Bauru, Edusc, 1999).

brasileiros e portugueses, d'aquém e d'além mar. Temos, às vezes, a sensação recíproca de que não somos entendidos, ou que dizemos coisas diferentes, embora falando a mesma língua.

Por isso, também, a importância e o interesse deste livro que, ao apresentar um balanço da historiografia brasileira contemporânea (pelo professor José Jobson de Andrade Arruda, da Universidade de São Paulo), ao lado de um balanço da historiografia portuguesa contemporânea (pelo professor José Tengarrinha, da Universidade de Lisboa), engaja, por assim dizer, o diálogo no coração da matéria. E cedemos à tentação de sugerir que, numa próxima publicação, um historiador português apresente um balanço da historiografia brasileira, e um brasileiro, da portuguesa. Seria, no mínimo, "instigante"...

Terceira parte:
ENTREVISTA

Esta é uma compilação de cinco entrevistas concedidas pelo autor entre 1989 e 2004: "A História que se faz na academia", publicada originariamente na revista *Arrabaldes*, ano I, nº 3, pp. 119-38, janeiro-abril de 1989; "Conversa", publicada originalmente no livro de José Geraldo Vinci de Moraes e José Marcio Rego, *Conversas com historiadores brasileiros* (São Paulo, Editora 34, 2001, pp. 118-44), realizada em setembro de 2000; "Entrevista em Ouro Preto", publicada originalmente na *LPH — Revista de História*, ano II, nº 11, pp. 3-16, realizada por Andréa Lisly Gonçalves em Mariana, março de 2001; "Por quê História?", publicada originalmente em *DO Leitura* (São Paulo, IMESP, 2004), realizada por Pedro Puntoni e István Jancsó, no Instituto de Estudos Brasileiros da USP, janeiro de 2004; e "No meio do caminho, uma colônia", publicada originalmente na revista *Nossa História*, Rio de Janeiro, nº 6, 2004, realizada na Biblioteca Nacional por Luciano Raposo Almeida Figueiredo, em abril de 2004. Apesar de incorrer no risco de desencadeamento e quebra de ritmo, optamos por esta forma final para evitar as repetições de temas, perguntas e respostas, o que é de se esperar em entrevistas que pretendem abarcar a vida, a formação e a obra do entrevistado, além de discutir polêmicas e ideias a respeito de determinados temas. Assim, decidimos dividir a entrevista em tópicos, para contextualizar melhor o que talvez tenha se perdido na compilação, havendo muitas vezes necessidade de mudança na redação do texto. Por fim, cada pergunta recebeu uma indicação mostrando a origem do texto: [RA], para a revista *Arrabaldes*; [CO], para a entrevista "Conversa"; [LPH], para a *Revista de História*, de Mariana; [DO], para *DO Leitura*; e [NH], para a revista *Nossa História*.

Conversas com Fernando A. Novais

Percurso

[CO] *Poderíamos começar pelas informações biográficas, tais como as origens de seus pais, onde nasceu e passou a infância?*

Meu pai nasceu em Itapetininga (SP), mas foi criado desde muito cedo na capital, São Paulo; minha mãe é do interior. Ele era professor em uma cidadezinha perto de Bebedouro, chamada Marcondésia, onde conheceu minha mãe e se casou; lá nasceu meu irmão mais velho. Minha mãe era uma moça muito simples e de origem mestiça: meu avô era negro e minha avó italiana, do Vêneto. Esse meu avô era filho de escravos, tornou-se feitor na fazenda e se casou com uma imigrante, minha avó; montou em seguida uma padaria na cidade. Depois meus pais se mudaram para Guararema (atualmente cidade da Grande São Paulo), onde nasci. Mas, antes de eu completar um ano, a família recomeçou seu percurso pelo interior do Estado, pois meu pai era professor de grupo escolar — professor primário e diretor de grupo escolar. Mudamos para Colina, cidade próxima de Bebedouro e Barretos. Quando completei oito anos, fomos para São José do Rio Preto e, depois de aproximadamente sete anos, viemos para São Paulo. Chegamos aqui no final de 1948, eu estava com quinze anos, e nunca mais saímos da capital. Meu pai seguiu carreira e logo chegou a inspetor — na realidade só me lembro dele como diretor de grupo escolar. Em São Paulo, ele dirigiu uma escola perto do Largo do Arouche; finalmente chegou a inspetor escolar.

[CO] *O fato de seu pai ser professor o influenciou de alguma maneira a seguir essa carreira?*

Na minha casa, o filho arreliado era o meu irmão mais velho, Laurindo, e eu era o "quadrado". Nessa época, nós não nos entendíamos muito bem porque eu era o estudioso, obediente, e ele, o rebelde; mas, quando adultos, nos tornamos muito amigos. Esse fato já indicava meu interesse pelo estudo, e na minha cabeça nunca passou a ideia de ter outra profissão que não fosse a do meu pai; queria ser professor como ele. Quando escolhi, em 1949, no colegial, fazer o "clássico", minha intenção era me tornar professor.

[DO] *Mas por que professor de História?*
Quando estava no Colégio Roosevelt, isso nos anos 1950, achava que iria para a Faculdade de Filosofia. Não ia fazer ciências exatas, pois não gostava. Meu interesse era na área das humanidades: Geografia, História, Ciências Sociais, Filosofia, Letras. Ficava entre História ou Letras. Eu não sabia direito o que eram Ciências Sociais; Geografia era menos interessante do que História... Para ser franco, eu gostava mais era de Letras — lia muito literatura, romances, então pensava em estudar literatura, mas achava que teria dificuldade nesse campo por causa de línguas estrangeiras. Não tinha dinheiro para fazer cursos, não era uma coisa que se aprendia no colégio — não me lembro de gente que tenha aprendido a falar inglês e francês no ginásio. Fiz um semestre na Aliança Francesa, ali perto da Biblioteca Municipal, e me saí muito bem, mas não pude continuar, era caro, o dinheiro não dava, o orçamento de casa era rígido. Então, fazer Letras tinha esse problema. Além disso, a professora de História nos três anos do colégio, Maria Simões, era extraordinária, absolutamente fora de série. Ela tinha acabado de sair da Faculdade de Filosofia, falava muito na História tradicional — uma coisa com que implico até hoje, para ela tradicional era a História ministrada antes da Faculdade de Filosofia. Ela citava os professores da faculdade; por conta disso eu sabia os nomes de muitos — Eurípedes Simões de Paula, Astrogildo..., conhecia quase todos. Ela não adotava nenhum livro didático, mas indicava capítulos de outros livros e mesmo obras mais gerais.

Formação

[DO] *Qual foi o impacto da mudança de estudante de colégio para estudante universitário?*
De um lado, o impacto foi muito forte, de outro, nem tanto. Parado-

xalmente, do ponto de vista intelectual, não foi muito grande, primeiro porque tinha tido essa professora, depois porque fazia colégio público, que na época era melhor, e o Roosevelt era muito bom; eu era tímido, mas interessado, ia muito à Biblioteca Municipal nos sábados à tarde. Mas é claro que na passagem do secundário para o curso superior há uma mudança, que foi, no meu caso, maior do ponto de vista vivencial. Novo ambiente, novos valores... Por exemplo, do ponto de vista político, nunca fui reacionário, mas era muito religioso. Levava a religião a sério, ia à missa, fazia confissão, comunhão etc. Isso também foi um impacto. Engraçado, não me aproximei da JUC (Juventude Universitária Católica). Havia o grupo, eles não eram discriminados, mas não me atraíram, talvez porque não fossem fortes nas Ciências Sociais, nem na História, se concentravam mais nas Letras. Deixei de ser religioso, mas nunca totalmente, pois uma certa religiosidade ainda mantenho e acho bom. Talvez nunca ter me filiado ao Partidão (Partido Comunista Brasileiro) tenha me livrado dessa religião do ateísmo. Dessa religião da não religião, eu escapei.

[DO] *Como foram os primeiros anos na faculdade?*
No primeiro ano, em que os cursos de História não eram brilhantes, tinha o de Geografia Humana que era interessante, ministrado pelo professor Ari França, e também o de Geografia do Brasil, do Aziz Ab'Sáber. [Pierre] Monbeig veio como professor visitante para um curso de "Geografia da Colonização", que foi absolutamente notável. O curso era todo em francês. O impacto em História veio no segundo ano, no curso de História Moderna. Pela primeira vez tínhamos um curso geral e um monográfico. Este era sobre a Renascença italiana — Florença no século XV. Uma coisa genial: não era geral, não era história econômica ou política, e dado por um professor absolutamente notável, Eduardo d'Oliveira França. Ele costumava atrasar no mínimo trinta minutos, e começava a aula dizendo: "Olha, quero dizer aos senhores que a pontualidade britânica é a característica dos medíocres. Professor que nada tem a dar oferece a seus alunos sua pontualidade. O que não significa que os senhores possam atrasar. Eu sou o último que entra nesta sala. Depois que eu entrar ninguém entra, não adianta pedir licença, estão proibidos de entrar atrasados. E não podem sair sem pedir licença, e fazer perguntas somente depois que eu terminar minha exposição". A seguir, co-

meçava a falar coisas absolutamente fantásticas, e dava as lições de casa: "Para a próxima semana, quinze dias, os senhores têm de ter lido inteiro o livro de [Jacob] Burckhardt". Nós tínhamos quatro exemplares do Burckhardt, um em alemão, dois em espanhol. Tinha um em francês. Naquela época não havia xerox, mas mimeógrafo. Então era um tal de emprestar, dividir, um copiar do outro, uma loucura.

[CO] *E como era o espírito da Maria Antonia?*

Um coisa que havia na Maria Antonia, e que aproveitei bem, era o fato de estar todo mundo junto. Como era muito xereta, vivia assistindo aulas que não eram da História, sobretudo em Ciências Sociais, mas de vez em quando em Letras também — por exemplo, o curso do Lourival Gomes Machado sobre artes plásticas. Naquele momento, ele estava escrevendo o livro *Teorias do barroco* e nos dava aulas sobre teoria da arte, sociologia da arte, o barroco em geral e o barroco mineiro, sobre o qual vinha trabalhando. As aulas sempre partiam de uma coisa geral e terminavam falando de uma peça de Minas. Magnífico! O Lourival era um expositor incrível.

[CO] *E como era o curso de História, convivendo no mesmo espaço com toda a Faculdade de Filosofia?*

Na Faculdade de Filosofia da Maria Antonia, tínhamos professores excelentes e, como eu era muito interessado, ia assistir aos mais variados cursos: de Sociologia, de Antropologia, à tarde ou à noite. Em História, as salas não tinham mais do que quinze alunos, e em Sociologia um pouco mais, mas raramente chegava a trinta alunos. No primeiro ano, tive um semestre de Antropologia com a professora Gioconda Mussolini — uma mestra excepcional. Nas Ciências Sociais, assisti como ouvinte ao curso de Organização Social, do professor Antonio Candido. Ele era muito exigente e sério e disse que somente me aceitava se fizesse o curso integralmente, acompanhando a bibliografia e fazendo os trabalhos. Também quis fazer o famoso curso de Métodos da Sociologia, de Florestan Fernandes, sobre Durkheim, Weber e Marx. Como minha leitura na área de Sociologia era muito rala, restrita ao manual de Curvillier, não ia entender nada, e ele recomendou o curso de Introdução à Sociologia. Fiquei totalmente desconcertado, mas segui sua recomendação; depois fiz o curso de Florestan e percebi que ele tinha razão.

[NH] *Sérgio Buarque de Holanda foi seu professor?*
Ele começou a lecionar em 1956, quando eu estava saindo da USP. Fui aluno do seu primeiro curso. O doutor Sérgio tinha certas características. No fundo, era um libertário. Se fosse classificá-lo, a única coisa que posso dizer é que era um radical e excêntrico. Radical, no sentido de que gostava de pegar as coisas pela raiz. Talvez por isso o seu livro mais famoso se chame *Raízes do Brasil*. Quando foi à Biblioteca Nacional, em 1936, procurou *Raízes do Brasil* e ficou contente porque o livro estava lá, só que classificado em Botânica, por causa do título. Então, foi procurar a bibliotecária e a diretora para mudar a classificação para História. Não mandou pôr o livro em Sociologia! Acho que o Sérgio sempre foi historiador. Era um homem de uma cultura espantosa, com erudição e, ao mesmo tempo, formação teórica. Uma pessoa muito especial, embora muitos alunos não gostassem dele. Do ponto de vista formal, didático, não era nenhuma perfeição. Falava o tempo todo, saía do assunto. Só que o que falava era interessantíssimo. O pessoal custava a perceber. O curso a que assisti era uma confusão: levava anotações, mas não tomava conhecimento delas. Certa vez, quando voltou de uma viagem, fui até a sua casa e as assistentes dele estavam lá. Depois que saíram, ele me segurou. Já tinha tomado uns cinco drinques e eu, uns dois. "Vamos tomar mais uma. E agora me conte as fofocas." Eu dizia: "Como assim? Eu não sei fofoca". E ele: "Claro que sabe". Era fofoqueiro, mas não gostava de fofoca em geral. Era tópico. No caso, queria informações sobre duas amigas nossas que tinham brigado.

Quando penso sua obra percebo uma unidade. Disse isso no prefácio de *Caminhos e fronteiras*. O assunto dele sempre foi Brasil e história. História do Brasil ou o Brasil pela sua história. Na abertura de *Raízes do Brasil* ele diz que quer entender por que somos desterrados em nossa própria terra. E não fez outra coisa ao longo de sua vida.

[CO] *De fato, os cursos de Ciências Sociais eram mais procurados e famosos, mas como era o curso de História?*
O curso de História tinha altos e baixos. No primeiro ano, não era muito bom. O curso de Idade Média era ruim, e o professor de Grécia era muito difícil no trato; o curso era bom, mas o professor, intratável. Na verdade, me desencantei um pouco. Mas no segundo ano me reconciliei com a História.

Tive em História Moderna o professor França, genial, exigente, que se preocupava muito com a didática, pois sabia que a maior parte dos alunos iria dar aula no curso secundário. Ele criou um "seminário-aula", no qual seus alunos tinham que escolher um assunto do conteúdo do secundário e dar uma aula. Seu curso era absolutamente fantástico e daí para a frente o curso de História, para mim, se tornou muito interessante. Ele gostava muito de mim, conversava comigo, indicava bibliografia, e daí foi surgindo uma relação afetiva, ficamos muito amigos.

[CO] *Apesar dessa relação construída desde o começo do curso com o professor França, o senhor acabou sendo inicialmente assistente da professora Alice Canabrava. Poderia nos falar um pouco sobre isso?*

Quando estava no fim do segundo ano, a professora Gioconda, que era muito amiga de Alice Canabrava, catedrática de História Econômica da Faculdade de Economia, que ficava na rua Doutor Vila Nova, avisou-me que ela iria contratar um auxiliar de ensino e dava preferência naquele momento para um historiador. Ela pediu que a Gioconda indicasse um aluno de História, e ela me indicou. Auxiliar de ensino ganhava uma miséria, mas valia o mérito de trabalhar com uma catedrática, assistir a suas aulas, ajudá-la a preparar as aulas. Fui seu assistente por três ou quatro anos, depois comecei a trabalhar com o professor França na cadeira de História Moderna, em 1961, onde me aposentei, em 1986.

[DO] *Então o senhor praticou a interdisciplinaridade, abriu várias portas. Quando definiu seu rumo como historiador? Foi na graduação, ou depois?*

Isso se deu na graduação, mas acho que meu caso não é típico. Como disse, passei a ser auxiliar de ensino de Alice Canabrava, o que naquela época era parecido com o que se chama hoje monitor. Eu assistia às aulas da Alice, ela queria que eu as comentasse, anotava alguma coisa, pedia sugestões. Vejam que, quando entrei para a faculdade, não fazia muita distinção entre pesquisador, historiador e professor de História. Pensava em ser professor de História e mais nada. Minha experiência de vida era essa — com a ingenuidade da idade, eu via essa coisa meio como natural. Era o progresso: meu pai era professor de "grupo escolar", eu seria professor de ginásio. Não ia pensar em ser professor da universidade, porque aí estaria pulando uma etapa, isso seria para meu filho. Comecei a perceber a diferença dessas coisas no meio do curso, quando os professores falavam de pesquisa.

[CO] *Apesar de trabalhar como professor da cadeira de História Moderna desde 1961, o senhor somente defendeu o doutorado em 1973. Quais as razões desse longo tempo para terminar o doutorado?*

De fato, atrasei muito o doutorado, tanto que alguns de meus alunos fizeram-no antes de mim. Só o defendi em março de 1973 e depois também atrasei sua publicação, pois só saiu em 1979. Isso significa que eu não escrevo muito e sou um tanto travado. Agora essa coisa de escrever pouco tem uma compensação, pois eu me leio com algum prazer. Nunca me ocorreu renegar o que escrevi; gosto do que escrevo. Se há uma coisa que pode ser renegada cinco anos depois, então não devia ter sido escrita. Creio que essa é a diferença entre o acadêmico e o jornalista: o jornalista escreve mais do que lê, e o acadêmico lê mais do que escreve. Então, eu lia muito, escrevia pouco e acabei demorando a concluir o doutorado.

[CO] *É por essa razão também que o senhor se aposentou sem realizar a livre-docência e tornar-se professor titular?*

Basicamente foi isso. Achava muito difícil fazer mais teses com prazos e com isso o tempo foi passando. Quando foi chegando a época em que já tinha tempo para me aposentar, não tinha uma tese de livre-docência engatilhada e teria que fazer um trabalho de qualquer maneira, apenas para constar.

[CO] *Quando o senhor se aposentou e foi para a Unicamp, foi uma espécie de retorno ao seu início de carreira como assistente da professora Canabrava na área de História Econômica? Até o Departamento de Economia não estava mais no IFCH, mas no recém-criado Instituto de Economia.*

É verdade. Aposentei-me muito jovem, com cinquenta e poucos anos, pois comecei a trabalhar já no segundo ano da faculdade. Tinha 35 anos de carteira de trabalho e trinta anos de serviço público. Era amigo do pessoal da Unicamp, e eles me entusiasmaram muito para que fosse dar aula de História Econômica. O salário de professor doutor aposentado mais o da Unicamp dava um salário de titular.

[CO] *Logo depois de seu ingresso no Departamento de História ocorreu o golpe de 1964. O Departamento sofreu muito e se enfraqueceu no período da ditadura?*

Sim, sofreu e enfraqueceu, não só em razão da saída das pessoas, mas o fundamental era o clima pesado. Ao contrário de outros departamentos, na História havia colegas denunciando colegas, pessoas que torciam pelo golpe. Creio que em outros departamentos não houve esse tipo de atitude. De certa forma, a História era mais conservadora. Não é que seja mais conservadora como domínio do conhecimento, mas a História é diferente desses outros campos.

[RA] *Como o senhor vê sua experiência acadêmica nos Estados Unidos em comparação à sua história na universidade?*

Creio que foram muito importantes as minhas estadas nos Estados Unidos. Estive lá várias vezes, mas duas como professor durante todo um semestre. Foi uma experiência muito rica.

[RA] *Em que período o senhor esteve lá?*

Em 1978 e em 1988, sempre no primeiro semestre, o que não corresponde exatamente ao nosso semestre, pois vai de dezembro a maio.

[RA] *E seus cursos versaram sobre o quê?*

Em 1978, ministrei na graduação um curso geral sobre história do Brasil colonial e Portugal na Época Moderna. Na pós-graduação, dei um curso de história colonial comparada, de que eles gostaram muito. Era um curso de tópicos. Em 1988, o curso geral foi de História comparada da colonização portuguesa e espanhola, e o de pós-graduação foi sobre a natureza do sistema escravista colonial, em que procurei fazer uma comparação da bibliografia norte-americana com a bibliografia hispano-americana. A ideia era discutir a respeito da polêmica sobre a escravidão existente no Brasil, no México e no Caribe e aquela que ocorreu nos Estados Unidos.

O Seminário Marx

[CO] *Como entrou o marxismo na Universidade de São Paulo? O Seminário Marx colaborou para isso?*

De várias maneiras. Pelo curso do Florestan, que ensinava um marxismo que não era de cartilha. Isso cruzou com as pessoas que formaram posteriormente o grupo do Seminário Marx, pois todos eram alunos de Ciências Sociais e Filosofia; eu era o único de História. O único que veio de fora foi o Paul Singer, que era meu aluno na Economia — entrou na universidade mais velho, após ter sido operário. Ele foi uma mão na luva, pois, além do José Arthur Giannotti, conhecia alemão. Quem deu o tom inicial do grupo foi Giannotti, que insistia nessa questão da leitura filosófica de Marx. Cada um de nós tinha um ângulo de leitura, mas o que Giannotti queria, com razão, era fazer uma conversão ao texto. Isso dava lugar a julgamentos errôneos, pois havia quem entendesse esse tipo de dinâmica como adesão ao marxismo. Giannotti explicava: "Vocês não entenderam o que é conversão ao texto; conversão ao texto é você fazer a leitura do seu próprio ponto de vista. Por que é diferente de um cientista? Para o filósofo, o ponto de vista é tudo, essa é a razão"; era o tal do método do Martial Gueroult. No início, o funcionamento do grupo era irregular, e a liderança mais ou menos aceita por todos era de Giannotti, pois era ele quem tentava disciplinar os encontros. Uma das pessoas resistentes a essa disciplina era justamente Fernando Henrique Cardoso. As reuniões alternavam-se nas casas dos participantes, e depois sempre tinha um bom jantar; provavelmente por isso eles seguraram os encontros por tanto tempo. Havia debates ásperos às vezes.

[CO] *Quanto tempo durou e como funcionava? Havia um texto prévio a ser lido, um dos participantes expunha e depois abria o debate?*

Funcionou de 1958 a 1964. Começávamos às 14 horas e todos liam. Lemos todo *O Capital*, além de outros textos de Marx. Sobre o Lukács, houve debates incríveis entre Giannotti e Bento Prado Jr. Tivemos também seminários sobre Keynes, dados pelo saudoso Sebastião Advíncula da Cunha, que durante certa época frequentou os encontros. Foi a primeira vez que vi um sujeito ser capaz de explicar um texto todo em linguagem matemática. Geralmente, alguém começava expondo sem ser interrompido, depois seguia uma espécie de compreensão do texto de cada um: o economista vê dessa forma, o filósofo de outra e assim por diante; e, por fim, começava a discussão. Giannotti assegurava essa sistemática. No começo, eu era muito tímido, não era sociólogo nem filósofo, mas com o tempo me integrei melhor; eles falavam cada barbaridade em História que comecei a me sentir à vontade, e percebi que poderia colaborar. Falavam, por exemplo, em "burguesia dominante do século XVII" — tive que explicar que burguesia até o século XVIII significava simplesmente população urbana e que só no final desse século é que passou a designar uma categoria social.

[CO] *Por ser um grupo pequeno, mas que logo alcançou importância e destaque, ele não atraiu outras pessoas ou tornou-se padrão para outros grupos de intelectuais?*
O pessoal que queria entrar ficou muito irritado, e a solução encontrada foi organizar outros grupos. Também tentamos ampliar o nosso, mas não deu certo. Com o tempo, começaram a encará-lo como um grupo político, obviamente marxista, pois discutíamos preferencialmente Marx. Daí nasceu uma série de equívocos e confusões que permanecem até hoje. Perguntam como aquele grupo produziu quadros para o PT e um presidente da República. Não há nada de incomum nisso, já que aquele era um grupo acadêmico, puramente de estudos. O único ali que tinha militância partidária era Paul Singer. Tinha também o Ruy Fausto, que ficou pouco tempo, e era de um grupo trotskista dissidente de que também participava o Leôncio Martins Rodrigues. Depois, eles montaram o grupo de estudos deles e a Emilia Viotti aderiu.

[CO] *Qual era a pessoa mais influente do ponto de vista intelectual no grupo? E por que o Roberto Schwarz diz que o seu trabalho foi o mais consistente que saiu do grupo do Seminário?*
Roberto Schwarz e Giannotti disseram isso, porém é preciso contextualizar essa afirmação. Imagino que seja justamente porque meu trabalho era de historiador e não ficava exclusivamente na teoria e em análises, mas havia também a reconstituição, a concretude do passado. Para eles, isso era diferente. Agora, sobre a liderança intelectual posso dizer o seguinte: em primeiro lugar, não havia unanimidade com relação ao marxismo; Giannotti,

Schwarz, Fernando, cada um tinha sua visão. Além disso, havia influências recíprocas nos trabalhos e nas discussões. De maneira geral, todos éramos discípulos do Giannotti, pois ele trazia uma leitura original de Marx. O Florestan até ficou agastado com o pessoal do grupo, mas sempre digo aos meus alunos que a melhor exposição que conheço sobre o materialismo histórico é a introdução ao volume *Marx/Engels: história*, na coleção Grandes Cientistas Sociais, feita pelo Florestan. Sua introdução é a melhor exposição de conjunto do marxismo que conheço. Porém, ele tem aquela leitura muito cientificista de Marx, e nossa formação no grupo era mais voltada aos problemas teóricos, filosóficos e metafísicos.

A TESE

[DO] *O senhor definiu um projeto de pesquisa que teve a ver com o início do trabalho com a professora Alice Canabrava?*

Na primeira conversa que tivemos, ela falou duas coisas: de uma eu gostei, da outra não. Falou que estava fazendo um investimento em mim e esperava que eu correspondesse. Não gostei da expressão "investimento"... Depois, perguntou-me o que eu iria pesquisar, e disse que se eu pretendia fazer carreira — afinal, eu era um "investimento" — deveria pesquisar história econômica. Ou melhor, deveria pesquisar história econômica do Brasil. Lembro que perguntei: "Por que tem de ser história econômica do Brasil?". E ela respondeu: "Porque historiador brasileiro tem de estudar história do Brasil". Uma coisa meio patrioteira, não gostei muito, mas pensando bem ela tinha razão, a gente tem que estudar história do Brasil, é onde a gente pode dizer alguma coisa de bom. Isso ficou reforçado porque estava nos últimos anos de faculdade, e já tinha tido contato com Sérgio Buarque, que era um professor impactante. Ele tinha uma enorme erudição: falava de história geral, de história da literatura, de história da arte na Itália, na Alemanha... Mas sempre defendia a ideia de que o nosso interesse deveria ser o Brasil. Sempre transmitia para os alunos a ideia de que a gente devia não só fazer pesquisa sobre o Brasil, mas que o Brasil é o ponto para onde deveria convergir a sua atividade intelectual. Porque você não se conhece, no fundo... O professor França também pensava assim — dizia que fez a pesquisa dele sobre Portugal porque naquela época vigorava o sistema da cátedra e era necessário fazer o doutorado dentro da disciplina do catedrático.

[DO] *Vamos falar da sua tese, porque tenho uma outra pergunta, engatilhada, já no diapasão do senhor como professor, como formador de historiadores. Conte-nos a história da tese.*

Nesse contato com as Ciências Sociais adquiri algumas noções de metodologia dessas disciplinas. Por exemplo, esse contato, essa abertura, me livrou de certas coisas das quais os historiadores nem sempre escapam — isso de achar que o que conduz à definição da pesquisa é a documentação. O professor França tinha isso muito claro. Dizia: "Isso é uma burrice, primeiro você tem de ter o problema para ir procurar o documento, não o contrário, partir do documento". Há teses que começam assim: "as sugestões de uma documentação ampla encontrada em tal lugar me levaram...". Então, tinha muito claro que precisava primeiro ter o problema, um núcleo de pesquisa documental e um núcleo de pesquisa bibliográfica. É necessário dividir isso com a maior clareza. Há coisas que só se pode saber pela bibliografia. Se, por exemplo, o recorte é a colonização em geral, precisa ficar bem claro que o tema deve ser analisado a partir da bibliografia; colonização em geral não pode ser pesquisa documental, a não ser documentação publicada em que se pode encontrar dados muito importantes. Colonização portuguesa também é bibliografia. A preocupação seguinte está em saber qual é a documentação direta que tem de ser exaurida. Para definir isso é que fui levado a querer saber como se constituiu o Brasil. A definição geral era de que tinha nascido na crise do Sistema Colonial. Mas o Brasil não era a crise do Sistema Colonial, o Brasil era Portugal. Muito bem, mas como é que eu faria o recorte documental para isso?

[DO] *Mas esse recorte não é documental...*

Claro que não: isso é recorte do assunto. A partir daí pode-se fazer um bom livro, um bom ensaio, mas não uma tese, pois para isso é preciso ter documentação. Grande foi o impacto do livro de Eli Heckscher sobre a época mercantilista. Não se trata de um livro de história econômica, mas de história da política econômica. Foi aí que percebi que podia restringir meu recorte: de história econômica para história da política econômica. Depois disso, ficou mais fácil. Em primeiro lugar era preciso ver onde se estudou política econômica da Metrópole em relação à Colônia — pesquisa documental. Primeiro a legislação sobre a economia do que se encontrava em torno, depois a legislação sobre a Colônia. O que não estava no âmbito da Economia também era preciso olhar, mas o que eu deveria exaurir era a área de Economia — não podia escapar nada. Daí, tinha que localizar onde se encontravam os pontos principais, e ir fazendo um fichário. Em segundo lugar: saber quais ideias orientaram essas determinações. A seguir: contemplar o pensamento econômico em geral. Qual era o núcleo principal? As memórias da Academia de Ciências de Lisboa, e nelas as memórias econômicas, que estão em cinco volumes. O núcleo residia nas memórias econômicas, as que foram ou não publicadas. A aplicação deu certo ou não? Era preciso saber. Além disso, como tinha se dado a aplicação? Essas eram as ideias, essas eram as determinações — já há uma defasagem aí. Quanto à aplicação, como é que as coisas se deram, onde eu poderia constatar a respeito? Na correspondência dos governadores com a Corte, ou seja, nas instruções. Como é que aquelas ideias passaram a ser lei, e como se mandavam aplicar as leis? Eu deveria, pois, analisar as instruções aos governadores, aos vice-reis, que são nove. Entre elas, cinco estão publicadas, faltavam quatro. Fui procurar nos arquivos, onde achei três, ficou faltando uma. O resultado geral: se a política econômica deu certo, do ponto de vista econômico, precisava testar isso de algum jeito. A própria pesquisa tem uma dinâmica que vai definindo, vai tornando mais precisas as coisas, porque ao mesmo tempo que se vai lendo a bibliografia, vai-se definindo a área de pesquisa. O problema é sempre o ponto de partida.

[DO] *Em uma entrevista feita na década de 1990, o senhor contou como foi seu primeiro encontro com Fernand Braudel. O senhor foi a Paris especialmente para conversar com ele, com uma carta do professor França, e disse que ele fez três observações fundamentais. Quais foram essas observações?*

Esse encontro realmente inesquecível ocorreu no apartamento dele, em 1965. Quando, em Paris, falei que tinha uma carta do professor França para entregar para o Braudel, o pessoal começou a rir — era mais fácil falar com o general De Gaulle. Bem, pedi para a professora Yedda Linhares, que tinha o telefone de Braudel, ligar para a casa dele. Deu para perceber que antes de mais nada ele quis saber como ela tinha o telefone dele. Ela explicou que ele mesmo tinha dado a ela. Ele então anotou o nome, marcou para as quatro e meia da tarde de um sábado. "Olha, o França tem mesmo prestígio, eu pensei que ele fosse dizer para deixar a carta com o *monsieur* não sei quanto, seu secretário", disse a Yedda. Fui lá, e foi tudo muito engraçado. Ele foi muito cordial. Custei para fazê-lo entender que não queria pedir uma bolsa. Ele leu a carta do França e ficou emocionado. Lia trechos, me perguntava se estava lendo bem em português, mostrava irritação porque não sabia mais falar português direito, ficou realmente emocionado com a carta. E aí começou a me perguntar se eu tinha bolsa, se precisava de uma bolsa. Demorou até que percebesse que eu só queria conversar com ele... Aí pediu para dizer-lhe o que eu queria fazer, e, então, comecei a falar de Sistema Colonial. Falei uns vinte minutos, meia hora, ele fez umas perguntas sobre arquivos e tal. Ele sugeriu que para fazer esse trabalho eu não precisava ficar na França, porque se tivesse alguma documentação importante seria no Quai D'Orsay, e não devia ser muita coisa. Mas disse que eu devia procurar um português que estava em Paris — Gentil da Silva —, o que fiz no dia seguinte. Tinha comentado sobre questões de demografia, e ele disse que Gentil da Silva tinha escrito o melhor trabalho sobre demografia portuguesa no século XVIII e que era pouco conhecido, pois tinha sido publicado num livro de homenagem a um historiador italiano, um volume em várias línguas — o trabalho era em francês num livro italiano. Conversei com Gentil da Silva, que me deu o trabalho, o qual citei na tese; aliás, um estudo ótimo. Braudel achava que eu tinha de definir com mais clareza qual era a documentação manuscrita que deveria ser exaurida. Comentou que a relação, na minha pesquisa, entre bibliografia e documentação não estava clara, e que eu tinha ampliado muito a pesquisa por conta de querer estudar o Sistema Colonial, ou seja, a colonização em geral. "Você quer cuidar de colonização portuguesa, espanhola... até falou da francesa e da inglesa! Mesmo que seja só bibliografia já é muita coisa." Aconselhou-me a delimitar claramente a documentação e, fora disso, não procurar manuscritos em arquivos, isto é, não procurar manuscritos fora do tema delimitado. E deu o exemplo dele mesmo, para quem isso foi muito grave, porque o trabalho dele sobre o Mediterrâneo acabou sendo uma pesquisa muito abrangente, mas mesmo assim, segundo ele, muita documentação ficou de fora, coisas fascinantes, mas que não tinham nada a ver com a pesquisa dele. A outra observação era a respeito de metodologia. Conforme observara, eu estava bastante preocupado com as questões de duração, mas não via na minha exposição clareza em relação à maneira pela qual eu passava de uma relação para outra. "Essa questão de Sistema Colonial diz respeito à longa duração, mas a questão da crise do Sistema Colonial para você é curta ou média duração?" Respondi-lhe que se tratava de média duração; curta duração era a separação do Brasil de Portugal. Ele então comentou: "Precisa rever isso. O que é curta, o que é média, o que é longa, você tem de definir isso". A terceira observação era mais geral, com relação ao estilo. Ele achava que eu começava muito teórico e ia concretizando: "Você deve começar diretamente na história, para depois fazer as reflexões teóricas". Senti que não queria naquele momento falar de marxismo. "Não sei como você vai fazer, na sua perspectiva, para escapar das generalidades. Veja o seu mestre, o professor França, começa contando as histórias lá do feudo de Portugal, contando que o rei casou com a rainha etc. Tem de começar do concreto, depois você aprofunda... Não pode ficar inventando muito para fazer esse capítulo de generalidades." "Do jeito que está não é estilo de historiador; você está começando com discussão de generalidades, mas deve partir do que é concreto", disse Braudel.

[RA] *Será que o senhor poderia traçar sumariamente o painel da sua tese, para nós estudantes conhecermos a hipótese central e minimamente a metodologia utilizada?*

Vocês estão falando do capítulo da tese "Estrutura e dinâmica do Antigo Sistema Colonial"?

[RA] *Estamos tentando abarcar a tese no seu conjunto, inclusive para fugir um pouco desta polêmica.*

Até prefiro a polêmica. Tenho pensado em escrever a respeito um livro sobre a gênese e a natureza do escravismo, debatendo com os autores que escreveram sobre o assunto, como Maria Silvia, Gorender, Ciro Cardoso etc. Na realidade, vocês estão se reportando à tese, mas como aquele capítulo possui certa autonomia, e depois de alguma insistência resolvi publicá-lo, parece-me que ele foi mais lido e discutido do que a tese no conjunto. A partir de então, começou-se a anunciar aspectos que o extrapolam. Não há nele uma análise do sistema escravista como um modo de produção. Por exemplo, escuto críticas de que "não faço uma análise das articulações internas das classes sociais, da sociedade colonial e das articulações internas de classe" etc. etc. O que quero dizer com isso é que, dessa perspectiva, resultam certas consequências para a análise, mas não aceito que digam que há lacunas, como já ouvi de vários historiadores. Na realidade, esse capítulo resultou do fato de eu querer analisar a política colonial, mas precisava fazer uma tese que fosse de História Moderna, pois, naquela época, a gente não podia fazer uma tese sobre o Brasil sendo professor de História Moderna, como era o meu caso. A tese foi defendida em 1973, mas a pesquisa começou por volta de 1963 e desenvolveu-se em 1965, em Portugal. Tinha que ser uma tese sobre História de Portugal e do Brasil, o que não constituía um problema, pois acredito que — sobretudo no período colonial — fazer história do Brasil é fazer história de Portugal. Aliás, o Brasil como tal não existe antes da Independência. Tenho afirmado reiteradamente que ver a história da Colônia como algo destinado a ser nação é um equívoco, uma vez que isso desproblematiza o processo de autonomização. Dizer que a nação já estava destinada acaba com o problema...

[RA] *Cai numa teleologia...*
Exatamente. Mas é teleologia vulgar. Uma coisa é teleologia com Santo Agostinho, outra coisa é dizer, ao negar a teleologia, que a História não tem sentido.

[RA] *E qual foi o estímulo que o levou a tratar desse tema da tese?*
Na realidade, ao tratar da política colonial na minha tese, escolhi esse período porque já sabia, pela bibliografia, que se tratava de um tema importante. Comecei, então, a ler a legislação colonial portuguesa. Esta se caracterizava não só pelas medidas tomadas, mas também pelas justificativas das medidas que revelavam uma atitude claramente reformista persistente ao longo de trinta anos. Analisei os formuladores da política por meio de suas memórias à Academia de Ciências de Lisboa. Para minha surpresa, encontrei pensadores políticos e econômicos como Azeredo Coutinho, os quais procurei valorizar no meu trabalho. Não é possível haver um pensamento reformista tão articulado e uma política levada a cabo com tanta eficácia, se não estiver subjacente uma tremenda crise, isto é, a elite dominante, o grupo dirigente, só se movimenta dessa maneira e com tal intensidade quando está

enfrentando uma situação muito dramática. Do contrário, mantém o sistema de dominação. Então temos aqui uma crise estrutural, visto que só uma crise estrutural requer, e promove, um tamanho esforço de análise e pertinácia de atuação. Qual a estrutura que entra em crise? Defini, pois, o Sistema Colonial para chegar à crise de estrutura. Qual é a *crise do Sistema Colonial*? É um sistema de exploração econômica com uma dominação política que funciona de maneira contraditória, porque progressivamente deixa a descoberto a sua característica de exploração. Quais são as forças em confronto? O senhoriato da Colônia, as camadas dominantes da Metrópole, o Estado tentando intermediar e o extrato reformista, que procurava acomodar. Definidas as forças, pude determinar os problemas e as soluções arbitradas e tentadas, além dos resultados obtidos. Foi isso que elaborei no segundo capítulo. Obviamente, ler este texto — que trata da escravidão — em separado gera confusão.

[RA] *Ao escrever sua tese quais eram seus interlocutores? Com quais autores o senhor debatia?*

Havia vários, a começar por Caio Prado Jr., meu interlocutor privilegiado. Naturalmente dialogava também com o grupo de estudos marxistas do qual fiz parte. Após a sua dissolução, nunca deixamos de ter contato, e a discussão teve continuidade com a criação do CEBRAP. Nunca fui do *staff* do CEBRAP, mas sempre estive ligado à sua diretoria. Na realidade, o CEBRAP, cujos recursos provinham da Fundação Ford, pretendia absorver o pessoal que havia sido aposentado na universidade. Como não era o meu caso, não iria ocupar o lugar de um colega. Discutíamos os trabalhos à medida que eram publicados. Foi o caso de *Origem da dialética do trabalho*, de Giannotti, *Ao vencedor as batatas*, de Schwarz, assim como *Capitalismo e escravidão no Brasil meridional*, de Fernando Henrique Cardoso. Além disso, havia certamente o grupo de historiadores, particularmente o meu orientador, professor Eduardo d'Oliveira França. Um historiador que nada tem a ver com o marxismo, mas que é de altíssimo nível e que infelizmente escreveu e publicou muito pouco. Havia ainda os colegas do departamento.

[RA] *Com relação aos colegas, parece-nos que existiam certas afinidades de sua tese com os trabalhos de outros historiadores como, por exemplo, Jobson Arruda e Falcon.*

Havia uma rede sim, mas que não se confundia com o departamento. Na realidade, havia um grupo ligado ao professor França, composto por seus ex-alunos de várias gerações. Por exemplo, Carlos Guilherme Mota e István Jancsó de uma geração; Jobson Arruda, Arnaldo Contier etc., de outra. São gerações diversificadas, com interesses diversos. Eles também eram meus interlocutores, mas de modo um pouco diferente, pois foram meus alunos e estavam fazendo tese. Arnaldo escrevia sua tese na mesma época que eu elaborava a minha; a do Jobson, fui eu que sugeri. Havia também pessoas que trabalhavam simultaneamente com o Falcon. Vale lembrar ainda um outro grupo em Minas Gerais, centrado em torno de Francisco Iglésias, com quem sempre tive muita ligação, éramos muito amigos. Tenho muita saudade dele. Além disso, fiquei um ano fazendo pesquisas em Portugal, onde fiz amizades e conheci pessoas interessadas no meu trabalho, que, depois, escreveram, discutiram e o criticaram, como Joel Serrão, José M. Tengarrinha e o próprio Vitorino Magalhães Godinho, uma espécie de papa da historiografia em Portugal.

[RA] *O senhor acha procedente afirmarmos que seu trabalho, de certa forma, seguiu a posição de Caio Prado Jr.?*
Ele foi seguramente meu interlocutor privilegiado. Procurei seguir suas pegadas, tentando avançar na direção que ele tomou.

[DO] *Na nossa leitura da sua tese existe uma variável que é central: a ideia de crise. Como isso foi construído?*
Novamente retornei às duas vertentes. À ideia de *crise* e à ideia de *sistema* e, em terceiro lugar, à ideia de *crise do sistema*. Isso não estava muito claro na época, nem está totalmente claro agora. É o velho problema metodológico do materialismo histórico. Qual é o conceito que totaliza o materialismo histórico? Em primeiro lugar, o modo de produção, que não é o único, mas é o mais abrangente. Dentro dele existem os subsistemas. Na tese, o campo que deveria definir era um subsistema dentro do sistema capitalista em formação, isto é, o Sistema Colonial. Da mesma forma que colonização é um conjunto dentro do processo geral de formação do capitalismo, o conceito de transições, uma parte dele, procura dar essa ideia de Sistema Colonial. Isso leva à noção de sistema como sendo uma estrutura cujas partes interdepen-

dem e dependem ao mesmo tempo do todo. Mas a relação das partes tem regras de combinação. Nem toda estrutura é sistêmica; os sistemas são as regras de combinação das partes da estrutura. Crise do sistema é uma crise que afeta isto, ela se distingue de outras flutuações, de conflitos, que não atingem este nível.

[DO] *Mas transformação não é sinônimo de crise...*
Não. Crise é de um sistema, e é uma situação que não se resolve com a volta ao *statu quo ante* no nível do sistema.

[DO] *Mas o senhor incorpora de maneira clara a ideia marxista de crise, tecendo o conceito de que ela só pode surgir de dentro do sistema.*
É a ideia da contradição e da luta de classes. No texto estão ausentes certas formulações que eu pensei depois. Por exemplo: a diferença entre o fluxo de renda, formulado por Celso Furtado, e a acumulação primitiva, que está no meu texto, é a luta de classes. Fluxo de renda de Colônia para a Metrópole é exploração de uma região sobre outra. A acumulação primitiva de capital é também uma exploração. Não é que ele — Celso Furtado — esteja errado, existe sim uma exploração de uma região sobre outra, mas esta está contida na acumulação primitiva, que acrescenta sobre isso a exploração de uma classe social sobre outro grupo social mesmo dentro da Metrópole. Estava quase brigando com o pessoal que estudou o período por causa dessa questão. Por que não querem reconhecer isso? Porque não querem utilizar o conceito de luta de classes. Por que Kenneth Maxwell fala de conflitos e conspirações em Portugal e no Brasil? É entre Portugal e Brasil, mas ele não quer se referir à luta de classes.

[NH] *O que o seu trabalho resgatou da tradição historiográfica brasileira e o que acrescentou a ela?*
Procurei avançar na análise de Caio Prado Jr. Quando Caio analisa o sentido da colonização, fala de uma exploração comercial, mas não explica o que é essa exploração. Isso passou pelo Celso Furtado, com alguns equívocos, mas passou. A exploração da Metrópole sobre a Colônia é exploração de uma região sobre outra. A acumulação primitiva de capital no centro também é exploração da periferia pelo centro, mas é mais do que isso. É exploração de

um grupo social sobre grupos sociais. Quer dizer, a burguesia mercantil metropolitana explora a Colônia e explora seus patrícios também. Não se pode falar em concidadãos. Quando ele compra produtos a preços baixos na Colônia e vende a preços altos na Metrópole, está tendo superlucro. Qual é, no fundo, a diferença? É que havia luta de classes aí. A colonização portuguesa tem características muito peculiares que são importantes, mas que não anulam o que há nela de comum. E é por aí que se entende a dinâmica, pelo que há de comum. Caio Prado Jr. deu um passo, a meu ver, fundamental, seguido por outros historiadores, ao tomar, como recorte do chamado período colonial da história brasileira, a colonização em seu conjunto. Não só a portuguesa. Mesmo que tenha tratado pouco deste assunto, ele o estuda como parte de um processo de colonização mais geral. O geral sempre determina o particular, e não o contrário. Do ponto de vista teórico, qual é o pressuposto? Em História o todo não é a soma das partes, ele as ultrapassa. Todo mundo sabe disso, mas não tira daí as consequências. Se o todo fosse a soma das partes, na hora que você completasse os estudos de História não teria mais o que estudar.

[LPH] *Do livro* Portugal e Brasil na crise do Antigo Sistema Colonial *ao livro* História da vida privada no Brasil, *pode-se dizer que a busca das grandes sínteses cedeu espaço a abordagens mais pontuais, mais específicas? De que maneira a produção historiográfica, em termos de história privada, verticalizada, localizada, encaminha a historiografia para novas sínteses, ou seriam processos antagônicos? E, por fim, quais são os grandes debates historiográficos na atualidade? É possível identificar as tendências historiográficas para os próximos anos?*

Quando da publicação da *História da vida privada*, desde o primeiro volume, várias vezes fui interrogado a respeito disso — como pude ser coordenador geral desta coleção? Como que eu, sendo um historiador marxista, "entrei nessa história"? Vamos tentar sistematizar. Evidentemente há, nos dias que correm, o que se chama "crise dos paradigmas". Essa crise do pensamento contemporâneo é, sobretudo, da Filosofia, das ciências e, principalmente, das ciências humanas. É claro que a História participa disso, mas de uma maneira peculiar. Se tomarmos a Sociologia, a Antropologia e a Ciência Política, deixando de lado a Filosofia, a maneira como a chamada crise dos paradigmas se apresenta é por meio de um intenso debate teórico. No âmbito da

História, aparece na abertura de novos temas. O que se poderia considerar o "manifesto" da Nova História, isto é, o *Faire de l'Histoire*, consiste em três volumes: *novos problemas, novas abordagens, novos objetos*. Dos três, o mais interessante é o terceiro. *Novas abordagens* não tem nada de novo, porque História não é uma matéria teórica. A maneira como a História enfrenta a crise das explicações é procurando novos temas. Em vez de estudar sistema político, partido, revoluções, sistemas econômicos, vamos estudar os humores, os amores, as sensibilidades. Mudam-se os temas. Além do que é comum, há alguma coisa na História que a distingue das outras ciências. Em Antropologia, ou Sociologia, por exemplo, abandonaram-se as explicações globais; houve uma certa "regionalização", um empobrecimento no sentido de recortar temas menores, uma dúvida sobre a capacidade de dar explicações globais. *Portugal e Brasil na crise do Antigo Sistema Colonial*, publicado em 1979, foi escrito nos anos 1960 e começo dos anos 1970 — a tese foi defendida em 1973 —, portanto se trata de uma obra anterior a essa crise. A *História da vida privada* é um produto típico da Nova História. A minha participação significa sim a minha postura em face desse problema. Primeiro, há no Brasil — ainda que não apenas no Brasil, mas aqui isso é mais acentuado — a ideia de que, sobretudo em História, essa crise dos paradigmas — chamados de paradigmas pós-modernos — é uma crise do racionalismo moderno, da crítica do sentido, e se apresenta como sendo uma crise do marxismo porque, sobretudo em História, o racionalismo e o cientificismo se apresentavam como marxismo. Marxismo é sinônimo de ciência da História — essa é a versão soviética. Contudo, na realidade, o marxismo é uma *teoria* da História. Pelo menos é assim que Marx pensava. Posso dizer que eu já tinha uma postura heterodoxa dentro do marxismo, o que aparece em todas as polêmicas que meu livro suscitou, e às quais retorno para esclarecer essa questão. Diz-se que não se pode fazer a análise de um modo de produção senão a partir das relações de produção. De fato, não parto da análise das relações de produção, parto do movimento do capital comercial, é diferente. Isso porque acredito que esse modo de produção colonial é diferente dos outros e é isso que o caracteriza — não se pode, portanto, analisá-lo como os outros, uma vez que a obra de Marx, *O Capital*, não é um modelo para analisar qualquer modo de produção. Este livro é uma análise do modo de produção capitalista. Outros modos de produção devem ser analisados sob outros ângulos. Estou certo de que o Antigo Sistema Colonial pressupõe uma dessas outras maneiras de análise. Assim, já tinha uma posição heterodoxa. O próprio grupo de leitura d'*O Capital* nasceu — Roberto Schwarz tem um ensaio muito bom a esse respeito — da insatisfação de professores universitários de esquerda, insatisfeitos com o marxismo ortodoxo soviético e com o fato de não se discutir Marx na universidade. Então resolvemos fazer uma leitura de Marx com critérios acadêmicos, que é o que o Giannotti dizia: "Nós temos que ler o texto do Marx como um texto filosófico", isto é, um texto que exige conversão ao texto. Ou seja, é preciso se ler Marx como se lê Descartes, Kant, Aristóteles. De outro lado, entendo que os historiadores, marxistas ou não, não devem ver a Nova História como algo contra o marxismo, embora ela se apresente como uma alternativa em alguns casos. Michel Vovelle é um dos poucos exemplos de historiador que tem essa postura de diálogo. *Ideologia e mentalidades* é um livro que formula, de uma maneira muito boa e clara, a seguinte questão: "Por que os novos temas exigem novos conceitos?". Este é o pressuposto dos novos historiadores. Nada prova que não se possa analisar a sensibilidade artística ou a vida erótica com o conceito de ideologia. Ou melhor, é necessário demonstrar que não se pode. Mas, caso isso ocorra, então há que inventar outros conceitos. A ideia dos novos historiadores é a de que não se pode ter conceito nenhum, apenas narração e descrição. A minha postura sempre foi a de que se deve dialogar com as novas tendências. A *História da vida privada* foi um esforço no sentido de mostrar essas conexões, apesar de não ser uma obra totalmente realizada. Por exemplo, o capítulo sobre a solidão, escrito por Laura de Mello e Souza no primeiro volume, é bastante original, pois estabelece a relação entre o tipo de colonização e a história da privacidade. Trata-se de uma análise diferente da história da vida privada em geral, que estuda a solidão nos mosteiros. Aqui, o sentido de solidão não é a dos mosteiros — um tipo de solidão procurada, desejada — é no sentido de isolamento, do indivíduo perdido no mundo de distanciamento, de desterro. Acredito que esse tipo de aproximação seja um passo à frente.

Agora, como penso que esse processo vai evoluir? Aí é difícil opinar. O historiador não faz previsões. Tenho, evidentemente, as minhas idiossincrasias. Estamos começando a viver um momento de cristalização que, no caso, não significa a volta à síntese, mas o estabelecimento do diálogo, de conexões. Também entendo que, do ponto de vista do marxismo, haverá uma volta a Marx, e isso já foi uma observação do Roberto Schwarz, com a qual concordo absolutamente: quanto mais avançar a ideia de que a globalização, a queda do Muro de Berlim, significaram a derrocada do comunismo e a vitória do capitalismo, basta que se dê tempo ao tempo para que a discussão em torno de Marx volte à tona, pois quem entende de capitalismo chama-se Karl Marx. Isso, até os economistas neoclássicos sabem. O Marx pode ser criticado na análise das previsões que fez a respeito do socialismo. Ele não era profeta, embora seu pensamento e sua escritura tenham um tom profético evidente, é inútil negar... Mas também os economistas afirmavam que deixando a economia sem nenhuma interferência ia haver o pleno emprego, o desenvolvimento, a riqueza, a "mão divina", escondida, da providência. Marx explicitou a crise. Precisou acontecer a crise de 1929 para que se começasse a estudar a teoria da crise, que estava prevista em Marx desde o começo. No início de outubro de 1929, os parâmetros de Harvard indicavam tranquilidade no mercado, crescimento, mas aí estourou a "quinta-feira negra". Então, voltaram-se para as teorias da crise; aí apareceu Keynes etc. Quanto mais o capitalismo estiver implantado em todo o mundo, maior deve ser a volta de Marx. As pessoas estão enterrando Marx de forma apressada, mas seu retorno terá repercussões na História. Aliás, é muito engraçado: quanto mais o sujeito foi marxista ortodoxo, mais ele "pula a cerca", ele fica um violento antimarxista. Na "orelha" da edição brasileira do livro do Josep Fontana, João Manuel Cardoso de Mello afirma exatamente isso. O estudo historiográfico possui a grande vantagem de demonstrar que as escolas historiográficas se sucedem e que há certo movimento, certa tensão entre, de um lado, a reconstituição, a narração, a arte; e de outro, a ciência da História. Em determinados momentos, nos anos 1960, não se podia falar em fatos e datas. Dei aula nas Ciências Sociais nessa época, onde tal tendência era evidente. Hoje, quando se começa a falar em estrutura, o sujeito não quer nem escutar. Ninguém garante que em 2020 o pessoal não estará falando novamente de estruturas. Mas creio que existe um enriquecimento nessa trajetória. É isso que no máximo se pode prever. Vai demorar para ocorrer? Não sei. Gosto muito da produção da Nova História. Pode ser polêmica, às vezes mais bonita do que boa, da mesma forma que alguns livros da "Velha História" são ilegíveis. Os livros, por exemplo, da New Economic History, não trazem nada de novo. A Contrafactual History norte-americana é totalmente insuportável. Ainda há alguns norte-americanos que ficam fazendo esse tipo de História, mas são uns tecnocratas.

Polêmicas

[DO] *Algumas das formulações de maior impacto na historiografia brasileira nos últimos trinta anos, inclusive a de crise do Antigo Sistema Colonial, devem-se ao senhor. Como avalia os desdobramentos disso?*
Creio que esse tipo de debate sempre têm vários matizes, e há algumas observações que quero fazer. Primeiro, minha tese foi defendida em 1973 e só foi publicada em 1979. Isso significa que, ao contrário das outras teses, ela só teve leitura fora de um círculo fechado posteriormente. Antes de ler o meu texto integral, as pessoas já estavam influenciadas por outros da mesma origem.

[DO] *O fato de o segundo capítulo, "Estrutura e dinâmica do Sistema Colonial", ter saído antes do livro, publicado pelo CEBRAP, também não enviesou a leitura que foi feita na época?*
Sim, não só por isso, mas também por causa de um problema menor. Devido ao fato de ter saído antes, as pessoas não leram o conjunto. Então, além de o capítulo ter saído antes, muitas questões não ficaram claras no texto, pois as desenvolvi em outras partes da tese. Certa vez conversei com Ciro F. Cardoso sobre um ensaio que ele havia escrito no livro do Theo Santiago, no qual discute a tipologia dos modos de produção. Como se sabe, Ciro tem uma posição aberta a esse respeito: há um modo de produção dependente, ou seja, que depende de outro modo de produção. Então, perguntaria a ele por que, quando discutiu o meu livro, não voltou àquele tema? O que é um modo de produção dependente, se a acumulação não é externa? Em que consiste a dependência? Para Gorender, creio, é dependente porque é escravista. Mas, diante disso, poder-se-ia questionar se a economia de Roma, que era escravista, era uma economia dependente? Onde é que está a dependência? Na verdade, essa perspectiva passou à ideia de que o capital é residente. Bom, se não há diferença, então nem vamos discutir. Sou otimista, acredito que esses debates em torno de meu livro e das ideias são proveitosos. Provavelmen-

te por uma questão de temperamento, não tenho inimigos, me dou bem com Gorender, com Ciro Cardoso. Sob esse aspecto, não me aborreço, não. Evidentemente tenho uma certa vaidade, uma certa confiança; acho que, sobretudo em História, mais do que nas Ciências Sociais, o tempo vai cristalizando e sedimentando certas coisas. É impressionante como há ideias e linhas de raciocínio que saem de moda, mas depois voltam.

[LPH] *O senhor considera que essa divulgação anterior e em separado do capítulo 2 acabou por encobrir outras passagens relevantes de sua obra?*

Creio que esse segundo capítulo tem uma certa autonomia. Esse foi o motivo pelo qual resolvi publicá-lo na coleção do CEBRAP, em uma primeira edição antecipada. Isso teve consequências. Depois foi reeditado, teve várias edições. Apesar da maior divulgação — o que foi bom —, algumas pessoas pararam nesse capítulo e não leram a obra completa, sobretudo os não historiadores. Os debates suscitados, na sua maior parte, dizem respeito ao capítulo 2. Na realidade, costumo dizer que esse capítulo não é bem de História. História está no primeiro, no terceiro e quarto capítulos, porque só chegamos a fazer História quando reconstituímos acontecimentos, conjuntos, processos. O segundo capítulo é analítico, procura dar uma base para a reconstituição que se segue. A minha questão, como a de todo historiador brasileiro, é entender o nascimento do Estado Nacional, o que tem de específico na nossa história. Para tanto, precisava entender a colonização. Procurei, dessa forma, um conceito abrangente, não só da colonização portuguesa no Brasil, mas da colonização moderna em geral. "Sistema Colonial" é um conceito que procura abranger, procura dar conta da colonização moderna. Não entendo muito bem quando alguns autores escrevem Sistema Colonial português, Sistema Colonial inglês. Isso não existe. Do meu ponto de vista, Sistema Colonial é um conceito e, portanto, é uma abstração que procura dar conta desse objeto amplo para depois situar a colonização portuguesa. Da mesma forma que a noção de Crise do Sistema Colonial é um conceito amplo, ligado ao primeiro, para poder entender a maneira pela qual a colonização portuguesa na América e, portanto, a colônia-Brasil e a metrópole portuguesa se inserem no contexto do Sistema Colonial na época da crise, ou seja, um conceito para poder entender o nascimento do Brasil. Essa é a *démarche* teórica: parto, no primeiro capítulo, de um panorama de como Portugal e Brasil se inserem nas relações internacionais do século XVIII, faço um mergulho, uma análise da estrutura do Sistema Colonial, para entender a sua crise, depois volto à crise para analisar como ela se manifesta nas relações entre Portugal e Brasil e como é encaminhada pela política colonial portuguesa. O fato de o capítulo 2 ter sido mais lido do que os outros deu lugar à ideia de que se tratava ali de uma análise do escravismo moderno, o que não é. É uma análise do Sistema Colonial, do qual o escravismo moderno é apenas uma parte. Isso provocou uma série de debates. Diria que é possível juntar as discussões em três núcleos. O primeiro é sobre a natureza do escravismo moderno; o segundo, acoplado visceralmente ao primeiro, é o grau de análise marxista da História — em que medida minha análise é marxista. Aí se insere a discussão, por exemplo, com Jacob Gorender e Ciro Cardoso, quer dizer, a análise marxista do modo de produção escravista, de um lado, e o estudo sobre o desenvolvimento do mercado interno, de outro. Sobretudo os historiadores de Niterói e do Rio de Janeiro, em estudos mais recentes, mostram o progresso da crise, ou seja, o desenvolvimento do mercado interno desde o século XVII, como sendo uma negação da análise da economia colonial. Essa discussão diz respeito ao debate sobre as características da economia colonial. O terceiro núcleo de discussão concerne à crise do Sistema Colonial, ou à própria existência do Sistema Colonial. Os historiadores portugueses, como Valentim Alexandre, Jorge Pedreira e outros, contestam a crise do Sistema Colonial, contestam a Independência e a separação entre a Colônia e a Metrópole como sendo o produto, a forma de encaminhar a crise do Sistema Colonial. Essas três questões são importantíssimas, e estão inter-relacionadas. Acho que o simples fato de ter provocado esse tipo de debate já é um mérito.

[RA] *O senhor tem participado de debates sobre questões teóricas mais gerais, como o modo de produção, a formação econômico-social, o capital comercial etc.?*

Já tive oportunidade de discutir, sim. No entanto, creio que, no Brasil, as pessoas, quando se defrontam com um debate sobre determinado assunto, em vez de lerem as obras relacionadas a ele, preferem ver o debate para decidir quem tem razão. Ora, não é assim?! Creio que seja preciso distinguir duas coisas no debate que meu livro suscitou: se minha análise é marxista ou não, e se ela dá conta do objeto. Acho que o primeiro problema tem importância para a história do pensamento marxista, mas as duas questões não devem ser confundidas. Dizer que a análise é ou não marxista não responde à questão mais geral, isto é, se me provarem (e acho que não me provaram) que a análise que faço não é marxista, mesmo estando convencido disso, eu continuarei acreditando que ela dá conta do objeto e, portanto, persistirei. Como Albert Soboul costumava dizer: "Que fique bem claro, eu sou historiador marxista e não marxista historiador". Isto é fundamental. Creio que ser marxista significa utilizar o instrumental marxista de uma forma criativa. Na raiz da discussão relativa ao modo de produção brasileiro, por exemplo, há quem afirme que minha análise trata do modo de produção capitalista comercial, quando o capitalismo é um modo de produção e não um modo de circulação. Ora, isso é uma noção muito estrita. O conceito de modo de produção é mais amplo, ou seja, trata-se de um tipo especial de articulação das várias instâncias que envolvem inclusive dimensões não econômicas, e nessa concepção o modo de produção não está vinculado nem sequer a um sistema econômico. Pode existir um modo de produção que contenha várias "maneiras de produzir as coisas" articuladas com o sistema global. Repito: para mim é uma ideia muito ampla, é o critério de periodização da história, que envolve política, cultura, economia; trata-se da *forma de articulação das instâncias*. A discussão sobre o modo asiático de produção segue exatamente esta linha de raciocínio. Existiam certos modos asiáticos de produção, em que se podia observar várias formas de produção, articuladas por vezes pelo Estado. É sustentável que um modo de produção, em sentido amplo, englobe vários tipos de produção (modo de produção em sentido estrito), articulados pela circulação.

[RA] *Mas isso não é uma capitulação? O senhor sustenta que sua análise seja marxista?*

Sim. Há pouco estive num debate em Vitória da Conquista, onde me perguntaram se me considero marxista. Respondi: "Claro que sim!". Mas essa questão tem duas facetas. Em primeiro lugar, há a posição: "é marxista quem se diz marxista e usa o instrumental marxista" — este é o ponto de partida. Quais são os autores que se deve discutir caso se pretenda estudar o marxismo? Aqueles que se apresentam como tais. Em segundo lugar, a posição: "é marxista quem tem do Marx e dos clássicos do marxismo, em geral, uma leitura próxima à sua", ou seja, outros se dizem marxistas, mas estão equivocados. Além disso, podemos entrever um terceiro caminho, o qual recuso totalmente, pois pretende ser um critério objetivo, externo à própria pessoa que se apresenta, ou externo ao leitor. Trata-se de um critério autoritário, pois leva necessariamente ao dogmatismo.

[CO] *Suas contribuições no estudo da economia colonial, sobretudo, a ideia da acumulação externa, fortemente presente em sua obra, criou bastante polêmica, não?*

É, de fato, gerou muita polêmica. Se pensarmos a economia da América Portuguesa, ela é uma produção mercantil, escravista com acumulação externa de capital. A externalidade da acumulação é o elemento mais importante dos três (compulsão do trabalho, produção mercantil e externalidade da acumulação). Essa ideia, é verdade, criou uma enorme confusão. No livro *Modos de produção e realidade brasileira*, aliás um título estranho, uma coletânea publicada pelo finado Amaral Lapa, de quem eu tenho muita saudade, há um trabalho inteiro sobre a obsessão pelo externo. Ali, a meu ver, há uma incompreensão sobre o que é externo e o que não é. Em primeiro lugar, externalidade não significa que toda acumulação ocorra na Metrópole, é claro que uma parte é local, do contrário não seria possível reproduzir o sistema. Mas o foco central, tendencialmente, é fora e produz para dar lucro lá.

[CO] *Então Jacob Gorender não tem razão quando critica João Manuel Cardoso de Mello?*

Não, quando ele afirma que, segundo João Manoel, o capitalismo brasileiro não tem acumulação prévia. Em primeiro lugar, não é isso que queremos dizer, mas ressaltamos que, em comparação com outras formações, o nível da acumulação prévia é baixo. Essa é a diferença da acumulação do capitalismo na Inglaterra, por exemplo. Em segundo lugar, não é externo ao sistema; externo ao sistema significaria na China ou na Lua. O sistema é composto de Metrópole e Colônia. Há o parque produtor — a área onde se produz açúcar. A produção açucareira acumula em Portugal, na Holanda e, sobretudo, na Inglaterra. O porquê de não concentrar em Portugal é outro problema. Os portugueses costumam dizer que seu país não se desenvolveu porque não explorava a Colônia. O problema é explicar por que, apesar de explorar, a Metrópole não se desenvolveu. Pois bem, externalidade não é fora do sistema, mas em relação à área produtiva.

[CO] *E aí há aquela necessidade de classificar, se é capitalismo, se não é capitalismo...*
É o problema da perspectiva classificatória. Economia colonial não é capitalista, nem feudal, nem escravista. Ela tem características próprias.

[CO] *Mas desse modo o senhor não se aproximaria daqueles autores que identificam um modo de produção colonial?*
Acredito que existe um modo de produção colonial que tem três características. A produção mercantil dominante, a compulsão do trabalho e a externalidade da acumulação. O escravismo é o limite da compulsão do trabalho. Isso não é nem feudal, nem escravista, nem capitalista. A análise de Gorender, e de outros sobre o escravismo, é de que o escravismo como um modo de produção não se distingue intrinsecamente do escravismo antigo. Ou seja, as diferenças em relação ao escravismo antigo não são de natureza sistêmica. O que distinguiria o escravismo moderno do antigo nessa perspectiva? Primeiro, os tempos; segundo, o lugar; terceiro, o escravo, que era da mesma raça no mundo antigo, e na Colônia, de raça diferente. Ora, isso não faz parte do sistema econômico.

[CO] *Para o senhor, o que distingue a economia escravista colonial do escravismo antigo?*
É que a colonial acumula fora. A escravidão moderna é colonial, a antiga não. No Império Romano, o escravismo marcha do centro para a periferia. No mundo moderno, desenvolve-se na periferia e não chega no centro. A evolução do regime de trabalho na Europa do século XV ao XIX é do trabalho servil para o trabalho assalariado, passando pelo produtor independente. Quer dizer, é no sentido da liberação do trabalho; nas colônias é no sentido da compulsão da servidão até a escravidão, cada vez mais... No mundo moderno, o regime de trabalho evolui em sentidos opostos no centro e na periferia; no mundo antigo, existe uniformidade, ele passa do centro para a periferia. Essa é a diferença fundamental, o que não aparece nem no texto de Gorender, nem no de Ciro Cardoso. Daí eu achar que eles têm dificuldade

de explicar por que o tráfico negreiro termina. Por causa da Inglaterra que mandou acabar com o tráfico? Essa análise permite entender o significado da Independência, ela tem uma base estrutural. Segundo o ponto de vista econômico, não é indiferente ser dependente da Inglaterra ou colônia de Portugal, uma vez que a Independência é condição para a internalização da acumulação. Era condição necessária, mas não suficiente.

[LPH] *Recentemente, vimos a ideia de Império português, de interiorização da Metrópole, recuada para um período bem anterior à vinda da Família Real para o Brasil, buscando suplantar a noção de pacto colonial, do exclusivo metropolitano. Como o senhor vê esse debate?*

Essa ideia da interiorização da Metrópole é uma forma, digamos, alternativa de entender o processo de separação da Metrópole e, portanto, de constituição da nação e do Estado brasileiro. Em primeiro lugar, a minha análise procura entender essa separação como uma maneira de encaminhar a crise do Sistema Colonial. Não uma maneira necessária, mas uma das possibilidades, porque foi ela que se concretizou historicamente. Isso não quer dizer que houvesse um desígnio, que essa maneira tivesse obedecido a uma determinação econômica, ou divina ou natural, nada disso; o que nós podemos fazer em História são certas aproximações na reconstituição. Essa é uma forma de tentar entender como o processo se deu. A verdadeira discussão, reitero quantas vezes for preciso, o verdadeiro critério para saber qual é a melhor análise a esse respeito não passa pela discussão sobre se é ou não um estudo ortodoxamente marxista, mas considerar, entre as maneiras de entender o processo, qual a que dá mais conta do objeto. Por que a interiorização da Metrópole é, parece-me, uma ideia equivocada? Em primeiro lugar, essa ideia pressupõe paradoxalmente uma negação do Sistema Colonial, ao qual se apresenta como alternativa, *mas ela o pressupõe*. Se há interiorização da Metrópole é porque existem Metrópole e Colônia, isto é, os dois polos do sistema. A diferença está em dizer que foi a Metrópole que se interiorizou e não a Colônia que se exteriorizou. A forma pela qual Portugal e Brasil viveram a crise do Sistema Colonial, com a vinda da Corte, cria, a meu ver, a ilusão de que não foi a Colônia que saiu da Metrópole, mas a Metrópole que entrou na Colônia. Isso é uma ilusão. Lembrando Caio Prado Jr., na *Formação do Brasil contemporâneo*, creio que esta postura fica na superfície dos acontecimentos, sem penetrar na profundidade das estruturas. Em História sempre há continuidade e ruptura. Continuidade está na esfera dos acontecimentos, como, por exemplo, a vinda da Corte, a Proclamação da Independência etc. O que seria, neste nível, uma ruptura? Seria toda a humanidade desaparecer durante um tempo e depois voltar a aparecer. Na esfera dos acontecimentos, há sempre continuidade. A ruptura dá-se no plano das estruturas. Como se estabelece mediações na reconstituição dos processos, dos acontecimentos? Em outras palavras, como se estabelece mediações entre estrutura e acontecimento? Trata-se de um esforço extremamente difícil, pois não tem regra fixa; é como se fosse um jogo, não tem leis determinadas, predeterminadas — é o exercício de cada estudioso. A minha diferença em relação aos que pensam que não existe distinção entre estrutura e acontecimento é a de que, para mim, se trata de algo explícito, enquanto eles querem negar tal distinção. A questão da interiorização da Metrópole remete ainda a outras questões, como à definição de economia colonial, à definição do escravismo, à questão da independência, da separação.

[LPH] *Passados mais de vinte anos da primeira edição de* Portugal e Brasil na crise do Antigo Sistema Colonial, *é inegável a atualidade das teses ali defendidas. No entanto, o senhor apontaria algumas afirmações, contidas na obra, que poderiam ser revistas à luz das contribuições da historiografia produzida no Brasil e no mundo nos últimos anos?*

Tenho alguma dificuldade com essa questão. A minha resposta seria, não, não teria, no condicional. O fato de *Portugal e Brasil na crise do Antigo Sistema Colonial* ter provocado debate, em si, agrada-me muito. Isso significa que é um livro que tem ideias, e que são discutidas. Evidentemente, de lá para cá, muita coisa foi publicada. Não escreveria diferente, desenvolveria talvez certas partes, certos pontos que não foram claramente expostos e que poderiam ser repensados com o debate. Mas acredito que essas questões são mais matéria para escrever outros livros. Corro o risco de parecer muito narcisista, contudo devo confessar que escrevo pouco mas gosto do que escrevo.

[LPH] *Os recentes trabalhos sobre o tráfico de escravos, por exemplo, relativizaram algumas das observações feitas sobre o tema no seu livro? O mesmo ocorreria com as teses sobre acumulação endógena de capitais na Colônia?*

Sim, relativizaram. Mas, ao contrário do que pensam os autores, não negam; a análise do Sistema Colonial e da economia colonial fica confirmada por essas contribuições. Quando se fala na externalidade da acumulação está se referindo à externalidade da acumulação em relação à área da produção, mas dentro do sistema. Portanto, não há como falar em relações externas, não se trata de nada externo ao sistema. Essa externalidade também não é absoluta, ou seja, evidentemente há uma parcela do excedente econômico que remanesce na área de produção, isto é, na Colônia, se não o processo de produção não se reproduziria. O que analiso é a tendência à acumulação externa. A definição precisa é externalidade em relação à área produtiva, acumulação primitiva de capital comercial autônomo. Cada palavra dessa formulação exige uma compreensão muito precisa. É preciso saber, primeiro, o que é capital; segundo, o que é capital comercial; terceiro, o que é capital comercial autônomo; quarto, o que é acumulação de capital; finalmente, o que é acumulação primitiva de capital! Frei Vicente de Salvador resumia tudo isso com a frase: "Tudo querem para lá". Ou seja, externalidade em relação à área produtiva, à área produtora da acumulação primitiva de capital comercial autônomo. É essa a minha proposta. Se isso não é a característica fundamental da economia colonial, o que a caracterizaria então? Só o fato de ser escravista? Não. Outras economias foram escravistas e não eram coloniais. Do ponto de vista econômico, a economia escravista antiga não tem externalidade da acumulação como ocorre na economia colonial. Isso, a meu ver, é fundamental.

Quando se diz que no século XVIII se desenvolveu um mercado interno, por exemplo, como aparece nas reflexões dos colegas do Rio de Janeiro, apresenta-se isso como sendo a negação das análises da economia colonial feitas por Caio Prado Jr., Celso Furtado e por mim mesmo. A meu ver, essa constatação só as comprova. Desde Caio Prado já ficou estabelecido que a economia colonial é voltada para o mercado externo, mas que, para funcionar, tem que desenvolver o mercado interno. Aliás, ele próprio deixa claro que essa é a contradição da economia colonial. Quando se mostra que o tráfico de escravos, desde o século XVII, se faz diretamente com a África, isso não quer dizer que não haja acumulação na Metrópole. Angola não é uma colônia, no sentido rigoroso de uma área de produção colonial; é um entreposto da Metrópole para exportar escravos. Mediante o comércio entre Angola e Portugal, os lucros do tráfico são canalizados para Portugal. Isso significa que foi pelo tráfico, desde o início, que os colonos conseguiram uma parcela de apropriação do excedente econômico. Aí se pode ver o núcleo do início do processo de internalização da acumulação capitalista no Brasil. Isso é verdade, e que ocorre muito cedo no Brasil, como está sendo comprovado nos estudos mais recentes. Mas isso não nega a análise do Sistema Colonial, ao contrário, faz parte da análise. A mesma coisa poderia dizer a respeito das discussões sobre a separação da Colônia em relação à Metrópole, isto é, a Independência. Os colegas do Rio de Janeiro, os de Niterói certamente não acharão graça nenhuma nisso, mas devo dizer que suas análises vão ao encontro direitinho às dos portugueses. Quer dizer que não houve exploração colonial? Como é que fica a separação para Valentim Alexandre? Tenho o maior apreço por seu trabalho, mas creio que ele lê os teóricos da política colonial portuguesa, os teóricos do Império, como Rodrigo de Sousa Coutinho, por exemplo, sem levar em conta o caráter ideológico. Em contrapartida, procuro descobrir o que está por trás desse tipo de discurso. Ele lê os textos como sendo uma análise científica da realidade. Há uma questão a respeito da crise que eles, os portugueses, a meu ver, não compreenderam. Procuram demonstrar que o comércio e o desenvolvimento econômico em geral estavam ocorrendo em fins do século XVIII e início do XIX em Portugal e no Brasil, o que é verdade, isso também afirmo no meu livro. Mas crise do Sistema Colonial não é crise econômica, é crise na relação entre Metrópole e Colônia. Quanto mais a política econômica portuguesa reformista em relação ao Brasil dava certo, mais se aprofundava a crise porque os colonos tomavam mais consciência de que eles eram explorados. Então, não adianta falar que não havia crise. Valentim Alexandre e Jorge Pedreira dizem que não havia crise! Como poderia haver, de acordo com esses autores, se o comércio estava em expansão, as indústrias estavam se desenvolvendo no Brasil e em Portugal? O problema é que se trata da crise do Sistema Colonial, não de crise de desenvolvimento econômico. Crise são tensões que levam à ruptura do pacto, levam à ruptura da relação Metrópole-Colônia. Se não há Sistema Colonial, não há exploração colonial; curiosamente os colegas do Rio de Janeiro levam água às teses "portuguesas", ao dizerem "não, o capital é residente", "não havia exploração colonial". Então, o que é a separação e a independência senão o acaso de a Corte ter vindo para cá ou, então, no limite, ser o projeto português a criação de uma grande nação? Esta é a interiorização da Metrópole. A história já começou com Cabral vindo aqui com a ideia de criar uma grande nação... Acredito que o Brasil se tornou uma nação e se organizou como Estado por causa da crise do Sistema Colonial, que engendrou tensões que, por sua vez, geraram rupturas. Essas rupturas foram encaminhadas, de uma ou outra maneira, politicamente. Eles acreditam que foi o acaso, que não há sentido na História. Aliás, Valentim Alexandre diz que eu sou um marxista ortodoxo que acha que a História tem sentido, quando a História não tem sentido. Ele acha que dizer que a História tem sentido é ser determinista — determinismo econômico —, mas não se trata disso. Na realidade — é muito curioso o livro dele chamar *O sentido do Império* —, pergunto: qual é a compreensão desse processo que é mais aceitável, que convence mais? A minha visão é de que o Brasil é um Estado nacional resultante da crise do Sistema Colonial na especificidade deste segmento do sistema, que eram as relações Portugal-Brasil. Fui explicitando cada um desses pontos, mas só cheguei até 1808, na minha análise. Ora, qual é a explicação do ponto de vista da interiorização da Metrópole, no sentido do Império? Foram erros de percurso, estava tudo dando certo... Não fora Napoleão invadir, D. João VI vir para cá e gostar daqui, não queria voltar..., isto foi um erro de percurso; são os erros da história. Qual é a explicação mais convincente? Vamos deixar aos leitores. Vamos ver a que dura mais.

[CO] *Proclamar a Independência não significaria automaticamente a internalização da acumulação de capital. Mas, sem a Independência, não internalizaria ou internalizaria muito menos... Pode-se dizer que o movimento da Independência foi uma tentativa de os locais ficarem com a parte maior do excedente?*

Claro. E isso já vinha acontecendo com o tráfico, como mostra Alencastro em seu livro [*O trato dos viventes*], porque sempre se soube que o tráfico, a partir do século XVII, feito diretamente da Bahia para a África, era uma forma de internalizar a acumulação. Mas isso era contra o Sistema Colonial; eu mesmo cito uma instrução do governador da Bahia, o marquês de Valença, em que se diz claramente: é preciso acabar com esse tráfico que se faz com a África diretamente. A frase está no documento da instrução do governador, ou seja, acabem com isso senão esta cidade, Salvador, vai ser capital. O que significa isso? Ele quer dizer que a acumulação de capital seria internalizada. Depois o governador diz: para acabar com o tráfico é preciso acabar com a cultura do fumo na Bahia. Quem faz isso? Isso não pode ser, há comércio, os comerciantes do fumo em Portugal. Então, não tem solução. Como se pode impedir que eles levem fumo para a África e comprem escravos? Isso mostra que, de fato, eles estavam conseguindo romper os esquemas do pacto colonial. O que mostra Alencastro é que isso já ocorria desde o século XVII. Trata-se de uma sofisticação analítica, mas a História é sempre muito mais complicada do que os esquemas interpretativos. A gente vê ao mesmo tempo o lado político e o lado econômico do objeto de análise.

[CO] *O senhor acha que uma das virtudes de seu trabalho é apresentar essas questões genéricas, que depois outros autores tematizaram?*

Assim como Caio Prado Jr. Não só ele teve uma ideia geral, que não foi muito aprofundada, o que lamento, mas também ideias laterais importantíssimas. Há bons trabalhos que partiram do livro de Caio Prado Jr. Por exemplo, há teses sobre os estancos no período colonial; há uma tese sobre a pesca da baleia, de Myriam Ellis. Há a tese da Mafalda Zemella, *O abastecimento das capitanias em Minas Gerais no século XVIII*, que é muito importante porque as rotas de abastecimento fizeram com que a economia colonial no século XVIII tivesse uma certa integração, ao contrário do que ocorreu na América Espanhola. Isto está em Caio Prado Jr. quando afirma que se criou aqui um mercado, no início, e que tinham ouro para pagar.

[CO] *Voltando à questão da Independência, qual é a sua discussão com os historiadores portugueses?*

Os historiadores portugueses, mesmo os de linha mais próxima do marxismo, cada vez em menor número em Portugal, têm a ideia de enfatizar na Independência do Brasil a dimensão da continuidade, o que acho muito compreensível. Acho menos compreensível alguns brasileiros aderirem a essa linha. Não é nosso papel seguir tal raciocínio, isso nos faz desconhecer a personalidade de nossa formação cultural. Para entender a cultura brasileira, temos que pensar que a Independência foi feita pelo senhoriato colonial, que não é nem o colonizado, nem o colonizador. Se nós não partirmos dessa perspectiva, não entendemos por que a cultura brasileira se debate na procura de uma identidade difícil de se caracterizar. Porque, ao fazer a Independência, não se pode se identificar com o colonizado, que é o índio e o negro, uma vez que não se quer continuar colonizando, mas também não pode haver identificação com o colonizador, que é o português, pois senão não se faz a Independência. É isso que cria o drama da cultura brasileira; não é apenas um drama político. Este foi enfrentado por José Bonifácio e pela geração que fez a Independência. Em todos os momentos dramáticos, fazemos questão de escrever diferente dos portugueses. Ao longo do século XIX, veja José de Alencar, que fazia questão de escrever diferente de Almeida Garrett e de Alexandre Herculano para dizer que era brasileiro. Não é que ele não soubesse escrever no vernáculo; da mesma forma que Mário de Andrade cria quase uma nova língua, depois volta ao curso normal da gramática. Por que o autor está escrevendo diferente? Isso não é propriamente uma característica do começo do século, da Belle Époque. Todas as vezes têm que se diferenciar de Portugal e uma das maneiras é se identificar com a cultura francesa do século XIX até a Belle Époque no Brasil; essa submissão à cultura francesa era para dizer: "Olha, nós vamos direto à fonte". Minha leitura de Rodrigo de Souza Coutinho, por exemplo, não é para diminuí-lo, considero-o um grande estadista e um grande pensador político. Mas digo, usando a terminologia do Lukács, que Rodrigo de Souza Coutinho é a consciência-limite de quem está situado na Metrópole. Para ir além, ele teria que sair de sua posição, o que é impossível no sentido lukacsiano. Valentim Alexandre, ao contrário, toma os estudos de Rodrigo de Souza Coutinho como se fossem a verdade. Isto é, a ideia de que se queria fazer um desenvolvimento harmonioso entre Brasil e Portugal; a ideia de que Império português era diferente dos outros impérios.

[CO] *Provavelmente, um Império bom, que não explora o colonizado, mas o integra ao projeto imperial mais amplo...*

O que ele quer dizer é isso. A minha formulação é de que a Independência significou negar a colonização e ao mesmo tempo reivindicá-la. O Brasil é, sim, produto de Portugal, mas para se constituir como tal teve que se separar e negar Portugal. Essas duas coisas têm que ser analisadas conjuntamente, para entender Portugal e Brasil nos séculos XIX e XX. Se você começa a enfatizar só um lado, cai em aspectos que não levam ao fundo da questão. A outra tendência em Portugal é dizer que a perda do mercado brasileiro não foi muito importante para Portugal; essa ideia não resiste à documentação, inclusive o gestor da alfândega portuguesa descreve claramente a tragédia da perda em 1808. Quem estendeu e aprofundou esse debate foi Jobson Arruda no capítulo que escreveu para a recente *História de Portugal*, organizada por José Tengarrinha e publicada no Brasil.

[CO] *O senhor está se referindo especificamente a* O arcaísmo como projeto *ou a outras obras?*

Sim, e também ao livro *Homens de grossa aventura*, de João Fragoso, assim como ao trabalho de Manolo Florentino sobre o tráfico. Eles não vão gostar de ler isso, mas, a meu ver, estão na linha da historiografia portuguesa.

[CO] *Mas se trata de um grupo importante, que tem colaborado muito para ampliar nossos horizontes historiográficos. Eles partem fundamentalmente das posturas dos professores Ciro Cardoso e Maria Yedda, de privilegiar os aspectos internos de nossas estruturas coloniais e como elas vão se construindo.*

Sim, estão ligados ao Ciro e, sobretudo, à Maria Yedda Linhares. Temos discordâncias que não impedem que eu os considere de altíssimo nível. Maria Yedda é uma amiga muito querida. Eles fazem um trabalho sobre o mercado interno no Rio de Janeiro, em Minas Gerais, e sobre o tráfico direto, mas são quase todos trabalhos sobre o fim do século XVIII, mostrando o que chamam de capital residente. Eles estão mostrando que não há acumulação externa. Com isso, elaboram produções teóricas que contrariam o modelo de interpretação que começa com Caio Prado Jr., passa por Celso Furtado, por mim e chega a eles. Não há dúvida de que se trata de ótimos trabalhos, provam que havia mercado interno, que estava crescente, que havia acumulação...

[CO] *O que já não era uma novidade, pois a professora Maria Odila Leite da Silva Dias já havia dito isso, e depois o Alcir Lenharo, que foi orientando dela. Na verdade, o próprio Caio Prado Jr. já apontara, sem aprofundar, esses aspectos internos da economia colonial.*

Eles se baseiam muito no Lenharo. Primeiro, não é a mesma coisa economia voltada para o mercado externo e acumulação primitiva de capital — eles inserem tudo no mesmo balaio. Segundo, reformam o modelo, exageram o modelo. Quando estão falando de comércio externo, querem dizer que segundo aquele modelo não há mercado interno. Ora, o modelo mostra que há mercado interno desde Caio Prado Jr. Mais que isso, nós três dizemos que há mercado interno e que a tendência é o mercado interno crescer. Caio vai mais longe, diz claramente que a contradição reside no fato de que a economia produz para a exportação, mas não consegue fazer isso sem ao mesmo tempo aumentar o mercado interno. Portanto, mercado interno no modelo proposto não é inexistente, ao contrário, é pressuposto do sistema. Portanto, ao contrário do que afirmam eles, o modelo não é incompatível com o desenvolvimento de mercado interno. Mas eles estão negando o modelo. Se lessem os trabalhos de Caio Prado Jr., de Celso Furtado, pelo menos, sem querer de saída procurar o que está errado para dizer que estão propondo coisas novas, procurando saber como se aprofunda a análise para ir em frente, chegariam a uma conclusão importante, que seria uma contribuição importante. Acho incrível como as pessoas tendem a não se satisfazer quando têm uma contribuição importante. Todo mundo quer fazer uma ruptura epistemológica. Querem "fundar o saber", ninguém se conforma em oferecer uma contribuição importante. A academia é uma fogueira de vaidades, e a mídia (*sic*) acentua isso. Não é à toa que tanto Ciro como Gorender insistiram na análise do modo de produção escravista nas suas articulações internas e com isso nos acusaram de insistir nas articulações externas. Isso envolve a negação do Sistema Colonial. Muito bem, o que quero dizer não é que essa linha esteja errada, trata-se de uma análise marxista do ponto de vista classificatório, que pessoalmente não aprecio. Eles partem do modo de produção escravista colonial, no qual a articulação externa passa a ser menos importante.

[CO] *Aí estamos mais na discussão do Gorender, classificatória ou não, que argumenta que não se pode analisar modo de produção, senão a partir das relações de produção.*

Esse é o eixo para analisar? Afirmo categoricamente que "não"; esse é o eixo por meio do qual Marx analisa o capitalismo. Mas, economia colonial é outra coisa. Então, posso analisar a partir do movimento do capital comercial. Isso aí é circulacionismo, você analisa um modo de circulação e eu digo por que não pode ser modo de circulação. Aí temos divergência, e a divergência é a de quem é mais marxista. A minha postura é a seguinte: é mais marxista quem explica melhor o assunto. Posso estar errado, não sei se é mais marxista ou menos marxista.

[CO] *O senhor escreveu uma longa nota no primeiro volume da* História da vida privada no Brasil, *destacando justamente essas questões da internalidade e da externalidade de nossa economia colonial. Ela foi uma espécie de resposta a essas interpretações?*

O que escrevi naquela nota foi uma resposta minha. Se a externalidade da acumulação não é uma característica intrínseca da economia colonial, o que distingue economia colonial de outras formações econômicas? O fato de ser escravista? Mas havia colônias em que não havia escravismo. Se é o fato de ser escravista, o que distingue o escravismo antigo do colonial? Ou a economia colonial não tem nenhuma característica que a distingue de outras formações econômicas? Se é assim, qual seria a peculiaridade da história do Brasil? Ou não tem peculiaridade nenhuma ou não há história? É preciso partir do ponto de vista segundo o qual o que não muda está fora da história, pertence à natureza. Esses que ficam insistindo que se deve estudar a imutabilidade, as coisas que não mudam, eles entendem mal o pensamento braudeliano.

[CO] *Quanto à questão do escravismo, como o senhor não a desenvolve suficientemente em seu livro, surge toda essa crítica e interpretação do escravismo colonial...*

É verdade, o escravismo não está bem desenvolvido em meu livro. Pretendo desenvolver esta questão num futuro trabalho — *Capitalismo e colonização*. Sinteticamente, diria que não estão bem claros no meu texto os vários passos da análise.

Em primeiro lugar, é preciso fazer uma distinção. Escravismo é um sistema econômico, escravidão é uma instituição social. Houve escravidão em Portugal e no Brasil. Só houve escravismo no Brasil. Na América Inglesa, a diferença não é entre colônia com escravidão e colônia sem escravidão, escravidão havia em quase todas as colônias. Só não havia escravidão, creio, em Rhode Island e na Pensilvânia. A diferença está entre as colônias escravistas e as colônias que não têm escravismo, onde o trabalho escravo não é o dominante. Essa distinção é importante porque distingue Portugal e Brasil. Não se pode explicar o escravismo no Brasil pelo de Portugal. Não se pode querer explicar a escravidão no Brasil, porque o recorte não é o Brasil, o Brasil não existia. Não se pode querer explicar a escravidão na América Portuguesa porque o recorte correto, a meu ver, é o do mundo colonial no conjunto. Não há uma explicação para a escravidão na América Portuguesa, outra para a escravidão na América Espanhola ou na América Inglesa. Não pode ser, não é assim que se pensa a História. Porque o todo não é a soma, é a síntese. Essa é a questão. É a crítica que se deveria fazer ao Eric Williams e não se faz. Eric Williams faz um recorte errado: Antilhas inglesas e capitalismo na Inglaterra, quando tem que ser o mundo colonial e a formação do capitalismo. A ideia central dele é de que o capitalismo engendra a escravidão e depois a destrói. Essa ideia ninguém conseguiu pôr abaixo. Mas há um livro inteiro com críticas ao *Capitalismo e escravidão*. Em suma, creio que as críticas corretas e convincentes são relativas a aspectos secundários, as de aspectos fundamentais não convencem.

Qual é a explicação da escravidão, por exemplo, em Gilberto Freyre e em Gorender? É a ideia de continuidade; eles explicam que a escravidão no Brasil ocorreu porque havia escravidão nas ilhas e em Portugal. Trazer escravos significa trazer a escravidão — ela viaja com os escravos. Isso é uma ilusão. A distinção é fundamental, porque a escravidão podia ter vindo, não o escravismo. A origem dessa explicação está em *Épocas de Portugal econômico*, de 1929, de João Lúcio de Azevedo. Mas, reitero, é preciso recortar a explicação do escravismo colonial. Ora, às vezes, fica-se discutindo por que se escravizou, principalmente Celso Furtado, por que foram escravizados os africanos? Porque havia pouca gente, a população portuguesa era menor... isso é um erro. A colonização não é um fenômeno demográfico; se assim fosse, os países com mais população teriam mais colônias. A França era o país mais populoso nos séculos XVI e XVII, no entanto possuía apenas umas pequenas ilhas nas Antilhas. Portugal que tinha bem menos habitantes possuía uma enorme colônia. Por que não podia usar os índios como escravos? A Igreja não permitia — por que não permitia? É necessário ler os textos da Igreja criticamente, como ideologia, e não aceitar simplesmente as explicações presentes neles.

[CO] *Luiz Felipe de Alencastro trata de algumas dessas questões no livro dele. O senhor considera suas contribuições importantes?*

Acho um livro fundamental. Contudo, temos divergências também fundamentais. O meu recorte não coincide com o dele, e o centro de minha análise — o processo de acumulação primitiva de capital — não é a sua categoria analítica. Isso impõe diferenças na reconstituição do objeto. Como em História não há certo ou errado absolutos — como em geometria —, essas diferenças devem ser encaradas com naturalidade. Cabe aos leitores verificar quem dá mais inteligibilidade ao objeto. Não é assim?

Sobre a História

[CO] *Quando o senhor afirmou que a História é mais conservadora, como domínio do conhecimento, é do ponto de vista teórico e da dimensão de seu campo de atuação?*

A História não é bem uma ciência, é um domínio de saber muito antigo, anterior à ciência, à universidade e, obviamente, às Ciências Sociais. Tão antigas como a História só a Filosofia e as artes. Todo livro de História da História diz isso, mas nem sempre tiram as implicações teóricas desse fato. Primeira implicação: se de fato é assim, é possível estudar o impacto das Ciências Sociais na História, e não o inverso. Não é possível estudar o impacto da História sobre a Sociologia, mas existe o impacto da Sociologia sobre a História. A segunda implicação é que a História não responde às demandas sociais semelhantes ao que ocorre com as outras ciências. Pode-se associar o aparecimento da Sociologia na segunda metade do século XIX ao aparecimento da sociedade urbana industrial moderna. O aparecimento da Economia está diretamente ligado à Revolução Industrial. Já a História está associada à criação da memória, mas nem todo discurso que cria a memória é um discurso historiográfico. Claro, toda sociedade necessita de memória; sem memória o "bicho não desce da árvore e vira gente". É um problema gravíssimo saber por que certas sociedades não prescindem do discurso historiográfico para a constituição da memória social e outras prescindem — essa é uma distinção entre os chamados primitivos e os societários. Costumava-se dizer que os índios não têm história. Claro que os índios têm história, todo mundo tem história. Então, todos passaram a dizer que o índio tem história, porque todo mundo tem história. Péssima solução para um problema real. História tem dois significados: primeiro, significa todo acontecer humano em todo tempo e em qualquer lugar. O segundo é a narrativa desse acontecer. É claro que no primeiro sentido todas as sociedades humanas têm história; no segundo sentido, nem todas. Os índios não têm história, eles têm mitos. O passado para eles é o mito. Eu defendo o ponto de vista de que nós, historiadores, temos que lutar pela identidade de nosso discurso, ao contrário do norte-americano Hayden White, que escreveu *Meta-história*, e que está na moda. Para ele, não há nenhuma diferença essencial entre o discurso literário e o discurso historiográfico; isto, a meu ver, é um equívoco. Agora, por que certas sociedades necessitam da narrativa histórica na constituição da sua memória e outras prescindem desse discurso, bastando-lhes o mito, a poesia, a música e o imaginário? Para mim, essa é uma questão muito complexa e nunca encontrei explicações totalmente convincentes, no máximo aproximações. É um mistério, e nunca li nada que explicasse isso.

[CO] *O senhor disse que essas diferenças mais profundas entre a História e as ciências do homem que surgem no decorrer dos séculos XIX e XX estão relacionadas principalmente com as demandas sociais que aparecem nesses séculos. Isso significa que essas ciências surgem marcadas por demandas sociais e, consequentemente, com a expectativa de criarem alternativas e soluções aplicadas à realidade? Esses aspectos da aplicabilidade e a transformação da realidade social não serviram para marginalizar um pouco a História?*

A História como discurso não corresponde às mesmas demandas das Ciências Sociais, pois é muito anterior a elas. A que demanda corresponde a História? A necessidade de criação da memória social. A distinção entre o que é memória social e História é extremamente difícil, tanto que autores como Hayden White, como já adiantei, dizem que não existe. Vou dar um exemplo muito claro: Marshall Sahlins quando escreve *Ilhas da história*, sobre as relações da Antropologia com a História. O livro está escrito com base nesta indistinção: ele não distingue na primeira página memória e história; mito, imaginário, poesia, música são partes constituintes da memória social, mas a memória histórica (isto é, a narrativa dos acontecimentos) é também constituinte da memória social, e não se confunde com as outras. Se ele tivesse feito essa distinção, não precisaria mais escrever o livro. Então, há uma distinção e ao mesmo tempo não é fácil estabelecer onde está o limite. Isso distingue a História das Ciências Sociais. Mais ainda, o campo da História é indelimitável. Qual é seu objeto? É o acontecer humano em qualquer tempo e em todo espaço, só o futuro não é seu objeto. O que caracteriza esse objeto? A impossibilidade de delimitá-lo — não se sabe onde é que ele acaba. O que delimita o conhecimento da História não é o que deixou registro; o fato de não se conhecer registros de um acontecer histórico não quer dizer que ele não tenha ocorrido. Como experiência, limita o resultado, não se pode falar sobre ele, mas ele não saiu do campo da História. Por isso Paul Veyne diz que a História não existe, a não ser "a história de". Não existe História simplesmente, porque o que vem depois do "de" recorta. História do Brasil, história da América, história do amor, história do sexo, são recortes. Simplesmente história, sem "de" em seguida, liquida o assunto e o livro só poderia ser escrito por Deus. As pessoas não pensam nas consequências disso. O historiador não deve discutir teoria porque não tem formação teórica. Mas o que define uma ciência? Em qualquer manual de metodologia, a ciência se define por duas coisas: pelo objeto e pelo método. Objeto claramente recortado e método adequado ao objeto. Quanto mais adequado o método, maior a cientificidade e o domínio do conhecimento sobre o objeto. Ora, a característica principal da História é que seu objeto é indelimitável e não existe um método específico. O que temos são técnicas de investigação relacionadas às ciências auxiliares: como se faz levantamento documental, como tratar os documentos, como se faz estatística, paleografia, técnicas e mais técnicas. Método *é* a posição do sujeito em face do objeto. Fora isso, não é método. O que não quer dizer que os historiadores não usem métodos e conceitos das Ciências Sociais — claro que usam.

[CO] *Consequentemente, se não há objeto e nem método, a História não pode ter cientificidade e não é ciência no sentido mais tradicional...*

A História não pode ter cientificidade, mas não é porque os historiadores sejam menos inteligentes. O objeto da História é que a torna mais difícil. Ela usa os métodos das Ciências Sociais, usa os métodos da Economia, da Sociologia etc. A única tentativa de fundir realmente as duas dimensões é o materialismo histórico, que tenta fazer da História uma ciência. Por isso no materialismo histórico não há essas diferenças entre as Ciências Sociais e a História, o que provoca tanta confusão. O que distingue a historiografia moderna da historiografia antiga não é só o tempo e o nome ("crônica"). Até o século XVIII, os historiadores eram os cronistas, depois passaram a se chamar memorialistas, analistas e no século XIX tornaram-se historiadores. A grande mudança é que a partir das Ciências Sociais, no século XIX, os historiadores passaram a pensar que tinham que usar as Ciências Sociais e seus conceitos nas suas pesquisas. Passaram a achar que a História não era só para reconstituir a memória, mas para reconstituir explicando. Não era mais possível reconstituir sem analisar e explicar. Isso distingue a historiografia moderna da antiga, mas não significa que a História dos cronistas não tem mais nada a ver com a Nova História. O que mudou é que nos tornamos também cientistas sociais, mas quem escreve História não está querendo apenas dar explicações, já que tem de reconstituir a memória histórica. O sociólogo não quer fazer isso, quer apenas explicar e, às vezes, quer até prever. O cientista social faz reconstituição para chegar à explicação; o historiador usa a análise para fazer a reconstituição. O que resulta dessa diferença? Que o diálogo da História com as Ciências Sociais, a tal da interdisciplinaridade, não é um diálogo comum. Não é a mesma coisa que o diálogo da Economia com a Sociologia, da Ciência Política com a Antropologia; o diálogo de qualquer dessas disciplinas com a História é de natureza essencialmente diferente. E qual a diferença? É que elas seccionam a realidade, elas veem a partir de certos ângulos. Na realidade, o acontecer humano pode ser visto de certos ângulos. Max Weber chama isso de "esfera da existência". Há uma esfera da existência que está ligada à produção e ao consumo de bens econômicos, se se isolar essa esfera para a analisar, como fazem os economistas, constituir-se-á uma ciência, a ciência econômica. Não há um acontecimento que seja só econômico ou só político, ou só religioso ou só social. Para que você recorta? Para poder conceitualizar. Por quê? Porque a ciência precisa de recorte, o pressuposto das Ciências Sociais é que se pode recortar a vida humana da mesma forma que os cientistas naturais recortam a natureza. O vegetal e o animal você pode recortar; você pode recortar economia, sociedade, cultura, religião? Na natureza, também estão imbricados, mas a imbricação na sociedade é muito mais complicada. A ciência precisa recortar para poder conceitualizar, ela sacrifica a totalidade pela conceitualização; a História sacrifica a conceitualização para não perder a totalidade. Há uma diferença entre história econômica e economia retrospectiva, entre história social e sociologia retrospectiva. Para o historiador, o objetivo final é a reconstituição da memória, o que não ocorre para o cientista. A discussão sobre História total e não total, a meu ver, é um equívoco. Toda História é total. Não é porque a História toma esse ou aquele tipo de dado, mas porque seu objetivo é a reconstituição. E a reconstituição não pode deixar de ser total.

[CO] *Essa relação, da História com as Ciências Sociais, não é clara para todas as pessoas.*
Não é mesmo, para historiadores e outros. Isso vai desde pensar que a História não existe ou pensar que ela é a síntese das Ciências Sociais, ou ainda pensar que História não tem nada a ver com a ciência em geral. Até o fim do século XIX, a História era um gênero literário, a partir do final deste século vai deixando de ser considerada como tal. Observe que a história da literatura tem sempre uma seção sobre a História até a Belle Époque, depois essa seção desaparece. Por quê? Porque os historiadores começaram a dizer que eram cientistas. Depois disso, começaram a escrever mal. Não é sempre que se tem essa percepção de que a relação da História com as Ciências Sociais assume tais características; apenas no fim da vida é que as pessoas começam a perceber isso, historiadores e outros. Talvez Marx seja o único caso que tentou fundir todas as Ciências Sociais no materialismo histórico.

[CO] *Até porque ele é filósofo, economista, sociólogo e historiador...*
O Marx é acima de tudo filósofo, a meu ver. Ele é filósofo e historiador, mas nunca chegou a escrever História propriamente, por isso o materialismo histórico é extremamente difícil. Não é por acaso que, com a crise do marxismo, os grupos de resistência são dois: os filósofos e os historiadores. Perry Anderson, no livro *A crise da crise do marxismo*, diz que os principais filósofos marxistas eram franceses e que os principais historiadores marxistas são ingleses. Segundo ele, como a crise do marxismo se manifestou com maior força no campo da Filosofia, o pensamento marxista vai ser forte daqui por diante na Inglaterra. Esta é uma bela ideia.

[CO] *Ele quase faz uma "classificação geográfica" do quadro de desenvolvimento e crise do marxismo.*
É uma ideia divertida. Ele é meio gozador, vê o mundo a partir da Inglaterra. Essa relação da História com as Ciências Sociais não é mesmo clara para todas as pessoas.

[CO] *Já que falamos do marxismo, o senhor acredita que a chamada historiografia social inglesa abriu novas perspectivas temáticas não só para os marxistas, mas para os historiadores de maneira geral? O senhor considera que, ao lado da tradição originada nos* Annales, *ela também contribuiu para as mudanças radicais e gerais da produção historiográfica a partir dos anos 1970?*

Creio que contribuiu, mas não mais que os *Annales*. Na realidade, a historiografia de ponta é a francesa. A Inglaterra tem uma tradição historiográfica muito forte, mas não pode ser comparada com a da França — os próprios ingleses sabem disso. Realmente, a grande renovação da historiografia em nosso tempo é a do grupo dos *Annales*. Há, entretanto, algumas outras muito importantes, como a historiografia social inglesa, que, aliás, não é do meu particular agrado. A chamada historiografia social aparece, sobretudo, com a ideia que se deve deixar de fazer história política, identificando marxismo com história política, o que é meio contraditório, porque normalmente acusavam os marxistas de só fazer história econômica. Na realidade, o que eles estão dizendo? Estão dizendo que essa interpretação econômica da História é em si história política, ou seja, uma maneira de politizar a história, fazer a interpretação econômica da história para dizer que o mundo caminha necessariamente para o socialismo. Isso é correto, mas a saída não é abandonar a história política, mas é fazer a história política sem interpretações econômicas. Eles saem à procura de novos temas, e sob o título infeliz de *social history*. Isso me lembra um professor da faculdade de Direito — ele tinha implicância com um outro professor que fazia questão de denominar sua cadeira de Direito Social. Dizia: "Sei que há aqui um colega ilustre que se diz professor de Direito Social, como se Direito houvera que Social não fora". A mesma coisa você pode perguntar: que história é essa de História Social? Além disso, os *Annales*, já antes, estavam abrindo novos temas, começavam a estudar arte, costumes. Acho até que na Inglaterra a *social history* já é um pouco influência dos *Annales*, mesmo em relação ao grupo da primeira fase.

[CO] *Hobsbawm dizia algo na mesma direção, que nessa época eles tinham mais interesse e contato com a História dos* Annales *do que com os historiadores marxistas do PC.*

Na realidade, a meu ver, o marxismo tem muito em comum com os *An-*

nales, ao contrário do que pensa o pessoal dessa escola e os historiadores marxistas. A História não pode ser totalmente científica, não existe uma possibilidade de história total, isto é, *Dieu et son époque*. As Ciências Sociais podem aspirar a um sistema teórico, mais ou menos rigoroso. Depois da constituição das Ciências Sociais, ao longo do século XIX, sobretudo no século XX, o diálogo entre a História e essas disciplinas é permanente. Os *Annales* de 1929 significaram justamente essa tomada de consciência por parte da historiografia francesa; isto está no manifesto de 1929. A primeira fase dos *Annales* mostra uma certa precedência, um certo domínio de diálogo com a Sociologia; a Economia desponta no segundo momento. No período de Braudel, o diálogo mais acentuado foi com a Economia, mas não deixou de dialogar com os outros. No terceiro momento, as relações são maiores com a Antropologia. Pois bem, o historiador moderno é aquele que usa os conceitos das Ciências Sociais, mas não os aplica mecanicamente, pois tem que historicizar os conceitos. O que isso significa? Ninguém foi capaz de dizer; daí cada um fazer do seu jeito: assim faz Ariès quando utiliza conceitos da Psicologia e produz a história da criança e da família. Ou seja, o conceito funciona num certo período. E o que faz o marxismo ou o materialismo histórico? Por que o livro do Marx se chama *O Capital: crítica da economia política*? Porque critica os conceitos da economia política, isto é, incorpora o conceito e o ultrapassa. Marx propõe uma teoria para explicar a produção e o consumo dos bens, o modo de produção da vida, é uma teoria do capitalismo. Tudo isso está certo se você pensar no capitalismo; se pensar fora deste âmbito, não funciona. Marx historicizou os conceitos no sistema capitalista. Qual a diferença entre sua teoria e os *Annales*? É que ele dá um critério, os *Annales* não. Por isso sempre afirmo que o modo de produção é um critério de periodização da história — quando se define o modo de produção, circunscreve-se um período onde os conceitos vão funcionar; fora disso não funcionam. Muito bem, o que é modo de produção? Marx nunca explicou. Como ele formulou o modo de produção capitalista a vida inteira, porque seu fim não era a História, mas fazer história, nunca explicou direito o que era modo de produção. Nem sei se ele saberia ao certo definir tal conceito. Isso é muito complexo, a maior parte dos marxistas define modo de produção como um sistema econômico.

[CO] *Apesar dessas aproximações teóricas que o senhor levanta e dos esforços de aproximação de diversos autores, a trajetória das relações entre os Annales e o marxismo não foram sempre mais de conflito do que de diálogo?*

Comento no prefácio da *História da vida privada no Brasil* que a incompatibilidade dos novos tempos com o marxismo é algo suposto, porque é necessário haver diálogo. Insisto na importância do livro de Michel Vovelle, *Ideologia e mentalidades,* um dos poucos lúcidos sobre o assunto. As incompatibilidades dos historiadores marxistas com o grupo do Braudel e da História dos *Annales* não são por causa do marxismo. Albert Soboul conta que ele, quando moço, aproximou-se de Braudel e falou que queria fazer uma tese sobre a Revolução Francesa, ao que Braudel lhe respondeu: "ça n'existe pas", e mudou de assunto. Soboul ficou agastado, nunca mais falou com Braudel e fez a sua carreira brilhante sempre tratando do tema. Por que Braudel disse aquilo? Porque estava empenhado na longa duração, e revolução, por definição, diz respeito à curta duração e, consequentemente, não era um bom tema.

[CO] *Ele disse isso não porque Albert Soboul fosse marxista, mas porque o tema não tratava da longa duração?*

Claro, e isso explica por que Pierre Vilar, um marxista um tanto ortodoxo para o meu gosto, pode ter se desentendido com o grupo dos *Annales,* mas nunca se separou deles; em relação a Vovelle, acontece a mesma coisa. Portanto, não acho que haja incompatibilidades naturais entre o marxismo e os *Annales*. Esta escola afirma que tem que haver um diálogo não só com as Ciências Sociais, mas também com o marxismo. Segundo o grupo dos *Annales,* é necessário usar os conceitos, historicizando-os; o mesmo ocorre no marxismo. Na realidade, esse diálogo não está muito distante daquele entre o Marx e Max Weber: conflituoso, mas ao mesmo tempo iniludível. Dessa forma, é possível entender a dificuldade da relação entre os *Annales* e o marxismo ao mesmo tempo em que estão próximos e distantes.

[CO] *Não é preciso considerar também que as influências do marxismo inglês são bem diferentes da produção marxista francesa, sobretudo, na História?*

Sem dúvida, e curiosamente a época áurea do marxismo francês é dominada pela Filosofia e não pela Economia nem pela História. Na Inglaterra, onde o pensamento filosófico nunca foi muito forte — não chega a ser inexistente como nos Estados Unidos —, o marxismo é forte na historiografia. Esse fato levou Perry Anderson a afirmar que a crise do marxismo posicionaria a Inglaterra no centro dos debates, porque o ponto de resistência do marxismo seria a História, e a historiografia marxista é melhor na Inglaterra do que na França. A observação é absolutamente correta. Contudo, precisamos considerar algo interessante que existe na historiografia dos *Annales*: ela formou uma longa e influente tradição, desde os anos 1930 até hoje, mas suas fases não são simples desdobramentos naturais — essa é a discussão proposta por François Dosse em *A história em migalhas*, que chega a dizer que a História Nova é uma negação das fases anteriores. Na Inglaterra, ao contrário da França, a coisa mais importante da História Social são os seus desdobramentos, não ela própria. Seja qual for o juízo e a interpretação dos *Annales*, há uma série de continuidades. O que poderia mais ser somado na História Social inglesa?

[CO] *Retornando aos marxistas ingleses da* Social History, *como então eles renovaram o marxismo?*
A grande façanha da História Social inglesa vem de seus críticos, Hobsbawm e, sobretudo, Thompson, que contrastou o marxismo com a *Social History* na Inglaterra, inventando algo diferente que ele chama de marxismo renovado. Mas é tão renovado que os ortodoxos nem chamam mais de marxismo. Nos dois casos, pode-se observar a relação de marxismo com História, e envolve problemas filosóficos sobre os quais já falei anteriormente ao me referir às relações da História com as Ciências Sociais e o marxismo.

[CO] *Não haveria ainda uma outra diferença de fundo entre a terceira geração dos* Annales *e o marxismo, relacionada ao uso da razão? De acordo com alguns intérpretes, essas tentativas de diálogo ainda foram possíveis na primeira e na segunda gerações; no entanto, na terceira geração da História Nova., haveria uma forte tendência irracionalista, digamos pós-moderna, que a afastaria cada vez mais do marxismo.*
Da terceira geração participa Vovelle, que continua sendo marxista; e, ao mesmo tempo, o trabalho de Thompson pode ser considerado no interior da Nova História. Acho interessante essa interpretação de que os *Annales* ca-

minham para essa forma mais irracionalista, ao passo que não interpretam certos autores da historiografia inglesa no mesmo eixo. Os historiadores não são fortes em Filosofia e nem podem ser; não dá para estudar as duas coisas ao mesmo tempo. Quando se diz que na terceira fase há uma incompatibilidade filosófica, creio que se trata de uma afirmação correta. No entanto, vale dizer que na primeira e na segunda fases também havia incompatibilidade filosófica, manifestada na maneira diferente com que eles entendiam o uso dos conceitos das Ciências Sociais. Na segunda fase, essa incompatibilidade filosófica não ficou tão candente porque a centralidade do aspecto econômico obscurecia tal diferença e os aproximava. Na realidade, tanto os marxistas como os *Annales* estão imersos nessa complicação que se chama pós-moderno, a crise dos paradigmas. Qual seria então a incompatibilidade, agora? Para os marxistas, aceitar os pressupostos do irracionalismo radical é impossível, porque isso chega quase a uma desconceitualização absoluta. Desse modo, não haveria mais conceito, ciência, história, coisa nenhuma. Assim, a Antropologia vira Etnografia, a Sociologia desaparece, a Economia vira estudo de tópicos, a Filosofia torna-se puro relativismo e à História resta apenas contar, narrar. Os marxistas não podem aceitar isso! A partir de meados dos anos 1980, alguns colegas começaram a falar que não há mais diferença entre o discurso do historiador e o discurso do romancista, entre arte e História — nesse sentido é que os trabalhos do Hayden White ganharam destaque. Com a intensificação da discussão teórica — a quase total rejeição dos conceitos —, pouca coisa resta, apenas o levantamento dos dados. Na História, essas mudanças aparecem com a procura de novos temas — a Nova História é a expressão da crise dos paradigmas nesta área. Ora, não se trata de uma disciplina teórica, as outras ciências são necessariamente teóricas, por isso a crise dos conceitos, dos paradigmas; já a História passa a procurar novos assuntos, e esse é um campo ilimitado. Acontece que o pós-modernismo também começa a entrar em crise.

[CO] *O senhor concorda com aqueles que dizem que a crise das Ciências Sociais é mais grave ou mais crítica do que na História?*

Acho equivocado dizer que atualmente a História tem mais influência do que as Ciências Sociais porque ela não está mais querendo dar explicações globais. Quando estudamos a História da História, percebemos que, ao longo do tempo, ela sempre oscila entre o lado analítico-explicativo e o reconstrutivo-narrativo, como num pêndulo. Cada época crê que é a última. Acho muito curioso quando se pensa nessas transformações no Brasil, as incompreensões que surgem. Cansei de responder à pergunta de como é que um historiador marxista foi fazer a *História da vida privada*. "Leia o prefácio, está lá explicado", respondo. Aqui no Brasil, o diálogo tem um hiato, chega tarde e com atraso; então é preciso discutir aqui também.

[CO] *O senhor falou da crise dos paradigmas, que está relacionada também com a crise da razão. E a chamada crise das utopias não está também nesse conjunto, e não vai um pouco mais além? Pois não é um problema apenas relacionado à História como disciplina, mas à história como experiência de vida?*

Trata-se de uma questão mais complicada e grave a destruição das utopias, pois ela sempre é uma aposta em algo que está além da razão e do mundo aparente. A utopia é a recusa do mundo tendo em vista a construção de outro. É quase um ato de fé. Se ficarmos apenas no domínio da razão, não há utopia. Sobre esse aspecto, o marxismo, como formação discursiva, assim como o movimento socialista, como processo político concreto e histórico, pode ser encarado como uma das últimas utopias, que se pretendia ao mesmo tempo ser uma utopia e ser científica. Daí as discussões infinitas: se o científico pode prever a história, então não é necessário interferir na história. A dialética tenta resolver essa questão e, em consequência, surgem aqueles discursos esquisitíssimos e que às vezes não consigo acompanhar... Há certos trechos de *História e consciência de classe* que faço um grande esforço para acompanhar, é dificílimo. Mas, com o fim das utopias e do socialismo, o que se apresenta no lugar? É uma loucura, não há mais valores, e esse é um ponto que pouquíssimos discutem, sejam comunistas, ex-comunistas, socialistas ou os triunfalistas neoliberais. Há uma coletânea de estudos chamada *Depois da queda: o fracasso do comunismo e o futuro do socialismo*, do marxista inglês Robin Blackburn, em que esse problema é explicitado — ele usou o título da peça *After the Fall*, belo título. Na introdução, o autor afirma que se está, com o triunfalismo neoliberal, deixando de lado um problema grave. Mais grave do que saber se acabou a História é saber como é que vai ser o mundo sem as utopias. Que é o mesmo problema do final do livro do Josef Fontana [*História: análise do passado e projeto social*], que diz que nós temos que reconstruir a utopia socialista para continuar fazendo história, porque uma coisa está ligada à outra. É um desafio.

[CO] *A crítica do Karl Popper, que ocorre antes da queda do Muro de Berlim, é interessante sobre esse aspecto da presença do historicismo...*
Ele diz que não pode haver historicismo como ciência, acha que fazer uma ciência da História é impossível. A História, segundo Popper, não pode ser apreendida pela razão e, portanto, o materialismo histórico não faz nenhum sentido. O máximo que se pode ter é Sociologia, Economia etc.; não se pode prever a história, mas compreender cientificamente certos setores e prever certas coisas. Ao fazer essa crítica, ele está dizendo que a utopia está fora da razão, o que está correto. Mas, na minha opinião, utopia racionalista, a única possível, é a do marxismo.

[CO] *Isso não está ligado às discussões de Lucien Goldmann sobre Pascal, que escandalizaram muita gente?*
Claro, Pascal era extremamente católico e ortodoxo; se recusou a ser acusado de herege. A história dos jansenistas é muito atraente, são considerados a "heresia interna", nunca aceitaram que fossem hereges, desafiaram a Igreja a provar que eram hereges e a Igreja nunca conseguiu provar. Qual é a questão de Pascal? Ele diz que a condição humana é paradoxal, porque o homem é metade Deus, metade animal. Há um paradoxo, no plano do conhecimento: nós precisamos conhecer a verdade, mas só temos capacidade para incertezas. Há, também, um paradoxo no plano da ação, no plano ético, pois buscamos a felicidade, e só vivemos misérias. Não podemos deixar de buscar a verdade e a felicidade, mas só somos capazes de incertezas e misérias — esse é o paradoxo. Para ultrapassá-lo, segundo Pascal, tem que se apostar em Deus. Por quê? Porque caso contrário se perdem os valores. Dostoiévski também levanta este problema ao afirmar que se Deus não existe, tudo é permitido. Ou você aposta em Deus ou se mata ou mata os outros. Em nome do que você não mata os outros e se mata? Essa é a aposta. Pascal reitera: Como é que a aposta resolve o paradoxo? No plano do conhecimento, pela revelação; no plano da ação, pela graça. O que é o paradoxo no plano da ação? É a falta de liberdade. Por quê? Porque é uma contradição do homem ser sujeito, porque ele é consciente, e a sua existência na sociedade onde só existe como

objeto. O homem é um ser-sujeito pela sua essência e objeto na sua existência. Isso está inferido em Sartre quando diz que o inferno são os outros. Na terceira seção dos fragmentos, Pascal diz que se Deus não existe e você crê nele, não acontece nada de mau, nem com você nem com os outros; agora, se você não crê nele e ele existe, você está desgraçado por toda a eternidade. O primeiro está na história; o segundo, na eternidade, e não se pode trocar o tempo pela eternidade. Então, aposte. Por isso, quis batizar os meus filhos!

[CO] *Alceu Amoroso Lima contava a seguinte história: o católico tradicional seguiu a vida inteira os preceitos da Igreja; ia à missa todo domingo, rezava sempre etc. Quando morreu e chegou ao céu tomou o maior susto: "Deus, o senhor existe de fato!". Passou a existência inteira praticando aquilo, sem crer de fato e quando lá chegou...*

Mas deu certo na vida dele, não é? Ele se salvou. O marxismo é uma aposta também, como diz Lucien Goldmann no livro sobre Pascal. A única diferença é que se trata de uma aposta imanente; já a aposta pascaliana é transcendente. Para você viver, ou faz uma aposta transcendente ou faz uma aposta imanente. Esta, todos os grandes pensadores tiveram que fazer. Uma aposta que ultrapasse o nível da razão e da ciência — é preciso haver uma aposta. A aposta imanente pode ser em si mesmo, pode ser na humanidade. Veja, Marx: a humanidade nunca se apresenta problemas que não possa resolver; ele aposta na humanidade em geral. Entre si mesmo e a humanidade em geral, tem-se a história. Você aposta em alguma coisa na história — são certos heróis que vão libertar o homem de suas contingências; é o Prometeu que quis ensinar o fogo e libertou o homem da sua submissão à natureza; é o povo eleito do Antigo Testamento que vai redimir a humanidade; é classe universal do proletariado que vai salvar a humanidade das suas misérias...

[CO] *Voltando ao Brasil, entre os três grandes intérpretes da geração de 1930, aquele que mais exerceu influência intelectual sobre seu trabalho foi sem dúvida Caio Prado Jr. No entanto, o senhor conviveu mais com o professor Sérgio Buarque de Holanda. Poderia nos falar um pouco sobre eles e a influência que cada um exerceu sobre sua formação?*

Dos três, o autor com quem eu tenho mais identidade intelectual é Caio Prado Jr. Agora, dos três, com quem eu tive mais proximidade, com quem eu falei mais foi Sérgio Buarque. Fui privilegiado pela amizade do Sérgio Buarque, ele me convidava muitas vezes para ir à sua casa, gostava de mim. Isso criava até um certo ciúme nos assistentes dele. Sempre me senti muito honrado, pois o Sérgio Buarque era uma figura excepcional. Eu estive algumas vezes com o Caio Prado Jr., achava-o uma figura notável, também do ponto de vista pessoal; e nunca estive com o Gilberto Freyre. Mas considero os três uns gigantes. Pelo fato de eles terem escrito, logo depois de 1930, três obras essenciais. Embora *Formação do Brasil contemporâneo* do Caio Prado Jr. seja de 1942, o livro já está esboçado em *Evolução política do Brasil*, de 1933, mesmo ano de *Casa-grande & senzala*, daí a ideia da tríade. O simples fato de terem saído essas obras mostra que houve uma virada cultural no Brasil dos anos 1930. Uma virada da mesma importância de outros momentos de virada na história do Brasil, pois em momentos cruciais há uma tendência a reinterpretar o Brasil. Na primeira metade do século XIX, com a Independência, na Belle Époque, ligado com a República, podemos observar tipos impactantes como Euclides da Cunha, além de autores que ficaram meio de fora, mas que são importantes, como é o caso de Manoel Bonfim. Depois, nos anos 1920 com o modernismo, em 1930 um novo momento, depois no pós-guerra começa uma nova fase, de modernização, com a universidade. A modernização das Ciências Sociais mudaria o padrão. Os estudos passaram a ser científicos e deixaram de ter uma visão global. Nesse ponto, acredito que o percurso de Florestan é modelar — ele inicia como um típico produto da universidade, mas termina fazendo interpretações gerais.

[CO] *O senhor acredita que o mais difícil de analisar dos três é o professor Sérgio Buarque?*

Sim, exatamente porque ele é mais amplo do ponto de vista cultural. Caio Prado Jr. é o autor mais fácil, pois partindo do marxismo se pode entendê-lo. A partir da Sociologia, da Antropologia norte-americana, misturando um pouco com certas fontes que hoje estão sendo reveladas, pode-se ter uma certa visão do Gilberto Freyre, do seu modo de pensar. Sérgio Buarque é mais amplo, mobiliza mais correntes de pensamento... creio que o jeito de "pegar" o Sérgio seria entendê-lo como um historista alemão. Sérgio é um pensador aberto a todas as influências, é mais enciclopédico. Acho que a respeito dos três, tenho mais admiração por Sérgio. Costumo dizer que a *For-*

mação do Brasil contemporâneo talvez seja o melhor livro de história do Brasil, e o mais belo é *Visão do paraíso*. Mas, Caio Prado Jr. foi um heterodoxo do marxismo, quando a heterodoxia não estava na moda. Ele conseguiu, curiosamente, não romper, não ser expulso do Partido Comunista até o fim da vida, mantendo sua independência de espírito; isso é uma proeza fantástica. E ele não fez concessões, não era homem de fazer concessões. Mas diria que ele paga um preço por isso, porque para chegar ao marxismo e ao comunismo, ao contrário de outros intelectuais da classe média, foi sempre mais difícil. Caio é um membro de uma aristocracia declinante. Portanto, para ele, ser um intelectual marxista orgânico do Partido Comunista e ser heterodoxo ao mesmo tempo foi muito mais difícil.

[CO] *Mas até onde vai essa heterodoxia* avant garde *de Caio Prado Jr.?*
O fato de ele perceber que a formação do Brasil é a colonial, e que essa formação não corresponde a nenhum modo de produção — nem ao modo de produção feudal, nem ao modo de produção escravista. Tivemos a escravidão, mas não se trata de um modo de produção — Caio Prado Jr. não usa a expressão escravista. Contudo, ele não tenta definir o modo de produção colonial, aí aparece a limitação. Ele define o sentido da colonização estabelecendo a relação da colonização como produto da expansão comercial europeia. Ele vai fundo no significado desta expansão comercial, mas não a analisa como um componente da formação do capitalismo. Diz: "é a face comercial da economia europeia". O que era a economia europeia? Ele teria que dizer, para ser ortodoxo, que era feudal até a Revolução Industrial com uma face comercial, mas nunca diria isso. Caio Prado Jr. não participa dessa ideia de feudalismo até o século XVIII. Mas também não afirmaria que se tratava de capitalismo. Então, ele privilegia o comércio, resultado: a economia colonial é uma economia voltada para o mercado externo; daí ele tira consequências da oposição dialética entre colonial e nacional. Quanto a mim, as pessoas ficam irritadas, querem dizer que tudo o que eu formulei está em Caio Prado Jr., ou não digo nada de diferente ou, se digo, está errado. É uma economia voltada para o mercado externo, ligada à expansão do comércio europeu. Há comércio e comércio. Ao vincular a expansão comercial à formação do capitalismo, no sentido de que promove um tipo de acumulação, chega-se à dinâmica do sistema econômico, define-se a sua forma de acumulação do pon-

to de vista marxista. Caio Prado Jr. ficou no meio da análise, pois não chegou a definir a dinâmica. Não se trata de uma economia colonial para uma economia nacional, a dinâmica é de uma economia que acumula externamente para internalizar essa acumulação. Essa é a passagem do sentido da colonização para o Sistema Colonial. Talvez isso não tenha ficado bem claro no meu texto; deu polêmica como todos os outros. Há os que defendem, há os alunos, os discípulos, é uma polêmica divertida. Do ponto de vista de Caio, acho interessante justamente essa heterodoxia fora de época. Nessa época, além dele, o único que tem heterodoxia na América Latina é Mariátegui. Sobre certos aspectos, acho a obra de Caio superior à de Mariátegui. Sua obra é menos ensaística do que a de Mariátegui. Como historiador, *Formação do Brasil contemporâneo* é uma obra de pesquisa.

[CO] *Nos dois casos, como se equaciona, do ponto de vista da história intelectual, a questão do marxismo na América Latina?*

O marxismo na América Latina passa por duas fases: uma, diria, primitiva, ligada à Terceira Internacional e que vai até o pós-guerra; posteriormente assistimos a uma renovada. No caso do Brasil, entre uma e outra, interfere a academia, o que não ocorre na América Espanhola, apesar da presença da universidade desde o século XVI. É que no caso do Brasil esse momento coincide com a criação da universidade, e pode-se dizer que a renovação do marxismo está ligada ao fato de o marxismo ser discutido na academia. O que coincide com o Seminário Marx, com o Florestan, mas não é só isso.

[CO] *E há também entre um momento e outro a CEPAL...*

Claro, o marxismo renova-se por causa do debate com a CEPAL. Caio Prado Jr. e Mariátegui têm o debate renovado antes da discussão com a CEPAL? Essa é que é a questão.

[CO] *O senhor comentou sobre as diferenças entre Caio Prado Jr. e o Sérgio Buarque. Seguindo na mesma linha, o que diferencia Caio Prado Jr. de Gilberto Freyre, além obviamente do marxismo?*

Tanto Gilberto Freyre como Caio Prado Jr. estão ligados às classes dominantes tradicionais, o que mostra que a relação da classe com o seu intelectual orgânico é complicadíssima. Qual é a diferença entre os dois? Caio está ligado a uma classe dominante agrária com um verniz aristocratizante, que está decadente numa região ascendente economicamente, modernizadora, e sua família passou para o outro lado, viraram industriais. Gilberto Freyre é da "açucarocracia" decadente, que está afundando definitivamente. Ele tem uma noção nostálgica do Brasil, isto é, analisa o Brasil do ponto de vista do que foi o país. Em outras palavras, o Brasil é o que restou daquilo que foi. Quando Freyre quer ser literato é um desastre; ele tem uma ligação com a literatura desastrada. Já Caio Prado Jr. analisa o Brasil do ponto de vista prospectivo, o que o Brasil pode ser. Um é nostálgico, o outro, utópico; os dois são da mesma classe social e, por isso, estão ligados — um vem de uma região ascendente, o outro, de uma região decadente — por aí se pode entender Caio Prado Jr. e Gilberto Freyre. Desse ponto de vista, Sérgio Buarque estaria mais vinculado à classe média. Se estivesse me ouvindo, teria ódio, pois se havia uma coisa que ele não tolerava era a pequena burguesia.

[CO] *E Celso Furtado?*
Celso tem que ser compreendido de outro ponto de vista. É muito curioso. Florestan pode ser comparado a Caio Prado Jr., pois ambos são provenientes de uma região ascendente, contudo um de classe dominante e o outro não. Ambos têm visões semelhantes, mas a radicalização da visão de Florestan estabelece uma diferença em relação à visão de Caio. Agora, se você compara Florestan com Celso Furtado, a diferença é engraçada. Celso Furtado, como Raymundo Faoro, vê o Brasil a partir do Estado, ao contrário de Florestan que examina o Brasil a partir da sociedade. A partir do Estado, temos a tradição da historiografia que é continuada por Faoro e Celso Furtado e é negada por Florestan, Gilberto Freyre e até certo ponto por Caio Prado Jr. Por Sérgio Buarque também, mas ele analisa o Brasil a partir da cultura.

[CO] *Celso Furtado enxerga o país a partir do Estado e a partir também da economia.*
Claro. O melhor livro do Celso Furtado, *Formação econômica do Brasil*, é muito curioso. Ele começa fazendo uma história econômica; a partir do século XIX, o livro passa a ser uma história da política econômica e, quanto mais ele se aproxima do presente, mais sua obra trata de política econômica,

o que é compreensível. Dessa perspectiva, ele não é historiador. Mas, tudo é considerado a partir do Estado. É o Estado que explica a sociedade, é a partir dele que se deve fazer a transformação. Isso também acontece na análise de Faoro. Faoro explica que o Brasil é o que é por causa do Estado. Acho o livro *Os donos do poder* brilhante, sob vários aspectos. Contudo, no capítulo sobre a Independência, ele diz que a nação é a continuidade de uma camada burocrática que veio de Portugal, que se transpôs para o Brasil e continuou dominando o tempo todo. Por que então se separou de Portugal é um mistério total. Além disso, há outro ponto de vista semelhante, que pensa a possibilidade de regeneração por dentro do Estado, que é a perspectiva do Celso Furtado até um projeto para o Brasil; depois ele se desiludiu. No caso de Faoro, a perspectiva parece se encaminhar para dizer que o Brasil não tem solução — a impressão que se tem é de que a única possibilidade é destruir o Estado.

[CO] *O próprio* Formação econômica do Brasil, *do Furtado, partiu em certo sentido da obra de Caio Prado Jr.*
Sim. Ainda há pouco estava lendo sobre isso. Celso já tinha explicado, há um diálogo. No livro *Conversas com economistas brasileiros II*, alguns entrevistados registram que Caio Prado Jr. tinha certa mágoa de Celso. No fundo, o fato de não fazer referência direta a ele foi mais ou menos o que ocorreu no diálogo entre Max Weber e Karl Marx. Max Weber menciona uma ou duas vezes, sem citar, os textos do materialismo dialético. Mas sua obra reflete um forte diálogo com Marx. Creio que Celso Furtado está dialogando com Caio. Há um trecho em seu livro muito engraçado, em que diz que o livro do Simonsen é muito bom, que deu números para fazer comparação, o que não deixa de ser verdadeiro, pois caso se retire os dados de Simonsen, sobra pouca coisa, ele não é propriamente um pensador; colheu os dados e pronto.

O SENTIDO DA HISTÓRIA

[RA] *Não haveria uma diferença entre encontrar um sentido dentro de determinada situação, de determinada estrutura, e encontrá-lo num futuro, numa coisa que acontecerá a posteriori?*

Nunca é do futuro... Você sempre avalia as condições e as possibilidades...

[RA] *São alternativas possíveis?*
Sim. Há a teleologia inconsciente. Segundo Lucien Febvre, o pecado mortal do historiador é justamente o anacronismo, ou seja, fazer profecia do passado. Como sabemos o que aconteceu, dizemos que tinha de acontecer. Por exemplo, sabemos que houve uma colônia que se transformou numa nação, então dizemos que, desde que chegou Pero Vaz de Caminha o Brasil já estava destinado a ser uma nação. Os historiadores conservadores portugueses afirmam que a ideia dos portugueses era fazer uma nação. Mas na realidade a nação se criou contra a Metrópole; os portugueses não queriam criar nação alguma. Trata-se de uma justificativa *a posteriori*. No entanto, também não podemos dizer que foi um acaso. Ao analisar o Sistema Colonial, constatamos um movimento contraditório que leva à sua ruptura. O que isso significa? Que o sistema apresenta contradições que se tornam tensões, as quais, por sua vez, podem chegar a um conflito, o que resulta em várias possibilidades. Sempre há conflito, porque isso é inerente. A teleologia vulgar diria: a Colônia estava destinada a se tornar uma nação no começo do século XIX, o Sistema Colonial estava destinado a se dissolver. Mas nada se dissolve na história, a não ser que todas as pessoas morram — as coisas se transformam umas nas outras. A dissolução do Sistema Colonial poderia se dar tanto no começo como no fim do século XIX. O sentido aponta para a crise, e a saída da crise é um feixe de possibilidades. O grau de indeterminação existente no marxismo reside na luta de classes, isto é, perdemos ou ganhamos a luta de classes. Na América Espanhola, por exemplo, formaram-se vinte nações; já na América Portuguesa formou-se apenas um Estado nacional. Nada disso estava previsto. Existe uma série de possibilidades que devem ser levadas em conta, senão desproblematizamos a questão. Temos de saber por que o Brasil se tornou um Estado nacional e não vinte nações diferentes. Há, no entanto, um certo grau de teleologia, mas que é controlado cientificamente — em outras palavras, há possibilidades. Mas para tornarmos a história inteligível, devemos imaginar o que não aconteceu. Não precisamos partir das relações de produção para analisarmos um modo de produção. Essa é uma das razões pelas quais não caracterizei modo de produção algum, apenas fiz aproximações.

Devemos buscar as características de um modo de produção em sua gênese; ele não flui de transformações da formação social, mas resulta da circulação, da ação do capital comercial na criação de produtos para si próprio. A gênese do feudalismo é diferente da gênese do capitalismo na Europa e da gênese da economia colonial. É preciso analisar o que a economia colonial tem de diferente. Isso é um problema terrível. Sempre há continuidades, semelhanças e diferenças. Num determinado momento, o importante, do ponto de vista analítico, é o que não varia, o semelhante; em outro, é justamente o diferente. Às vezes é a continuidade que tem de ser acentuada, em outras, é a ruptura. Isto no meu ponto de vista, pois não sou especialista em metodologia, sou historiador, não um teórico. Não conheço critério objetivo que resolva tal problema. Enfrentamos a história, e conforme descrevemos certas situações, certos conjuntos, comparamos com outros e estabelecemos as diferenças. Ao periodizar, não conseguimos deixar de fazer isso; sempre que periodizamos apontamos as diferenças. Por quê? Porque num certo período acontece alguma coisa que é diferente do que era antes e do que é depois. É claro que há semelhanças, mas ao periodizarmos damos maior inteligibilidade ao objeto, privilegiando certas diferenças. Podemos comparar, por exemplo, o escravismo moderno com o antigo, elaborando um elenco de diferenças. Há duas posturas em relação à inteligibilidade da escravidão: para uns as diferenças existem, mas as semelhanças são mais importantes; para outros, destacam-se as diferenças. No segundo caso, assume-se a necessidade de trabalhar com categorias analíticas, explicativas, de modo que as diferenças são essenciais. O livro de Herbert Klein, *Escravidão africana no Caribe e na América Latina*, compara a escravidão antiga e a moderna, apresentado as diferenças — acho que algumas ele não aponta. Só que para ele essas diferenças não são substanciais. Resultado: quando ele trata do escravismo moderno, apresenta-o como um renascimento. Assim como Caio Prado Jr. que, desde *Formação do Brasil contemporâneo*, fala do renascimento da instituição da escravidão. Segundo Klein temos que explicar os fatores que fazem uma instituição em declínio desde a Idade Média se afirmar posteriormente. Do meu ponto de vista, isso é um equívoco, um falso problema, pois o escravismo moderno é essencialmente diferente. Não podemos procurar fatores de expansão, mas sim de criação. A problemática muda totalmente. Não existe critério para sabermos quando encontramos a diferença ou não. Esta é uma postura mais de historiador do que de teórico. Naturalmente, um teórico marxista dirá que há critérios. Daí a definição de modo de produção entrar novamente como critério.

[RA] *O senhor é também acusado de teleologia...*
Sim. Mas aí seria "teleologia da libertação"! Discuti isso recentemente. De um lado, há uma atitude puramente empiricista, que diz que não podemos jamais sequer imaginar. De outro, uma atitude delirante, que supõe que podemos imaginar o que quisermos. A atitude correta é aceitarmos que algumas coisas são imagináveis — visto que são aquelas possibilidades inscritas no processo —, outras não. Se não imaginamos nada, ficamos contando, narrando a história; se imaginamos o que quisermos podemos realizar um exercício divertido, apenas divertido. Não podemos imaginar, por exemplo, que no fim do século XVIII e início do XIX tenha havido uma revolução socialista no Brasil. Entretanto, é possível imaginar que a Independência tenha sido mais radical, tenha levado, por exemplo, à abolição da escravatura. Há um leque de possibilidades que temos de definir. Nesse caso, é fundamental analisar qual a estrutura que apresenta uma determinada dinâmica que abre tais possibilidades, e só chegamos a isso por intermédio de uma análise global. Nesse caso, serve o conceito de modo de produção. Há uma certa teleologia que não é aleatória, arbitrária, ou abusiva. Não se trata de filosofia da História, já que essa teleologia está inscrita no processo. No entanto, há uma leitura totalmente positivista da História que está voltando à ribalta.

[DO] *Como fugir do anacronismo?*
Isso é muito complicado. Como é que o materialismo histórico resolve o problema do anacronismo? Quando se lê *O Capital* como sendo um livro de História, ele é inteiramente anacrônico. Marx afirma no "Prefácio" do Primeiro Livro, a respeito dos alemães: vocês pensam que os meus dados empíricos são da Inglaterra, que isso que estou escrevendo aqui não é a respeito de vocês? *De te fabula narratur*. Mais para a frente ele diz que da mesma forma que só se pode compreender a evolução do macaco para o homem a partir da anatomia do homem, só é possível compreender a história anterior a partir do capitalismo. Isso é o anacronismo, pois ele não é historiador, está fazendo teoria... O historiador, ao contrário, tem que evitar o anacronismo. Só é pos-

sível fazer, por exemplo, a história do capitalismo se o estudioso partir do princípio de que o capitalismo nem precisaria ter existido. Se tinha que existir, aí não tem história. O que necessariamente tem de existir não tem história. Uma das confusões do materialismo histórico é a seguinte: a História como discurso, e portanto como profissão, parte da distinção entre história *um* — o conjunto do acontecer humano — e história *dois* — a narrativa desse objeto. Uma das características do marxismo é tentar fundir as duas coisas, ou seja, *um* e *dois* são a mesma coisa no sentido de que ao escrever História você está fazendo história.

[DO] *Isso não envolve um toque autobiográfico?*

Pois é, as últimas coisas que tenho pensado sobre historiografia, principalmente sobre o anacronismo, sugerem ideias engraçadas. O perigo do anacronismo é mais violento na autobiografia. Um exemplo candente: Florestan Fernandes, nas últimas entrevistas dele, faz questão de dizer que sempre foi marxista. Anacronismo grave, basta ver seus primeiros trabalhos. Fernando Henrique Cardoso agora vive dizendo que nunca foi marxista — claro anacronismo, ele foi sim marxista. Giannotti quer dizer que nunca foi marxista — anacronismo. Lembro-me de Giannotti e Fernando Henrique discutindo filosofia às altas horas, desesperados com os problemas teóricos; e Fernando defendia o marxismo contra o filósofo, dizendo que filosofia era religião. Agora vem dizer que nunca foi marxista? Anacronismo. Cito os três — Florestan, Giannotti e Fernando Henrique — e vou compará-los a Lutero, que no fim da vida começou a dizer que tinha tido uma iluminação do Espírito Santo. É muito difícil você contar a sua vida sem ser anacrônico. A tentação é contar a vida que você queria que tivesse sido. Gabriel García Márquez diz que a vida da gente não é a que a gente viveu, e sim aquela de que a gente se lembra para contar.

[NH] *Na comemoração dos 500 anos, o senhor fez várias críticas ao conceito de descobrimento. Por quê?*

Temos a expressão consagrada "descobrimento do Brasil". Até Capistrano de Abreu tem um livro com esse nome. Jorge Couto, recentemente, escreveu *A construção do Brasil*. Entre a construção e o descobrimento não fico com nenhum, prefiro invenção. O Brasil é uma invenção. O que não quer dizer que ele não seja uma nação, já que todas as nações são inventadas. Nação não é um dado da natureza. Toda nação é inventada, umas por um motivo, outras por outros. A nossa dificuldade é não saber direito o porquê da nossa invenção. Essa é a questão. E se a nação é o objeto da História, o anacronismo se torna algo terrível. Toda nação quer ter um passado para poder se legitimar. Então os franceses começam a dizer que a história da França começa na Gália romana. Não tem nada a ver. É pura coincidência. Na história do Brasil, anacronismo é dizer que houve descobrimento. Se o Brasil não existia ainda, não podia haver descobrimento.

[NH] *Além desses, quais outros exemplos flagrantes de anacronismo?*
Vai desde coisas mais gerais, da estrutura, até as tópicas. Por exemplo: considerar a revolta de Beckman, no Maranhão, um movimento nativista contra a Metrópole — um equívoco. Quais eram as reivindicações de Beckman? Não podia escravizar os índios porque os jesuítas atrapalhavam, reclamavam com a Metrópole. Eles tinham influência na Corte e não eram expulsos. O que Beckman queria era poder comprar escravos africanos a preços baixos e escravizar os índios à vontade. Esse é o herói. Ele virou um precursor de Tiradentes. Por quê? Porque hoje sabemos que existiram movimentos que queriam a independência. Isso é o anacronismo.

[NH] *Como explicar a unificação do Brasil?*
Essa é outra coisa muito complicada — explicar como o Brasil ficou unido. A vinda de D. João VI foi importante, mas não fundamental. O fato é que, como o regime de trabalho no Brasil era escravista, não houve divisão. Aconteceu o mesmo nos Estados Unidos. Thomas Jefferson dizia que se eles abolissem a escravidão não seriam os Estados Unidos. Aqui, José Bonifácio dizia que se nós quiséssemos abolir a escravidão não haveria independência. A diferença é que lá o escravismo existia em algumas províncias e aqui era no Brasil inteiro. Alguns pesquisadores norte-americanos vieram ao Brasil estudar a Abolição, porque não entendiam como é que se resolveu um problema dessa ordem com festas e flores, se nos Estados Unidos houve uma guerra que quase destruiu a nação. Na Guerra de Secessão morreram cerca de quatrocentas mil pessoas. Isso, em 1860, era uma loucura. Se um país tem escravismo em uma parte e em outra não, corre o risco de ter um choque. Caso

seja um país totalmente escravista, o único choque possível é o dos escravos com os senhores. Para evitar isso, se fez a Abolição. O grande drama dessa geração que queria a Independência da América é que ela tinha que romper com a colonização. A situação da colonização portuguesa é contraditória. Em nome da liberdade, mas mantendo a escravidão. Onde houve escravidão era mais fácil: mantinha-se a escravidão. A Constituição de 1824 não diz uma palavra sobre escravidão — "O Estado imperial garantirá todas as propriedades". Tinha gente que era propriedade de outro. Isso estava garantido também.

[NH] *Hoje, para o senhor, qual o papel da História e do historiador?*
A História não tem conceitos próprios, não tem jargão, usa o das Ciências Sociais. Em História, a temporalidade (longa, média ou curta duração) é o nível de realidade. Em Ciências Sociais é a estrutura, a conjuntura, os acontecimentos. Toda esfera de existência pode ter vários níveis de realidade. Para se ter uma ideia de como são importantes essas distinções, que raramente são feitas, basta pensar na questão do economicismo em História, que nasce da confusão entre esfera de existência e nível de realidade. Identifica-se uma esfera de existência, a esfera econômica, como sendo um nível de realidade — a estrutura. Daí essa Economia que explica as coisas. Pensemos no globo terrestre: as esferas da existência são os meridianos; os níveis de realidade são os paralelos. A História trata sempre de todas as esferas da existência, porque o historiador visa sempre a reconstituir os acontecimentos, não apenas explicá-los. Esse é seu trabalho. O sujeito que planta uma batata pode estar partilhando de um fenômeno religioso e não só de um fenômeno econômico. Não há um acontecimento econômico, mas acontecimentos humanos. A História, porque quer reconstituir, sempre fala da totalidade. Relaciona e historiciza o objeto. Porque História é história.

Bibliografia[1]

História

"Colonização e desenvolvimento econômico"

BEARD, Charles; BEARD, Mary. *The Rise of American Civilization* [1927]. Nova York: MacMillan, 1937, 2 vols.

BOGART, Ernest; KEMMERER, Donald. *Economic History of the American People*. Nova York: Longmans Green, 1955.

COUTINHO, J. J. da Cunha de Azeredo. *Ensaio econômico sobre o comércio de Portugal e suas colônias* [1794], in HOLANDA, Sérgio Buarque de (org.). *Obras econômicas de J. J. da Cunha de Azeredo Coutinho*. São Paulo: Companhia Editora Nacional, 1966.

FAULKNER, Harold Underwood. *American Economic History*. Nova York: Harper & Brothers, 1954.

GODINHO, Vitorino Magalhães. *História econômica e social da expansão portuguesa*. Lisboa: Terra Editora, 1947.

KIRKLAND, Edward. *Historia económica de Estados Unidos*. Trad. esp. México: Fondo de Cultura Económica, 1947.

PRADO JR., Caio. *Formação do Brasil contemporâneo* [1942], 4ª ed. São Paulo: Brasiliense, 1953.

SIMONSEN, Roberto. *A evolução industrial do Brasil*. São Paulo: Federação das Indústrias do Estado de São Paulo, 1939.

_____. *História econômica do Brasil (1500-1820)* [1937], 3ª ed. São Paulo: Companhia Editora Nacional, 1957.

---

[1] Esta bibliografia recolhe as citações dos vários textos. Com relação a documentos manuscritos, optamos por deixar as indicações completas no rodapé.

"Colonização e Sistema Colonial:
discussão de conceitos e perspectiva histórica"

BAUMONT, Maurice. *L'Essor Industriel et L'Impérialisme Colonial*, 2ª ed. Coleção Peuples et Civilisations, vol. 18. Paris: PUF, 1949.

BRAUDEL, Fernand. "La longue durée". *Annales*, outubro-dezembro de 1958.

_____. *La Méditerranée et le Monde Méditerranéen à l'Époque de Philippe II* [1949], 2ª ed. Paris: Armand Colin, 1966.

CARNEIRO, J. Fernando. *Imigração e colonização no Brasil*. Rio de Janeiro: Universidade do Brasil, 1950.

COUTINHO, J. J. da Cunha de Azeredo. *Ensaio econômico sobre o comércio de Portugal e suas colônias* [1794], in HOLANDA, Sérgio Buarque de (org.). *Obras econômicas de J. J. da Cunha de Azeredo Coutinho*. São Paulo: Companhia Editora Nacional, 1966.

DIAS, M. Nunes. *O capitalismo monárquico português (1410-1543)*. Coimbra: s.e., 1963, 2 vols.

DION, Roger. "Geografie humaine rétrospective", *Cahiers Internationaux de Sociologie*, vol. VI, 1949.

DOBB, Maurice. *Studies in the Development of Capitalism*. Londres: Routledge & Kegan Paul, 1954.

FURTADO, Celso. *Formação econômica do Brasil*. Rio de Janeiro: Fundo de Cultura, 1959.

GODINHO, Vitorino Magalhães. *A expansão quatrocentista portuguesa*. Lisboa: Empresa Contemporânea de Edições, 1945.

_____. "Creation et dynamisme économique du Monde Atlantique (1420-1670)". *Annales (Economies, Sociétés, Civilisations)*, janeiro-março de 1950.

GURVITCH, Georges (org.). *Traité de Sociologie*. Paris: PUF, 1958, 2 vols.

HARDY, Georges. *Géographie et Colonisation*, 6ª ed. Paris: Gallimard, 1933.

_____. *La Politique Coloniale et le Partage de la Terre au XIXe et XXe Siècles*. Paris: Albin Michel, 1937.

_____. *Vue Générale de Histoire d'Afrique*, 3ª ed. Paris: Armand Colin, 1937.

_____. *Histoire de la Colonisation Française*, 3ª ed. Paris: Larose, 1938.

HAZARD, Paul. *La Crise de la Conscience Européenne*. Paris: Boivin, 1935.

HECKSCHER, Eli F. *La Época Mercantilista*. Trad. esp. México: Fondo de Cultura Económica, 1943.

HILL, Christopher. "La révolution anglaise du XVIIIe siècle: essai d'interpretation". *Revue Historique*, vol. CCXXI, janeiro-março de 1959, pp. 5-32.

HOLANDA, Sérgio Buarque de (dir.). *História geral da civilização brasileira*. São Paulo: Difel, 1960, 7 vols.

HUGON, Paul. *História das doutrinas econômicas*, 6ª ed. São Paulo: Atlas, 1959.

LEROY-BEAULIEU, Paul. *De la Colonisation chez les Peuples Modernes* [1874], 5ª ed. Paris: Guillaumin, 1902.

MARX, Karl. *El Capital*. Trad. esp. México: Fondo de Cultura Económica, 1946, 3 vols.

MATHIEZ, Albert. *La Révolution Française*, 4 ed. Paris: Armand Colin, 1960, 3 vols.

MAURO, Frédéric. "Towards an 'Intercontinental Model': European Overseas Expansion between 1500 and 1800". *The Economic History Review*, vol. 14, nº 1, 1961, pp. 1-17.

MONBEIG, Pierre. *Pionniers et Planteurs de São Paulo*. Paris: Armand Colin, 1952.

MOUSNIER, Roland. *Os séculos XVI e XVII*. Trad. port. São Paulo: Difel, 1957 (t. 4, vol. 1 da coleção História Geral das Civilizações, dir. Maurice Crouzet).

PRADO JR., Caio. *Formação do Brasil contemporâneo* [1942], 4ª ed. São Paulo: Brasiliense, 1953.

RAYNAL, Guillaume-Thomas. *Histoire Philosophique et Politique des Établissements et du Commerce des Européens dans les Deux Indes*. Genebra: Jean Léonard Pellet, 1780, 4 vols.

ROSCHER, Wilhem; JANNASCH, Robert. *Kolonien, Kolonialpolitik und Auswanderung* [1848], 3ª ed. Leipzig: C. F. Winter, 1885.

SERRÃO, Joel (dir.). *Dicionário de história de Portugal*. Lisboa: Iniciativas Editoriais, 1965, 4 vols.

SORRE, Maximilien. *Fondements de la Géographie Humaine*. Paris: Armand Colin, 1948, 4 vols.

_____. *Les Migrations des Peuples*. Paris: Flammarion, 1955.

_____. *Rencontres de la Géographie et de la Sociologie*. Paris: M. Rivière, 1957.

VILHENA, Luís dos Santos. *Recopilação de noticias soteropolitanas e brasilicas* [1802], Braz do Amaral (org.). Salvador: Imprensa Oficial do Estado, 1921.

"O Brasil nos quadros do Antigo Sistema Colonial"

COUTINHO, J. J. da Cunha de Azeredo. *Ensaio economico sobre o commercio de Portugal e suas colonias*, 3ª ed. Lisboa: Typographia da Academia Real das Sciencias, 1828.

DIAS, Manuel Nunes. *O capitalismo monárquico português (1410-1549)*. Coimbra: s.e., 1963, 2 vols.

FURTADO, Celso. *Formação econômica do Brasil*. Rio de Janeiro: Fundo de Cultura, 1959.

GODINHO, Vitorino Magalhães. *A expansão quatrocentista portuguesa*. Lisboa: Empresa Contemporânea de Edições, 1945.

HAMILTON, Earl C. *El Florecimiento del Capitalismo y Otros Ensayos de Historia Económica*. Trad. esp. Madri: Revista de Occidente, 1948.

HARING, Clarence H. *Comercio y Navegación entre España y las Índias*. Trad. esp. México: Fondo de Cultura Económica, 1939.

Bibliografia

HECKSCHER, Eli F. *Mercantilism*. Trad. ingl. Londres: Allen & Unwin, 1955, 2 vols.

PRADO JR., Caio. *Formação do Brasil contemporâneo*, 4ª ed. São Paulo: Brasiliense, 1953.

WILLIAMS, Eric. *Capitalism & Slavery*. Richmond: The University of North Carolina Press, 1944.

"A proibição das manufaturas no Brasil
e a política econômica portuguesa do fim do século XVIII"

ABREU, J. Capistrano de. *Capítulos de história colonial*, 4ª ed. Rio de Janeiro: Sociedade Capistrano de Abreu/Livraria Briguiet, 1954.

Autos da devassa da Inconfidência Mineira. Rio de Janeiro: Ministério da Educação, 1936, 7 vols.

AZEVEDO, Aroldo de. *Vilas e cidades do Brasil colonial: ensaio de geografia urbana retrospectiva*. São Paulo: Faculdade de Filosofia, Ciências e Letras, 1936 (Boletim nº 208, Geografia, nº 11).

AZEVEDO, João Lúcio de. *O marquês de Pombal e a sua época*, 2ª ed. Rio de Janeiro: Annuário do Brasil, 1922.

BRITTO, Lemos. *Pontos de partida para a história econômica do Brasil*, 2ª ed. São Paulo: Companhia Editora Nacional, 1939.

COELHO, J. J. Teixeira. "Instruções para o governo da capitania de Minas Gerais" [1780]. *Revista do Instituto Histórico e Geográfico Brasileiro*, t. XIV.

"Considerações sobre as duas classes mais importantes de povoadores da capitania de Minas Gerais, como são as de mineiros e agricultores...". *Revista do Instituto Histórico e Geográfico Brasileiro*, 1862, t. XXV.

COUTINHO, J. J. da Cunha de Azeredo. "Discurso sobre o estado atual das minas do Brasil" [1804]. *Revista do Instituto Histórico e Geográfico Brasileiro*, t. XCVII, 1898, pp. 5-37.

COUTINHO, Rodrigo de Sousa. "Discurso sobre a verdadeira influência das minas e metais preciosos na indústria, das nações que as possuem...", vol. I, in *Memórias económicas da Academia Real das Sciencias de Lisboa*. Lisboa: Edição da Academia Real das Sciencias de Lisboa, 1789, 5 vols.

ESCHWEGE, Ludwig von. *Pluto brasiliensis* [1833]. Trad. port. São Paulo: Companhia Editora Nacional, 1944, 2 vols.

GIDE, Charles; RIST, Charles. *Histoire des Doctrines Économiques*, 7ª ed. Paris: Sirey, 1959, 2 vols.

HOLANDA, Sérgio Buarque de. *Caminhos e fronteiras*. Rio de Janeiro: José Olympio, 1957.

HOLANDA, Sérgio Buarque de (org.). *Obras económicas de J. J. da Cunha de Azeredo Coutinho* [1794-1804]. São Paulo: Companhia Editora Nacional, 1966.

_____ (dir.). *História geral da civilização brasileira*. São Paulo: Difel, 7 vols.

HUGON, Paul. *História das doutrinas econômicas*, 6ª ed. São Paulo: Atlas, 1959.

LEME, Antônio Pires da Silva Pontes, *Memórias econômicas da Academia Real das Sciencias de Lisboa*. Lisboa: Edição da Academia Real das Sciencias de Lisboa, 1789.

"Memória sobre a utilidade pública de se extrair o ouro das minas". *Revista do Arquivo Público Mineiro*, vol. 1, 1896, pp. 417-26.

LIMA, Heitor Ferreira. *Formação industrial do Brasil (período colonial)*. Rio de Janeiro: Fundo de Cultura, 1961.

MACEDO, Jorge de. *O bloqueio continental: economia e guerra peninsular*. Lisboa: Delfos, 1962.

Memórias econômicas da Academia Real das Sciencias de Lisboa. Lisboa: Officina da Academia Real, 1789-1815, 5 vols.

MONTESQUIEU. *De L'Esprit des Lois* [1748]. Paris: Garnier, 1961.

_____. *Do espírito das leis*. Trad. port. São Paulo: Difel, 1962, 2 vols.

MORAIS SILVA, António. *Grande dicionário da língua portuguesa* [1789], 10ª ed. Lisboa: Editorial Confluência, 1949-1959, 12 vols.

PINHO, Wanderley. *A abertura dos portos*. Salvador: Universidade da Bahia, 1961.

PRADO JR., Caio. *Formação do Brasil contemporâneo*, 4ª ed. São Paulo: Brasiliense, 1953.

ROLL, Eric. *History of Economic Thought*, 6ª ed. Londres: Faber and Faber, 1956.

SANTOS, Joaquim Felício dos. *Memórias do Distrito Diamantino* [1864], 2ª ed. Rio de Janeiro: Livraria Castilho, 1924.

SILVA, António Delgado da. *Collecção da legislação portuguesa*. Lisboa: Typographia Maigrense, 1838, 9 vols.

SIMONSEN, Roberto. *História econômica do Brasil (1500-1820)*, 3ª ed. São Paulo: Companhia Editora Nacional, 1957.

VARNHAGEN, Franciso A. de. *História geral do Brasil*, 3ª ed. São Paulo: Melhoramentos, s.d., 5 vols.

WILLIAMS, Eric. *Capitalism & Slavery*. Richmond: University of North Carolina Press, 1944.

"A extinção da escravatura africana em Portugal
no quadro da política pombalina"

AMEAL, João; CAVALHEIRO, Rodrigues. *Erratas à história de Portugal: de D. João V a D. Miguel*. Porto: Livraria Tavares Martins, 1939.

AZEVEDO, João Lúcio de. *História dos cristãos-novos portugueses*. Lisboa: Livraria Clássica Editora, 1921.

_____. *O marquês de Pombal e a sua época*, 2ª ed. Rio de Janeiro: Annuário do Brasil, 1922.

_____. *Novas epanáforas: estudos de história e literatura*. Lisboa: Livraria Clássica Editora, 1932.

_____. *Épocas de Portugal econômico: esboços de história*, 2ª ed. Lisboa: Livraria Clássica Editora, 1943.

_____. *Elementos para a história econômica de Portugal (séculos XII a XVII)*. Lisboa: Gabinete de Investigações Económicas do Instituto Superior de Ciências Económicas e Financeiras, 1967.

CARREIRA, Antônio. *As companhias pombalinas de navegação, comércio e tráfico de escravos entre a costa africana e o Nordeste brasileiro*. Bissau: Centro de Estudos da Guiné Portuguesa, 1969.

CEREJEIRA, Manuel Gonçalves. *O Renascimento em Portugal: Cleonardo e a sociedade portuguesa do seu tempo*, 3ª ed. Coimbra: Coimbra Editora, 1949.

COELHO, J. M. Latino. "O marquês de Pombal", in *O marquês de Pombal (obra comemorativa do centenário de sua morte)*. Lisboa: s.e., 1855.

COORNAERT, É. L. J. "European Economic Institutions and the New World: The Chartered Companhies", in *The Cambridge Economic History of Europe*, vol. 4. Cambridge: Cambridge University Press, 1967.

CORREIA, Francisco Antônio. *História econômica de Portugal*. Lisboa: Tipografia da Empresa Nacional de Publicidade, 1930, 2 vols.

CUNHA, Luis da. *Testamento político de d. Luiz da Cunha* [*c.* 1748]. Lisboa: Seara Nova, 1943.

DEYON, Pierre. *Le Mercantilisme*. Paris: Flammarion, 1969.

DIAS, Manuel Nunes. *A Companhia do Grão-Pará e Maranhão*. São Paulo: Revista de História, 1971.

DOBB, Maurice. *Studies in the Development of Capitalism*. Londres: Routiedge & Kegan Paul, 1954.

FANFANI, Amintore. *Storia Economica*, 4ª ed. Milão: Unione Tipográfico Editrice, 1956.

FISCHER, Harold E. S. *The Portugal Trade: A Study of Anglo-Portuguese Commerce, 1700-1770*. Londres: Methuen, 1971.

GODINHO, Vitorino Magalhães (org.). *Documentos sobre a expansão portuguesa*. Lisboa: Cosmos, 1956, 3 vols.

GOULART, Maurício. *Escravidão africana no Brasil: das origens à extinção do tráfico*, 2ª ed. São Paulo: Martins, 1950.

HECKSCHER, Eli F. *La Época Mercantilista*. Trad. esp. México: Fondo de Cultura Económica, 1943.

LOBO, A. de Sousa Silva Costa. *História da sociedade em Portugal no século XV*. Lisboa: Imprenta Nacional, 1903.

LUZZATTO, Gino. *Storia Economica dell'Età Moderna e Contemporânea*, 4 ed. Pádua: Dott. A. Milani, 1955, 2 vols.

MACEDO, Jorge de. *A situação económica no tempo de Pombal: alguns aspectos.* Porto: Livraria Portugália, 1951.

_____. "Portugal e economia pombalina: temas e hipóteses". *Revista de História*, nº 19, 1954, pp. 81-100.

_____. *Problemas de história da indústria portuguesa no século XVIII*. Lisboa: Associação Industrial Portuguesa, 1963.

MAXWELL, Kenneth. "Pombal and the Nationalization of the Luso-Brazilian Economy". Separata de *The Hispanic American Historical Review*, vol. XLVIII, nº 4, novembro de 1968.

MIGUEL, C. F. M. de Sousa. "Escravatura" (verbete), in SERRÃO, Joel (dir.). *Dicionário de história de Portugal.* Lisboa: Iniciativas Editoriais, 1968, 4 vols.

MORATO, Francisco Manuel Trigoso de Aragão. *Coleção da legislação impressa e manuscrita.* Lisboa: Biblioteca da Academia de Ciências de Lisboa, 43 vols.

NEVES, José Acúrsio das. *Variedades sobre objetos relativos às artes, comércio, e manufaturas, consideradas segundo os princípios da economia política.* Lisboa: Impressão Regia, 1814, 2 vols.

REIS, Arthur César Ferreira. "O comércio colonial e as companhias privilegiadas", in HOLANDA, Sérgio Buarque de (dir.). *História geral da civilização brasileira*, t. 1, vol. 2. São Paulo: Difel, 1960.

RIBEIRO JR., José. *Política econômica para o Brasil: a legislação pombalina* (mimeo.). São Paulo: s.e., 1969.

RODRIGUES, Alfredo Duarte. O *marquês de Pombal e seus biógrafos.* Lisboa: Grandes Oficinas Gráficas Minerva, 1947.

SARAIVA, Antônio José. *Inquisição e cristãos-novos*, 2ª ed. Porto: Editorial Inova, 1969.

SILBERT, Albert. *Le Portugal Méditerranéen à la Fin de l'Ancien Régime*. Paris: SEVPEN, 1966, 2 vols.

SILVA, Antônio Delgado da. *Collecção da legislação portuguesa.* Lisboa: Typografia Maigrense, 1828, 9 vols.

_____. *Suplemento à Collecção da legislação portuguesa (1750-1820)*. Lisboa, 1842-1844.

SILVA, José Gentil da. "Au Portugal: structure démographique et développement économique", separata de *Studi in Onore di Amintore Fanfani*, vol. 2. Milão: Giuffrè, 1962, 2 vols.

SIQUEIRA, Sônia A. "A Inquisição portuguesa e os confiscos", separata da *Revista de História*, nº 82, 1970.

SMITH, John. *Memoirs of the Marquis of Pombal.* Londres: Longman/Brown/Green, 1848, 2 vols.

SOUZA, João de Saldanha Oliveira e. *O marquês de Pombal e a repressão da escravatura: a obra e o homem*, in *Congresso do Mundo Português*. Lisboa, 1940.

TELLES, José Homem Correa. *Comentário crítico à Lei da Boa Razão*. Lisboa: Typografia de Maria da Madre de Deus, 1865.

VERLINDEN, Charles. *L'Esclavage dans l'Europe médiévale*. Bruges: De Tempel, 1965.

_____. *Les Origines de la Civilisation Atlantique*. Neuchâtel/Paris: La Baconnière/Albin Michel, 1966.

WILLIAMS, Eric. *Capitalism & Slavery*, 2ª ed. Nova York: Russell & Russell, 1961.

ZURARA, Gomes Eanes de. *Crônicas dos feitos da Guiné*, A. J. Dias Dinis (org.). Lisboa: Agência Geral das Colônias, 1949.

"Notas para o estudo do Brasil no comércio internacional
do fim do século XVIII e início do século XIX (1796-1808)"

BALBI, Adriano. *Essai Statistique sur le Royaume de Portugal et d'Algarve*. Paris: Rey et Gravier, 1822, 2 vols.

BURNS, E. Bradford. "The Role of Azeredo Coutinho in the Enlightenment of Brazil". *The Hispanic American Historical Review*, vol. XLIV, 1964, pp. 145-61.

CARDOZO, Manuel. "Azeredo Coutinho e o fermento intelectual de sua época", in KEITH, Henry H.; EDWARDS, S. F. (eds.). *Conflito e continuidade na sociedade brasileira*. Trad. port. Rio de Janeiro: Civilização Brasileira, 1970.

COUTINHO, J. J. da Cunha de Azeredo. *Ensaio econômico sobre o comércio de Portugal e suas colônias* [1794], in HOLANDA, Sérgio Buarque de (org.). *Obras econômicas de J. J. da Cunha de Azeredo Coutinho*. São Paulo: Companhia Editora Nacional, 1966.

ELLIS, Myriam. "Um documento anônimo dos fins do século XVIII sobre as relações comerciais entre o Brasil e Portugal". *Revista de História*, nº 38, 1959, pp. 383-419.

LISBOA, José da Silva. *Memórias sobre os benefícios politicos do governo de El Rey Nosso Senhor Don João VI*. Rio de Janeiro: Impressão Regia, 1818.

NEVES, José Acúrsio das. *Memória sobre os meios de melhorar a industria portuguesa*. Lisboa: Officina de Simão Thaddeo Ferreira, 1820.

PAULA, Luis Nogueira de. "Brasil", in vários autores, *El Pensamiento Económico Latinoamericano*. México: Fondo de Cultura Económica, 1945, pp. 70-102.

SIQUEIRA, Sônia A. "A escravidão negra no pensamento do bispo Azeredo Coutinho: contribuição ao estudo da mentalidade do último inquisidor". Separata de *Revista de História*, nº 56-57, São Paulo, 1964.

SODRÉ, Nelson Werneck. *A ideologia do colonialismo: seus reflexos no pensamento brasileiro*. Rio de Janeiro: ISEB, 1961.

"Sistema Colonial, industrialização e etapas do desenvolvimento"

BARAN, Paul. *A economia política do desenvolvimento econômico*. Trad. port. Rio de Janeiro: Zahar, 1960.

CARDOSO, Fernando Henrique. *Empresário industrial e desenvolvimento econômico*. São Paulo: Difel, 1964.

_____; FALETTO, Enzo. *Dependência e desenvolvimento na América Latina*. Rio de Janeiro: Zahar, 1970.

CLOUGH, Shepard B.; COLE, Charles W. *Economic History of Europe*, 3ª ed. Boston: Heath, 1952.

DOBB, Maurice. *Studies in the Development of Capitalism*. Londres: Routledge & Kegan Paul, 1954.

FURTADO, Celso. *Desenvolvimento e subdesenvolvimento*. Rio de Janeiro: Fundo de Cultura, 1961.

GODINHO, Vitorino Magalhães. "Création et dynamisme économique du monde atlantique (1420-1670)". *Annales (Economies, Sociétés, Civilisations)*, janeiro-março de 1950.

LUZZATO, Gino. *Storia Economica dell'Età Moderna e Contemporânea*, 4ª ed. Pádua: Dott. A. Milani, 1955, 2 vols.

MAURO, Frédéric. "Towards an 'Intercontinental Model': European Overseas Expansion between 1500 and 1800". *The Economic History Review*, vol. XIV, nº 1, 1961, pp. 1-17.

_____. *L'Expansion Européenne*. Paris: PUF, 1964.

_____. *Le XVIe Siècle Européen*. Paris: PUF, 1966.

MYRDAL, Gunnar. *Teoria econômica e regiões subdesenvolvidas*. Trad. port. Rio de Janeiro: ISEB, 1960.

NOVAIS, Fernando A. "Colonização e sistema colonial: discussão de conceitos e perspectiva histórica". *Anais do IV Simpósio Nacional dos Professores Universitários de História*, São Paulo, 1969.

PREBISCH, Raúl. *Hacia una Dinámica del Desarrollo Latino Americano*. México: Fondo de Cultura Econômica, 1963.

ROSTOW, W. W. *Etapas do desenvolvimento econômico: um manifesto não-comunista*. Rio de Janeiro: Zahar, 1961.

_____. *The Stages of Economic Growth: A Non-Communist Manifesto*. Cambridge: Cambridge University Press, 1960.

SCHUMPETER, Joseph A. *Teoria do desenvolvimento econômico*. Trad. port. Rio de Janeiro: Fundo de Cultura, 1961.

VILAR, Pierre. *Crecimiento y Desarrollo: Economia e Historia*. Trad. esp. Barcelona: Ariel, 1964.

"A evolução da sociedade brasileira:
alguns aspectos do processo histórico da formação social no Brasil"

WILLIAMS, Eric. *Capitalism & Slavery*. Chapel Hill: University of North Carolina Press, 1944.

WALLERSTEIN, Immanuel. *The Modern World-System*. Nova York: Academic Press, 1974-1989, 3 vols.

FAORO, Raymundo. *Os donos do poder: formação do patronato político brasileiro*. Porto Alegre: Globo, 1958.

PRADO JR., Caio. *Evolução política do Brasil*. São Paulo: Editora Revista dos Tribunais, 1933.

MELLO, João Manuel Cardoso de. *O capitalismo tardio*. São Paulo: Brasiliense, 1982.

GRAHAM, Richard. *Britain & The Onset of Modernization in Brazil*. Cambridge: Cambridge University Press, 1972 [ed. bras.: *Grã-Bretanha e o início da modernização no Brasil*. São Paulo: Brasiliense, 1973].

GENOVESE, Eugene. *The World The Slaveholders Made*. Nova York: Vintage Books, 1971.

_____. *In Red and Black*. Nova York: Vintage Books, 1971.

"Anotações sobre a vida cultural na época do Antigo Regime"

ALTHUSSER, Louis. *Montesquieu, la Politique e l'Histoire*. Paris: PUF, 1969.

BRÉHIER, Émile. *Historia de la filosofia*. Trad. esp. Buenos Aires: Editorial Sudamericana, 1956, 3 vols.

BURCKHARDT, Jacob. *A cultura do Renascimento na Itália* [1860]. Trad. port. São Paulo: Companhia das Letras, 1991.

DELUMEAU, Jean. *La Civilisation de la Rennaissance*. Paris: Arthaud, 1967.

_____. *Le Catholicisme entre Luther et Voltaire*. Paris: PUF, 1971.

DEYON, Pierre. *Le Mercantilisme*. Paris: Flammarion, 1969.

FERGUSON, Wallace K. *La Rennaissance dans la Pensée Historique*. Trad. fr. Paris: Payot, 1950.

FOUCAULT, Michel. *Histoire de la Folie à l'Âge Classique*. Paris: Plon, 1961.

_____. *Les Mots et les Choses*. Paris: Gallimard, 1966.

_____. *L'Archéologie du Savoir*. Paris: Gallimard, 1969.

_____. *A verdade e as formas jurídicas*. Trad. port. Rio de Janeiro: PUC-RJ, 1974 (série Letras e Artes, caderno nº 18).

FRANCASTEL, Pierre. *Peinture et Société*. Paris: Gallimard, 1965.

GAY, Peter. *The Enlightenment: An Interpretation*. Nova York: Alfred Knopf, 1966, 2 vols.

GOLDMANN, Lucien. *Le Dieu Caché: Étude sur la Vision Tragique dans les Pensées de Pascal et dans le Théâtre de Racine*. Paris: Gallimard, 1955.

_____. *Recherches Dialectiques*. Paris: Gallimard, 1985.

GOLDSCHMIDT, Victor. "Temps historique et temps logique dans l'interpretation des sistèmes philosophiques", in *XII Congrès Internationale de Philosophie*. Bruxelas, 1953.

GONNARD, René. *Historia de las doctrinas económicas*. Trad. esp. Madri: Aguilar, 1968.

GRAMSCI, Antonio. *Gli Intellettuali e l'Organizzazione della Cultura*. Milão: Einaudi, 1966.

GROETHUYSEN, Bernard. *Los Origines del Espíritu Burgues en Francia*. Trad. esp. Madri: Revista de Occidente, 1949.

HAUSER, Arnold. *Historia Social de la Literatura y del Arte*. Trad. esp. Madri: Guadarrama, 1974, 3 vols.

HECKSCHER, Eli F. *La Época Mercantilista*. Trad. esp. México: Fondo de Cultura Económica, 1945.

KOYRÉ, Alexandre. *Mystiques, Spirituels, Alchimistes du XVIe Siècle Allemand*. Paris: Armand Colin, 1955.

LEFORT, Claude. *Le Travail de l'oeuvre Machiavel*. Paris: Gallimard, 1972.

MÂLE, Émile. *L'Art Religieux après le Concile de Trente*. Paris: Armand Colin, 1951.

MANDROU, Robert. *Magistrats et Sorciers en France aux XVIIe Siècle*. Paris: Plon, 1968.

MANNHEIM, Karl. *Ideologia e utopia*. Trad. port. Porto Alegre: Globo, 1956.

PORTELLI, Hugues. *Gramsci y el Bloque Historico*. Trad. esp. Buenos Aires: Siglo XXI, 1974.

ROLL, Eric. *History of Economic Thought*, 6ª ed. Londres: Faber and Faber, 1956.

SABINE, George. *History of Political Thought*. Nova York: Rinehart and Winston, 1961.

SCHUMPETER, Joseph. *History of Economic Analysis*. Nova York: Oxford University Press, 1959.

TAWNEY, Richard H. *Religion and the Rise of Capitalism*. Londres: J. Murray, 1926.

TOUCHARD, Jean. *Historia de las ideas políticas*. Trad. esp. Madri: Tecnos, 1972.

"O reformismo ilustrado luso-brasileiro: alguns aspectos"

ARRUDA, José Jobson de Andrade. *O Brasil no comércio colonial, 1796-1808*. São Paulo: Ática, 1980.

Memórias econômicas da Academia Real das Sciencias de Lisboa. Lisboa: Officina da Academia Real, 1789-1815, 5 vols.

NOVAIS, Fernando A. *Portugal e Brasil na crise do Antigo Sistema Colonial (1777-1808)*, 2ª ed. São Paulo: Hucitec, 1981.

RATTON, Jácome. *Recordações de Jácome Ratton sobre as ocorrências do seu tempo (1747-1810)*, 2ª ed. Coimbra: Imprensa da Universidade, 1920.

SILBERT, Albert. *Le Portugal Méditerranéen à la Fin de l'Ancien Régime*. Paris: SEVPEN, 1966, 2 vols.

"Passagens para o Novo Mundo"

COSTA, Emilia Viotti da. "Introdução ao estudo da emancipação política do Brasil", in MOTA, Carlos Guilherme (org.). *Brasil em perspectiva*, 9ª ed. São Paulo: Difel, 1978.

CUNHA, Pedro Octávio Carneiro da. "A fundação de um Império Liberal", in HOLANDA, Sérgio Buarque de (dir.). *História geral da civilização brasileira*. São Paulo: Difel, 1962, t. II, vol. 1.

HILL, Henry. *A View of the Commerce of Brazil (1808)*. Salvador: Banco da Bahia, s.d.

MARISCAL, Francisco de Sierra y. "Ideias sobre a revolução do Brasil e suas consequências" [1823]. *Anais da Biblioteca Nacional*, Rio de Janeiro, vol. XLIII, 1920.

MAXWELL, Kenneth R. *Conflicts and Conspiracies: Brazil & Portugal (1750-1808)*. Cambridge: Cambridge University Press, 1973.

NOVAIS, Fernando A. *Estrutura e dinâmica do Antigo Sistema Colonial*. São Paulo: Cadernos CEBRAP, nº 17, 1974.

_____. *Portugal e Brasil na crise do Antigo Sistema Colonial (1777-1808)*, 2ª ed. São Paulo: Hucitec, 1981.

PINHO, Wanderley. *A abertura dos portos*. Salvador: Universidade da Bahia, 1961.

RODRIGUES, José Honório. *Independência: revolução e contrarrevolução*. Rio de Janeiro: Francisco Alves, 1975, 5 vols.

SMITH, Adam. *An Inquiry Into the Nature and Causes of the Wealth of Nations* [1776]. Edwin Cannon (org.). Nova York: Modern Library, 1937.

VILHENA, Luís dos Santos. *Recopilação de noticias soteropolitanas e brasilicas* [1802]. Braz do Amaral (org.). Salvador: Imprensa Oficial do Estado, 1921.

"Condições da privacidade na Colônia"

ALDEN, Dauril. "The Population of Brazil in the Nighteenth Century: A Preliminary Survey". *The Hispanic American Historical Review*, vol. XLIII, 1963, pp. 173-206.

ALENCASTRO, Luiz Felipe de. "O aprendizado da colonização". *Economia e Sociedade — Revista do Instituto de Economia da Unicamp*, nº 1, agosto de 1992, pp. 135-63.

ANDERSON, Benedict. *Imagined Communities*. Londres: Verso, 1983.

ANTONIL, André João. *Cultura e opulência no Brasil por suas drogas e minas*. Lisboa: Officina Real Deslandesiana, 1711.

AZEVEDO, Aroldo de. *Vilas e cidades do Brasil colonial: ensaio de geografia urbana retrospectiva*. São Paulo: Faculdade de Filosofia, Ciências e Letras, 1956 (Boletim nº 208; Geografia, nº 11).

BASTIDE, Roger. *Brasil, terra de contrastes*. Trad. port. São Paulo: Difel, 1959.

Bibliografia

BETHENCOURT, Francisco. *História das inquisições*. Lisboa: Círculo de Leitores, 1994.

CHARTIER, Roger (org.). *De la Renaissance aux Lumières*, vol. 3 de ARIÈS, Philippe; DUBY, George (orgs.). *Histoire de la Vie Privée*. Paris: Seuil, 1985-1987, 5 vols.

Diálogos das grandezas do Brasil [1618]. José Antonio Gonçalves Mello (org.). Recife: Imprensa Universitária, 1966.

HABERMAS, Jürgen. *Mudança estrutural da esfera pública*. Trad. port. Rio de Janeiro: Tempo Brasileiro, 1984.

HANKE, Lewis U. *The Spanish Struggle for Justice in America*. Boston: Little Brown & Company, 1949.

KOSHIBA, Luis. *A divina colônia: contribuição à história social da literatura*. Dissertação de mestrado. São Paulo: FFLCH-USP, 1981.

MATOS, Gregório de. *Obras completas. Crônica do viver baiano seiscentista*. James Amado (org.). Salvador: Janaina, 1968, 7 vols.

NOVAIS, Fernando A. *Estrutura e dinâmica do Antigo Sistema Colonial*. São Paulo: Cadernos CEBRAP, nº 17, 1974.

NOVINSKY, Anita. *Cristãos-novos na Bahia*. São Paulo: Perspectiva, 1972.

_____; CARNEIRO, Maria Luiza Tucci (orgs.). *Inquisição: ensaios sobre mentalidades, heresias e artes*. São Paulo: Edusp, 1992.

PRADO JR., Caio. *Formação do Brasil contemporâneo*, 4ª ed. São Paulo: Brasiliense, 1953.

ROUCHE, Michel. "Alta Idade Média ocidental", in VEYNE, Paul (org.). *Do Império Romano ao ano mil*, vol. 1, de ARIÈS, Philippe; DUBY, George (dir.). *História da vida privada*. Trad. port. São Paulo: Companhia das Letras, 1990-1992, 5 vols.

SALVADOR, Frei Vicente do. *História do Brasil (1500-1627)*. São Paulo: Melhoramentos, 1934.

SALVADOR, José Gonçalves. *Cristãos-novos, jesuítas e Inquisição*. São Paulo: Pioneira, 1969.

SERRÃO, Joel. *Fontes da demografia portuguesa*. Lisboa: Livros Horizonte, 1973.

SILVA, José Gentil da. "Au Portugal: structure démographique et développement économique". Separata de *Studi in Onore di Amintore Fanfani*, vol. 2. Milão: Giuffrè, 1962.

SIQUEIRA, Sônia A. *A inquisição portuguesa e a sociedade colonial*. São Paulo: Ática, 1978.

SOUZA, Laura de Mello e. *Inferno atlântico: demonologia e colonização, séculos XVI-XVIII*. São Paulo: Companhia das Letras, 1993.

VAINFAS, Ronaldo. *A heresia dos índios: catolicismo e rebeldia no Brasil colonial*. São Paulo: Companhia das Letras, 1995.

VILHENA, Luís dos Santos. *Recopilação de notícias soteropolitanas e brasílicas* [1802]. Braz do Amaral (org.). Salvador: Imprensa Oficial do Estado, 1921.

Bibliografia

"O 'Brasil' de Hans Staden"

ABREU, J. Capistrano de. *Capítulos de história colonial*, 4ª ed. Rio de Janeiro: Sociedade Capistrano de Abreu/Livraria Briguiet, 1934.

CALMON, Pedro. *História do Brasil*. Rio de Janeiro: Livraria José Olympio Editora, 1959, 7 vols.

COUTO, Jorge. *A construção do Brasil*. Lisboa: Cosmos, 1995.

História trágico-marítima [1735-1736]. Bernardo Gomes de Brito (org.). Porto: Portugalense Editora, 1942, 6 vols.

HOLANDA, Sérgio Buarque de. *Raízes do Brasil*. Rio de Janeiro: José Olympio, 1936.

_____. *Visão do paraíso: os motivos edênicos no descobrimento e colonização do Brasil*. Rio de Janeiro: José Olympio, 1959.

LEITE, Serafim (org.). *Cartas dos primeiros jesuítas do Brasil*. São Paulo: Comissão do IV Centenário, 1954, 3 vols.

LEVILLER, Roberto. *América, la Bien Llamada*. Buenos Aires: Guillermo Kraft, 1948, 2 vols.

Newen Zeitung auss Pressilg Landt [1515]. Trad. port. D. Clemente Brandenburger. Santos: EDANEE, 1922.

NOVAIS, Fernando A. "Condições da privacidade na Colônia", in SOUZA, Laura de Mello e (org.), *Cotidiano e vida privada na América portuguesa*, vol. 1 de *História da vida privada no Brasil*. São Paulo: Companhia das Letras, 1997, pp. 13-41.

NÓBREGA, Pe. Manuel da. *Diálogo sobre a conversão do gentio* [1557]. Edição crítica organizada por Pe. Serafim Leite. Lisboa: Comissão do IV Centenário da Fundação de São Paulo, 1954.

PRADO, João F. de Almeida. *Primeiros povoadores do Brasil, 1500-1530*. São Paulo: Companhia Editora Nacional, 1935.

SALVADOR, Frei Vicente do. *História do Brasil (1500-1627)*. Edição crítica por Capistrano de Abreu, Rodolfo Garcia e Frei Venâncio Willake. São Paulo: Melhoramentos, 1975.

SCHWARZ, Roberto. "As ideias fora do lugar". *Estudos CEBRAP*, nº 3, janeiro de 1973, pp. 149-63.

SOUZA, Gabriel Soares de. *Tratado descritivo do Brasil* [1587]. Edição crítica de Francisco A. de Varnhagen. São Paulo: Companhia Editora Nacional, 1971.

SOUZA, Laura de Mello e. *Inferno atlântico: demonologia e colonização, séculos XVI-XVIII*. São Paulo: Companhia das Letras, 1993.

_____ (org.). *Cotidiano e vida privada na América portuguesa*, vol. 1 de NOVAIS, Fernando A. (dir.). *História da vida privada no Brasil*. São Paulo: Companhia das Letras, 1997, 4 vols.

STADEN, Hans. *Warhaftig Historia...* [Marburgo, 1557]. *História verídica de uma terra de selvagens...* Trad. port. São Paulo: Terceiro Nome, 1999.

"A 'certidão de nascimento ou de batismo' do Brasil"

BATAILLON, Marcel. *Études sur le Portugal au Temps de l'Humanisme*. Coimbra: Imprensa da Universidade, 1952.

BURCKHARDT, Jacob. *A cultura do Renascimento na Itália* [1860]. Trad. port. São Paulo: Companhia das Letras, 1991.

CALMON, Pedro. *História do Brasil*. Rio de Janeiro: José Olympio, 1939, 7 vols.

CAMÕES, Luís de. *Os Lusíadas* [1572]. Edição fac-similar. Porto: Lello & Irmãos, 1949.

CARVALHO, Joaquim Barradas de. *A la Recherche de la Spécificité de la Renaissance Portugaise*. Paris: Fondation Calouste Gulbenkian, 1983, 2 vols.

CARVALHO, Margarida Barradas. "L'idéologie religieuse dans la Carta de Pero Vaz de Caminha". *Bulletin des Études Portugaises*, XXII, 1960.

CORTESÃO, Jaime. *A carta de Pero Vaz de Caminha*. Rio de Janeiro: Livros de Portugal, 1943.

DIAS, J. S. da Silva. *Os descobrimentos e a problemática cultural do século XVI*. Lisboa: Presença, 1982.

GODINHO, Vitorino Magalhães. *Os descobrimentos e a economia mundial*. Lisboa: Presença, 1981, 4 vols.

GUERREIRO, Manuel Viegas. *Carta a El-rei Dom Manuel sobre o achamento do Brasil*. Lisboa: Imprensa Nacional, 1974.

HOLANDA, Sérgio Buarque de. *Visão do paraíso*, 2ª ed. São Paulo: Companhia Editora Nacional, 1969.

LOPES, Óscar; SARAIVA, Antonio José. *História da literatura portuguesa*. Porto: Porto, s.d.

PEREIRA, Duarte Pacheco. *Esmeraldo de Situ orbis*. Edição crítica e comentada por Joaquim Barradas de Carvalho. Lisboa: Fundação Calouste Gulbenkian, 1991.

PEREIRA, Paulo Roberto. *Os três únicos testemunhos do descobrimento do Brasil*. Rio de Janeiro: Lacerda Editores, 1999.

SOUZA, Laura de Mello. *Inferno atlântico: demonologia e colonização, séculos XVI-XVIII*. São Paulo: Companhia das Letras, 1993.

Historiografia

"O marquês de Pombal e os historiadores"

FALCON, Francisco José Calazans. *A época pombalina: política econômica e monarquia ilustrada*. São Paulo: Ática, 1982.

AZEVEDO, João Lúcio. O *marquês de Pombal e sua época*. Rio de Janeiro: Anuário do Brasil, 1922.

MACEDO, Jorge de. *A situação económica no tempo de Pombal*. Porto: Portugália, 1950.

_____. *Problemas de história da indústria portuguesa no século XVIII*. Lisboa: edição particular, 1963.

"Revisitando os intérpretes do Brasil"

ARANTES, Otília B. F.; ARANTES, Paulo E. *O sentido da formação: três estudos sobre Antonio Candido, Gilda de Mello e Souza e Lucio Costa*. São Paulo: Paz e Terra, 1997.

ARRUDA, Maria Arminda do Nascimento. "Florestan Fernandes e a escola paulista", in MICELI, Sergio (org.), *História das ciências sociais no Brasil*. São Paulo: Sumaré, 1989-1995, 2 vols.

BENZAQUEN DE ARAÚJO, Ricardo. *Guerra e paz:* Casa-grande & senzala *e a obra de Gilberto Freyre nos anos 30*. Rio de Janeiro: Editora 34, 1994.

CANDIDO, Antonio. "Prefácio", in HOLANDA, Sérgio Buarque de. *Raízes do Brasil*, 5ª ed. Rio de Janeiro: José Olympio.

CUNHA, Euclides da. *À margem da história do Brasil*, 3ª ed. Porto: Livraria Chardron, 1922.

MANNHEIM, Karl. *Ensayos de sociologia de la cultura*. Trad. esp. Madri: Aguilar, 1963.

"Sobre Celso Furtado"

CARDOSO, Fernando Henrique. "Condições sociais da industrialização de São Paulo". *Revista Brasiliense*, março-abril de 1960.

"Sobre Caio Prado Jr."

ALENCASTRO, Luis Felipe. "A economia política dos descobrimentos", in NOVAES, Adauto (org.). *A descoberta do homem e do mundo*. São Paulo: Companhia das Letras, 1998.

FURTADO, Celso. *Formação econômica do Brasil*. Rio de Janeiro: Fundo de Cultura, 1959.

IGLÉSIAS, Francisco (org.). "Um historiador revolucionário", in *Caio Prado Jr. História*. São Paulo: Ática, 1982 (coleção Grandes Cientistas Sociais, vol. 26, coord. Florestan Fernandes).

D'INCAO, Maria Angêla (org.). *História e ideal: ensaios sobre Caio Prado Jr*. São Paulo: Brasiliense/Editora Unesp, 1989.

LEVI, Darrell E. *A família Prado*. Trad. port. São Paulo: Cultura 70, 1977.

LÖWY, Michel. *Para uma sociologia dos intelectuais revolucionários*. Trad. port. São Paulo: Livraria Editora Ciências Humanas, 1979.

MARTINEZ, Paulo Henrique. *A dinâmica de um pensamento crítico: Caio Prado Jr., 1928-1935*. Tese de doutorado. São Paulo: FFLCH-USP, 1998.

MARTINS, Wilson. *História da inteligência brasileira*. São Paulo: Cultrix, 1976, 7 vols.

MARX, Karl. *Contribuição à crítica da economia política*. Trad. port. São Paulo: Flama, 1946.

_____. *El Capital: Crítica de la Economía Politica*. Trad. esp. México: Fondo de Cultura Económica, 1946, 3 t., 5 vols.

MELO, Jayro Gonçalves de. "O economicismo em Caio Prado Júnior". *Novos Estudos CEBRAP*, nº 18, 1987.

MOTA, Carlos Guilherme. *Ideologia da cultura brasileira (1933-1974)*. São Paulo: Ática, 1977.

RODRIGUES, José Honório. *Notícia de vária história*. Rio de Janeiro: Livraria São José, 1951.

Obras selecionadas de Caio Prado Jr.:

"*O Tamoyo* e a política dos Andradas na independência do Brasil", in *Evolução política do Brasil e outros estudos*. São Paulo: Brasiliense, 1953.

Evolução política do Brasil. São Paulo: Editora Revista dos Tribunais, 1933.

URSS, um novo mundo. São Paulo: Companhia Editora Nacional, 1934.

Formação do Brasil contemporâneo. São Paulo: Martins, 1942.

História econômica do Brasil. São Paulo: Brasiliense, 1945.

Dialética do conhecimento. São Paulo: Brasiliense, 1951.

Diretrizes para uma política econômica brasileira. São Paulo: Urupês, 1954.

Esboços das fundamentos da teoria econômica. São Paulo: Brasiliense, 1957.

Notas introdutórias à lógica dialética. São Paulo: Brasiliense, 1959.

O mundo do socialismo. São Paulo: Brasiliense, 1962.

A revolução brasileira. São Paulo: Brasiliense, 1966.

História e desenvolvimento. São Paulo: Brasiliense, 1968.

Estruturalismo de Lévi-Strauss/Marxismo de Louis Althusser. São Paulo: Brasiliense, 1971.

A questão agrária. São Paulo: Brasiliense, 1979.

Obras selecionadas sobre Caio Prado Jr.:

ANTUNES, Ricardo. "Caio Prado Jr., um intelectual revolucionário". *Escrita/Ensaio*, nº 3, 1995.

ARAÚJO, Brás José. "Caio Prado Jr. e a questão agrária no Brasil". *Temas*, nº 1, 1977.

D'INCAO, Maria Angela (org.). *História e ideal: ensaios sobre Caio Prado Jr*. São Paulo: Brasiliense/Editora Unesp, 1989.

FAUSTO, Ruy. "*A revolução brasileira* de Caio Prado Jr.". *Teoria e Prática*, nº 2, 1967.

IGLÉSIAS, Francisco. *Caio Prado Jr. História*. São Paulo: Ática, 1982, Coleção Grandes Cientistas Sociais (introdução, seleção de textos e notas de Francisco Iglésias).

MARTINEZ, Paulo Henrique. *A dinâmica de um pensamento crítico: Caio Prado Jr., 1928-1935*. Tese de doutorado. São Paulo: FFLCH-USP, 1998.

MELO, Jayro Gonçalves. "O economicismo em Caio Prado Jr.". *Novos Estudos CEBRAP*, nº 18, 1987.

_____. *O nacionalismo de Caio Prado Jr.* Tese de doutorado. São Paulo: FFLCH-USP, 1987.

NOVAIS, Fernando A. "Caio Prado Júnior, historiador". *Novos Estudos CEBRAP*, nº 2, 1983.

_____. "Caio Prado Jr. na historiografia brasileira", in ANTUNES, Ricardo (org.), *Inteligência brasileira*. São Paulo: Brasiliense, 1986.

PÁDUA, Elizabeth M. M. de. *Um estudo dos pressupostos filosóficos de Caio Prado Jr.* Dissertação de mestrado. Campinas: PUC-Campinas, 1989.

REGO, Rubem Murilo Leão. *O sentimento do Brasil: Caio Prado Jr.* Tese de doutorado. São Paulo: FFLCH-USP, 1995.

"Dossiê intérpretes do Brasil". *Revista USP*, nº 38, 1998 (apresentação de Maria Arminda Nascimento Arruda e Fernando A. Novais).

RICUPERO, Bernardo. *Caio Prado Jr. e a nacionalização do marxismo no Brasil*. Dissertação de mestrado. São Paulo: FFLCH-USP, 1997.

TAVARES, Assis. "Caio Prado Jr. e a teoria da revolução brasileira". *Revista da Civilização Brasileira*, nº 11-12, 1967.

"A universidade e a pesquisa histórica: apontamentos"

CANDIDO, Antonio. *Formação da literatura brasileira: momentos decisivos*. São Paulo: Martins, 1959, 2 vols.

LAPA, J. R do Amaral. *A História em questão: historiografia brasileira contemporânea*. Petrópolis: Vozes, 1976.

"Capistrano de Abreu na historiografia brasileira"

Obras selecionadas de Capistrano de Abreu:

O descobrimento do Brasil. Rio de Janeiro: Anuário do Brasil, 1929.

Ensaios e estudos: crítica e história. Rio de Janeiro: Briguiet, 1931, 3 vols.

Capítulos de história colonial, 4ª ed. (revista e anotada por José Honório Rodrigues). Rio de Janeiro: Briguiet, 1954.

Caminhos antigos e povoamento do Brasil, 2ª ed. Rio de Janeiro: Briguiet, 1960.

Correspondência. Rio de Janeiro: Instituto Nacional do Livro, 1954 (introdução e notas de José Honório Rodrigues), 3 vols.

Bibliografia

Obras selecionadas sobre Capistrano de Abreu:

CÂMARA, José Aurélio Saraiva. *Capistrano de Abreu, tentativa biobibliográfica*. Rio de Janeiro: José Olympio, 1969.

CARMO, J. A. Pinto do. *Bibliografia de Capistrano de Abreu*. Rio de Janeiro: Instituto Nacional do Livro, 1942.

LACOMBE, Américo Jacobina. *Introdução ao estudo da história do Brasil*. São Paulo: Companhia Editora Nacional, 1974.

RODRIGUES, José Honório. *História e historiadores do Brasil*. São Paulo: s.e., 1965.

_____. *Teoria da história do Brasil*, 3ª ed. São Paulo: Companhia Editora Nacional, 1969.

_____. *História da história do Brasil*. São Paulo: Companhia Editora Nacional, 1979.

VIANNA, Hélio. *Capistrano de Abreu: ensaio biobibliográfico*. Rio de Janeiro: Ministério da Educação e Cultura, 1955.

Artigos, ensaios e resenhas do autor

Resenha do livro *O Brasil*, de Pierre Monbeig. Trad. port. *Jornal da Filosofia*, Faculdade de Filosofia, Ciências e Letras da Universidade de São Paulo, ano I, nº 1, 1956.

"Colonização e desenvolvimento econômico". *Jornal da Filosofia*, Faculdade de Filosofia, Ciências e Letras da Universidade de São Paulo, ano I, nº 3, novembro de 1957.

Resenha do livro *A situação econômica no tempo de Pombal*, de Jorge de Macedo. *Revista de História*, Faculdade de Filosofia, Ciências e Letras da Universidade de São Paulo, vol. 16, nº 33, 1958.

Resenha do livro *Les Origines de l'Économie Occidentale*, de Robert Latouche. *Revista de História*, Faculdade de Filosofia, Ciências e Letras da Universidade de São Paulo, vol. 20, nº 42, 1960.

Resenha do livro *Formação econômica do Brasil*, de Celso Furtado. *Revista de História*, Faculdade de Filosofia, Ciências e Letras da Universidade de São Paulo, nº 47, 1961.

Resenha do livro *Huang Hsing and the Chinese Revolution*, de Chung Tu Hsung. *Revista de História*, Faculdade de Filosofia, Ciências e Letras da Universidade de São Paulo, nº 60, 1964.

Resenha do livro *Falange: A History of Spanish Fascism*, de Stanley Payne. *Revista de História*, Faculdade de Filosofia, Ciências e Letras da Universidade de São Paulo, nº 60, 1964.

Resenha do livro *História, econômica e social da Idade Média*, de Henri Pirenne. Trad. port. "Suplemento Literário" de *O Estado de S. Paulo*, nº 380, 1964.

Bibliografia

"A proibição das manufaturas no Brasil e a política econômica portuguesa no fim do século XVIII". *Revista de História*, Faculdade de Filosofia, Ciências e Letras da Universidade de São Paulo, nº 67, 1966.

Resenha da coleção "Nouvelle Clio", dirigida por R. Boutruche e P. Lemerle. *Revista de História*, Faculdade de Filosofia, Ciências e Letras da Universidade de São Paulo, nº 68, 1966.

"João Ramalho", verbete in SERRÃO, Joel (dir.), *Dicionário de história de Portugal*, vol. 3. Lisboa: Iniciativas Editoriais, 1968.

"Antonio Rodrigues", verbete in SERRÃO, Joel (dir.), *Dicionário de história de Portugal*, vol. 3. Lisboa: Iniciativas Editoriais, 1968.

"O Brasil nos quadros do Antigo Sistema Colonial", in MOTA, Carlos Guilherme (org.), *Brasil em perspectiva*. São Paulo: Difel, 1968 (trad. alemã: "Brasilien in Rahmen des Alten Kolonialsystems", *Staden Jahrbach*, vol. XVIII, 1965).

"Colonização e Sistema Colonial: discussão de conceitos e perspectiva histórica". *Anais do IV Simpósio Nacional dos Professores Universitários de História*, Porto Alegre, 1969.

"Considerações sobre o 'sentido' da colonização". *Revista do Instituto de Estudos Brasileiros*, Universidade de São Paulo, nº 6, 1969.

"Sistema Colonial, industrialização e etapas do desenvolvimento". *Estudos Históricos*, Universidade Estadual Paulista, nº 9, 1970.

Resenha da coleção "Questions d'Histoire". *Notícia Bibliográfica e Histórica*, 1972.

Resenha do livro *Le Mercantilisme*, de Pierre Deyon. *Notícia Bibliográfica e Histórica*, 1972.

Resenha do livro *Florence à l'Époque des Medicis*, de Alberto Tenenti. *Notícia Bibliográfica e Histórica*, 1972.

Resenha do livro *Les Français devant L'impôt sous l'Ancien Régime*, de François Hinker. *Notícia Bibliográfica e Histórica*, 1972.

"As dimensões da Independência", in MOTA, Carlos Guilherme (org.), *1822: dimensões*. São Paulo: Perspectiva, 1972.

"A extinção da escravatura africana em Portugal no quadro da política econômica pombalina" (em colaboração com Francisco C. Falcon). *Anais do Simpósio Nacional dos Professores Universitários de História*, São Paulo, 1973.

"Notas para o estudo do Brasil no comércio internacional do fim do século XVIII e início do século XIX (1796-1808)". *Coloques Internationaux du Centre National de la Recherce Scientifique*, nº 543, Paris, 1973.

Estrutura e dinâmica do antigo Sistema Colonial. São Paulo, Cadernos CEBRAP, nº 17, 1974.

Resenha do livro *Da Monarquia à República: momentos decisivos*, de Emilia Viotti da Costa. *Gazeta Mercantil*, 1977.

BIBLIOGRAFIA

"Anotações sobre a vida cultural na época do Antigo Regime". *Discurso*, Faculdade de Filosofia, Letras e Ciências Humanas da Universidade de São Paulo, nº 10, 1979.

"A evolução da sociedade brasileira: alguns aspectos do processo histórico da formação social no Brasil". *Anais do Museu Paulista*, t. XXIX, 1979.

"No tempo da rainha Vitória". *Jornal da Tarde*, Caderno de Sábado, 24/1/1981.

"Pombal". *Jornal da Tarde*, 8/5/1982.

"Prefácio", in LIMA, Lana Lage da Gama, *Rebeldia negra e abolicionismo*. Rio de Janeiro: Achiamé, 1981.

"Prefácio" (em colaboração com Fernando Henrique Cardoso), in LOVE, Joseph, *A locomotiva: São Paulo na Federação Brasileira*. Trad. port. São Paulo: Paz e Terra, 1982.

Resenha do livro *Comment on Raconte l'Histoire aux Enfants à Travers le Monde*, de Marc Ferro. *Jornal da Tarde*, 1982.

"Caio Prado Jr., historiador". *Novos Estudos CEBRAP*, vol. 2, nº 2, 1983.

"O reformismo ilustrado luso-brasileiro: alguns aspectos". *Revista Brasileira de História*, nº 7, 1984.

"Passagens para o Novo Mundo". *Novos Estudos CEBRAP*, nº 9, 1984.

Resenha do livro *Capitalismo e cafeicultura: Oeste Paulista, 1888-1930*, de Brasílio Sallum Jr. *História*, Universidade Estadual Paulista, nº 3, 1984.

"Para uma história das ciências no período colonial" (em colaboração com Walter Cardoso e Ubiratan D'Ambrosio). *Revista Brasileira de História da Ciência*, Sociedade Brasileira de História da Ciência, nº 1, 1985.

"Caio Prado Júnior na historiografia brasileira", in MORAES, Reginaldo; ANTUNES, Ricardo; FERRANTE, Vera B. (orgs.), *Inteligência brasileira*. São Paulo: Brasiliense, 1986.

"A universidade e a pesquisa histórica: apontamentos". *Estudos Avançados*, Instituto de Estudos Avançados da Universidade de São Paulo, vol. 4, nº 8, 1990.

"O monumento, da Monarquia à República. Depoimento", in *As margens do Ipiranga, 1890-1990*, exposição do Centenário do Edifício do Museu Paulista da USP, 1990.

"A respeito do futuro próximo", in SERBINO, Raquel V.; BERNARDO, Maristela V. C. (orgs.), *Educadores para o século XXI: uma visão multidisciplinar*. São Paulo: Editora Unesp, 1992.

Resenha do livro *Os candomblés de São Paulo: a velha magia na metrópole nova*, de Reginaldo Prandi. *Novos Estudos CEBRAP*, nº 23, 1992.

"América, descoberta, colonização e suas consequências nos sistemas de comunicação", in JUNQUEIRA FILHO, Luiz Carlos Uchoa (org.), *Perturbador mundo novo: história, psicanálise e sociedade contemporânea (1492-1992)*. São Paulo: Escuta, 1994.

"Capistrano de Abreu", verbete in TEJEDA, Nelson Osorio (org.), *Dicionário Enciclopédico de las Letras de América Latina*. Caracas: Biblioteca Ayacucho, 1994.

"Os historiadores franceses". *Estudos Avançados*, edição comemorativa dos 60 anos da USP, Instituto de Estudos Avançados da Universidade de São Paulo, nº 22, 1994.

"Prefácio", in HOLANDA, Sérgio Buarque de. *Caminhos e fronteiras*, 3ª ed. São Paulo: Companhia das Letras, 1994.

"*Raízes do Brasil*", in TEJEDA, Nelson Osorio (org.), *Dicionário Enciclopédico de las Letras de América Latina*. Caracas: Biblioteca Ayacucho, 1994.

"Sérgio Buarque de Holanda", in TEJEDA, Nelson Osorio (org.). *Dicionário Enciclopédico de las Letras de América Latina*. Caracas: Biblioteca Ayacucho, 1994.

"Historiografia, exame de consciência dos historiadores". *Economia & Sociedade*, Instituto de Economia da Unicamp, nº 4, 1995.

"O significado da guerra do Paraguai na história do Brasil", in MOTA, Carlos Guilherme (org.), *A guerra do Paraguai, 130 anos depois*. Rio de Janeiro: Relume Dumará, 1995.

"Musa utilitária", resenha do livro *Cartas chilenas*, atribuído a Tomás Antônio Gonzaga. *Folha de S. Paulo*, "Jornal de Resenhas", 6/11/1995.

Resenha do livro *Raízes do Brasil*, de Sérgio Buarque de Holanda. *Folha de S. Paulo*, "Jornal de Resenhas", 10/5/1995.

"Prefácio", in JANCSÓ, István, *Na Bahia, contra o Império: história do ensaio de sedição de 1798*. São Paulo: Hucitec, 1996.

Comentário ao artigo de Ronaldo Vainfas, "*História da vida privada*: dilemas, paradigmas, escalas", em colaboração com Laura de Mello e Souza. *Anais do Museu Paulista*, nova série, vol. 4, janeiro-dezembro de 1996, pp. 63-9.

"Condições da privacidade na colônia", in SOUZA, Laura de Mello e (org.), *Cotidiano e vida privada na América portuguesa*, vol. 1 de NOVAIS, Fernando A. (dir.). *História da vida privada no Brasil*. São Paulo: Companhia das Letras, 1997, 4 vols.

"Preface", in ABREU, J. Capistrano de, *Chapters of Brazil's Colonial History (1500-1800)*. Nova York: Oxford University Press, 1997.

"Apresentação", in FRANÇA, Eduardo d'Oliveira, *Portugal na época da Restauração*. São Paulo: Hucitec, 1997.

Resenha do livro *Retrato do Brasil: ensaio sobre a tristeza brasileira*, de Paulo Prado. *Folha de S. Paulo*, "Jornal de Resenhas", nº 26, maio de 1997.

"Apresentação" ao "Dossiê Intérpretes do Brasil — anos 30", em colaboração com Maria Arminda do Nascimento Arruda. *Revista USP*, nº 38, junho-agosto de 1998, pp. 7-9.

"Capitalismo tardio e sociabilidade moderna", em colaboração com João Manuel Cardoso de Mello, in SCHWARCZ, Lilia Moritz (org.), *Contrastes da intimidade contemporânea*, vol. 4 de NOVAIS, Fernando A. (dir.), *História da vida privada no Brasil*. São Paulo: Companhia das Letras, 1998, 4 vols.

"Introdução: Prometeus e Atlantis na forja da nação", em colaboração com José Jobson de Andrade Arruda, in LISBOA, José da Silva (Visconde de Cairu), *Observações sobre a franqueza da indústria e estabelecimento de fábricas no Brasil* [1810], Brasília: Editora do Senado Federal, 1999 (Coleção Biblioteca Básica Brasileira).

"O 'Brasil' de Hans Staden", in PARIS, Mary Lou; OHTAKE, Ricardo (orgs.). *Hans Staden: primeiros registros escritos e ilustrados sobre o Brasil e seus habitantes*, trad. Angel Bojadsen. São Paulo: Terceiro Nome, 1999, pp. 19-25 (edição em francês: Eddy Stols, Bart de Prins e Johan Verberckmoes (orgs.), *Brésil: Cultures et Économies des Quatre Continents*. Leuven: Acco, 2001, pp. 13-24).

"A 'certidão de nascimento ou de batismo' do Brasil", in GRUPIONI, Luis Donisete Benzi (org.). *A carta de Pero Vaz de Caminha: documentos e ensaios sobre o achamento do Brasil*. São Paulo: DBA, 2000.

"Francisco Iglésias e a historiografia", in PAULA, João Antonio de (org.), *Presença de Francisco Iglésias*. Belo Horizonte: Autêntica, 2001.

Índice remissivo

Abertura dos portos (1808), 85, 111, 113, 158, 200, 201
Abolição da escravatura (1888), 158, 403, 405, 406
Ab'Sáber, Aziz, 345
Abreu, Capistrano de, 64, 237, 242, 308, 313, 320, 321, 322, 323, 324, 404
Abreu, Jerônimo Vieira de, 188
Absolutismo, 37, 39, 41, 44, 80, 111, 193, 194, 195, 196, 206, 210, 250, 266, 270
Academia Real das Ciências de Lisboa, 78, 176
Açores, 233
Açúcar, 20, 30, 53, 57, 58, 73, 188, 189, 238, 370
Acumulação de capital, 40, 43, 52, 151, 194, 205, 206, 207, 222, 374, 376
Acumulação primitiva de capital, 8, 42, 151, 156, 223, 225, 296, 361, 374, 379, 383
Afeganistão, 260
Afonso V, 244
África, 29, 31, 33, 98, 100, 101, 102, 113, 181, 194, 244, 374, 376, 377
África do Sul, 260
Aguilar [conde de Samodães], Francisco d'Azevedo Teixeira d', 267
Alden, Daurill, 156, 216
Alemanha, 116, 232, 262, 353
Alencar, José de, 378

Alencastro, Luiz Felipe de, 224, 296, 376, 377, 382
Alentejo, 91, 92, 96, 107
Alexandre, Valentim, 368, 375, 376, 378
Algarve, 89, 96, 97, 101, 104, 177
Algodão, 20, 58, 66, 67, 82
Aliança Nacional Libertadora, 286, 287
Almeida, Gouveia de, 177
Alto Douro, 177
Alvarás, 68, 74, 84, 97, 184
Álvares, Diogo, 238
Américas, 20, 111, 150, 210
América do Norte, 22, 32
América Espanhola, 33, 48, 55, 57, 60, 199, 231, 377, 382, 398, 401; colonização da, 55
América Latina, 111, 284, 300, 398
América Portuguesa, 7, 22, 33, 53, 60, 75, 82, 100, 105, 157, 211, 214, 217, 220, 221, 227, 228, 230, 231, 241, 242, 370, 381, 382, 401
América temperada, 20
Ameríndios, 19, 59, 216, 218, 232, 332
Anacronismo, 215, 251, 322, 336, 401, 403, 404, 405
Anderson, Benedict, 220
Anderson, Perry, 391
Andrade, Álvares de, 239
Andrade, Mário de, 232, 325, 326, 378

ÍNDICE REMISSIVO

Andrade, Oswald de, 232
Andreoni, João Antonio [ver Antonil]
Angola, 100, 187, 374
Annales, 8, 27, 313, 318, 334, 388, 389, 390, 391, 392
Antigo Regime, 35, 39, 40, 41, 42, 43, 44, 69, 77, 81, 85, 92, 106, 111, 112, 114, 118, 141, 162, 178, 180, 183, 195, 196, 199, 205, 206, 208, 210, 218, 226, 244, 250, 266, 270, 337
Antigo Sistema Colonial, 9, 10, 29, 43, 45, 47, 49, 56, 63, 114, 141, 151, 156, 157, 158, 159, 187, 194, 196, 202, 203, 210, 215, 296, 364, 366
Antilhas, 22, 33, 149
Antilhas francesas, 382
Antilhas inglesas, 150, 198, 283
Antonil (João Antonio Andreoni), 217, 321
Antuérpia, 277
Arantes, Otília, 274
Arantes, Paulo Eduardo, 274
Araújo, Ricardo Benzaquen de, 273
Ariès, Philippe, 212, 213, 315, 316, 317, 318, 319, 389
Aristóteles, 364
Arranco, 136, 137, 138, 139, 140, 143
Arruda, José Jobson de Andrade, 339, 359, 360, 379
Ásia, 31, 101, 102, 181
Autobiografia, 315, 316, 317, 404
Azevedo, João Lúcio de, 93, 103, 266, 270, 321, 382
Balanças do comércio, 183
Bahia, 18, 67, 85, 87, 99, 177, 185, 199, 200, 235, 238, 239, 240, 241, 336, 337, 376, 377
Baran, Paul, 144
Barata, Cipriano, 298
Barbária, 116
Barreto, Afonso Henriques de Lima, 274

Barretos (SP), 343
Barroco, 162, 163, 173, 335, 346
Barros, João de, 229, 239
Barros, Soares de, 180
Bastide, Roger, 220
Batalha de Waterloo (1815), 257
Beard, Charles, 20
Beard, Mary, 20
Bebedouro (SP), 343
Becker, Carl, 268
Beckman, revolta de, 405
Belle Époque, 274, 378, 387, 396
Benda, Julien, 322, 336
Bentham, Jeremy, 256
Berr, Henri, 313
Bezerra, João, 240
Birmânia, 260
Bixorda, Jorge Lopes, 236
Blackburn, Robin, 393
Bloch, Marc, 303
Bogart, Ernest, 20
Bonfim, Manuel, 274, 396
Borges, Jorge Luis, 11, 315
Braudel, Fernand, 27, 38, 215, 318, 326, 334, 355, 356, 357, 389, 390
Brito, Bernardo Gomes de, 243
Brito, João Rodrigues de, 185
Britto, [José Gabriel de] Lemos, 64, 65, 66
Burckhardt, Jacob, 163, 248, 276, 346
Burguesia, 38, 42, 51, 52, 55, 141, 171, 205, 206, 208, 258, 259, 262, 286, 288, 290, 297, 352, 362, 399
Cabo da Boa Esperança, 53, 54
Cabo Bojador, 52
Cabo de Santo Agostinho (PE), 233
Cabral, Pedro Álvares, 228, 232, 237, 244, 246, 250, 251, 336, 376
Cadamosto, Luís de, 90
Caiena (Guiana Francesa), 109
Calabar, Domingos Fernandes, 18

ÍNDICE REMISSIVO

Calil, Carlos Augusto, 325
Calmon, Pedro, 242
Câmara, Manuel Ferreira da, 188
Caminha, Catarina Vaz de, 244
Caminha, Pero Vaz de, 58, 244, 245, 247, 251, 401
Camões, Luís Vaz de, 180, 250
Campos de Goitacazes, 82
Canabrava, Alice Piffer, 348, 349, 353
Canadá, 260
Candido, Antonio, 273, 275, 285, 305, 328, 329, 334, 346
Canning, Lorde [Charles], 257
Capital, O, 8, 295, 364, 403
Capitalismo comercial, 28, 34, 37, 42, 55, 56, 58, 141, 151, 210
Caramuru, 240
Cardoso, Ciro Flamarion, 357, 366, 367, 368, 371, 379, 380
Cardoso, Fernando Henrique, 8, 161, 351, 359, 404
Carlos II, 257
Carlos III, 55, 268
Carlyle, Thomas, 258
Cartagena, porto de (Colômbia), 55
Carvalho, Alfredo de, 320
Carvalho, Margarida Barradas de, 246
Casa de Contratação em Sevilha, 55
Castro, Martinho de Mello e, 67, 69, 83, 108, 109, 187
Castro, Ribeiro de, 177
Catarina II, 268
Catequese, 209, 226, 229, 250
Ceará, 320
CEBRAP, 359, 366, 367
CEPAL, 144, 300, 398
Chagas, João Pinheiro, 267
Chamberlain, Joseph, 261, 262
Chartier, Roger, 212
Chaves Neto, Elias, 288

Chaves, Francisco, 237
Chichorro, José de Abreu Bacelar, 177, 178
China, 100, 101, 370; abertura comercial da, 260; escravidão, 101
Ciências Sociais, 147, 303, 304, 308, 309, 315, 323, 344, 345, 346, 347, 354, 365, 367, 383, 384, 385, 386, 387, 389, 390, 391, 392, 396, 406
Cientificismo, 170, 178, 363
Cingapura, 31
Clark, Sir George, 256
Clemente XIV, papa, 271
Cleonardo, 91
Cleto, Marcelino Pereira, 177
Cobbet, William, 256
Cobden, Richard, 259
Coelho, Duarte, 233, 235, 239
Coelho, Gonçalo, 236
Coelho, J. M. Latino, 88
Coimbra, 270
Colbert, Jean-Baptiste, 76, 179
Colina (SP), 343
Colônias: agrícolas (*Ackerbaukolonien*), 30, 36; colônias comerciais (*Handelnkolonien*), 30, 34; colônias de conquistas (*Eroberungskolonien*), 30; de enquadramento, 33; de enraizamento, 33; de exploração, 19, 20, 35, 44, 62, 209; de plantação (*Pflanzungs kolonien*), 36; de povoamento, 45, 210
Colonização, 8, 21, 25, 26, 27, 29, 30, 32, 33, 34, 42, 45, 181, 194, 204, 215, 345, 354, 356, 362, 364, 382; europeia, 9, 17, 18, 20, 21, 22, 24, 25, 27, 28, 29, 33, 34, 35, 36, 37, 42, 43, 44, 45, 47, 50, 51, 52, 53, 55, 56, 57, 58, 59, 60, 61, 62, 63, 111, 141, 142, 149, 152, 153, 192, 193, 195, 202, 203, 204, 205, 206, 207, 209, 211, 214, 215, 216, 217, 218, 219, 221, 222, 223, 224, 225, 226, 227, 228, 229,

231, 232, 233, 235, 237, 240, 241, 251,
292, 295, 296, 332, 336, 339, 350, 354,
356, 360, 362, 367, 378, 381, 397;
sentido da, 8, 20, 28, 42, 43, 223, 225,
293, 294, 295, 297, 361, 397, 398, 406
Coluna Prestes, 287
Comércio colonial, 22, 51, 98, 99, 115, 116,
117, 140, 142, 183, 195, 197, 207; livre,
30, 55, 260; ultramarino, 41, 53
Companhia Geral do Comércio do Brasil, 53
Companhia Geral do Grão-Pará e Maranhão,
98
Companhia Geral de Pernambuco e Paraíba,
98, 99, 185
Companhia das Índias Orientais, 54
Concílio Tridentino, 227
Conferência de Berlim (1884-85), 29
Conroy, John, 259
Conselho Ultramarino, 67, 72, 87
Contier, Arnaldo, 360
Continuidade e ruptura, 9, 68, 94, 107, 111,
149, 150, 158, 170, 175, 191, 193, 196,
199, 210, 221, 227, 273, 290, 291, 336,
373, 375, 376, 377, 380, 382, 400, 401,
402
Contrarreforma [Reforma Católica], 173,
227, 247, 248, 249
Coornaert, Émile, 276, 278
Correia, Francisco António, 91, 93
Correia, Jorge de Figueiredo, 240
Cortes de Lisboa, 50, 192, 244
Costa, Duarte da, 235
Costa da Guiné, 234
Costa, José Inácio da, 176
Costa, Miguel, 287
Cotidiano, 211, 214, 216, 218, 219, 220,
221, 222, 223, 225, 226, 228, 242, 309,
319, 326
Coutinho, Francisco Pereira, 239
Coutinho, José Joaquim da Cunha Azeredo,

23, 45, 53, 79, 118, 177, 182, 183, 186,
189, 358
Coutinho, Rodrigo de Souza, 378
Coutinho, Vasco Fernandes, 240
Couto, Jorge, 242, 404
Couto, José Vieira, 83, 188
Crescimento demográfico, 26, 139, 216
Criollos e reinóis, 220, 231, 242
Crise (conceito de), 204, 205, 207, 208, 357,
359, 360, 361, 362, 363, 366, 367, 368,
375, 387, 391, 392, 393, 401
Cristãos-novos, 89
Cristãos-velhos, 89
Crouzet, Maurice, 276
Cuba, 198
Cubas, Brás, 238
Cunha, Aires da, 239
Cunha, D. Luís da, 94, 95, 270
Cunha, Euclides da, 274, 330, 396
Cunha, José Martins da, 188
Cunha, Sebastião Advíncula da, 351
Cunhambebe (chefe tupinambá), 235
Cursos nos Estados Unidos, 350
Dantas, Lucas, 337
Demografia, 215, 216, 356
Delaware, 22
Departamento de História da USP, 313, 350
Derby, Lorde, 261
Descartes, René, 169, 364
Descobrimentos, 28, 40, 41, 205, 222, 245,
247, 248, 249, 250, 265, 296
Desenvolvimento econômico, 17, 25, 28, 45,
48, 56, 71, 92, 106, 135, 196, 204, 375;
etapas do, 134, 135, 139, 144;
desenvolvimento e subdesenvolvimento,
18
Dessalines, Jean-Jacques, 198
Deus, João de, 337
Deyon, Pierre, 172
Disraeli, Benjamin, 261

ÍNDICE REMISSIVO

Diversidade, 34, 98, 218, 219, 220, 245
Dosse, François, 391
Durkheim, Émile, 346
Echavarria, Salvador, 277, 278
Economia: açucareira, 60, 61, 280; colonial, 25, 56, 58, 61, 62, 80, 81, 83, 84, 101, 152, 153, 196, 217, 223, 224, 280, 298, 368, 370, 371, 373, 374, 377, 379, 380, 381, 397, 398, 402; mercantil, 48, 49, 50, 134, 141, 205, 207; política, 196, 289, 296, 300, 389
Ecúmeno, 26, 29
Ellis, Myriam, 377
Emigração, 31, 35, 84, 107, 216, 259
Empresa colonial, 47, 60, 339
Enciclopédia (*Encyclopedie*), 79
Encomiendas e *repartimientos*, sistema de, 61
Engenhos, 238, 239
Época Moderna, 9, 28, 34, 37, 39, 42, 44, 47, 48, 50, 52, 56, 59, 89, 90, 92, 134, 140, 142, 149, 162, 163, 169, 171, 172, 193, 204, 205, 206, 209, 212, 214, 221, 225, 226, 232, 350
Era Vitoriana, 253, 254, 259, 262
Erasmo [de Rotterdam], 247
Ericeira, conde de, 93
Eschwege, Ludwig von, 69
Escócia, 256
Escravidão, 32, 59, 89, 100, 150, 152, 154, 158, 159, 194, 198, 218, 226, 230, 283, 350, 359, 351; abolida pela Inglaterra, 260; como relação social dominante, 222; distinção entre escravismo e, 381, 382, 397, 402; extinção em Portugal, 94, 101, 110; legislação pombalina, 101, 105, 108, 110; primeira formação social no Brasil, 149, 153, 154, 223, 405, 406
Espanha, 50, 54, 55, 56, 60, 72, 78, 90, 116, 142, 175, 181, 190, 198, 200, 209, 215, 226, 236, 268, 271, 287

Espírito Santo (capitania do), 240, 241, 243
Estado moderno, 27, 41, 62, 138, 212, 213, 249
Estado Novo (1937-45), 287
Estados Unidos, 17, 18, 21, 22, 116, 134, 140, 150, 154, 157, 159, 198, 262, 287, 307, 308, 350, 391, 405; Guerra de Secessão, 36, 265, 405; Independência dos, 44, 181, 196, 198
Estancos, 53, 185, 186, 199, 377
Europa, 19, 20, 28, 30, 32, 37, 38, 41, 49, 50, 55, 56, 57, 58, 59, 70, 79, 92, 99, 102, 105, 134, 137, 138, 139, 142, 150, 151, 152, 163, 169, 170, 175, 179, 180, 181, 186, 191, 192, 193, 195, 196, 198, 206, 207, 210, 214, 216, 218, 226, 228, 245, 248, 253, 268, 269, 308, 371, 402
Europeização, 26, 28, 37, 205
Expansão: comercial e colonial europeia, 19, 28, 32, 35, 36, 37, 39, 40, 41, 42, 45, 47, 48, 49, 51, 52, 53, 54, 61, 90, 109, 141, 142, 144, 156, 157, 193, 194, 205, 215, 222, 226, 227, 245, 247, 248, 249, 250, 295, 296, 397; da economia cafeeira, 158, 281; da economia colonial, 114, 280, 281; da economia de mercado, 38, 40, 43, 50, 52, 56, 57, 59, 66, 70, 81, 94, 95, 98, 99, 115, 206, 256, 282, 375; do escravismo colonial, 150, 402; da pecuária (Vale do São Francisco), 323; populacional, 26, 29; tecnológica, 18
Exploração ultramarina, 50, 54, 71, 112, 134, 142
Exportações: do Brasil-colônia, 18, 98, 280; metrópole-colônia, 71, 114, 115; de Portugal, 116, 117, 185
Extremadura, 178
Faculdade de Filosofia da USP, 289, 305, 344, 346

Falcon, Francisco José Calazans, 9, 88, 265, 266, 371, 359, 360
Faoro, Raymundo, 156, 399, 400
Faulkner, Harold Underwood, 20, 22
Faustino, Manuel, 337
Febvre, Lucien, 247, 334, 336, 401
Fernandes, Florestan, 149, 274, 329, 346, 351, 353, 396, 398, 399, 404
Feudalismo, 39, 50, 135, 151, 212, 227, 250, 397, 402; superação da crise do, 193, 246, 250
Figueira, Pedro de Alcântara, 304, 323
Filipe II, 54
Fisiocracia, 75, 76, 81, 177, 180
Florentino, Manolo, 379
Fonseca, Francisco Pereira Rebelo da, 177
Fontana, Josep, 365, 393
Formação colonial, 25, 47, 63, 148, 149, 228
Formação intelectual, 345, 346
Formalismo, 139, 165, 169
Foucault, Michel, 167, 169, 171, 172
Fragoso, João, 379
França, 23, 30, 50, 72, 116, 139, 140, 143, 171, 174, 175, 200, 215, 235, 265, 268, 269, 271, 276, 287, 318, 356, 382, 388, 391, 405
França Antártica, 241
França, Ari, 345
França, Eduardo d'Oliveira, 333, 334, 335, 345, 348, 353, 354, 355, 356, 357, 359, 360
Franco, general Francisco, 287
Frederico II, 268
Freyre, Gilberto, 155, 219, 221, 273, 300, 301, 323, 326, 328, 329, 382, 396, 398, 399
Frieiro, Eduardo, 327
Furtado, Celso, 36, 280, 282, 297, 361, 374, 379, 380, 382, 399, 400
Galilei, Galileu, 138, 170

Gandavo, Pero de Magalhães, 229
Garcia, Rodolfo, 321
Garrett, [João Baptista da Silva Leitão de] Almeida, 378
Gasset, José Ortega y, 13, 268
Gay, Peter, 163
Genovese, Eugene, 159
Geração de 1930, 273
Giannotti, José Arthur, 8, 351, 352, 353, 359, 364, 404
Gibbon, Edward, 315
Ginzburg, Carlo, 313
Giraldes, Lucas, 240
Gladstone, William, 261
Godechot, Jacques, 337
Godinho, Vitorino Magalhães, 41, 89, 333, 360
Gois, Pero de, 241
Goldmann, Lucien, 168, 169, 394, 395
Goldschmidt, Victor, 166
Golpe de 1937, 287
Golpe de 1964, 306, 307, 350
Gonçalves, André, 236
Gonçalves, Antão, 52
Gonneville, Binot Paulmier de, 237
Gonzaga, Luís, 337
Gorender, Jacob, 357, 366, 367, 368, 370, 371, 380, 382
Gotha, Alberto de Coburgo, 258
Gramoza, Ferraz, 272
Grey, Lorde, 258
Guararema (SP), 343
Guerra da Crimeia, 260
Guerra do Ópio, 260
Guerra de Secessão, 36, 260, 265, 405
Guerra dos Sete Anos, 23, 143
Guilherme IV, 253
Guillén, Felipe, 240
Habermas, Jürgen, 213
Halbwachs, Maurice, 314

ÍNDICE REMISSIVO

Halévy, Élie, 254
Hamburgo, 116
Hamilton, Earl J., 56
Hanke, Lewis, 230
Hardy, Georges, 21, 32, 34, 35, 37
Hardy, Thomas, 261
Hauser, Arnold, 163, 164
Heckscher, Eli F., 38, 51, 172, 213, 354
Henrique, Infante D., 52
Herculano, Alexandre, 267, 378
Hessen (Alemanha), 232
Hill, Henri, 200
História econômica-Unicamp, 8, 310, 349
Historiografia, 8, 10, 28, 154, 162, 167, 247, 273, 276, 277, 302, 303, 309, 312, 313, 316, 318, 319, 334, 335, 362, 385, 386, 388, 389, 391, 392, 404; brasileira, 8, 9, 17, 18, 25, 43, 191, 192, 284, 286, 291, 299, 300, 304, 306, 307, 308, 309, 312, 314, 320, 321, 322, 323, 336, 337, 340, 366, 373, 399; portuguesa, 16, 93, 192, 204, 266, 267, 269, 340, 360, 379; universitária, 8, 166, 302, 303, 304, 305, 307, 308, 309, 323
Hobsbawm, Eric J., 337, 388, 391
Holanda (ver Países Baixos)
Holanda, Sérgio Buarque de, 84, 219, 225, 242, 243, 273, 289, 301, 323, 326, 328, 329, 330, 331, 332, 347, 353, 395, 396, 398, 399
Homem cordial, 328, 329, 330
Honfleur (França), 235
Hong Kong, 260
Huizinga, Johann, 334
Idade Média, 41, 48, 49, 138, 140, 141, 163, 165, 205, 212, 213, 247, 267, 276, 303, 322, 347, 402
Igaraçu (PE), 233, 239
Iglésias, Francisco, 284, 285, 286, 287, 288, 289, 360

Ilha de Itamaracá (PE), 239
Ilha da Madeira, 53, 233
Ilha de São Domingos (ou Hispaniola), 61, 157
Ilha da Trindade, 239
Ilhéus (BA), 240
Ilustração, 9, 81, 162, 163, 169, 170, 174, 180, 195, 198, 268, 269, 271; francesa, 195; portuguesa, 118, 174, 175, 176, 178, 180, 183, 189, 271
Imigração, 25, 32, 35, 159, 160, 216
Império Bizantino, 278
Império Português, 372, 378
Império Romano, 371
Importação das ideias, precocidade das reformas, 174, 175
Importações, 49, 55, 83, 98, 115, 116, 183; tendências ascendentes das, 114
Inconfidência Mineira, 337
Indented servants, 32, 61
Índia, 31, 53, 104, 144, 232, 233, 238, 244, 260
Índias de Castela, 60, 220, 227, 231
Índias do Ocidente, 236
Independência do Brasil, 9, 22, 24, 111, 112, 117, 149, 158, 186, 190, 191, 192, 193, 194, 195, 202, 203, 204, 210, 231, 274, 298, 336, 337, 339, 358, 368, 372, 373, 375, 376, 377, 378, 396, 400, 403, 405
Inglaterra, 20, 30, 39, 44, 61, 62, 71, 72, 73, 74, 79, 113, 116, 138, 140, 141, 142, 143, 159, 175, 196, 199, 200, 202, 210, 215, 253, 254, 255, 258, 259, 260, 261, 262, 285, 370, 372, 382, 387, 388, 390, 391, 403
Inquisição, 227, 228, 271
Instituto Histórico e Geográfico Brasileiro (IHGB), 313, 322, 337
Internacional Comunista, Terceira, 398
Intérpretes do Brasil, 273

Irlanda, 256, 257
Itália, 30, 116, 260, 353
Itaparica (BA), 240
Itapetininga (SP), 343
Jancsó, István, 337, 342, 360
Jansenismo, 171
Jaques, Cristóvão, 236
Jefferson, Thomas, 405
Jesuítas (ou inacianos), 95, 172, 230, 237, 248, 271, 285, 405
João II, D., 52, 53, 244
João V, D., 107
João VI, D., 191, 192, 200, 376, 405
José I, D., 88, 175, 268, 270, 271, 272
José II, D., 268
Junot, general [Jean-Andoche], 195
Juventude Universitária Católica (JUC), 345
Kant, Immanuel, 364
Kemmerer, Donald, 20
Kent, duquesa de, 258
Keynes, John Maynard, 351, 365
Kiev, 277
Klein, Herbert, 402
La Touche, Daniel de, 239
Lafões, duque de, 176
Lapa, José Roberto do Amaral, 306, 370
Las Casas, Bartolomeu de, 61
Lavradio, marquês do, 70, 72
Lefebvre, Georges, 316
Lefebvre, Henri, 169, 318
Lefort, Claude, 172
Lei da Boa Razão, 106
Leis dos Cereais, 257
Leme, Antônio Pires da Silva Pontes, 79, 177
Lenharo, Alcyr, 379
Leopoldo, rei, 258
Leroy-Beaulieu, Paul, 29, 30, 31, 32, 34, 36, 37, 296
Levi, Darrell, 290, 325
Liberalismo, 192, 193, 256, 262, 267

Lima, Alceu Amoroso, 395
Lima, Heitor Ferreira, 64, 285
Linhares, Maria Yedda, 355, 379
Lisboa, 53, 72, 73, 82, 89, 91, 96, 104, 109, 112, 189, 232, 233, 240, 269, 270
Lisboa, Baltazar da Silva, 177
Lisboa, João Francisco, 308
Lisboa, José da Silva, 111, 179
Liverpool, 255
Livre-câmbio, 259, 260, 262
Livre-cambista, movimento, 258, 259
Lobato, José Bento Monteiro, 288, 324
Locke, John, 172
Londres, 72, 253, 270
Lorena, Bernardo José de, 83
Loronha, Fernão de, 236
Luís XVI, 174, 268, 269
Luís, Washington, 285
Lukács, Georg, 169, 351, 378
Lusíadas, Os (Camões), 180, 249
Lutero, Martinho, 404
Luzzatto, Gino, 91, 134
Macau, 100
Macedo, Duarte Ribeiro de, 175
Macedo, Jorge de, 93, 107, 113, 266
Machado, José Timóteo Montalvão, 265
Machado, Lourival Gomes, 346
Magalhães, Fernão, 236
Magno, Alexandre, 30
Malagrida, padre Gabriel, 271
Manchester, 255, 257, 259
Manique, Pina, 71, 108
Manuel [o Venturoso], D., 244, 245
Manufaturas, 43, 66, 74, 77, 79, 81, 82, 96, 180, 183; alvará proibitório das, 9, 23, 73, 74; aumento do número de fábricas e, 66, 69, 71, 75; fomento às, em Portugal, 66, 79, 93, 94, 101, 107, 184, 187; proibição das, 65, 67, 68, 74, 80, 83, 84, 184, 201; proibição das têxteis, 64, 185, 187, 199

Maquiavel, Nicolau, 167, 172
Maranhão, 89, 108, 239, 405
Marcondésia (SP), 343
Marchione, Bartolomeu, 236
Maria I, D., 9, 64, 72, 107, 175, 179, 185, 267, 269, 337
Mariátegui, José Carlos, 300, 398
Márquez, Gabriel Garcia, 404
Marrocos, 233
Martins, Francisco, 236
Marx, Karl, 40, 135, 136, 139, 262, 294, 295, 346, 351, 352, 353, 363, 364, 365, 369, 380, 387, 389, 390, 395, 398, 400, 403
Marxismo, 8, 135, 136, 139, 242, 284, 290, 291, 294, 300, 308, 319, 328, 351, 352, 353, 357, 359, 361, 362, 363, 364, 365, 367, 368, 369, 370, 372, 376, 377, 380, 387, 388, 389, 390, 391, 392, 393, 394, 395, 396, 397, 398, 401, 403, 404
Materialismo histórico, 353, 360, 385, 387, 389, 394, 403, 404
Mato Grosso, 177
Matos, Gregório de, 214
Maxwell, Kenneth, 337, 361
Melbourne, Lorde, 258
Mello, Evaldo Cabral de, 328
Mello, João Manuel Cardoso de, 365
Melo, Jayro Gonçalves de, 297
Melo, Sebastião José de Carvalho e [ver Pombal, marquês de]
Memória histórica, 315, 384, 386; constituição da, 314
Menezes, Rodrigo José de, 187
Mercado, Tomás de, 90
Mercantilismo, 28, 39, 40, 51, 55, 61, 62, 77, 78, 94, 96, 97, 101, 106, 110, 141, 151, 153, 172, 175, 178, 209; e Ilustração, 271; ilustrado, 112
Metais nobres, 56, 78, 240

Metodologia das Ciências Humanas, 354, 356, 357, 385, 402
Metrópole-colônia (relação bilateral), 34, 35, 37, 52, 55, 181, 185, 198, 375
México, 350
Miguel, D., 192
Minas Gerais, 80, 83, 107, 177, 187, 199, 217, 360, 379
Mineração, 48, 56, 57, 58, 77, 78, 102, 177, 186, 188
Miscigenação, 221
Modo de produção, 256, 357, 360, 363, 366, 368, 369, 371, 380, 389, 397, 401, 402, 403
Moncada, Sancho de, 175
Monteiro, Gonçalo, 238
Montesquieu [Charles-Louis de Secondat, barão de], 78, 79
Morelli, Benedito, 236
Movimento unionista, 261
Muro de Berlim, 265, 394
Mussolini, Gioconda, 346
Nabuco, Joaquim, 253
Napoleão, 198, 200, 255, 376
Napoleão III, 260
Neves, Acúrcio das, 93
Newman, Cardeal, 261
Newton, Isaac, 135, 139, 170
Nóbrega, padre Manuel da, 238, 243
Nora, Pierre, 314, 319
Nouvelle Histoire (Nova História), 314, 318, 319, 334
Nova Espanha, 226
Nova Granada, 226
Nova Inglaterra, 30, 32, 35, 62, 149, 210, 226
Nova Lusitânia, 226, 239, 241
Novo Mundo, 21, 28, 39, 41, 150, 176, 190, 193, 194, 196, 198, 211, 215, 218, 219, 222, 225, 226, 227, 229,

230, 231, 235, 242, 243, 246, 247, 251, 339
Oceano Atlântico, 53, 55, 60, 68
Oceano Índico, 53, 54
Ocidente, 37, 40, 45, 49, 89, 164, 165, 195, 202, 212, 236, 246, 249, 269, 287
O'Connell, Daniel, 256
Oeiras, conde de [ver Pombal, marquês de]
Oficina Literária do Arco do Cego, 189
Olinda, 233, 239
Oliveira, Fernando de, 90
Orange, república de, 260
Organização familial, 221
Oriente, 30, 31, 41, 53, 54, 178, 194, 239, 240, 246
Otoni, José Eloi, 177
Países Baixos (Províncias Unidas dos), 50, 215
Paiva, Francisco Antonio Ribeiro de, 177, 179
Palmerston, Lorde, 260, 261
Pará, 109
Paradigmas, crise de, 362, 363, 392, 393
Paraíba, 233
Parlamento inglês, 253, 254, 255, 256, 257, 258
Parlamento irlandês, 259
Parnell, Charles Stewart, 261
Partido Comunista Brasileiro, 286, 287, 345, 397
Partido Comunista Francês, 287, 318
Partido Democrático de São Paulo, 285
Partido Republicano Paulista, 285
Partido Trabalhista Inglês, 261
Pascal, Blaise, 13, 394, 395
Paz de Paris (1763), 143
Pedreira, Jorge, 368, 375
Pedro I, D., 192
Pensamento reformista, 83, 358
Pereira, Duarte Pacheco, 245

Periodização, 164, 165, 167, 168, 169, 190, 191, 369, 389
Pernambuco, 18, 101, 108, 199, 233, 235, 236, 239, 241, 320
Pinheiro, Fernandes, 304
Pirenne, Henri, 276, 277, 278, 279
Pitt, William, 257
Place, Francis, 256
Plantation, 101, 149, 217
Política industrialista em Portugal, 94, 95, 96, 101, 103, 106, 107, 110, 271
Política mercantilista, 20, 28, 37, 38, 40, 42, 43, 44, 50, 51, 56, 97, 98, 99, 140, 194, 205, 207, 210
Pombal, marquês de, 9, 88, 92, 94, 99, 102, 174, 175, 179, 196, 199, 265, 266, 267, 268, 269, 270, 271, 272
Porto, cidade do, 107, 244
Porto Belo (Panamá), porto de, 53
Porto Rico, 198
Porto Seguro (BA), 240
Portugal, 9, 22, 35, 41, 45, 50, 52, 53, 54, 66, 68, 69, 71, 73, 77, 78, 79, 81, 85, 88, 89, 90, 92, 93, 94, 100, 101, 102, 104, 105, 106, 107, 108, 109, 110, 112, 113, 114, 115, 116, 117, 118, 142, 145, 174, 175, 176, 177, 178, 179, 180, 181, 183, 186, 188, 190, 192, 195, 196, 197, 199, 200, 201, 204, 209, 215, 216, 217
Portugal, Tomás Antonio Vilanova, 177
Povoamento, 20, 21, 25, 26, 27, 29, 33, 34, 35, 36, 37, 44, 45, 47, 57, 58, 75, 156, 205, 210, 219, 240
Prado Jr., Bento, 351
Prado Jr., Caio, 24, 32, 80, 158, 223, 273, 284, 285, 287, 289, 290, 291, 294, 295, 296, 297, 298, 299, 300, 301, 313, 328, 361, 362, 377, 379, 380, 395, 396, 397, 398, 399, 400, 402

Prado, Antonieta Penteado da Silva, 285
Prado, Caio da Silva, 285
Prado, Eduardo, 320, 324
Prado, J. F. [Yan] de Almeida, 242
Prado, Paulo, 325, 326, 327
Pré-desenvolvimento, distinção entre subdesenvolvimento e, 144
Prestes, Júlio, 285, 286
Prestes, Luís Carlos, 286
Primeira Guerra Mundial, 29
Privacidade, 9, 211, 215, 219, 364
Produção colonial, 55, 57, 151, 157, 271, 363, 371, 374
Produção mercantil, 150, 151, 194, 223, 229, 282, 370, 371
Produções da terra, 65, 66, 68, 75, 76, 187
Prússia, 116
Racionalismo cientificista, 170
Ramalho, João, 238, 243
Ranke, Leopold von, 328
Ratton, Jácome, 93, 109, 184
Raynal, Guillaume Thomas [abade de], 196
Reform Bill, 258
Reforma protestante, 227, 247, 248, 249, 256
Reformas pombalinas, 174, 175, 176, 179, 184, 189, 196, 198, 209, 269, 270, 271, 272
Regime escravista, 149, 208
Regime monopolista, 53, 54
Reinóis [ver *Criollos* e reinóis]
Relações entre ética calvinista e espírito capitalista, 171
Relações primárias, sistema de, 222
Religião, 386
Religião cristã, 100, 104, 213, 226, 345
Renascimento, 37, 162, 163, 167, 170, 212, 247, 248, 249; e reformas religiosas, 247, 248
Restauração inglesa, 257

Restauração portuguesa de, 1640, 22, 53, 200, 333, 335
Revolução Constitucionalista (1932), 286
Revolução de Avis (1383), 249
Revolução do Porto (1820), 112, 192, 201
Revolução dos Preços, 56
Revolução Francesa, 37, 38, 199, 255, 390
Revolução Industrial, 18, 28, 37, 141, 143, 144, 194, 198, 208, 210, 254, 256, 260, 383, 397
Revolução Inglesa (Gloriosa, 1688), 254, 256
Revolução negra de Santo Domingo, 157, 197
Ribeirão Preto (SP), 286
Ribeiro, Darcy, 327
Ribeiro, José Manuel, 179, 180
Ricardo, Cassiano, 330
Rio Danúbio, 270
Rio de Janeiro, 67, 72, 87, 99, 199, 235, 241, 287, 320, 324, 368, 374, 375, 379
Rio da Prata, 190, 201, 233, 234, 236, 238
Rio Grande (do Sul), 82
Rio São Francisco, 323
Rocha, José Joaquim da, 177
Rocha, Manuel Ribeiro da, 90
Rodrigues, Alfredo Duarte, 265
Rodrigues, José Honório, 291, 307, 312, 321
Roll, Eric, 172
Romeiro, Francisco, 240
Roscher, Wilhelm, 30, 31, 34, 36
Rostow, Walt W., 134, 135, 136, 137, 138, 139, 140, 141, 143, 203
Rousseau, Jean-Jacques, 172, 317
Ruptura [ver Continuidade e ruptura]
Rússia, 116
Sá, Mem de, 241
Sahlins, Marshall, 384
Salazarismo, 266
Salvador (BA), 81, 241, 376

Salvador, frei Vicente do, 211, 216, 225, 228, 229, 241, 243, 321
Sanches, Antonio Nunes Ribeiro, 94, 174, 269
Santa Catarina, 82, 234
Santiago, Theo, 366
Santo Ofício, 94, 240, 325
Santos (SP), 238
São José do Rio Preto (SP), 343
São Luís (MA), 239
São Paulo, 177, 187, 219, 241, 284, 287, 289, 290, 301, 310, 324, 325, 329, 331, 332, 343
São Paulo (capitania de), 83, 84
São Tomé, 31, 245
São Tomé (capitania de), 240
São Vicente (SP), 234, 235, 238, 241
Schetz, Erasmo, 238
Schumpeter, Joseph, 134
Schwarz, Roberto, 8, 242, 352, 353, 359, 364, 365
Segunda servidão feudal, 151
Segunda Guerra Mundial, 287
Seignobos, Charles, 253
Seminário Marx, 10, 351, 359
Senhoriato colonial, 232, 337, 377
Serrão, Joel, 35, 333, 360
Servidão, 39, 61, 62, 89, 150, 151, 212, 222, 226, 230, 371
Sesmarias, 58, 66, 85, 240
Silva, José Bonifácio de Andrada e, 177, 186, 188, 274, 378, 405
Silva, José Veríssimo Álvares da, 178
Silveira, Henrique da, 177
Simões, Maria, 344
Simonsen, Roberto, 18, 22, 64, 400
Sindicalismo, 160, 261
Singer, Paul, 351, 352
Sistema Colonial, 9, 10, 22, 25, 28, 29, 34, 43, 44, 45, 47, 49, 50, 51, 52, 55, 56, 58, 59, 60, 62, 63, 69, 74, 100, 111, 112, 114, 117, 133, 134, 140, 141, 142, 144, 151, 152, 156, 157, 159, 160, 187, 189, 194, 195, 196, 202, 203, 204, 205, 207, 209, 210, 215, 224, 296, 356, 357, 359, 360, 364, 367, 368, 372, 374, 375, 376, 380, 398, 401; crise do, 156, 157, 158, 181, 191, 194, 196, 204, 354, 357, 359, 366, 367, 368, 372, 375, 376, 401
Smith, John, 88
Soboul, Albert, 276, 369, 390
Sociedade brasileira, evolução da; 146
Sociedade colonial, 149, 152, 153, 154, 156, 157, 222, 228, 358
Sociedade estamental, 206, 222
Sociedade Fabiana, 261
Sociedade tradicional, 136, 137, 143, 144, 203
Solis, João Dias de, 236, 238
Sousa, Martim Afonso de, 235, 236, 238, 239, 241
Sousa, Pero Lopes de, 238, 239
Sousa, Tomé de, 234, 235, 237, 241
Southey, Robert, 305, 308
Souza, Gabriel Soares de, 235
Souza, Laura de Mello e, 242, 243, 364
Staden, Hans, 231, 232, 233, 234, 235, 237, 238, 239, 241, 242
Strachey, Lyton, 253
Subdesenvolvimento, 18, 144, 203
Suécia, 32, 116
Sufrágio universal, 256, 257, 259
Tabaco, 20, 58, 61
Teleologia, 358, 401, 403
Tengarrinha, José Manuel, 340, 360, 379
Teoria das etapas, 135, 139, 143
Terceiro Mundo, 133
Thompson, Edward P., 391
Tiradentes [Joaquim José da Silva Xavier], 337, 405

Tocqueville, Alexis de, 189
Tories, 256, 257
Tourinho, Pero do Campo, 240
Toussaint-Louverture, 198
Trabalho assalariado, 159, 160, 281, 371
Tráfico; mercantil, 54, 60, 73, 116, 117; monopólio do, 55, 56; negreiro, 60, 62, 66, 89, 90, 98, 102, 113, 152, 156, 158, 159, 160, 207, 218, 373, 374, 375, 376, 379; supressão do tráfico negreiro, 105, 107, 158, 159, 198, 260, 281, 372, 376
Transwaal, república do, 260
Trás-os-Montes, 177
Tratado de Tordesilhas (1494), 50, 236
Tratado de Saragoça (1529), 50
Tristão, Nuno, 52
Turgot, Anne Robert Jacques, 77, 269
União Soviética, 286
Utopia, 393, 394
Vaca, Álvar Nuñez Cabeza de, 234
Vandelli, Domingos, 177, 178, 179, 180, 184, 188
Vargas, Getúlio, 285, 286, 287
Varnhagen, Francisco Adolfo de, 64, 305, 308, 313, 320, 321, 323
Velho Mundo, 196
Veloso, frei José Mariano da Conceição, 189
Vêneto, 343
Vera Cruz (México), porto de, 55
Vergennes, conde de [Charles Gravier], 23
Vespúcio, Américo, 236, 237
Veyne, Paul, 309, 385
Viana, Oliveira, 299, 300
Viana do Castelo, 240
Vida material, 229, 293, 297, 331, 332
Vida privada, 211, 214, 223, 230, 364
Vida social, 57, 148, 161, 169, 206, 226, 274, 293, 297
Vieira, padre Antônio, 94, 230
Viena, 270

Vilas Boas, Custódio José Gomes, 177
Vila Rica (Ouro Preto, MG), 107
Vilhena, Luís dos Santos, 25, 189, 220
Vitória, rainha, 253, 254, 255, 258, 259, 262
Vovelle, Michel, 319, 364, 390, 391
Wakefield, Edward Gibbon, 32
Walpole, Robert, 72
Weber, Max, 169, 171, 172, 346, 386, 390, 400
Weisbach, Werner, 173
Wellington, duque de [Arthur Wellesley], 255, 257
Whigs, 257, 258, 260
White, Hayden, 314, 384, 392
Williams, Eric, 150, 151, 283, 382
Wölfflin, Heinrich, 164, 165, 166, 167
York, duque de, 257
Zemella, Mafalda, 377
Zurara, Gomes Eanes de, 89, 90, 229

Sobre o autor

Fernando Antônio Novais nasceu em Guararema (SP) em 1933. Em 1958 formou-se em História e Geografia pela Faculdade de Filosofia, Ciências e Letras da Universidade de São Paulo. No mesmo ano ingressou como assistente da cadeira de História Econômica da Faculdade de Economia e Administração da USP, que tinha Alice Piffer Canabrava como catedrática. Em 1960 transferiu-se para a cátedra de História Moderna e Contemporânea da FFCL, sob a orientação de Eduardo d'Oliveira França. Doutorou-se em 1973 pela FFLCH-USP e nessa instituição permaneceu até 1985, quando, aposentado, ingressou como convidado no Instituto de Economia da Unicamp, onde deu aulas até 2003. Como historiador atuou em atividades docentes e de pesquisa na Europa (França, Portugal e Bélgica) e nos Estados Unidos (Texas, Califórnia e Nova York), tendo recebido o título de professor emérito da USP em 2006. É autor de *Portugal e Brasil na crise do Antigo Sistema Colonial (1777-1808)* (Hucitec, 1979), *A independência política do Brasil*, com Carlos Guilherme Mota (Moderna, 1986) e *Aproximações: estudos de história e historiografia* (Cosac Naify, 2005). Dirigiu a coleção *História da vida privada no Brasil* (Companhia das Letras, 1997-1998), em quatro volumes, e, com Rogerio Forastieri da Silva, organizou e assinou a introdução da antologia *Nova História em perspectiva* (Cosac Naify, 2011-2013), em dois volumes.

Este livro foi composto
em Adobe Garamond pela
Franciosi & Malta, com CTP
e impressão da Edições Loyola
em papel Pólen Natural 70 g/m^2
da Cia. Suzano de Papel
e Celulose para a Editora 34,
em abril de 2022.